2014年经济专业技术资格考试辅导教材

财政税收

专业知识与实务

（中级）

讲义·真题·预测全攻略

全国经济专业技术资格考试研究院　编著

清华大学出版社

北京

内 容 简 介

本书以2014年全国经济专业技术资格考试教材为依据,对大纲进行了全面分析,重点突出,帮助考生把握重点,攻克难点,提高复习效率。本书中的"大纲解读"对考情、考点进行了详细分析;"考点精讲"深入分析重点、难点,清晰透彻;并针对考点,直击2009—2013年5年真题,提高考生应试能力;"同步自测"针对性强,贴近考题,帮助考生夯实基础知识,提高解题能力。本书是考生快速贯通考点、顺利通过考试的必备书籍。

图书在版编目(CIP)数据

财政税收专业知识与实务(中级)讲义·真题·预测全攻略/全国经济专业技术资格考试研究院 编著.
—北京:清华大学出版社,2014

(2014年经济专业技术资格考试辅导教材)

ISBN 978-7-302-36018-6

Ⅰ.①财… Ⅱ.①全… Ⅲ.①财政管理—资格考试—自学参考资料 ②税收管理—资格考试—自学参考资料 Ⅳ.①F81

中国版本图书馆 CIP 数据核字(2014)第 065969 号

责任编辑:张 颖 高晓晴
封面设计:颜森设计
版式设计:思创景点
责任校对:邱晓玉
责任印制:何 芊

出版发行:清华大学出版社
     网   址:http://www.tup.com.cn,http://www.wqbook.com
     地   址:北京清华大学学研大厦 A 座   邮   编:100084
     社 总 机:010-62770175   邮   购:010-62786544
     投稿与读者服务:010-62776969,c-service@tup.tsinghua.edu.cn
     质 量 反 馈:010-62772015,zhiliang@tup.tsinghua.edu.cn
印 装 者:北京密云胶印厂
经   销:全国新华书店
开   本:185mm×260mm   印   张:19.75   字   数:493 千字
版   次:2014 年 5 月第 1 版   印   次:2014 年 5 月第 1 次印刷
印   数:1～3500
定   价:40.00 元

产品编号:057610-01

本书编委会

主　　编：索晓辉

编　　委：晁　楠　　吴金艳　　雷　凤　　张　燕

　　　　　方文彬　　李　蓉　　林金松　　刘春云

　　　　　张增强　　刘晓翠　　路利娜　　邵永为

　　　　　邢铭强　　张剑锋　　赵桂芹　　张　昆

　　　　　孟春燕　　杜友丽

前　言

经济社会的发展对各行各业的人才提出了新的要求，为了顺应这一发展趋势，经济行业对经济师的要求也逐步提高，审核制度也逐步完善。

为了满足广大考生的迫切需要，我们严格依据人力资源和社会保障部人事考试中心组织编写的《全国经济专业资格考试用书》(内含大纲)，结合我们多年来对命题规律的准确把握，精心编写了这套"2014年经济专业技术资格考试辅导教材"丛书。

本着助考生一臂之力的初衷，并依据"读书、做题、分析"分段学习法的一贯思路，本套丛书在编写过程中力图体现如下几个特点。

紧扣大纲，突出重点

本套丛书严格按照人力资源和社会保障部最新考试大纲编写，充分体现了教材的最新变化与要求。所选习题的题型、内容也均以此为依据。在为考生梳理基础知识的同时，结合历年考题深度讲解考点、难点，使考生能够"把握重点，迅速突破"。

同步演练，科学备考

本套丛书按照"读书、做题、模考"分段学习法的一贯思路，相应设置了"大纲解读"、"考点精讲"、"同步自测"和"同步自测解析"几个栏目，以全程辅导的形式帮助考生按照正确的方法复习备考。

命题规范，贴近实战

众所周知，历年真题是最好的练习题，本套丛书在例题的选取上，以历年真题为主，让考生充分了解考试重点、难点，有的放矢，提高命中率。同时还配备了高保真模拟题，让考生以最接近真题的模拟自测题检验学习效果，提高自己的实战能力和应变能力。

解析详尽，便于自学

考虑到大部分考生是在职人士，主要依靠业余时间进行自学。本套丛书对每道习题都进行了详尽、严谨的解析，有问有答，帮助考生快速掌握解题技巧，方便考生自学。

思维导图，加深记忆

在学习了基础知识以后，就要进行强化练习了。本系列的习题集分册，都配有思维导图，在每章的开始帮助考生梳理重点，然后进行有针对性的训练，使复习效率更高。

总而言之，通过凸显重点、辨析真题、同步自测、深度解析，希望能够使考生朋友们对考点烂熟于心，对考试游刃有余，对成绩胸有成竹。

本书由索晓辉组织编写，同时参与编写的还有晁楠、吴金艳、雷凤、张燕、方文彬、李蓉、林金松、刘春云、张增强、刘晓翠、路利娜、邵永为、邢铭强、张剑锋、赵桂芹、张昆、孟春燕、杜友丽，在此一并表示感谢。

最后，预祝广大考生顺利通过经济专业技术资格考试，在新的人生道路上续写辉煌。

目　　录

第一章　公共财政与财政职能…………………1
　　大纲解读……………………………1
　　考点精讲……………………………1
　第一节　公共产品与公共财政理论……1
　　考点一　公共产品的概念……………1
　　考点二　公共产品的特征……………1
　　考点三　市场失灵与公共财政………2
　第二节　财政的职能……………………2
　　考点四　资源配置职能………………3
　　考点五　财政收入分配职能…………4
　　考点六　经济稳定职能………………5
　同步自测…………………………………6
　同步自测解析……………………………9

第二章　财政支出理论与内容……………12
　　大纲解读……………………………12
　　考点精讲……………………………12
　第一节　财政支出的分类及其经济
　　　　　　影响…………………………12
　　考点一　按财政支出的经济性质
　　　　　　分类…………………………12
　　考点二　按财政支出在社会再生产
　　　　　　中的作用分类………………13
　　考点三　按财政支出的目的性分类…13
　　考点四　按政府对财政支出的控制
　　　　　　能力分类……………………14
　　考点五　按财政支出的受益范围
　　　　　　分类…………………………14
　　考点六　购买性支出对经济的影响…14
　　考点七　转移性支出对经济的影响…15
　　考点八　购买性支出与转移性支出
　　　　　　对经济影响的比较…………16
　第二节　财政支出的规模………………17
　　考点九　财政支出规模的衡量指标…17

　　考点十　财政支出规模的增长趋势…17
　　考点十一　中国财政支出规模的
　　　　　　　分析………………………18
　第三节　财政支出的效益分析…………19
　　考点十二　财政支出效益分析的
　　　　　　　意义………………………19
　　考点十三　财政支出效益分析的
　　　　　　　特点………………………19
　　考点十四　财政支出效益分析的
　　　　　　　方法………………………20
　第四节　购买性支出……………………22
　　考点十五　行政管理费与国防支出…22
　　考点十六　文教科学卫生支出………22
　　考点十七　财政投资性支出…………23
　第五节　转移性支出……………………26
　　考点十八　社会保障支出……………26
　　考点十九　财政补贴支出……………27
　　考点二十　税收支出…………………29
　同步自测…………………………………30
　同步自测解析……………………………38

第三章　税收理论……………………………44
　　大纲解读……………………………44
　　考点精讲……………………………44
　第一节　税收概述………………………44
　　考点一　税收的本质…………………44
　　考点二　税收的职能…………………45
　第二节　税收原则………………………45
　　考点三　税收原则概述………………45
　　考点四　现代税收原则………………46
　第三节　税法与税制……………………47
　　考点五　税法概述……………………47
　　考点六　税制要素……………………49
　　考点七　我国现行税收法律制度……51

考点八　我国税制改革与展望⋯⋯⋯51
第四节　税收负担⋯⋯⋯⋯⋯⋯⋯52
　　考点九　税收负担概述⋯⋯⋯⋯52
　　考点十　税收负担的转嫁与归宿⋯⋯53
第五节　国际税收⋯⋯⋯⋯⋯⋯⋯54
　　考点十一　国际税收概述⋯⋯⋯54
　　考点十二　税收管辖权⋯⋯⋯⋯55
　　考点十三　国际重复征税的产生与
　　　　　　　免除⋯⋯⋯⋯⋯⋯⋯56
　　考点十四　国际避税与反避税⋯⋯58
　　考点十五　国际税收协定⋯⋯⋯59
同步自测⋯⋯⋯⋯⋯⋯⋯⋯⋯⋯⋯59
同步自测解析⋯⋯⋯⋯⋯⋯⋯⋯⋯64

第四章　货物和劳务税制度⋯⋯⋯69
大纲解读⋯⋯⋯⋯⋯⋯⋯⋯⋯⋯⋯69
考点精讲⋯⋯⋯⋯⋯⋯⋯⋯⋯⋯⋯69
第一节　增值税制⋯⋯⋯⋯⋯⋯⋯69
　　考点一　增值税的概念⋯⋯⋯⋯69
　　考点二　增值税的纳税人⋯⋯⋯69
　　考点三　增值税的征税范围⋯⋯70
　　考点四　增值税的税率⋯⋯⋯⋯71
　　考点五　增值税应纳税额的计算⋯⋯71
　　考点六　销售货物或应税劳务的
　　　　　　计税依据⋯⋯⋯⋯⋯⋯75
　　考点七　增值税的纳税义务发生
　　　　　　时间⋯⋯⋯⋯⋯⋯⋯⋯75
　　考点八　增值税的纳税期限⋯⋯76
　　考点九　增值税的纳税地点⋯⋯76
　　考点十　增值税的减税、免税⋯⋯77
　　考点十一　增值税的征收管理⋯⋯77
　　考点十二　交通运输业和部门现代
　　　　　　　服务业营业税改征增值
　　　　　　　税试点改革⋯⋯⋯⋯78
第二节　消费税制⋯⋯⋯⋯⋯⋯⋯79
　　考点十三　消费税的概念⋯⋯⋯79
　　考点十四　消费税的纳税人⋯⋯79
　　考点十五　消费税的征税范围⋯⋯79
　　考点十六　消费税的税率⋯⋯⋯80
　　考点十七　消费税的计税依据⋯⋯81

　　考点十八　消费税应纳税额的计算⋯⋯83
　　考点十九　消费税的征收管理⋯⋯84
第三节　营业税制⋯⋯⋯⋯⋯⋯⋯85
　　考点二十　营业税的概念⋯⋯⋯85
　　考点二十一　营业税的纳税人⋯⋯85
　　考点二十二　营业税的征税范围⋯⋯85
　　考点二十三　营业税的税率⋯⋯⋯86
　　考点二十四　营业税的计税依据⋯⋯86
　　考点二十五　营业税应纳税额的
　　　　　　　　计算⋯⋯⋯⋯⋯⋯90
　　考点二十六　营业税的征收管理⋯⋯90
第四节　关税制⋯⋯⋯⋯⋯⋯⋯⋯92
　　考点二十七　关税的概念⋯⋯⋯92
　　考点二十八　关税的纳税人⋯⋯92
　　考点二十九　关税的征税范围⋯⋯92
　　考点三十　关税的税率⋯⋯⋯⋯93
　　考点三十一　关税的完税价格和
　　　　　　　　应纳税额的计算⋯⋯93
同步自测⋯⋯⋯⋯⋯⋯⋯⋯⋯⋯⋯94
同步自测解析⋯⋯⋯⋯⋯⋯⋯⋯⋯101

第五章　所得税制度⋯⋯⋯⋯⋯107
大纲解读⋯⋯⋯⋯⋯⋯⋯⋯⋯⋯107
考点精讲⋯⋯⋯⋯⋯⋯⋯⋯⋯⋯107
第一节　企业所得税⋯⋯⋯⋯⋯107
　　考点一　概述⋯⋯⋯⋯⋯⋯⋯107
　　考点二　纳税人⋯⋯⋯⋯⋯⋯107
　　考点三　征税对象⋯⋯⋯⋯⋯108
　　考点四　税率⋯⋯⋯⋯⋯⋯⋯108
　　考点五　计税依据⋯⋯⋯⋯⋯109
　　考点六　收入确认⋯⋯⋯⋯⋯109
　　考点七　企业所得税的税前扣除⋯⋯110
　　考点八　资产的税务处理⋯⋯⋯111
　　考点九　应纳税额的计算⋯⋯⋯114
　　考点十　税收优惠⋯⋯⋯⋯⋯115
　　考点十一　源泉扣缴⋯⋯⋯⋯117
　　考点十二　特别纳税调整⋯⋯⋯117
　　考点十三　征收管理⋯⋯⋯⋯119
第二节　个人所得税⋯⋯⋯⋯⋯121
　　考点十四　概述⋯⋯⋯⋯⋯⋯121

考点十五　纳税人 ……………… 121

考点十六　征税对象 …………… 121

考点十七　税率 ………………… 121

考点十八　计税依据 …………… 122

考点十九　应纳税额的计算 …… 124

考点二十　税收优惠 …………… 124

考点二十一　征收管理 ………… 125

同步自测 …………………………… 126

同步自测解析 ……………………… 131

第六章　其他税收制度 …………………… 136

大纲解读 …………………………… 136

考点精讲 …………………………… 137

第一节　财产税制 ………………… 137

考点一　房产税 ………………… 137

考点二　契税 …………………… 139

考点三　车船税 ………………… 142

第二节　资源税制 ………………… 143

考点四　资源税 ………………… 143

考点五　城镇土地使用税 ……… 144

考点六　耕地占用税 …………… 146

考点七　土地增值税 …………… 147

第三节　行为、目的税制 ………… 148

考点八　印花税 ………………… 148

考点九　城市维护建设税 ……… 151

考点十　教育费附加 …………… 152

同步自测 …………………………… 153

同步自测解析 ……………………… 158

第七章　税务管理 ………………………… 162

大纲解读 …………………………… 162

考点精讲 …………………………… 162

第一节　税务基础管理 …………… 162

考点一　税务登记 ……………… 162

考点二　账簿、凭证管理 ……… 165

考点三　发票管理 ……………… 167

考点四　纳税申报 ……………… 169

第二节　税收征收管理 …………… 170

考点五　税收征收管理的形式 …… 170

考点六　税款征收的管理 ……… 171

考点七　减免税的管理 ………… 174

考点八　出口退税的管理 ……… 174

第三节　税收控制管理 …………… 176

考点九　经济税源调查的目的和

内容 ………………… 176

考点十　经济税源调查分析与报告 … 176

同步自测 …………………………… 177

同步自测解析 ……………………… 184

第八章　纳税检查 ………………………… 189

大纲解读 …………………………… 189

考点精讲 …………………………… 189

第一节　纳税检查概述 …………… 189

考点一　纳税检查的概念 ……… 189

考点二　纳税检查的基本方法 …… 190

考点三　会计凭证、会计账簿和

会计报表的检查 …… 191

考点四　账务调整的基本方法 …… 193

第二节　增值税的检查 …………… 193

考点五　增值税销项税额的检查 … 193

考点六　增值税进项税额的检查 … 196

第三节　消费税的检查 …………… 197

考点七　销售收入的检查 ……… 197

考点八　销售数量的检查 ……… 198

第四节　营业税的检查 …………… 199

考点九　对建筑安装企业营业税的

检查 ………………… 199

考点十　对房地产开发企业营业税的

检查 ………………… 200

考点十一　对旅游、饮食服务企业的

检查 ………………… 200

考点十二　转让无形资产及销售

不动产业务的检查 …… 201

第五节　企业所得税的检查 ……… 203

考点十三　年度收入总额的检查 … 203

考点十四　税前准予扣除项目的

检查 ………………… 204

考点十五　不得税前扣除项目的

检查 ………………… 204

同步自测 …………………………… 205

同步自测解析……………214

第九章　国债………220
　　大纲解读…………220
　　考点精讲…………220
　第一节　国债的概念与分类…220
　　考点一　国债的概念…220
　　考点二　国债的特征…221
　　考点三　国债的功能…221
　　考点四　国债的分类…222
　　考点五　国债的结构…222
　第二节　国债的规模…223
　　考点六　国债规模的含义…223
　　考点七　国债的负担…223
　　考点八　国债的限度及衡量指标…223
　第三节　国债的发行………225
　　考点九　国债的发行和推销机构…225
　　考点十　国债的发行价格…225
　　考点十一　国债的发行方式…225
　　考点十二　国债的利率…226
　第四节　国债的偿还………227
　　考点十三　国债的偿还方式…227
　　考点十四　国债的付息方式…227
　　考点十五　偿债的资金来源…227
　第五节　国债市场…………228
　　考点十六　国债发行市场和流通市场…228
　　考点十七　国债市场的功能…228
　同步自测……………228
　同步自测解析………231

第十章　政府预算理论与管理制度………234
　　大纲解读…………234
　　考点精讲…………234
　第一节　政府预算的含义及特征…234
　　考点一　政府预算的含义…234
　　考点二　政府预算的基本特征…235
　　考点三　政府预算的多重研究视角…236
　　考点四　政府预算管理中的共同治理………236

　第二节　政府预算的决策程序及模式………237
　　考点五　政府预算的决策模式…237
　　考点六　政府预算编制模式…238
　第三节　政府预算的原则与政策…240
　　考点七　政府预算的原则…240
　　考点八　政府预算的政策…240
　第四节　政府预算的编制、执行及审批监督制度………241
　　考点九　部门预算制度………241
　　考点十　政府采购制度………242
　　考点十一　现代国库制度………243
　　考点十二　政府预算的审查、批准和监督制度………243
　第五节　政府预算的绩效管理………244
　　考点十三　政府预算绩效管理的内涵与要素………244
　　考点十四　政府预算绩效管理的前提………244
　　考点十五　我国政府预算的绩效管理………244
　同步自测……………245
　同步自测解析………247

第十一章　政府间财政关系………250
　　大纲解读…………250
　　考点精讲…………250
　第一节　财政分权理论…250
　　考点一　公共产品和服务理论…250
　　考点二　集权分权理论…251
　　考点三　财政联邦主义…251
　　考点四　俱乐部理论…251
　第二节　政府间收支划分的制度安排………251
　　考点五　政府间事权的划分………252
　　考点六　政府间的财政支出划分…253
　　考点七　政府间收入划分………254
　　考点八　政府间收支的调节制度…255
　　考点九　政府间财政管理权限的划分………255

第三节　分税制财政管理体制 ········ 256
　　考点十　分税制财政管理体制的
　　　　　　基本问题 ········ 256
　　考点十一　我国分税制管理体制的
　　　　　　　主要内容 ········ 256
第四节　政府间转移支付制度 ········ 258
　　考点十二　政府间转移支付概述 ··· 258
　　考点十三　我国政府间转移支付
　　　　　　　制度 ········ 260
第五节　省以下预算管理体制的改革
　　　　创新 ········ 260
　　考点十四　"省直管县"财政体制
　　　　　　　创新 ········ 260
　同步自测 ········ 261
　同步自测解析 ········ 264

第十二章　国有资产管理 ········ 267
　　大纲解读 ········ 267
　　考点精讲 ········ 267
第一节　国有资产管理概述 ········ 267
　　考点一　国有资产的概念与分类 ··· 267
　　考点二　国有资产管理体制的基本
　　　　　　内涵 ········ 268
第二节　经营性国有资产管理 ········ 268
　　考点三　经营性国有资产管理的
　　　　　　主要内容 ········ 268
　　考点四　国有经济战略性调整与
　　　　　　国有资产运营 ········ 269
第三节　行政事业单位国有资产
　　　　管理 ········ 269
　　考点五　行政单位国有资产管理 ··· 269
　　考点六　事业单位国有资产管理 ··· 270
第四节　资源性国有资产管理 ········ 270
　　考点七　资源性国有资产管理
　　　　　　概述 ········ 270
　　考点八　资源性国有资产管理的
　　　　　　主要内容 ········ 271
　　考点九　资源性国有资产管理的
　　　　　　基本原则 ········ 271

　　考点十　资源性国有资产管理
　　　　　　体制 ········ 271
　同步自测 ········ 271
　同步自测解析 ········ 272

第十三章　财政平衡与财政政策 ········ 273
　　大纲解读 ········ 273
　　考点精讲 ········ 273
第一节　财政平衡 ········ 273
　　考点一　财政平衡的含义 ········ 273
　　考点二　财政赤字的计算口径及
　　　　　　分类 ········ 274
　　考点三　财政赤字的弥补方式及其
　　　　　　经济效应 ········ 275
第二节　财政政策 ········ 276
　　考点四　财政政策的含义 ········ 276
　　考点五　财政政策的主体 ········ 277
　　考点六　财政政策目标 ········ 277
　　考点七　财政政策工具 ········ 277
　　考点八　财政政策的类型与效应 ··· 279
第三节　财政政策与货币政策的
　　　　配合 ········ 280
　　考点九　货币政策概述 ········ 280
　　考点十　财政政策与货币政策配合的
　　　　　　必要性 ········ 281
　　考点十一　财政政策与货币政策的
　　　　　　　配合运用 ········ 282
　　考点十二　我国财政政策的实践 ··· 282
　同步自测 ········ 282
　同步自测解析 ········ 286

2013 年财政与税收专业知识与实务(中级)
考试真题 ········ 289
　参考答案 ········ 301

第一章 公共财政与财政职能

 大纲解读

本章考试目的在于考查应试人员是否掌握公共财政理论。从近三年考题情况来看，本章主要考查公共产品的概念及其特征、市场失灵与公共财政、财政职能。平均分值是 4 分。具体考试内容如下。

1. 公共产品的概念及其特征

效用的不可分割性、受益的非排他性、取得方式的非竞争性、提供目的的非营利性。

2. 市场失灵与公共财政

公共产品缺失、外部效应、不完全竞争、收入分配不公、经济波动与失衡。

3. 财政职能

资源配置职能、收入分配职能、经济稳定职能。

 **考点精讲**

第一节 公共产品与公共财政理论

考点一 公共产品的概念

西方国家通常把经济部门分为私人部门和公共部门两部分，私人部门提供的产品叫做私人产品，公共部门提供的产品叫做公共产品。按照美国经济学家萨缪尔森给出的定义：纯公共产品是指这样的产品——每个人消费这种产品不会导致他人对该产品消费的减少。

考点二 公共产品的特征

公共产品的特征是在同私人产品的特征相比较而得出的，相对于私人产品的特征来说，公共产品具有如下特征：

(1) 效用的不可分割性；

(2) 受益的非排他性；

(3) 取得方式的非竞争性；

(4) 提供目的的非营利性。

上述公共产品的四个特征是密切联系的，其中核心特征是非排他性和非竞争性，而效用的不可分割性与提供目的的非营利性是其自然延伸。

应当指出，所谓公共产品是西方经济学中的一个具有特定意义的概念，它与私人产品的区别主要是就消费该产品的不同特征来加以区别的，并不是指产品的所有制性质。同样，它也不同于我们所讲的社会产品。社会产品是由物质生产部门创造的物质产品，其内涵不包括劳务等非物质产品，而公共产品内涵丰富，它不仅包括物质产品，也包括非物质产品。

【例 1-1】 某个人或集团对公共产品的消费，并不影响或妨碍其他个人或集团同时消费该公共产品，这是公共产品的特征之一，通常称为(   )。(2012 年单选题)

A. 效用的不可分割性　　　　　　　　　　B. 收益的非排他性

C. 取得方式的非竞争性　　　　　　　　　　D. 提供目的的非营利性

【解析】 B　效用的不可分割性，公共产品是向整个社会提供的，具有共同受益与消费的特点，其效用为整个社会的成员所共同享有，不能将其分割为若干部分，分别归个人或社会集团享用，A 选项不选。受益的非排他性，某个人或集团对公共产品的消费，并不影响或妨碍其他个人或集团同时消费该公共产品，也不会减少其他个人或集团消费该公共产品的数量和质量。也就是说，一个人不管是否付费，都会消费而且必须消费这种物品，B 选项正确。取得方式的非竞争性。某个人或经济组织对公共产品的享用，不排斥和妨碍其他人或组织同时享用。即增加一个消费者，其边际成本等于零，如国防、航海中的灯塔，C 选项不选。提供目的的非营利性。提供公共产品不以盈利为目的，而是追求社会效益和社会福利的最大化，D 选项不选。

考点三　市场失灵与公共财政

只有在"市场失灵"的领域，才有必要由政府介入。因此，在现代市场经济社会中，"市场失灵"是财政存在的前提。而市场失灵表现在许多方面：

(1) 公共产品缺失。公共产品的特征决定了市场在提供公共产品方面是失灵的。

(2) 外部效应。带有外部效应的产品在市场上只能是过多或过少，从而导致社会资源配置的不合理。

(3) 不完全竞争。不完全竞争可能产生垄断现象，排斥竞争，甚至导致竞争市场的解体。

(4) 收入分配不公平。长期的收入分配不公平，会影响整个经济的发展，也会带来社会的不稳定，这是市场无法依据自身力量解决的难题之一。

(5) 经济波动与失衡。市场失灵问题，个人和经济组织是无能为力的，需要由政府为主体的财政介入，用非市场方式解决"市场失灵"问题。因此，在市场经济条件下，财政分配的范围是以"市场失灵"为标准，以纠正和解决"市场失灵"这一问题来界定的。

【例 1-2】 在现代市场经济社会中，决定财政职能范围的是(   )。(2008 年单选题)

A. 政府意志　　　　B. 价值观念　　　　C. 市场失灵　　　　D. 经济状况

【解析】 C　在市场经济条件下，财政分配的范围是以"市场失灵"为标准，以纠正和解决"市场失灵"来界定的。此题也可以财政的前提是什么来提问，答案是一样的。

第二节　财政的职能

财政职能是财政这一事物内在的功能，它体现了财政的本质要求。按照社会主义市场经济体制的要求，财政职能可以概括为：资源配置职能、收入分配职能和经济稳定职能。

考点四　资源配置职能

(一) 资源配置职能的含义

资源配置职能是指财政通过对现有的人力、物力、财力等社会经济资源的合理调配，实现资源结构的合理化，使其得到最有效的使用，获得最大的经济和社会效益。财政资源配置的主体是政府，所以也称政府资源配置。财政资源配置职能是指政府决定提供某种公共产品并为之提供资金的职责。

(二) 财政资源配置方式

财政资源配置方式是指政府提供公共产品的决定方式和资金供应方式，实际上是一种政治程序。政府资源配置的资金提供方式也是通过政治程序完成的。公共产品的效率由资源配置效率和生产效率组成。而财政资源配置方式实质上是财政运行机制，是一定制度建构下的必然反映。因此，提高公共产品的供给效率，实质上涉及政治体制的民主化、科学化和法制化的问题。

【例1-3】　财政资源配置采用的程序是(　　)。(2013年单选题)

A. 政治程序　　　　　B. 审计程序　　　　　C. 经济程序　　　　　D. 社会程序

【解析】A　财政资源配置方式是指政府提供公共产品的决定方式和资金供应方式，实际上是一种政治程序。

(三) 公共产品效率供给的难点

(1) 公共产品偏好表达的困难。首先，公共产品需求难以准确表达；其次，即使公共产品的需求能够正确知道，成本和收益也难以计算，因为公共产品的成本和收益是外部化的。

(2) 公共产品生产效率供给的困难。公共部门可以看做是公共产品的生产单位。公共部门具有单边垄断的性质，这就给公共产品的生产效率造成了极大的困难。

(四) 解决公共产品效率供给问题的基本途径

实现公共产品资源配置效率的基本途径是完善民主、科学的财政决策体制。包括决策者(领导层)的选拔制度、文官晋升制度、决策信息的收集传送制度、公共产品的效率评估制度、政府的收入和支出制度、审计监督制度等。

实现公共产品生产效率的基本途径是完善公共部门的组织制度和激励约束制度，确保公共部门的行为不偏离政府的意图。

【例1-4】　实现公共产品资源配置效率的基本途径是(　　)。(2008年单选题)

A. 完善公共部门的组织制度　　　　　　　B. 完善民主、科学的财政决策体制

C. 完善所得税制度　　　　　　　　　　　D. 完善事业单位拨款制度

【解析】B　实现公共产品资源配置效率的基本途径是完善民主、科学的财政决策体制。

(五) 财政资源配置职能的范围

财政资源配置职能的范围包括直接满足消费需求的公共产品和准公共产品，以及天然垄断行业的产品等。

(1) 公共产品。

(2) 准公共产品。准公共产品是指既有公共产品的特征，又有私人产品的特征的产品，如教育、医疗等。

(3) 天然垄断行业的产品。

(六) 财政资源配置职能的主要内容

(1) 调节资源在不同地区之间的配置。

(2) 调节资源在国民经济各部门之间的配置。

(3) 调节全社会的资源在政府部门和非政府部门之间的配置。

考点五 财政收入分配职能

(一) 财政收入分配职能的含义

财政收入分配职能是指政府在进行财政分配活动的过程中，为了实现社会公平，而对市场经济形成的收入分配结构进行调整的职能。

【例1-5】 财政履行收入分配职能的主要目标是( )。(2011年单选题)

A. 实现资源配置高效率   B. 实现收入平均分配

C. 实现收入公平分配   D. 实现经济的稳定增长

【解析】C 从财政收入分配职能的定义和社会公平准则都可以发现，财政收入分配职能的目标是实现社会公平。

(二) 社会公平的准则

社会公平要考虑以下三个准则，并做到协调统一。

(1) 保证生存权准则。

(2) 效率优先，兼顾公平的准则。

(3) 共同富裕准则。

(三) 社会不公平的原因分析

(1) 生产要素占有状况的不公平。

(2) 制度不完善。

(3) 个人及家庭状况的不同。

社会不公平的原因可能来自上述三个方面。概括地说，一是历史的原因；二是制度建设的原因；三是个人的原因。财政在执行社会公平政策的时候就要区分不同情况，采取不同的对策。

(四) 财政收入分配职能的实现

(1) 财政的收入分配范围。财政的收入分配范围也就是社会公平的实施范围,包括三个方面:一是在效率的基础上尽可能改善初始条件的不公平;二是完善市场机制,尽可能创造公平竞争的环境;三是在个人偏好方面进行适当的干预。

(2) 财政的收入分配方式。对于市场经济体制来说,社会公平是在效率市场的基础上进行的。因此,实施社会公平主要有以下三个方面:首先,在组织财政收入时要考虑社会公平;其次,在安排财政支出时要考虑社会公平;再次,要实行社会保障,以利于社会公平的切实实现。

(五) 财政收入分配职能的主要内容

财政收入分配职能主要是通过调节企业的利润水平和居民的个人收入水平来实现的。

财政调节企业的利润水平,主要是通过包括税收、财政补贴等方式在内的各种财政手段进行调节。

调节居民个人收入水平,既要合理拉开收入差距,又要防止贫富悬殊,逐步实现共同富裕。这主要有两方面的手段:一是通过税收进行调节;二是通过转移支付。

考点六 经济稳定职能

(一) 经济稳定的含义

经济稳定通常是指:

(1) 充分就业。它是指有工作能力且愿意工作的劳动者能够找到工作。

(2) 物价稳定。它是指物价总水平基本稳定。

(3) 国际收支平衡。它是指一国在进行国际经济交往时,其经常项目和资本项目的收支合计大体保持平衡。

【例1-6】 财政经济稳定职能主要包括(　　)。(2013年多选题)

A. 扩大社会总需求　　　　　B. 扩大社会总供给　　　　　C. 实现充分就业

D. 稳定物价水平　　　　　　E. 国际收支平衡

【解析】CDE 从经济稳定的含义可知,经济稳定通常是指充分就业,物价稳定,国际收支平衡。

(二) 经济稳定职能的主要内容

要实现经济的稳定增长,关键是做到社会总供给与社会总需求的平衡,包括总量平衡和结构平衡。财政在调节社会供求总量平衡方面:

(1) 通过财政预算收支进行调节。

(2) 通过制度性安排,发挥财政"内在稳定器"的作用。"内在稳定器"调节的最大特点在于无须借助于外力就可以直接产生调控的效果,使这种内在稳定可以随社会经济的发展发挥自身调节作用,不用政府采取任何其他有意识的政策干预。"内在稳定器"调节主要表现在财政收入和支出两方面的制度。在财政收入方面，主要是实行累进所得税制；在财政支出方面，主要体现在转移性支出(社会保障、补贴、救济和福利支出等)的安排上。

【例 1-7】 财政"内在稳定器"在收入方面的调节，主要体现在(　　)。(2009 年单选题)

A. 财政预算的调节　　　　　　　　　　B. 累进税制的调节

C. 财政补贴的调节　　　　　　　　　　D. 社会保障制度的调节

【解析】B　"内在稳定器"在收入方面的调节作用，主要是实行累进所得税制。

(3) 财政政策和其他政策配合进行调节。通过财政政策和其他政策配合进行调节，主要是与货币政策、产业政策、投资政策、国际收支政策等方面的政策相配合进行调节。

同 步 自 测

一、单项选择题

1. 在计划经济体制下，居于国家社会产品分配的主导地位的是(　　)。

A. 财政　　　　　　B. 信贷　　　　　　C. 企业财务　　　　　　D. 价格

2. 在现代市场经济社会中，财政存在的前提是(　　)。

A. 社会产品　　　　B. 社会再生产　　　C. 市场失灵　　　　　　D. 货币流通

3. 在(　　)中，起主导作用的是市场配置。

A. 市场经济　　　　B. 计划经济　　　　C. 垄断经济　　　　　　D. 自由经济

4. 财政资源配置方式实际上是一种(　　)。

A. 政治程序　　　　　　　　　　　　　B. 市场过程

C. 政府和市场共同参与的过程　　　　　D. 以上都不对

5. 目前我国财政资源配置的主体是(　　)。

A. 国有企业　　　　B. 政府　　　　　　C. 市场　　　　　　　　D. 计划

6. 根据经济学家萨谬尔森的定义，纯公共产品是指这样的产品(　　)。

A. 效用不可分割的产品

B. 无法实现排他或排他成本太高以至在经济上不可行的产品

C. 每个人消费这种产品不会导致他人对该产品消费的减少

D. 产品的提供者追求社会效益和社会福利的最大化

7. 公共产品按(　　)的大小，可以分为全国性公共产品和地区性公共产品。

A. 受益范围　　　　B. 管辖范围　　　　C. 收支范围　　　　　　D. 政府职责

8. 提供公共产品不以盈利为目的，而是追求(　　)。

A. 社会生产的最大化　　　　　　　　　B. 产品利润的最大化

C. 产品使用的最大化　　　　　　　　　D. 社会效益和社会福利的最大化

9. 下面关于公共产品的表述中，不正确的是(　　)。

A. 公共产品的效用是不可分割的　　　　B. 公共产品的收益具有排他性

C. 提供公共产品并不是为了盈利　　　　D. 公共产品的取得不具备竞争性

10. 公共产品具有共同受益与消费的特点，其效用为整个社会的成员所共同享有，不能分割，这属于公共产品的(　　)性质。

A. 效用的不可分割性　　　　　　　　B. 受益的非排他性

C. 取得方式的非竞争性　　　　　　　D. 提供目的的非盈利性

11. 实现公共产品生产效率的基本途径是(　　)。

A. 完善公共部门的效率评估制度

B. 完善公共部门的组织制度和激励约束制度

C. 完善政府的收支制度

D. 改变公共部门的垄断性质

12. 社会主义市场经济体制下，社会公平的基本准则是(　　)。

A. 效率优先、兼顾公平准则　　　　　B. 共同富裕准则

C. 公平与效率兼顾准则　　　　　　　D. 保证生存权准则

13. 以下属于准公共产品的有(　　)。

A. 国防　　　　　B. 基础科学研究　　　C. 环境保护　　　　　D. 医疗

14. 充分就业是指(　　)。

A. 在各种所有制和各行各业的就业率达到100%

B. 在各种所有制和各行各业的就业率达到某一社会认可的比率

C. 由国家劳动部门分配形成的就业达到一定的比率

D. 在全民和集体所有制单位就业达到一定的比率

15. 某些具有正外部效应的产品，如果没有政府的干预，在市场上的数量是(　　)。

A. 供不应求　　　　B. 供过于求　　　　C. 供求平衡　　　　D. 时多时少

16. 下列不属于货币政策的松紧衡量的指标是(　　)。

A. 利率的上升与下降　　　　　　　　B. 信贷规模的扩张

C. 信贷规模的收缩　　　　　　　　　D. 预算规模的扩张与收缩

17. 为剔除或减少价格对企业利润的影响，应采取的财政政策是(　　)。

A. 征收增值税　　　　　　　　　　　B. 征收消费税

C. 征收企业所得税　　　　　　　　　D. 征收资源税

18. 预算收支调节经济运行的基本原理是(　　)。

A. 经济高涨时，采取推动经济发展的政策

B. 经济滑坡时，采取抑制政策

C. 经济衰退时，采取刺激政策

D. 经济平稳发展时，国家积极干预经济运行

19. "内在稳定器"在支出方面的调节主要体现在(　　)。

A. 购买性支出　　　　　　　　　　　B. 转移性支出

C. 政府救济　　　　　　　　　　　　D. 消费性支出

20. 下列财税手段中，起"内在稳定器"作用的是(　　)。

A. 对个人取得的股息征收个人所得税　B. 对国有企业征收的企业所得税

C. 对企业征收增值税　　　　　　　　D. 对弱势群体发放的困难补助

21. "内在稳定器"中的税收调节是指(　　)。

A. 税收减免的自动调节　　　　　　　B. 课税对象的自动调节

C. 累进税率的自动调节　　　　　　　D. 纳税人的自动调节

22. 当社会总需求大于社会总供给时，国家预算应该实行的政策是(　　)。
　　A. 收入相等的平衡政策　　　　　　　B. 全面扩张政策
　　C. 收大于支的结余政策　　　　　　　D. 支大于收的赤字政策

二、多项选择题

1. 市场失灵主要表现在(　　)。
　　A. 不能提供公共产品　　　B. 外部效应　　　C. 收入分配的社会不公平
　　D. 经济波动和失衡　　　　E. 经济完全竞争

2. 在市场经济条件下，财政职能有(　　)。
　　A. 资源配置职能　　　　　B. 经济稳定职能　　　C. 对外经济平衡职能
　　D. 充分就业职能　　　　　E. 收入分配职能

3. 在市场经济条件下，财政资源配置的主要原因有(　　)。
　　A. 市场不提供公共产品　　B. 市场的竞争性　　　C. 市场的盲目性
　　D. 市场的效率低下　　　　E. 人们对财政配置的偏好

4. 在市场经济条件下，财政资源配置的主要内容包括(　　)。
　　A. 调节资源在地区间配置　　　　　　B. 调节资源在产业部门间配置
　　C. 调节资源在不同所有者间配置　　　D. 调节资源在政府与非政府间配置
　　E. 调节资源在国家之间的配置

5. 与私人产品相比，公共产品的特征包括(　　)。
　　A. 权属的社会性　　　　　B. 效用的可分割性　　　C. 受益的排他性
　　D. 取得方式的非竞争性　　E. 提供目的的非盈利性

6. 以下属于公共产品的是(　　)。
　　A. 住房　　　　　　　　　B. 高等教育　　　　　C. 国防
　　D. 食品　　　　　　　　　E. 法律设施

7. 财政收入分配职能的实现途径有(　　)。
　　A. 调节不同地区之间的收入水平　　　B. 调节不同产业部门之间的收入水平
　　C. 调节企业的利润水平　　　　　　　D. 调节个人收入水平
　　E. 充分利用"内在稳定器"的功能

8. 社会公平实施范围包括(　　)。
　　A. 干预市场机制　　　　　　　　　　B. 改善初始条件的不公平
　　C. 创造公平竞争环境　　　　　　　　D. 干预个人偏好
　　E. 实施平均主义

9. 财政实施社会公平主要包括的方面有(　　)。
　　A. 在组织财政收入方面　　　　　　　B. 在安排财政支出方面
　　C. 在实行社会保障方面　　　　　　　D. 在发行国债方面
　　E. 在实行财政体制方面

10. 财政调节居民个人收入水平的手段有(　　)。
　　A. 征收增值税　　　　　　B. 征收所得税　　　　C. 征收遗产税
　　D. 社会保障支出　　　　　E. 财政补贴

11. 关于调节企业的利润水平，下列哪些说法是正确的(　　)。

    A. 通过征收消费税剔除或减少价格的影响

    B. 通过征收资源税、房产税、土地使用税等剔除或减少由于资源、房产、土地状况的不同而形成的级差收入的影响

    C. 通过征收土地增值税调节土地增值收益对企业利润水平的影响

    D. 主要是通过包括税收、财政补贴等手段在内的各种货币政策手段来调节

    E. 进行调节是为了使企业的利润水平能够反映企业的经营管理水平和主观努力状况

12. 调整产业结构的途径有(　　)。

    A. 调整投资结构   B. 调整价格体系   C. 调整分配制度

    D. 改变现有企业的生产方向   E. 调整预算结构

13. 反映经济稳定的指标有(　　)。

    A. 充分就业   B. 物价稳定   C. 财政收支平衡

    D. 信贷收支平衡   E. 国际收支平衡

14. 财政的"内在稳定器"主要包括(　　)。

    A. 税收的自动调节   B. 预算的自动调节

    C. 累进税率的自动调节   D. 转移性支出的自动调节

    E. 国债的自动稳定

同步自测解析

一、单项选择题

1. 【解析】A　在计划经济体制下，整个经济活动都置于国家直接管理监督之下，国家财政分配在社会产品分配中居于主导地位。

2. 【解析】C　在现代市场经济社会中，财政存在的前提是市场失灵。

3. 【解析】A　在市场经济中，起主导作用的是市场配置。

4. 【解析】A　财政资源配置方式是政府提供公共产品的决定方式和资金供应方式，财政资源配置方式实际上是一种政治程序。

5. 【解析】B　财政资源配置的主体是政府，所以也称政府资源配置。

6. 【解析】C　按照美国经济学家萨缪尔森给出的定义：纯公共产品是指这样的产品——每个人消费这种产品不会导致他人对该产品的消费减少。

7. 【解析】A　依据受益范围的大小，可以将公共产品区分为全国性和地区性的公共产品，而地区性公共产品的覆盖范围和面积也存在大小之别。

8. 【解析】D　提供公共产品不以盈利为目的，而是追求社会效益和社会福利的最大化。

9. 【解析】B　公共产品最大的特征是收益的非排他性和消费的非竞争性，正因为这两个特点使得公共产品无法像私人产品那样由市场有效地提供，所以大部分公共产品需要由政府介入生产。

10. 【解析】A　公共产品效用的不可分割性。具有共同受益与消费的特点，其效用为整个社会的成员所共同享有，不能分割。

11.【解析】B　实现公共产品生产效率的基本途径是完善公共部门的组织制度和激励约束制度。

12.【解析】D　社会主义市场经济体制下，社会公平的基本准则是保证生存权准则。

13.【解析】D　准公共产品是指既有公共产品的特征，又有私人产品的特征的产品，如教育、医疗等。ABC 属于公共产品。

14.【解析】B　充分就业是指有工作能力且愿意工作的劳动者能够找到工作。这里的"充分"就业，并不意味着就业人口 100%的就业，而是指就业率(已就业人口占全部就业人口的比率)达到了某一社会认可的比率，比如 95%、97%等。

15.【解析】A　外部效应是某个人行为的个人成本不等于社会成本，个人收益不等于社会收益。外部效应有正、负之分，正外部性是指私人成本大于社会成本，私人收益小于社会收益，具有正外部效应的产品，人们都愿意享用，不愿意提供，所以最终导致该产品供不应求。

16.【解析】D　货币政策的松紧主要是以利率的下降与上升以及信贷规模的扩张与收缩等来衡量和判断的。

17.【解析】B　通过征收消费税可以剔除或减少价格对企业利润的影响；征收资源税、房产税、土地使用税等剔除或减少由于资源、房产、土地状况的不同而形成的级差收入的影响；征收土地增值税调节土地增值收益对企业利润水平的影响等等。

18.【解析】C　所谓预算收支调节，就是改变预算结构或规模以影响宏观经济水平，达到经济稳定增长的目标。经济高涨时，失业人数减少，转移性支出下降，对经济起抑制作用；反之，经济萧条时，失业人数增加，转移性支出上升，对经济复苏和发展起刺激作用，以此维持经济稳定增长局面。

19.【解析】B　"内在稳定器"在财政支出方面，主要体现在转移性支出(社会保障、补贴、救济和福利支出等)的安排上。其效应正好同税收相配合，经济高涨时，失业人数减少，转移性支出下降，对经济起抑制作用。

20.【解析】B　"内在稳定器"调节主要表现在财政收入和支出的两方面制度。在收入方面，主要是实行累进所得税制。在财政支出方面，主要体现在转移性支出(社会保障、补贴、救济和福利支出等)的安排上。由此可见，题目中所述的各项中，仅对国有企业征收的企业所得税起到了"内在稳定器"的作用。

21.【解析】C　"内在稳定器"中的税收调节主要是指累进税率的自动调节。

22.【解析】C　当社会总需求大于社会总供给时，可以通过实行国家预算收入大于支出的结余政策进行调节；而当社会总供给大于社会总需求时，可以实行国家预算支出大于收入的赤字政策进行调节；当社会供求总量平衡时，国家预算应实行收支平衡的中性政策与之相平衡。

二、多项选择题

1.【解析】ABCD　市场失灵主要表现在公共产品缺失、外部效应、不完全竞争、收入分配不公、经济波动和失衡。

2.【解析】ABE　按照社会主义市场经济体制的要求，财政职能可以概括为：资源配置职能、收入分配职能和经济稳定职能。

3.【解析】AC　在市场经济条件下，之所以必须进行财政资源配置，主要可以归纳为两个原因：一是许多社会公共需要和公共产品无法通过市场来提供和满足；二是市场配置有一定的盲目性，经济活动主体往往容易从自身当前的经济利益出发，产生短期行为，而市场提供的错误信息，往往又会使经济活动主体走入歧途，导致资源不能合理配置和有效使用。

4. 【解析】ABD　财政资源配置职能的主要内容包括：调节资源在地区之间的配置、调节资源在产业部门之间的配置、调节资源在政府与非政府部门之间的配置。

5. 【解析】DE　公共产品的特征是在同私人产品的特征相比较而得出的，相对于私人产品的特征来说，公共产品具有如下特征：效用的不可分割性；受益的非排他性；取得方式的非竞争性；提供目的的非营利性。公共产品的这四个特征是密切联系的，其中核心特征是非排他性和非竞争性，而效用的不可分割性与提供目的的非盈利性是其自然延伸。

6. 【解析】CE　公共产品是理论抽象的，在实践中通常作为例子的是国防。但通常把法律设施、环境保护、行政管理服务、基础科学研究等也视作公共产品。题目中的高等教育属于准公共产品，而住房、食品等则一般视为私人物品。

7. 【解析】CD　财政收入分配职能主要是通过调节企业的利润水平和居民的个人收入水平来实现的。

8. 【解析】BCD　社会公平实施范围包括三方面：一是在效率基础上改善初始条件的不公平；二是完善市场机制、尽可能创造公平竞争的环境；三是在个人偏好方面进行适当的干预。

9. 【解析】ABC　财政实施社会公平主要有以下三个方面：首先，在组织财政收入时要考虑社会公平；其次，在安排财政支出时要考虑社会公平；再次，要实行社会保障，以利于社会公平的切实实现。

10. 【解析】BCDE　调节居民个人收入水平，既要合理拉开收入差距，又要防止贫富悬殊，逐步实现共同富裕。这主要有两方面的手段：一是通过税收进行调节，如通过征收个人所得税、社会保障税而缩小个人收入之间的差距，通过征收财产税、遗产税、赠与税而调节个人财产分布等等；二是通过转移支付，如社会保障支出、救济支出、补贴等，以维持居民最低的生活水平和福利水平。

11. 【解析】ABCE　财政调节企业的利润水平，主要是通过包括税收、财政补贴等手段在内的各种财政手段来调节。

12. 【解析】AD　调整产业结构有两条途径：一是调整投资结构；二是改变现有企业的生产方向，即调整资产的存量结构，进行资产重组，来调整产业结构。

13. 【解析】ABE　经济稳定通常是指：充分就业，有工作能力且愿意工作的劳动者能够找到工作；物价稳定，物价总水平基本稳定；国际收支平衡，一国在进行国际经济交往时，其经常项目和资本项目的收支合计大体保持平衡三方面的内容。

14. 【解析】ACD　"内在稳定器"调节主要表现在财政收入和支出两方面的制度。在收入方面，主要是实行累进所得税制。在财政支出方面，主要体现在转移性支出(社会保障、补贴、救济和福利支出等)的安排上。因此，题目中财政的"内在稳定器"主要包括税收的自动调节、累进税率的自动调节和转移性支出的自动调节。

第二章　财政支出理论与内容

 大纲解读

　　本章考试目的在于考查应试人员是否掌握财政支出理论与内容。从近三年考题情况来看，本章主要考查财政支出的分类、财政支出的经济影响、财政支出增长理论、财政支出效益分析、财政投资性支出、转移性支出等，平均分值是 6 分。具体考试内容如下。

1. 财政支出的分类

　　按财政支出的经济性质分类、按财政支出在社会再生产中的作用分类、按财政支出的目的性分类、按政府对财政支出的控制能力分类、按财政支出的受益范围分类。

2. 财政支出的经济影响

　　购买性支出对经济的影响、转移性支出对经济的影响、购买性支出与转移性支出对经济影响的比较。

3. 财政支出增长理论

　　瓦格纳的"政府活动扩张法则"、皮考克和魏斯曼的"公共收入增长导致论"、马斯格雷夫和罗斯托的"经济发展阶段论"。

4. 财政支出效益分析

　　财政支出效益分析的意义、财政支出效益分析的特点、财政支出效益分析的方法。

5. 财政投资性支出

　　政府财政投资的特点、范围和决策标准，基础设施投资，财政农业投资。

6. 转移性支出

　　社会保障支出、市场经济条件下社会保障制度的意义、社会保障制度的类型、财政补贴支出、税收支出。

 **考点精讲**

第一节　财政支出的分类及其经济影响

考点一　按财政支出的经济性质分类

　　按照财政支出的经济性质分类，可以将财政支出分为购买性支出和转移性支出。

　　购买性支出直接表现为政府购买商品或劳务的活动，包括购买进行日常政务活动所需的商品和劳务的支出，也包括用于进行国家投资所需的商品和劳务的支出，如政府各部门的行政管理费支出、各项事业的经费支出、政府各部门的投资拨款等。这些支出的共同点是财政一手付出了资金，另一手相应获得了商品和劳务，履行了国家的各项职能。

转移性支出直接表现为资金的无偿的、单方面的转移，主要包括政府部门用于补贴、债务利息、失业救济金、养老保险等方面的支出。这些支出的共同点：政府财政付出了资金，却无任何商品和劳务所得。

【例 2-1】 关于购买性支出与转移性支出对经济影响的说法，错误的是(   )。(2013 年单选题)

A. 转移性支出间接影响就业　　　　　B. 购买性支出直接影响生产

C. 转移性支出对政府的效益约束较强　D. 购买性支出侧重执行资源配置职能

【解析】C　转移性支出对政府的效益约束较弱。

考点二　按财政支出在社会再生产中的作用分类

按财政支出在社会再生产中的作用分类，可以分为：补偿性支出、消费性支出和积累性支出。迄今为止，我国财政支出的结构就是遵循马克思设想的原理来安排的。

补偿性支出是用于补偿生产过程中消耗掉的生产资料方面的支出。目前，属于补偿性支出的项目，只剩下企业挖潜改造支出一项。

消费性支出是财政用于社会共同消费方面的支出。属于消费性支出的项目，主要包括文教科学卫生事业费、抚恤和社会福利救济费、行政管理费、国防费等项支出。

积累性支出是财政直接增加社会物质财富及国家物资储备的支出，其中，主要包括基本建设支出、国家物资储备支出、生产性支农支出等项。

按财政支出在社会再生产中的作用分类，意义在于便于社会了解国家财政分配与国民经济发展之间的关系，考察财政分配在促进经济发展方面的作用。

【例 2-2】 国家物资储备支出属于(   )。(2010 年单选题)

A. 补偿性支出　　　　　　　　　　　B. 消费性支出

C. 积累性支出　　　　　　　　　　　D. 不可控制支出

【解析】C　积累性支出是财政直接增加社会物质财富及国家物资储备的支出，包括基本建设支出、国家物资储备支出、生产性支农支出等项。

考点三　按财政支出的目的性分类

按财政支出的目的性来分类，财政支出可以分为预防性支出和创造性支出。

预防性支出是指用于维持社会秩序和保卫国家安全，使其免受国内外敌对力量的破坏和侵犯，以保障人民生命财产安全与生活稳定的支出。这类支出主要包括国防、司法、公安与政府行政部门的支出。

创造性支出是指用于改善人民生活，使社会秩序更为良好，经济更为发展的支出。这类支出主要包括基本建设投资、文教、卫生和社会福利等项支出。

对财政支出做这样的划分，可以揭示财政支出的去向及其在经济生活中的作用。

考点四 按政府对财政支出的控制能力分类

按政府对财政支出的控制能力划分,财政支出可以分为可控制性支出和不可控制性支出。这里所说的控制能力,就是政府可根据经济形势的变化和财政收入的可能而对财政支出进行调整(增减)的能力。

不可控制性支出可解释为根据现行法律、法规所必须进行的支出,也就是说,在法律和法规的有效期内,必须按照规定准时如数支付,不得随意停付或逾期支付,也不得任意削减其数额,即表现为刚性很强的支出。不可控性财政支出一般包括两类,一是国家法律、法规已经明确规定的个人享受的最低收入保障和社会保障,如失业救济、养老金、职工生活补贴等等;另一类是政府遗留义务和以前年度设置的固定支出项目,如债务利息支出、对地方政府的补贴等。

与此相反,可控制性支出可解释为不受法律和契约的约束,可由政府部门根据每个预算年度的需要分别决定或加以增减的支出,即弹性较大的支出。

对财政支出做这样的分类,可以表明政府对其支出项目的可控制能力,哪些支出有伸缩余地,哪些支出是固定不变的。

考点五 按财政支出的受益范围分类

按财政支出的受益范围分类,全部财政支出可以分为一般利益支出和特殊利益支出。

所谓一般利益支出指的是全体社会成员均可享受其所提供的利益的支出,如国防支出、行政管理支出等,这些支出具有共同消费或联合受益的特点,所提供给每个社会成员的利益不能分别测算。

所谓特殊利益支出,指的是对社会中某些特定居民或企业给予特殊利益的支出,如教育支出、医疗卫生支出、企业补贴支出、债务利息支出等,这些支出所提供的效益只涉及一部分社会成员,每个社会成员所获效益的大小有可能分别测算。

按照这种标准分类,可以说明公共支出所体现的分配关系,进而分析不同阶层或不同利益集团在对待财政支出决策过程中所可能采取的态度。

【例 2-3】 下列支出中,属于特殊利益支出的有( )。(2008 年多选题)

A. 国防支出 B. 教育支出 C. 司法支出
D. 医疗卫生支出 E. 行政支出

【解析】BD 所谓特殊利益支出,指的是对社会中某些特定居民或企业给予特殊利益的支出,如教育支出、医疗卫生支出、企业补贴支出、债务利息支出等。

考点六 购买性支出对经济的影响

(一) 对流通领域的影响

政府的购买性支出,首先会影响到商品和劳务的销售市场。可以说,财政的购买性支出是现代市场经济条件下各种商品和劳务的销售得以实现的一个必不可少的条件。

(二) 对生产领域的影响

财政的购买性支出既然能够影响流通，自然也会在一定程度上影响生产，财政购买性支出对生产领域的影响主要可以从以下两个方面进行分析：

(1) 政府购买性支出的增加，往往会通过直接或间接刺激社会总需求的增加，导致社会生产的膨胀，形成经济繁荣的局面。

【例 2-4】 当财政购买性支出增加时，给社会经济带来的影响是(   )。(2009 年单选题)

A. 社会总供给减少   B. 社会总需求减少

C. 促进经济繁荣   D. 造成经济萎缩

【解析】C 政府购买性支出的增加，往往会通过直接或间接刺激社会总需求的增加，导致社会生产的膨胀，形成经济繁荣的局面。

(2) 财政购买性支出的减少，往往会通过直接或间接刺激社会总需求的减少，导致社会生产萎缩，形成经济萎缩的局面。

(三) 对分配领域的影响

购买性支出对分配领域的影响主要有两种情况：

(1) 财政用于购买性支出的总额不变，只是所购买的商品或劳务的结构发生改变，此时整个社会的收入分配状况将因政府购买性支出结构的变动而受到相应的影响。

(2) 财政用于购买性支出的总额发生改变，或者增加或者减少，而在结构上仍保持着原来的状况，此时为政府提供所需商品或劳务的各个企业从政府购买性支出中所获得的收益额也会随之增减，整个社会的收入分配状况基本上不会受到太大的影响。

【例 2-5】 政府增加购买性支出，对社会的生产和就业以及国民收入分配的影响是(   )。(2008 年单选题)

A. 对两者的影响都是直接的

B. 对两者的影响都是间接的

C. 直接影响社会的生产和就业，间接影响国民收入分配

D. 间接影响社会的生产和就业，直接影响国民收入分配

【解析】C 购买性支出是通过支出使政府掌握的资金与微观经济主体提供的商品和劳务相交换，政府直接以商品和劳务的购买者身份出现在市场上，因而对于社会的生产和就业有直接的影响，但对国民收入分配的影响是间接的。

考点七 转移性支出对经济的影响

(一) 对流通领域的影响

政府的转移性支出的相应部分会通过各种途径直接或间接地转化为社会消费支出和企业投资支出，从而制约社会总需求的形成。因此，政府的转移性支出也是现代市场经济条件下各种商品或劳务得以实现的一个重要条件。

(二) 对生产领域的影响

财政的转移性支出对生产领域的影响，视转移性支出的对象是个人或家庭，还是企业而有所不同。如果转移性支出的对象是个人或家庭，如居民生活补贴，其对生产的影响就是间接的。如果转移性支出的对象是企业，如企业亏损补贴，其对生产的影响就是直接的。

(三) 对分配领域的影响

财政的转移性支出有可能改变在初次分配中形成的国民收入分配格局，如以个人或家庭为对象的转移性支出。而以企业为对象的转移性支出还可能通过税收在再分配中优化国民收入分配格局。

考点八　购买性支出与转移性支出对经济影响的比较

购买性支出与转移性支出对经济的影响主要有以下几点不同：

(一) 对社会的生产和就业的影响不同，对国民收入分配的影响不同

购买性支出对于社会的生产和就业有直接的影响，但对国民收入分配的影响是间接的。
转移性支出对于社会的生产和就业的影响是间接的，但对国民收入分配的影响是直接的。

(二) 对政府的效益约束不同

通过购买性支出体现出的财政分配活动对政府形成较强的效益约束。
通过转移性支出体现出的财政分配活动对政府的效益约束较弱。

(三) 对微观经济主体的预算约束不同

购买性支出对微观经济主体的预算约束是硬的。
转移性支出对微观经济主体的预算约束是软的。

(四) 执行财政职能的侧重点不同

以购买性支出占较大比重的支出结构的财政活动，执行资源配置的职能较强。
以转移性支出占较大比重的支出结构的财政活动，执行国民收入分配的职能较强。

【例2-6】 关于购买性支出与转移性支出对经济影响的说法，正确的有(　　)。(2009年多选题)

A. 购买性支出对企业预算约束较强
B. 购买性支出对政府的效益约束较弱
C. 转移性支出直接影响社会生产
D. 转移性支出对政府的效益约束较强
E. 转移性支出执行收入分配的职能较强

【解析】ACE　购买性支出对企业预算约束较强、转移性支出直接影响社会生产、转移性支出执行收入分配的职能较强。

第二节 财政支出的规模

考点九 财政支出规模的衡量指标

财政支出规模通常表现为财政支出的总量，而表现财政支出总量的可以是财政支出数额的绝对量，也可以是财政支出占国民收入(或国民生产总值)的相对量。但是，衡量和考察财政支出的指标通常是以财政支出的相对量来表示，它既可以用作不同国家财政支出规模的分析比较，也可以用作一个国家内不同时期财政支出规模的对比分析。它可以反映一个国家的经济发展水平、政府职能范围的大小等。

(1) 以财政支出占国民收入的比重来衡量财政分配的规模，它反映了财政分配的真实规模，也反映了财政分配对国民经济的作用程度。用财政支出占国民收入的比重来表示财政分配的规模，更能反映财政分配的真实状况。

(2) 以财政支出占国民生产总值的比重来衡量财政分配的规模更为科学。从现代社会的情况来看，用国民生产总值比用国民收入来表示经济的实力与发展水平，似乎更好一些。因此，我们在衡量财政支出规模时，应逐渐地把指标更换过来，用财政支出占国民生产总值的比重更科学一些。

【例2-7】 衡量财政分配规模应采用的指标是(　　)。(2008年单选题)

A. 财政收入/国民收入　　　　　　　　B. 财政支出/国民收入

C. 财政收入/国民生产总值　　　　　　D. 财政支出/国民生产总值

【解析】D 鉴于用国民生产总值表示经济的实力与发展水平更为合理，我们在衡量财政支出规模时，应逐渐地把指标从"财政支出占国民收入的比重"更换过来，用"财政支出占国民生产总值"的比重更科学一些。

考点十 财政支出规模的增长趋势

在西方财政经济理论界，对于财政支出规模增长现象的解释，值得作为重点提及的主要有以下几种：瓦格纳的"政府活动扩张法则"、皮考克和魏斯曼的"公共收入增长引致论"、马斯格雷夫和罗斯托的"经济发展阶段论"。

(一) 瓦格纳的"政府活动扩张法则"

19世纪的德国经济学家瓦格纳认为，现代工业的发展会引起社会进步的要求，社会进步必然导致国家活动的增长，由此发现了"政府职能不断扩大以及政府活动持续增加的规律"并将其命名为"政府活动扩张法则"。瓦格纳得出结论，政府活动不断扩张所带来的公共支出不断增长，是社会经济发展的一个客观规律。

(二) 皮考克和魏斯曼的"公共收入增长导致论"

皮考克和魏斯曼在瓦格纳分析的基础上，根据英国1890—1955年间有关公共支出的统计资料，在对瓦格纳"政府活动扩张法则"验证的同时，又提出了一个更为复杂的解释，即公共支出的增长只是由于公共收入的增长而造成的，而不是其他别的什么原因所造成的。并将

导致公共支出增长的因素归结为两种:

(1) 内在因素。

(2) 外在因素。

鉴于内在因素与外在因素的存在,皮考克和魏斯曼提出:公共收入和公共支出总是同步增长的。

(三) 马斯格雷夫和罗斯托的"经济发展阶段论"

马斯格雷夫和罗斯托用经济发展阶段论解释公共支出增长的原因。他们认为,在经济发展的早期阶段,政府投资一般在社会总投资中占有较高的比重。当经济发展进入中期阶段以后,政府的投资便开始转向对私人投资起补充作用方面,从而要求政府部门加强对经济的干预。随着经济发展由中期阶段进入成熟阶段,公共支出逐步转向以教育、保健和社会福利为主的支出结构,这些政策性支出的增长会大大超过其他项目的公共支出的增长,又进一步使得公共支出增长速度加快,甚至快于国民生产总值的增长速度。

【例 2-8】 按照经济发展阶段论,在经济发展的中期阶段,政府支出的重点是( )。(2012 年单选题)

A. 基础设施建设   B. 教育、保健等领域

C. 社会福利   D. 加强对经济的干预

【解析】D 马斯格雷夫和罗斯托的"经济发展阶段论"将经济的发展划分为早期、中期、成熟期等几个阶段,用经济发展阶段论解释公共支出增长的原因。

(1) 早期阶段:政府投资一般在社会总投资中占有较高的比重。在这一阶段,公共部门须为经济发展提供必需的社会基础设施。

(2) 中期阶段:政府对经济的干预加强。

(3) 成熟阶段:公共支出逐步转向教育、保健和社会福利为主的支出结构。使得公共支出增长速度加快,甚至快于国民生产总值的增长速度。

考点十一 中国财政支出规模的分析

1978 年,我国开始进入改革开放时期,国民经济实现了高速度的发展,但与此同时,我国财政支出占国民生产总值以及中央财政支出占全国财政支出总额的比重都呈现出明显的下降趋势,这主要是由政策性调整、管理水平、管理体制、统计等原因造成的。

【例 2-9】 我国财政支出占 GDP 比重下降的原因主要有( )。(2010 年多选题)

A. 政策性调整   B. 管理水平不高   C. 管理体制变化

D. 统计口径的变化   E. 企业负担过轻

【解析】ABCD 1978 年,我国开始进入改革开放时期,国民经济实现了高速度的发展,但与此同时,我国财政支出占国民生产总值以及中央财政支出占全国财政支出总额的比重都呈现出明显的下降趋势,这主要是因为:(1)政策性调整,财政在政策上"放权让利";(2)管理水平有待提高,应该上缴的财政收入不能及时、足额缴入国库;(3)管理体制上的原因,相当一部分资金以预算外形式管理分配;(4)统计原因。

第三节　财政支出的效益分析

考点十二　财政支出效益分析的意义

财政支出必须讲求效益，其根本原因在于社会经济资源的有限性。

考点十三　财政支出效益分析的特点

通过政府财政支出效益分析与微观经济组织生产经营支出效益分析的差别，可以看到财政支出效益分析的特点主要表现在以下几方面：

(一) 计算所费与所得的范围不同

微观经济组织在分析其生产经营支出的效益时，只计算其自身直接投入的各项费用和自身实际所得。然而，政府在分析财政支出的效益时，不仅要计算直接的、有形的所费与所得，而且还需要分析间接的、无形的所费与所得。

(二) 衡量效益的标准不同

微观经济组织在进行效益分析时其标准十分明确，且易于把握，其标准就是单纯的经济效益。而财政支出效益分析中不能单纯地以经济效益为衡量标准，还必须确定经济效益与社会效益这双重的效益标准。

(三) 择优的标准不同

微观经济组织择优的标准很简单，自身直接所费最少、所得最多的支出方案即为最优方案，它绝不会选择使自己赔钱的方案。而政府财政所追求的是整个社会的最大效益。因此，某些关系整个国民经济发展、社会总体效益很大，而对于政府财政却无经济效益可言，甚至赔钱的支出项目，仍是政府安排支出时的选择目标。

【例 2-10】　与企业生产效益比较，财政支出效益的特点有(　　)。(2011 年多选题)

A. 计算的所费范围宽

B. 计算的所得范围宽

C. 效益考核全部采取货币指标

D. 择优的方法不同

E. 选择的时间周期不同

【解析】ABD　相对于企业生产效益而言，政府在分析财政支出的效益时，不仅要计算直接的、有形的所费与所得，而且还需要分析间接的、无形的所费与所得；不能单纯地以经济效益为衡量标准，而必须确定经济效益与社会效益的双重的效益标准；择优的标准不同，所追求的是整个社会的最大效益。

考点十四　财政支出效益分析的方法

(一) 成本—效益分析法

成本—效益分析法的基本原理是，根据国家所确定的建设目标，提出实现该目标的各种方案，对这些可供选择的方案，用一定的方法计算出各方案的全部预期成本和全部预期效益，通过计算成本—效益的比率，来比较不同项目或方案的效益，选择最优的支出方案，据此支拨和使用财政资金。这种方法，特别适用于财政支出中有关投资性支出项目的分析。

在对财政支出项目进行成本—效益分析时，列出支出项目的直接成本和直接效益比较容易。成本—效益分析法的难点在于直接成本与效益之外的其他成本与效益的测算上。具体地讲，在成本—效益分析中，需考虑以下几方面的成本、效益状况：

(1) 实际成本、效益与金融成本、效益；

(2) 直接成本、效益与间接成本、效益；

(3) 有形成本、效益与无形成本、效益。

此外，还有内部成本、效益与外部成本、效益，中间成本、效益与最终成本、效益等因素，也是财政支出成本—效益分析过程中应适当考虑的问题。

成本—效益分析法对于选择最优支出方案，提高财政资金使用的经济效益大有裨益。但由于分析过程的复杂性、多面性，该方法的实际运用难度较大，它对政府财政部门以及预算资金使用单位工作人员的素质、技术装备水平均提出了较严格的要求。

【例2-11】　考核基本建设投资支出效益时，应采用的方法是(　　　)。(2011年单选题)

A. 最低费用选择法　　　　　　　　　B. 公共劳务收费法

C. 最低成本考核法　　　　　　　　　D. 成本—效益分析法

【解析】D　对于那些有直接经济效益的支出项目(如基本建设投资支出)，采用成本—效益分析法；对于那些只有社会效益且其产品不能进入市场的支出项目(如国防支出)，采用最低费用选择法；对于那些既有社会效益，又有经济效益，但其经济效益难以直接衡量，而其产品可以全部或部分进入市场的支出项目(如交通、教育等支出)，则采用公共劳务收费法来衡量和提高财政支出的效益。

(二) 最低费用选择法

最低费用选择法，是指对每个备选的财政支出方案进行经济分析时，只计算备选方案的有形成本，而不用货币计算备选方案支出的社会效益，并以成本最低为择优的标准。换言之，就是选择那些使用最少的费用就可以达到财政支出目的的方案。该方法主要适用于军事、行政、文化、卫生等支出项目。

首先，要在政府规定目标不变的条件下提出多种备选方案。然后，分别计算出各个备选方案的有形费用。最后，按照优前劣后的顺序表供决策者选择。

但是需要指出，许多财政支出项目都含有政治因素、社会因素等，如果只是以费用高低来决定方案的取舍，而不考虑其他因素也是不妥当的。这就需要在综合分析、全面比较的基础上进行择优选择。

【例2-12】 对文化支出项目的财政效益评价，所适用的分析方法是(　)。(2011年单选题)

　　A. 投入产出分析法　　　　　　　　B. 成本—效益分析法
　　C. 公共劳务收费法　　　　　　　　D. 最低费用选择法

【解析】D 最低费用选择法，是指对每个备选的财政支出方案进行经济分析时，只计算备选方案的有形成本，而不用货币计算备选方案支出的社会效益，并以成本最低为择优的标准。换言之，就是选择那些使用最少的费用就可以达到财政支出目的的方案。该方法主要适用于军事、行政、文化、卫生等支出项目。

(三) 公共劳务收费法

　　公共劳务收费法，就是通过制定和调整公共劳务的价格或收费标准，来改进公共劳务的使用状况，使之达到提高财政支出效益的目的。

　　公共劳务收费法和成本—效益分析法以及最低费用选择法的区别在于，它是通过制定合理的价格与收费标准，来达到对公共劳务有效地、节约地使用，而不是对财政支出备选方案的选择。

　　对公共劳务的定价，一般有四种情况，即免费、低价、平价和高价。

　　在上述三种较为流行的方法中，成本—效益分析法更为广泛地被发达国家所采用。有的国家还把成本—效益分析法作为评价政府公共工程支出效果的基本方法，并通过法律把它确定下来。

【例2-13】 根据公共劳务收费法理论，对公园收费应该采取的政策是(　)。(2009年单选题)

　　A. 免费政策　　　　B. 低价政策　　　　C. 平价政策　　　　D. 高价政策

【解析】C 平价政策，可以用收取的费用弥补该项公共劳务的人力、物力耗费。从消费方面来说，可以促进社会成员节约使用该项公共劳务，从提供方面来说，政府有了进一步改进和提高公共劳务水平的费用。平价政策一般适用于从全社会的利益来看，无需特别鼓励使用，又无必要特别加以限制使用的公共劳务，如公路、公园、铁路、医疗等。此外，适用于免费和低价提供的公共劳务，必须是从全局和社会的利益出发，在全国普遍使用，但居民对此尚无完全觉悟的情况，如强制进行义务教育，强制注射疫苗等；而适用于高价政策的，主要是从全社会利益来看必须限制使用的公共劳务。

(四) 公共定价法

　　公共定价法是政府相关管理部门通过一定的程序和规则制定提供公共物品的价格和收费标准的方法，它是政府保证公共物品供给和实施公共物品管理的一项重要职责。公共定价法一般包括两个方面：一是纯公共定价，即政府直接指定自然垄断行业的价格；二是管制定价，即政府规定涉及国计民生而又带有竞争性行业的价格。

　　公共定价法一般包括：平均成本定价法、二部定价法和负荷定价法。

第四节 购买性支出

购买性支出包括社会消费性支出和财政投资性支出。

在国家财政支出项目中,属于社会消费性支出的有行政管理费,国防费,文教、科学、卫生事业费,还有工交商农等部门的事业费等。

从世界各国的一般发展趋势来看,社会消费性支出的绝对规模总体是呈现一种扩张趋势,相对规模在一定发展阶段也是扩张趋势,达到一定规模则相对停滞。当然其中有些项目增长较快,相对规模在上升,而有些项目增长较慢,相对规模在下降。

考点十五 行政管理费与国防支出

(一) 行政管理费支出

行政管理费支出是财政用于国家各级权力机关、行政管理机关和外事机构行使其职能所需的费用,包括行政支出、公安支出、国家安全支出、司法检察支出和外交支出。

按费用要素分类,行政管理费包括人员经费和公用经费两大类。人员经费主要包括工资、福利费、离退休人员费用及其他。公用经费包括公务费、修缮费、设备购置费和业务费。

从世界各国的一般情况看,行政管理支出的绝对数是增长的,但它在财政支出总额中所占的比重却呈下降趋势。我国自改革开放以来,行政管理支出在各项支出中增长的最快,占财政总支出的比重持续上升。

(二) 国防支出

国防费支出是用于国防建设和人民解放军方面的费用,包括国防费、民兵建设费、国防科研事业费和防空经费等。我国国防费全部纳入国家预算安排,实行财政拨款制度。

考点十六 文教科学卫生支出

(一) 教育支出

发展中国家当前教育支出体制改革的关键在于加大对初等教育的投资,提高初等教育经费在教育经费中的比重。

(二) 科学研究费支出

用于那些外部效应较强的科学研究活动(主要是基础科学)的经费应由政府承担,而那些可以通过市场交换来充分弥补成本的科学研究(主要是应用性研究)则可由微观主体来承担。

(三) 卫生支出

从总体来看,我国卫生费用总规模以及政府投入规模都是偏低的,从投入结构来看也不尽合理。

(四) 加强管理，提高文教科学卫生支出的效益

(1) 逐步规范财政资金供应范围。

(2) 改革和完善文教科学卫生事业单位的财务制度。

(3) 改革事业单位管理形式。

(4) 推行定额管理，改进资金分配办法。

(5) 多种形式发展事业，多渠道筹集资金，实行收支统一管理。

【例2-14】 下列关于文教、科学、卫生支出的表述中，正确的是(   )。(2008年单选题)

A. 教育属于公共产品，其支出应全部由政府财政承担

B. 公共卫生支出应由政府财政承担

C. 应用科学研究的经费应由政府财政提供

D. 我国现行对事业单位的财政管理方法为全额管理

【解析】B 按照公共产品理论，义务教育以外的高层次教育，不属于纯公共产品，而是属于混合产品，A选项错误。科技经费不完全由政府财政承担。用于那些外部效应较强的科学研究活动(主要是基础科学)的经费应由政府承担，而那些可以通过市场交换来充分弥补成本的科学研究(主要是应用性研究)则可由微观主体来承担，C选项错误。目前，我国对事业单位的财政推行定额管理，定额管理是我国事业单位财务管理的基础工作，D选项错误。

考点十七 财政投资性支出

(一) 政府财政投资的特点、范围和决策标准

1. 政府财政投资的特点、范围

在任何社会中，社会总投资都可以分为政府投资和非政府投资两部分。一般而言，财政投资即为政府投资，包括生产性投资和非生产性投资。

政府投资与非政府投资相比，有各自明显的特点：

(1) 非政府部门投资主要是由具有独立法人资格的企业或个人从事的投资；

(2) 企业或个人主要依靠自身积累的利润和社会筹资来为投资提供资金；

(3) 由于企业的微观利益所限，企业投资不可能顾及非经济的社会效益(如控制污染等)。

【例2-15】 政府财政投资的主要投资方向是(   )。(2009年单选题)

A. 效益好的企业   B. 公有制企业

C. 社会基础设施   D. 需要扶植的民营企业

【解析】C 政府财政投资的主要投资方向是社会基础设施。

2. 政府财政投资的标准

(1) 资本—产出比率最小化标准，又称稀缺要素标准，是指政府在确定投资项目时，应当选择单位资本投入产出比最大的投资项目。

(2) 资本—劳动力最大化标准，是指政府投资应选择使边际人均投资额最大化的投资项目。资本—劳动力比率越高，说明资本技术构成越高，劳动生产率越高，经济增长越快，因此，这种标准是强调政府应投资于资本密集型项目。

(3) 就业创造标准，是指政府应当选择单位投资额能够动员最大数量劳动力的项目。

【例2-16】 政府投资的决策标准主要有(　　)。(2010年多选题)

A. 资本—产出比率最小化标准 　　　　B. 资本—产出比率最大化标准

C. 资本—劳动力最大化标准 　　　　　D. 就业创造标准

E. 资本—技术最大化标准

【解析】ACD 政府财政投资的标准主要是：资本—产出比率最小化标准、资本—劳动力最大化标准和就业创造标准。

(二) 基础设施投资

1. 基础设施投资的性质

从整个生产过程来看，基础设施具有公用性、非独占性和不可分性，这些特性决定了它具有"公共产品"的一般特征。

基础设施，特别是大型基础设施应该由政府投资。

【例2-17】 基础设施建设的特点有(　　)。(2008年多选题)

A. 初始投资大 　　　　　B. 建设周期长 　　　　　C. 全部由政府投资

D. 投资回收慢 　　　　　E. 由财政无偿拨款

【解析】ABD 基础设施建设具有初始投资大、建设周期长、投资回收慢的特征。政府投资并不意味着完全的无偿拨款。

2. 基础设施投资的提供方式

从经济性质看，基础设施从总体上说可以归类为混合产品，可以由政府提供，可以由市场提供，也可以采取混合提供方式。

从我国的实践来看，基础设施投资的提供方式主要有以下几种形式：

(1) 政府筹资建设，或免费提供，或收取使用费。

(2) 私人出资、定期收费补偿成本并适当盈利，或地方主管部门筹资、定期收费补偿成本。典型的例子是地方性公路和桥梁等公共设施的建设，如"贷款修路，收费还贷"，就是这种方式。

(3) 政府与民间共同投资的提供方式。

(4) 政府投资，法人团体经营运作。

(5) BOT投资方式(建设—经营—转让投资方式)。BOT投资方式是近年兴起和发展的一种基础设施的提供方式，是指政府将一些拟建基础设施建设项目通过招商转让给某一财团或公司，组建项目经营公司进行建设经营，并在双方协定的一定时期内，由项目经营公司通过经营偿还债务，收回投资并盈利，协议期满，项目产权收归政府。

3. 财政投融资制度

财政投融资是政府为实现一定的产业政策和其他政策目标，通过国家信用方式筹集资金，由财政统一掌握管理，并根据国民经济和社会发展规划，以出资(入股)或融资(贷款)方式，将资金投向急需发展的部门、企业或事业的一种资金融通活动，所以它也被称为"政策性金融"。

财政投融资具有以下基本特征：

(1) 财政投融资是一种政府投入资本金的政策性融资；

(2) 财政投融资的目的性很强，有严格的范围限制；

(3) 计划性与市场机制相结合；

(4) 财政投融资的管理由国家设立的专门机构——政策性金融机构负责统筹管理和经营；

(5) 财政投融资的预算管理比较灵活。

(三) 财政农业投资

1. 财政对农业投资的必要性

农业发展与财政有着十分密切的关系。一方面，农业是国民经济的基础，自然也是财政的基础；另一方面，在发展农业中，国家财力的支持是政府和财政的一项基本职责。

在社会主义市场经济条件下，从长远看，农业投入的资金应当主要来自农业部门和农户自身的积累，国家投资只应发挥辅助的作用。但要使农业部门和农户自身的积累成为农业投入的主要资金来源，必须具备两个条件：

(1) 农产品的销售收入必须高于农业生产的投入成本；

(2) 农业投资的收益率必须高于、至少不低于全社会平均的投资收益率。

在我国目前的价格体系和 GDP 分配格局下，上述两个条件都得不到满足。在这种情况下，如果政府不进行足够的投入，农业部门要获得发展几乎是不可能的。

2. 财政对农业投入的范围和重点

纵观世界各国的经验，财政对农业部门投资政策具有以下特征：

(1) 以立法的形式规定财政对农业的投资规模和环节，使农业的财政投入具有相对稳定性。

(2) 财政投资范围应明确界定，主要投资于以水利为核心的农业基础设施建设、农业科技推广、农村教育和培训等方面。

(3) 注重农业科研活动，推动农业技术进步。

【例 2-18】 政府将基础设施建设项目通过招商交给某公司进行建设经营，并在双方协议的期限内，由项目经营公司通过经营偿还债务、收回投资并盈利，协议期满，项目产权收归政府。这种投资的提供方式是(　　)。(2012 年单选题)

A. 私人出资，定期收费补偿成本并适当盈利方式

B. 政府与民间共同投资的提供方式

C. 政府投资，法人团体经营运作方式

D. BOT 投资方式

【解析】D　政府将一些拟建基础设施建设项目通过招商转让给某财团或公司，组建项目经营公司进行建设经营，并在双方协定的一定时期内，由项目经营公司通过经营偿还债务，收回投资并盈利，协议期满，项目产权收归政府。

3. 进一步完善我国财政的支农政策

从政策上讲，应当从以下几个方面采取积极的财政政策：

(1) 根据国家有关法律、法规和政策的规定，多渠道筹集资金，加大对农业的投入。

(2) 我国农业正面临着新的考验，财政必须从统筹城乡社会经济发展的战略入手，把解决"三农"问题放在突出的位置予以支持，并从思想观念上实现"两个转变"：一是由过去的农村支持城市、农业支持工业逐步转变为城市反哺农村、工业反哺农业；二是加大农村财政投资体制改革的力度。

可采取的具体措施主要有：一是大幅度增加国家对农业和农村基础设施建设的投资；二是在农业投资方向上深化改革；三是深化改革财政对农业的投资方式；四是健全财政监督机制。

第五节　转移性支出

考点十八　社会保障支出

(一) 社会保障的概念与内容

1. 社会保障的概念

社会保障制度由德国的俾斯麦政府于 19 世纪 80 年代首创。社会保障能起到促进社会稳定和经济发展的良好作用。

2. 社会保障的内容

国际劳工组织认为,社会保障应承担 9 个方面的风险保护,即疾病、生育、养老、残疾、死亡、失业、工伤、职业病和家庭,从而满足劳动者一生的基本生活需求,起到促进社会稳定和经济发展的良好作用。

在我国,社会保障主要包括如下几个方面的内容:

(1) 社会保险。在我国,社会保险的项目主要有:养老保险、失业(待业)保险、医疗保险、疾病、生育保险、工伤保险和伤残保险。

(2) 社会救助。社会救助是通过国家财政拨款,保障生活确有困难的贫困者最低限度的生活需要。

我国的社会救助主要包括以下几个方面的内容:①对无依无靠的绝对贫困者提供的基本的保障;②对生活水平低于国家最低标准的家庭和个人的最低生活提供的保障;③对因天灾而陷入绝境的家庭和个人提供的最低生活保障。

(3) 社会福利中的一部分。这主要是国家民政部门提供的,主要对盲聋哑和鳏寡孤独的社会成员给予的各种物质帮助,其资金来源大部分是国家预算拨款。如社会福利院(孤儿院、敬老院)等。

(4) 社会优抚。社会优抚是对革命军人及其家属提供的社会保障。主要包括对退役军人的安置,对现役军人及其家属的优抚,对烈属和残废军人的抚恤,以及对军人退休后的保障等内容。

(二) 市场经济条件下社会保障制度的意义

(1) 社会保障制度可以弥补市场经济的缺陷。

(2) 社会保障制度具有"内在稳定器"的作用。

(3) 社会保障与税收相得益彰,共同调节社会成员的收入水平。

(4) 社会保障可以弥补商业保险的局限。

(三) 社会保障制度的类型

纵观世界各国的社会保障制度,大致分为以下几种类型:

(1) 社会保险型。政府按照"风险分担,互助互济"的保险原则举办的社会保险计划。受保人和雇主要缴纳保险费。受保人发生受保事故时,可以享受政府提供的保险金。

(2) 社会救济型。社会保障的两个特点：一是受保人不用缴纳任何费用，保障资金完全由政府从一般政府预算中筹资；二是受保人享受保障计划的津贴需要经过家庭收入及财产调查。

【例2-19】 社会救济型社会保障的特点有(　　)。(2010年多选题)

A. 受保人不用缴纳任何费用

B. 保障基金完全由政府从专项预算中筹资

C. 受保人享受保障计划的津贴需要经过家庭收入及财产调查并符合条件

D. 受保人之间风险分担，互助互济

E. 雇主和雇员都必须按规定缴费

【解析】AC　AC所述的两个特点是社会救济型社会保障的特点。

(3) 普遍津贴型。在这种计划中受保人及其雇主并不需要缴纳任何费用，普遍津贴的资金来源与社会救济一样也完全由政府一般预算拨款，与社会救济不同的是，受保人在享受津贴时并不需要进行家庭生计调查。

【例2-20】 普遍津贴型社会保障的资金来源是(　　)。(2008年单选题)

A. 政府预算拨款　　　　　　　　B. 个人缴费为主

C. 企业缴费为主　　　　　　　　D. 国家、企业、个人共同负担

【解析】A　普遍津贴的资金来源与社会救济一样也完全由政府一般预算拨款。

(4) 节俭基金型。政府按照个人账户的方式举办的社会保障计划。个人账户中缴费和投资收益形成的资产归职工个人所有。

【例2-21】 实行节俭基金型社会保障，当职工不幸去世时，其个人账户中的资产处理方式是(　　)。(2010年单选题)

A. 全额上缴社会保障基金　　　　B. 家属可以继承

C. 社会保障基金会和家属各得一半　　D. 家属得70%，社会保障基金会得30%

【解析】B　节俭基金是政府按照个人账户的方式举办的社会保障计划。一旦个人发生受保事故，政府要从其个人账户中提取资金支付保障津贴；而当职工不幸去世时，其个人账户中的资产家属可以继承。节俭基金类型的社会保障计划与社会保险计划相比，其最大的特点是受保人之间不能进行任何形式的收入再分配，因而不具有互助互济的保险功能。

考点十九　财政补贴支出

(一) 财政补贴的性质与分类

1. 财政补贴的性质

财政补贴是国家为了实行特定的经济、政治和社会目标，将一部分财政资金无偿补助给企业和居民的一种再分配形式。在这种分配形式中，财政补贴的主体是国家；补贴的对象是企业和居民；补贴的目的是为了贯彻一定的政策，满足某种特定的需要，实现特定的政治、经济和社会目标；补贴的性质是通过财政资金的无偿补助而进行的一种社会财富的再分配。进一步定义，财政补贴是指在某一确定的经济体制结构下，财政支付给企业和个人的、能够改变现有产品和生产要素相对价格，从而可以改变资源配置结构、供给结构和需求结构的无偿支出。

2. 财政补贴的分类

通常财政补贴按照以下几种方式分类:

(1) 按财政补贴的项目和形式分类,主要有价格补贴、企业亏损补贴、财政贴息、减免税收、房租补贴、职工生活补贴、外贸补贴等。

【例2-22】企业亏损补贴与价格补贴之间的区别有(   )。(2008年多选题)

A. 价格补贴是行政性补贴,企业亏损补贴是法律性补贴

B. 价格补贴的直接受益人是居民,企业亏损补贴的直接受益人是企业

C. 价格补贴的对象是商品,企业亏损补贴的对象是企业

D. 价格补贴是在分配环节上的补贴,企业亏损补贴是在生产环节上的补贴

E. 价格补贴与市场零售商品有关,企业亏损补贴主要与工业生产资料有关

【解析】BCE 企业亏损补贴与价格补贴都与产品的价格有关,但两者又有明显的区别:第一,价格补贴直接与市场零售商品有关,而企业亏损补贴主要与工业生产资料有关;第二,价格补贴的直接受益人是居民,企业亏损补贴的直接受益人是相关的企业;第三,价格补贴是在流通环节上的补贴,而企业亏损补贴是在生产环节上的补贴;第四,价格补贴的对象是商品,而企业亏损补贴的对象是企业。

(2) 按补贴的环节分类。可以分为生产环节的补贴、流通环节的补贴、分配环节的补贴和消费环节的补贴。

【例2-23】下列财政补贴中,属于流通环节补贴的有(   )。(2009年多选题)

A. 农副产品价格补贴   B. 工矿产品价格补贴   C. 职工副食品补贴

D. 商业企业的政策性亏损补贴   E. 财政贴息

【解析】AD 从我国的情况看,属于生产环节补贴的主要有:农业生产资料价格补贴、工矿产品价格补贴、生产企业的政策性亏损补贴等。属于流通环节补贴的主要有:农副产品价格补贴、商业和外贸企业的政策性亏损补贴等。属于分配环节补贴的主要有财政贴息和税收支出等。属于消费环节补贴的主要有职工副食品补贴等。

(3) 按补贴的经济性质分类。可以分为生产补贴和生活补贴。

(4) 按补贴的内容分类。可以分为现金补贴和实物补贴。这也是由于财政补贴可能转移,就最终获益者这个角度来划分的。

(二) 财政补贴的经济影响分析及其实际经济效应

1. 财政补贴的经济影响分析

(1) 财政补贴可以改变需求结构。

(2) 财政补贴可以改变供给结构。

(3) 将外部效应内在化。

2. 财政补贴的实际经济效应

(1) 有效地贯彻国家的经济政策。

(2) 以少量的财政资金带动社会资金,扩充财政资金的经济效应。

(3) 加大技术改造力度,推动产业升级。

(4) 消除"排挤效应"。

(5) 社会经济稳定的效应。

考点二十　税收支出

(一) 税收支出的概念与分类

税收支出是政府出于引导、扶持某些经济活动，刺激投资意愿或补助某些财务困难的集团而制定的各种税收优惠措施，其目的不在于取得收入，而是为了实现特定目标而放弃一些税收。税收支出是政府的一种间接性支出，属于财政补贴性支出。

从税收支出所发挥的作用来看，它可分为照顾性税收支出和刺激性税收支出。刺激性税收支出又可分为两类：一是针对特定纳税人的税收支出；二是针对特定课税对象的税收支出。

(二) 税收支出的形式

就刺激经济活动和调节社会生活的税收支出而言，其一般形式大致有税收豁免、税收抵免、纳税扣除、优惠税率、延期纳税、盈亏相抵等。

(1) 税收豁免。税收豁免是指在一定期间内，对纳税人的某些所得项目或所得来源不予课税，或对其某些活动不列入课税范围等，以豁免其税收负担。

(2) 纳税扣除。纳税扣除是指准许企业把一些合乎规定的特殊支出，以一定的比例或全部从应税所得中扣除，以减轻其税负。

(3) 税收抵免。税收抵免是指允许纳税人从其某种合乎奖励规定的支出中，以一定比率从其应纳税额中扣除，以减轻其税负。税收抵免与纳税扣除的不同之处在于，前者是在计算出应纳税额后，从中减去一定数额，后者则是从应纳收入中减去一定金额。

(4) 优惠税率。优惠税率是对合乎规定的企业课以较一般为低的税率。其适用的范围，可视实际需要而予以伸缩。

(5) 延期纳税。延期纳税也称"税负延迟缴纳"，是允许纳税人对那些合乎规定的税收，延迟缴纳或分期缴纳其应负担的税额。

(6) 盈亏相抵。盈亏相抵是指准许企业以某一年度的亏损，抵消以后年度的盈余，以减少其以后年度的应纳税款；或者冲抵以前年度的盈余，申请退还以前年度已纳的部分税款。

(7) 加速折旧。加速折旧是指在固定资产使用年限的初期提列较多的折旧。采用这种折旧方法，可以在固定资产的使用年限内早一些得到折旧费和减免税的税款。

(8) 退税。退税是指国家按规定对纳税人已纳税款的退还。

【例2-24】准许企业把一些合乎规定的特殊支出，以一定的比例或全部从应税所得中扣除，以减轻其税负，这种方式是(　　)。(2012年单选题)

A. 税收豁免　　　　　　　　　　　B. 税收抵免

C. 纳税扣除　　　　　　　　　　　D. 盈亏相抵

【解析】C　纳税扣除是指准许企业把一些合乎规定的特殊支出，以一定的比例或全部从应税所得中扣除，以减轻其税负。

(三) 税收支出的预算控制

世界各个国家对税收支出进行预算控制的做法归纳起来主要分为三种类型：非制度化的临时监督与控制、建立统一的税收支出账户和临时性与制度化相结合的控制方法。

从我国的实际情况来看，目前亟待完成的工作是研究分析现行税收法规，对各种税收优惠项目进行归类，形成与预算支出项目的对照关系。

(1) 对现行税法条款进行认真梳理和分析，将那些出于优惠目的而制定的可能减少税收收入的法令条款开列出来。

(2) 在此基础上，划分确定出正规的税制结构，进而确定税收支出的范围和内容。

(3) 对认定为税收支出的各种减免项目进行归类，建立税收支出的控制体系。

同 步 自 测

一、单项选择题

1. 文教科学卫生支出属于(   )。
    A. 积累性支出　　　　　　　　　　B. 消费性支出
    C. 补偿性支出　　　　　　　　　　D. 转移性支出

2. 下列关于购买性支出的选项，不正确的是(   )。
    A. 对国民收入分配的影响是直接的　　B. 对政府形成较强的效益约束
    C. 对企业的预算约束较强　　　　　　D. 执行资源配置职能较强

3. 当购买性支出增加时，其对市场价格和企业利润的影响是(   )。
    A. 价格上升，利润提高　　　　　　B. 价格上升，利润下降
    C. 价格下降，利润上升　　　　　　D. 价格下降。利润下降

4. 当政府的购买性支出增加时，对经济产生的影响是(   )。
    A. 市场价格水平下降　　　　　　　B. 企业利润率下降
    C. 所需生产资料增多　　　　　　　D. 生产紧缩

5. 当政府购买性支出增加时，产生的结果是(   )。
    A. 社会生产萎缩　　　　　　　　　B. 国民收入增加
    C. 资本的利润率降低　　　　　　　D. 劳动力的工资率降低

6. 转移性支出侧重于执行的财政职能是(   )。
    A. 资源配置职能　　　　　　　　　B. 收入分配职能
    C. 经济稳定职能　　　　　　　　　D. 经济发展职能

7. 在社会消费需求中，占主要地位的是(   )。
    A. 政府消费需求　　　　　　　　　B. 企业消费需求
    C. 个人消费需求　　　　　　　　　D. 社会团体消费需求

8. 企业挖潜改造支出属于(   )。
    A. 积累性支出　　　　　　　　　　B. 补偿性支出
    C. 消费性支出　　　　　　　　　　D. 非生产性支出

9. 按照政府对财政支出的控制能力，财政支出可分为可控制性支出和不可控制性支出，其中可控制性支出包括(　　)。

　　A. 失业救济　　　B. 养老金食品补贴　　C. 债务利息支出　　　D. 政务消费

10. 财政支出按目的性分类可分为预防性支出和创造性支出，社会福利、行政部门支出属于(　　)。

　　A. 预防性支出

　　B. 创造性支出

　　C. 社会福利属于预防性支出，行政部门支出属于创造性支出

　　D. 社会福利属于创造性支出，行政部门支出属于预防性支出

11. 转移性支出对经济的影响是直接的有(　　)。

　　A. 生活补贴　　　B. 企业亏损补助　　C. 养老保险　　　D. 失业救济

12. 从世界各国的一般发展来看，社会消费性支出绝对规模的变化趋势是(　　)。

　　A. 不断扩张　　　　　　　　B. 不断萎缩

　　C. 先扩张，到一定阶段停滞　　　D. 先扩张，后停滞，最后萎缩

13. 从世界各国的情况看，财政支出总量及占 GDP 比重的变化趋势是(　　)。

　　A. 绝对量增长，相对量也增长　　　B. 绝对量下降，相对量也下降

　　C. 绝对量增长，相对量下降　　　　D. 绝对量下降，相对量增长

14. 改革开放以来，我国财政支出占国内生产总值的比重变化趋势是(　　)。

　　A. 上升　　　　B. 下降　　　　C. 保持平稳　　　　D. 时高时低

15. 改革开放以来，我国各项财政支出中，增长最快的项目是(　　)。

　　A. 基本建设支出　　　　　　B. 文教科学卫生支出

　　C. 行政管理支出　　　　　　D. 国防支出

16. 下列不属于社会消费性支出的有(　　)。

　　A. 行政管理费　　　　　　　B. 财政投资支出

　　C. 国防费　　　　　　　　　D. 卫生事业费

17. 对于财政支出增长趋势的解释，(　　)提出了"非均衡增长模型"。

　　A. 皮考克和魏斯曼　　　　　B. 马斯格雷夫和罗斯托

　　C. 瓦格纳　　　　　　　　　D. 鲍莫尔

18. "经济发展阶段论"认为：当经济发展由中期阶段进入成熟阶段的时候，增长速度大大加快的是(　　)。

　　A. 基础设施支出　　　　　　B. 基础产业支出

　　C. 对私人企业的补贴支出　　　D. 教育支出

19. 经济学家关于财政支出增长的解释中，提出"经济发展阶段论"的是(　　)。

　　A. 瓦格纳　　　B. 皮考克　　　C. 马斯格雷夫　　　D. 魏斯曼

20. "政府活动扩张法则"的提出者是(　　)。

　　A. 皮考克和魏斯曼　　　　　B. 瓦格纳

　　C. 马斯格雷夫和罗斯托　　　　D. 鲍莫尔

21. 下面属于鲍莫尔的"非均衡增长模型"的观点是(　　)。

　　A. 政府职能不断扩大以及政府活动持续增加导致公共支出增长

B. 政府所征得的税收收入必然呈现不断增长的趋势，政府支出随之上升

C. 公共支出逐步转向以教育、保健和社会福利为主的支出结构，使公共支出增长速度加快

D. 公共部门平均劳动生产率偏低导致其规模越来越大，其支出水平越来越高

22. 财政支出必须讲求效益，根本原因是(   )。

    A. 具有资源配置职能   B. 具有经济稳定职能

    C. 具有收入分配职能   D. 社会经济资源的有限性

23. 在对那些只有社会效益且其产品不能进入市场的支出项目进行财政支出效益分析时，应采用的方法是(   )。

    A. 成本—效益分析法   B. 最低费用选择法

    C. 公共劳务收费法   D. 投入产出分析法

24. 下面项目中，属于特殊利益支出的是(   )。

    A. 国防支出   B. 司法支出

    C. 教育支出   D. 行政管理支出

25. 对于交通、教育等支出项目，在衡量和提高财政支出效益时应采取的方法是(   )。

    A. 成本—效益分析法   B. 投入产出评价法

    C. 最低费用选择法   D. 公共劳务收费法

26. 一般来说，应付不幸事故的后备基金应属于(   )。

    A. 消费基金   B. 积累基金   C. 补偿基金   D. 生产性基金

27. 对医疗这种公共劳务适用的收费政策应该是(   )。

    A. 免费政策   B. 低价政策   C. 平价政策   D. 高价政策

28. 工交商农这些部门的事业费属于(   )。

    A. 消费性支出   B. 转移性支出   C. 补偿性支出   D. 积累性支出

29. 财政用于文教、科学、卫生方面的支出属于(   )。

    A. 补偿性支出   B. 购买性支出   C. 转移性支出   D. 积累性支出

30. 在我国，国防费预、决算由(   )审批，由国家和军队的审计机构实施严格的审计和监督。

    A. 国务院   B. 外交部

    C. 中央军委   D. 全国人民代表大会

31. 下列属于混合产品的是(   )。

    A. 国防建设   B. 行政管理   C. 高等教育   D. 传染病控制

32. 改革开放以来，我国的行政管理支出呈现出的变化趋势是(   )。

    A. 下降趋势   B. 保持同步   C. 上升趋势   D. 时降时升

33. 我国财政用于科学研究方面的支出的情况是(   )。

    A. 支出额上升，占财政支出比重也上升   B. 支出额上升，占财政支出比重下降

    C. 支出额下降，占财政支出比重下降   D. 支出额平稳，占财政支出比重下降

34. 目前我国教育经费来源中，所占比重最大的是(   )。

    A. 预算拨款   B. 企业投资   C. 社会资助   D. 个人投资

35. 一国政府在投资过程中,只要遵循(   )标准,就可以以有限的资源实现产出最大化,得到预期的经济增长目标。

    A. 资本—产出比率最小化标准   B. 投入—产出比率最小化标准

    C. 资本—产出比率最大化标准   D. 投入—产出比率最大化标准

36. 下列关于资本—劳动力最大化标准的说法错误的是(   )。

    A. 使用该标准意味着政府投资应该选择使边际人均投资额最大化的投资项目

    B. 该标准强调政府应投资于资本密集型项目

    C. 资本—劳动力最大化标准是政府财政投资的决策标准之一

    D. 资本—劳动力比率越高,说明资本技术构成越低,劳动生产率越低,经济增长越慢

37. 资本—劳动力最大化标准强调政府应投资于(   )的项目。

    A. 回收期最短   B. 劳动力密集型

    C. 资本密集型   D. 单位资本投入产出最大

38. 下列关于建设—经营—转让投资方式的说法正确的是(   )。

    A. 建设—经营—转让投资方式又称为 BDT 投资方式

    B. 是一种传统的基础设施提供方式

    C. 该投资方式提供的基础设施项目在协议期满时,项目产权归项目经营公司所有

    D. 这种投资方式鼓励和吸引外国直接投资者对高速公路、能源开发等基础建设进行投资

39. 下列关于财政投资的表述正确的是(   )。

    A. 政府投资完全是无偿拨款   B. 财政投资应侧重项目的经济效益

    C. 政府可以投资大型项目   D. 政府投资的资金来源都是无偿取得的

40. 社会保障的核心内容是(   )。

    A. 社会保险   B. 社会救济   C. 社会福利   D. 社会优抚

41. 社会保障制度(   )首创。

    A. 由德国的俾斯麦政府于 19 世纪 80 年代

    B. 由英国的伊丽莎白王室于 1908 年

    C. 由法国政府于 1910 年

    D. 由美国政府在 1935 年

42. 我国养老保险实行社会统筹与个人账户相结合的方式,个人需要根据本人工资的一定比例向个人账户缴费,目前个人缴费比例的最高限是(   )。

    A. 8%   B. 10%   C. 11%   D. 15%

43. 我国社会养老保险的运行模式是(   )。

    A. 企业账户运行方式

    B. 社会统筹运行模式

    C. 个人账户运行模式

    D. 社会统筹和个人账户相结合的运行模式

44. 按照现行规定,养老保险个人账户存储额的计息方式是(   )。

    A. 参考银行存款利率计算利息   B. 参考国债利率计算利息

    C. 参考金融市场利率计算利息   D. 不计算利息

45. 我国养老保险实行的社会统筹和个人账户相结合的筹资模式,基本上属于(   )。
     A. 现收现付式   B. 完全基金式   C. 部分基金式   D. 储蓄分红式

46. 我国现行《失业保险条例》对于城镇企事业单位招用的农民合同制工人个人缴费规定是(   )。
     A. 不用缴费
     B. 按照本人工资的1%缴纳失业保险费
     C. 按照本人工资的2%缴纳失业保险费
     D. 按照本人工资的3%缴纳失业保险费

47. 我国失业保险制度规定,失业人员失业前所在单位和本人累计缴费时间达10年以上的,领取失业保险金的最长期限是(   )。
     A. 12个月   B. 18个月   C. 24个月   D. 36个月

48. 我国现行《失业保险条例》对于事业单位的职工个人缴费规定是(   )。
     A. 不用缴费
     B. 按照本人工资的1%缴纳失业保险费
     C. 按照本人工资的2%缴纳失业保险费
     D. 按照本人工资的3%缴纳失业保险费

49. 基本医疗保险的统筹基金的最高支付限额原则上应控制在当地职工年平均工资的(   )倍左右。
     A. 4   B. 3   C. 5   D. 2

50. 2001年开始的辽宁养老社会保险改革试点对个人账户资金的运用规定是(   )。
     A. 用于国债投资或存入银行   B. 用于股票投资或存入银行
     C. 用于房地产投资或存入银行   D. 用于国债投资或其他有价证券投资

51. 财政补贴的对象是(   )。
     A. 国家   B. 主管部门   C. 企业和居民   D. 社会保障部门

52. 财政补贴的性质是(   )。
     A. 实现某种特定的政治目标   B. 实现某种特定的经济目标
     C. 实现某种特定的社会目标   D. 进行一种社会财富的再分配

53. 在我国财政预算中,作为冲减收入处理的补贴项目是(   )。
     A. 价格补贴   B. 企业亏损补贴   C. 职工生活补贴   D. 财政贴息

54. 下面选项中,错误的是(   )。
     A. 现金补贴的影响涉及许多商品
     B. 实物补贴主要体现在农副产品价格补贴和农业生产资料价格补贴上
     C. 实物补贴是从补贴接受者手中转移给最终受益者
     D. 一般称实物补贴为"明补"

55. 企业亏损补贴的补贴环节是(   )。
     A. 流通环节   B. 分配环节   C. 生产环节   D. 消费环节

56. 财政补贴与社会保障支出的区别主要体现在(   )。
     A. 同所实施的对象上   B. 主体不同
     C. 性质不同   D. 同相对价格体系的关系

57. 允许纳税人从其某种合乎奖励规定的支出中，以一定比率从其应纳税额中扣除，以减轻其税负的做法称为( )。

    A. 税收豁免　　　　B. 税收抵免　　　　C. 纳税扣除　　　　D. 盈亏相抵

二、多项选择题

1. 财政的转移性支出主要有( )。

    A. 财政补贴　　　　　　B. 债务利息　　　　　　C. 养老保险

    D. 事业经费　　　　　　E. 失业救济

2. 按财政支出在社会再生产中的作用分类，可以把财政支出分为( )。

    A. 生产性支出　　　　　B. 补偿性支出　　　　　C. 积累性支出

    D. 消费性支出　　　　　E. 非生产性支出

3. 按照经济性质，财政支出可以分为( )。

    A. 购买性支出　　　　　B. 消费性支出　　　　　C. 积累性支出

    D. 转移性支出　　　　　E. 补偿性支出

4. 积累性支出包括( )。

    A. 基本建设支出　　　　B. 企业挖潜改造支出　　C. 国家物资储备支出

    D. 生产性支农支出　　　E. 国防支出

5. 按照政府对财政支出的控制能力划分，财政支出可以分为( )。

    A. 可控制性支出　　　　B. 不可控制性支出　　　C. 购买性支出

    D. 转移性支出　　　　　E. 特殊利益支出

6. 按照财政支出的目的性分类，财政支出可以分为( )。

    A. 预防性支出　　　　　B. 创造性支出　　　　　C. 转移性支出

    D. 购买性支出　　　　　E. 补偿性支出

7. 下列项目中，属于不可控制性支出的有( )。

    A. 社会保障支出　　　　B. 债务利息支出　　　　C. 基本建设支出

    D. 对地方政府的补贴支出　E. 流动资金支出

8. 下列选项中，正确的有( )。

    A. 转移性支出直接影响社会生产

    B. 购买性支出对政府的效益约束是较弱的

    C. 购买性支出对企业的预算约束是较强的

    D. 转移性支出执行收入分配的职能较强

    E. 转移性支出对政府的效益约束是较强的

9. 购买性支出增加，转移性支出减少，导致的结果是( )。

    A. 增加社会总需求　　　B. 减少社会总需求　　　C. 社会生产膨胀

    D. 社会生产萎缩　　　　E. 经济繁荣

10. 财政的购买性支出主要有( )。

    A. 投资拨款　　　　　　B. 债务利息　　　　　　C. 养老保险

    D. 失业救济　　　　　　E. 事业经费

11. 对于财政支出增长现象的解释，比较有影响的是( )。

    A. 皮考克的"公共收入增长引致论"

    B. 瓦格纳的"政府活动扩张法则"

    C. 凯恩斯的"国家干预理论"

    D. 鲍莫尔的"非均衡增长模型"

    E. 马斯格雷夫的"经济发展阶段论"

12. 下列项目中，适宜用最低费用选择法衡量效益的是(   )。

    A. 军事设施   B. 水利设施   C. 文化设施

    D. 卫生设施   E. 电力供应

13. 关于财政支出成本—效益分析方法，表述正确的是(   )。

    A. 选择使用最少的费用就可以达到财政支出目的的方案

    B. 根据国家所确定的建设目标，提出实现该目标的各种方案

    C. 计算出各种方案的全部预期成本和全部预期效益

    D. 通过计算成本—效益的比率比较不同项目或方案的效益

    E. 通过制定合理的价格与收费标准对公共劳务有效节约使用

14. 下列关于平价政策的说法正确的有(   )。

    A. 可以促进社会成员节约使用相应的公共劳务

    B. 适用于从全社会的利益来看，需要特别鼓励使用的公共劳务

    C. 为政府进一步改进和提高公共劳务的水平提供费用

    D. 可以通过收费弥补提供公共劳务的相应耗费

    E. 适用于如公路、公园、铁路、医疗等"公共劳务"

15. 公用经费包括(   )。

    A. 设备购置费   B. 离退休人员费用   C. 业务费

    D. 工作人员差旅费   E. 修缮费

16. 下列不属于影响教育经费效益的主要因素有(   )。

    A. 一国财政收支的规模   B. 一国财政收支的结构

    C. 一国财政收支的规模和结构   D. 一国财政支出的规模和结构

    E. 一国财政收入的规模和结构

17. 政府投资具有的特点是(   )。

    A. 强调投资的经济效益

    B. 财力雄厚

    C. 可以提高国民经济的整体效益

    D. 可以从事经济效益一般，但社会效益好的项目

    E. 可以投资大型项目

18. 在我国，基础设施投资的提供方式主要有(   )。

    A. 政府筹资建设，免费提供   B. 私人出资，定期收费补偿成本

    C. 政府投资，法人团体经营运作   D. 政府与民间共同投资提供

    E. 建设—经营—转让投资方式

19. 关于财政投融资的特征，表述正确的是(   )。

    A. 是一种政府投入资金的政策性融资

    B. 计划性与市场机制相结合

C. 目的性很强，范围没有严格限制

D. 预算管理比较灵活

E. 由国家设立的专门机构——政策性金融机构负责统筹管理和经营

20. 社会保障的主要内容有(　　)。

  A. 社会保险   B. 社会救助   C. 社会优抚

  D. 社会关爱   E. 社会补贴

21. 世界各国的社会保障制度的类型有(　　)。

  A. 社会保险型   B. 社会救济型   C. 普遍津贴型

  D. 节俭基金型   E. 保值储蓄型

22. 我国社会保险的主要项目有(　　)。

  A. 养老保险   B. 医疗保险   C. 财产保险

  D. 失业保险   E. 人身保险

23. 目前我国养老社会保险的覆盖范围包括(　　)。

  A. 国有企业职工   B. 集体企业职工   C. 私营企业职工

  D. 城镇个体工商户的帮工 E. 农村集体经济的农民

24. 与养老保险比较，失业保险的特点有(　　)。

  A. 基金征集较少   B. 对象较少

  C. 失业津贴发放是有条件的   D. 失业保险金标准较高

  E. 保险金发放较为均衡

25. 养老社会保险的筹资方式主要有(　　)。

  A. 现收现付式   B. 完全基金式   C. 部分基金式

  D. 社会融资式   E. 银行贷款式

26. 我国反映在财政预算上的补贴有(　　)。

  A. 企业亏损补贴   B. 职工生活补贴   C. 价格补贴

  D. 财政贴息   E. 房租补贴

27. 下列属于按财政经济性质分类的是(　　)。

  A. 价格补贴   B. 房租补贴   C. 生产补贴

  D. 生活补贴   E. 外贸补贴

28. 下列属于生产环节补贴的是(　　)。

  A. 农业生产资料价格补贴   B. 生产企业的政策性亏损补贴

  C. 税收支出   D. 商业和外贸企业的政策性亏损补贴

  E. 工矿产品价格补贴

29. 按补贴的项目和形式分类，财政补贴可以分为(　　)。

  A. 价格补贴   B. 现金补贴   C. 实物补贴

  D. 企业亏损补贴   E. 财政贴息

30. 财政的实物补贴主要体现在(　　)。

  A. 职工副食品补贴   B. 农副产品价格补贴

  C. 农业生产资料价格补贴   D. 财政贴息

  E. 税收支出

31. 税收支出的形式包括( )。
    A. 税收豁免 　　　　B. 税收抵免 　　　　C. 优惠税率
    D. 纳税延期 　　　　E. 纳税扣除
32. 出口退税涉及的税种有( )。
    A. 进口关税 　　　　B. 消费税 　　　　C. 增值税
    D. 资源税 　　　　E. 契税

同步自测解析

一、单项选择题

1.【解析】B　社会消费性支出包括：行政管理费、国防费、文教、科学、卫生事业费以及工交商农等部门的事业费。

2.【解析】A　购买性支出对于社会的生产和就业有直接的影响，但对国民收入分配的影响是间接的。

3.【解析】A　当购买性支出增加时，政府对商品和劳务的需求增长，这会导致市场价格水平上升，生产企业利润率提高。

4.【解析】C　当购买性支出增加时，政府对商品和劳务的需求增长，这会导致市场价格水平上升，生产企业利润率提高，企业会因利润率提高而扩大生产，所需的生产资料增多，又可能推动生产生产资料的企业扩大生产，所需劳动力的增多，又引起就业人数的增多，从而引起消费品的社会需求膨胀。生产消费品的企业的生产规模同样可能因之而扩大。

5.【解析】B　政府购买性支出增加时，政府对商品和劳务的需求增长，往往会通过直接或间接刺激社会总需求的增加，导致社会生产的膨胀，从而使国民收入增加，形成经济繁荣的局面。

6.【解析】B　以购买性支出占较大比重的支出结构的财政活动，执行资源配置的职能较强；以转移性支出占较大比重的支出结构的财政活动则执行国民收入分配的职能较强。

7.【解析】C　社会总需求是由个人与经济组织的消费需求、个人与经济组织的投资需求和政府的消费性需求构成的，在社会总需求中，占主要地位的是个人的消费需求。

8.【解析】B　目前，属于补偿性支出的项目只剩下企业挖潜改造支出一项。

9.【解析】D　不可控制性支出可解释为根据现行法律、法规所必须进行的支出，也就是说，在法律和法规的有效期内，必须按照规定准时如数支付，不得随意停付或逾期支付，也不得任意削减其数额，即表现为刚性很强的支出，主要包括：失业救济、养老金食品补贴、债务利息支出、对地方政府的补贴等支出。与此相反，可控制性支出可解释为不受法律和契约的约束，可由政府部门根据每个预算年度的需要分别决定或加以增减的支出，即弹性较大的支出。

10.【解析】D　预防性支出主要包括国防、司法、公安与政府行政部门的支出。创造性支出则主要包括基本建设投资、文教、卫生和社会福利等支出。因此，社会福利支出属于创造性支出，行政部门支出属于预防性支出。

11.【解析】B　转移性支出对经济的影响是直接的只有企业亏损补助，而生活补贴、养老保险、失业救济都是间接影响。

12. 【解析】A 从世界各国的一般发展趋势来看，社会消费性支出的绝对规模总体是呈现一种扩张的趋势，相对规模在一定发展阶段也是扩张趋势，达到一定规模则相对停滞。

13. 【解析】A 财政支出无论从绝对量还是从相对量来看，世界各国都呈现出上升的趋势。

14. 【解析】B 改革开放以来，我国财政支出占国内生产总值的比重呈现出明显的下降趋势。与世界大趋势不同。

15. 【解析】C 根据统计数据显示，改革开放以来，我国各项财政支出中，行政管理支出是增长速度最快的项目。

16. 【解析】B 属于消费性支出的项目，主要包括文教、科学、卫生事业费，抚恤和社会救济费，行政管理费，国防费等项。

17. 【解析】D 财政支出增长趋势的解释包括：瓦格纳的"政府活动扩张法则"、皮考克和魏斯曼的"公共收入增长导致论"、马斯格雷夫和罗斯托的"经济发展阶段论"、鲍莫尔的"非均衡增长模型"。

18. 【解析】D 马斯格雷夫和罗斯托的"经济发展阶段论"认为经济发展在成熟阶段，公共支出逐步转向以教育、保健和社会福利为主的支出结构。

19. 【解析】C 马斯格雷夫和罗斯托提出"经济发展阶段论"，用于解释公共支出增长的原因。

20. 【解析】B 瓦格纳的"政府活动扩张法则"，皮考克和魏斯曼的"公共收入增长导致论"，马斯格雷夫和罗斯托的"经济发展阶段论"，鲍莫尔的"非均衡增长模型"。

21. 【解析】D 鲍莫尔的"非均衡增长模型"的观点包括：①生产率增加缓慢的部门，其产品的单位成本不断增加，而生产率不断提高的部门，其产品的单位成本或是维持不变，或是不断下降；②如果消费者对生产率增加缓慢部门的产品需求富有弹性，该部门的产品产量将越来越少，甚至可能停产；③如果要维持生产率较低部门的产品在整个国民经济中的比重，必须使生产力不断涌入该部门；④如果要维持两个部门的均衡增长，政府部门的支出只能增加，同时也会导致整个经济增长率的不断降低。

根据以上观点，最后得出结论：生产率偏低的政府部门的规模必然越来越大，其支出水平也越来越高。

22. 【解析】D 财政支出必须讲求效益，其根本原因在于社会经济资源的有限性。

23. 【解析】B 对于那些只有社会效益且其产品不能进入市场的支出项目(如国防支出)，采用最低费用选择法。

24. 【解析】C 特殊利益支出包括教育支出、医疗卫生支出、企业补贴支出、债务利息支出等。

25. 【解析】D 对于那些既有社会效益，又有经济效益，但其经济效益难以直接衡量，而其产品可以全部或部分进入市场的支出项目(如交通、教育等支出)，采用公共劳务收费法来衡量和提高财政支出的效益。

26. 【解析】B 根据马克思在《哥达纲领批判》中阐述的共产主义第一阶段的社会产品分配原理，用来扩大生产的追加部分扣除形成积累基金，用来应付不幸事故、自然灾害等的后备基金或保险基金就属于积累基金。

27. 【解析】C 平价政策一般适用于从全社会的利益来看，无需特别鼓励使用，又无必要特别加以限制使用的"公共劳务"，如公路、公园、铁路、医疗等。

28. 【解析】A　工交商农这些部门的事业费是行政管理费，属于社会消费性支出。

29. 【解析】B　文教、科学、卫生方面的支出属于购买性支出。

30. 【解析】D　在我国，国防费预决算由全国人民代表大会审批，由国家和军队的审计机构实施严格的审计和监督。

31. 【解析】C　高等教育属于混合产品，而国防建设、行政管理、传染病控制都不属于混合产品。

32. 【解析】C　新中国成立以后，我国的行政管理支出占财政支出的比重曾一度出现下降的趋势，但自改革开放以来，行政管理支出一度出现了上升的趋势。

33. 【解析】A　我国财政用于科学研究支出及其占财政支出和GDP的比重基本上是逐年有所提高，同时，还通过科技三项费用、税收优惠和财政补贴等多种渠道，鼓励和带动民间科技投入。

34. 【解析】A　我国教育经费来源构成的基本特征，仍是以政府投入为主。

35. 【解析】A　一国在一定时期内的储蓄率是既定的，而资本—产出比率是可变的，在投资过程中，只要遵循资本—产出比率最小化标准，就可以以有限的资源实现产出最大化，得到预期的经济增长目标。

36. 【解析】D　资本—劳动力比率越高，说明资本技术构成越高，劳动生产率越高，经济增长越快。因此，这种标准是强调政府应投资于资本密集型项目。

37. 【解析】C　资本—劳动力最大化标准强调政府应投资于资本密集型的项目。

38. 【解析】D　BOT投资方式(建设—经营—转让投资方式)。BOT投资方式是近年兴起和发展的一种基础设施的提供方式，是指政府将一些拟建基础设施建设项目通过招商转让给某一财团或公司，组建项目经营公司进行建设经营，并在双方协定的一定时期内，由项目经营公司通过经营偿还债务，收回投资并盈利，协议期满，项目产权收归政府。这种投资方式的最大特点，是鼓励和吸引私人投资者特别是外国直接投资者对发电厂(站)、高速公路、能源开发等基础设施建设进行投资。

39. 【解析】C　政府投资并不意味着完全无偿拨款，国际经验表明，将财政融资的良好信誉与金融投资的高效运作有机结合起来，进行融资和投资，是发挥政府在基础产业部门投融资作用的最佳途径。政府投资要顾及项目的社会效益，可以从事社会效益好而经济效益一般的投资。政府投资资金来源多半是无偿的，可以投资于大型项目和长期项目。因此，应该选C。

40. 【解析】A　社会保险是现代社会保障的核心内容，它是一国居民的基本保障，即保障劳动者在失去劳动能力，从而失去工资收入后仍能享有基本的生活保障。

41. 【解析】A　社会保障制度由德国的俾斯麦政府于19世纪80年代首创。

42. 【解析】A　养老保险实行社会统筹与个人账户相结合的运行方式。各地要按照职工个人缴费工资的11%的数额为职工建立基本养老保险的个人账户，个人缴费全部计入个人账户，其余部分从企业缴费中划入。随着个人缴费比例的提高，企业缴费划入个人账户的比例应逐步减小，当个人缴费比例提高到8%的最高限时企业缴费划入个人账户的比例应降低到3%。由此可知道，个人缴费的最高限是8%。

43. 【解析】D　养老保险实行社会统筹与个人账户相结合的运行方式。

44. 【解析】A 养老保险个人账户的存储额每年参考同期银行存款利率计算利息，这部分存储额只能用于职工养老，不得提前支取。

45. 【解析】A 目前，我国养老保险实行社会统筹和个人账户相结合的筹资模式，基本属于现收现付式。

46. 【解析】A 城镇企事业单位要按照单位工资总额的2%缴纳失业保险费；职工个人要按照本人工资的1%缴纳失业保险费，但城镇企事业单位招用的农民合同制工人本人不缴纳失业保险费。

47. 【解析】C 按照规定，失业人员失业前所在单位和本人累计缴费时间不足1年的，不能领取失业保险金；累计缴费时间满1年不满5年的，领取失业保险金的最长期限为12个月；累计缴费时间满5年不足10年的，领取失业保险金的期限最长为18个月；累计缴费时间达10年以上的，领取失业保险金的最长期限为24个月。

48. 【解析】B 按照规定，城镇企业、事业单位要按照单位工资总额的2%缴纳失业保险费；职工个人要按照本人工资的1%缴纳失业保险费，但城镇企业、事业单位招用的农民合同制工人本人不缴纳失业保险费。

49. 【解析】A 按照规定，基本医疗保险的统筹基金的起付标准原则上应控制在当地职工年平均工资的10%左右，最高支付限额原则上应控制在当地职工年平均工资的4倍左右。

50. 【解析】A 从2001年7月开始，国家在辽宁省进行改革试点，规定个人账户中的缴费额不再为当期支付的养老金融资，个人账户将部分的"实账"运行，个人账户中的存储额将用于国债投资或存入银行。

51. 【解析】C 财政补贴的对象是企业和居民。

52. 【解析】D 财政补贴的性质是通过财政资金的无偿补助而进行的一种社会财富的再分配。

53. 【解析】B 价格补贴与企业亏损补贴在很长一个时期内不是作为支出项目列入财政支出，而是作为冲减收入处理的，1986年以后价格补贴改为在支出中列支，企业亏损补贴依然是作为冲减收入处理。

54. 【解析】D 实物补贴是补贴接受主体并未真正获益的财政补贴，即补贴利益发生了转移的那部分财政补贴，一般所说的"暗补"是与此相近的概念。

55. 【解析】C 企业亏损补贴是在生产环节上的补贴，而价格补贴是在流通环节上的补贴。

56. 【解析】D 财政补贴与社会保障支出的区别主要体现在同相对价格体系的关系上。

57. 【解析】B 税收抵免是指允许纳税人从其某种合乎奖励规定的支出中，以一定比率从其应纳税额中扣除，以减轻其税负。

二、多项选择题

1. 【解析】ABCE 转移性支出直接表现为资金的无偿地、单方面地转移，主要包括政府部门用于补贴、债务利息、失业救济金、养老保险等方面的支出。

2. 【解析】BCD 按财政支出在社会再生产中的作用分类，可以分为补偿性支出、消费性支出和积累性支出。

3. 【解析】AD 按照财政支出的经济性质分类，可以将财政支出分为购买性支出和转移性支出。

4.【解析】ACD　积累性支出是财政直接增加社会物质财富及国家物资储备的支出，其中，主要包括基本建设支出、流动资金支出、国家物资储备支出、生产性支农支出等项。

5.【解析】AB　按照政府对财政支出的控制能力划分，财政支出可以分为可控制性支出和不可控制性支出。

6.【解析】AB　按照财政支出的目的性来分类，财政支出可以分为预防性支出和创造性支出。

7.【解析】ABD　不可控性财政支出一般包括两类：一是国家法律已经明确规定的个人享受的最低收入保障和社会保障，如失业救济、养老金、食品补贴等等；另一类是政府遗留义务和以前年度设置的固定支出项目，如债务利息支出、对地方政府的补贴等等。

8.【解析】CD　(1)购买性支出对于社会的生产和就业有直接的影响，但对国民收入分配的影响是间接的，而转移性支出对生产和就业的影响是间接的。(2)通过购买性支出体现出财政分配活动对政府形成较强的效益约束，而转移性支出体现出的财政分配活动对政府的效益约束是较弱的。(3)购买性支出对微观经济主体的预算约束是硬的，而转移支出对微观经济主体的预算约束是软的。(4)以购买性支出占较大比重的支出结构的财政活动，执行资源配置的职能较强，而以转移性支出占较大比重的支出结构的财政活动则执行国民收入分配的职能较强。

9.【解析】ACE　政府购买性支出的增加，相应此时转移性支出减少，往往会通过直接或间接刺激社会总需求的增加，导致社会生产的膨胀，形成经济繁荣的局面。

10.【解析】AE　购买性支出直接表现为政府购买商品或劳务的活动，如政府部门的行政管理费支出，各项事业的经费支出，政府各部门的投资拨款等。

11.【解析】ABDE　在西方财政经济理论界，对于财政支出增长现象的解释，值得作为重点提及的主要有以下几种：瓦格纳的"政府活动扩张法则"、皮考克和魏斯曼的"公共收入增长引致论"、马斯格雷夫和罗斯托的"经济发展阶段论"以及鲍莫尔的"非均衡增长模型"。

12.【解析】ACD　最低费用选择法主要适用于军事、政治、文化、卫生等支出项目。

13.【解析】BCD　成本—效益分析的基本原理是，根据国家所确定的建设目标，提出实现该目标的各种方案，对这些可供选择的方案，用一定的方法计算出各方案的全部预期成本和全部预期效益，通过计算成本—效益的比率，来比较不同项目或方案的效益，选择最优的支出方案，据此支拨和使用财政资金这种方法，特别适用于财政支出中有关投资性支出项目的分析。

14.【解析】ACDE　平价政策，可以用收取的费用弥补该项公共劳务的人力、物力耗费。从消费方面来说，可以促进社会成员节约使用该项公共劳务，从提供方面来说，政府有了进一步改进和提高公共劳务水平的费用。平价政策一般适用于从全社会的利益来看，无需特别鼓励使用，又无必要特别加以限制使用的公共劳务，如公路、公园、铁路、医疗等。

15.【解析】ACDE　按费用要素分类，行政管理费包括人员经费和公用经费两大类。人员经费主要包括工资、福利费、离退休人员费用及其他。公用经费包括公务费、修缮费、设备购置费和业务费。

16.【解析】DE　理论和实践都证明，一国财政收支的规模和结构是影响教育经费效益的主要因素，所以应该选择 DE。

17.【解析】BCDE　政府投资项目的建成，如社会基础设施等等，可以极大地提高国民经济的整体效益。同时，政府财力雄厚，而且资金来源多是无偿的，可以投资于大型项目和长期项目。

18.【解析】ABCDE　题目中的五个选项均是在我国基础设施投资的提供方式。

19.【解析】ABDE　财政投融资具有以下特征：财政投融资是一种政府投入资本金的政策性融资；财政投融资的目的性很强，范围有严格限制；计划性与市场机制相结合；财政投融资由国家设立的专门机构——政策性金融机构负责统筹管理和经营；财政投融资的预算管理比较灵活。

20.【解析】ABC　在我国，社会保障主要包括社会保险、社会救助、社会福利中的一部分和社会优抚，因此该题应该选择 ABC。

21.【解析】ABCD　社会保障制度建立以来得到了很大的发展，纵观世界各国的社会保障制度，大致分为社会保险型、社会救济型、普遍津贴型和节俭基金型。

22.【解析】ABD　社会保险包括养老保险；失业保险；医疗保险；疾病、生育保险；工伤保险；伤残保险。

23.【解析】ABCD　养老社会保险的覆盖范围包括国有企业、城镇集体企业、私营企业、股份制企业、外商投资企业的职工以及城镇个体工商户的帮工，还有城镇个体工商户本人、私营企业主、自由职业者。

24.【解析】ABC　与老年保险相比较，失业保险基金征集较少，这是因为：第一，失业风险涉及的对象相对较少，失业风险经历的时间也相对较短；第二，失业津贴的发放是有条件的，通常的标准也较低。

25.【解析】ABC　纵观世界各国的养老保险的筹资模式，可分为现收现付式和基金式两大类。基金式又分为完全基金式和部分基金式两种。

26.【解析】AC　我国财政补贴以价格补贴和企业亏损补贴为主要项目，且每年反映在国家预算上仅有这两项补贴。

27.【解析】CD　按财政的经济性质分类，财政补贴可以分为生产补贴和生活补贴。

28.【解析】ABE　从我国的情况看，属于生产环节补贴的主要有农业生产资料价格补贴、工矿产品价格补贴、生产企业的政策性亏损补贴等。

29.【解析】ADE　按财政补贴的项目和形式分类，主要有价格补贴、企业亏损补贴、财政贴息、减免税收、房租补贴、职工生活补贴、外贸补贴等。

30.【解析】BC　在我国的现实生活中，现金补贴主要有职工副食品补贴等，实物补贴则主要体现在农副产品价格补贴、农业生产资料价格补贴等。

31.【解析】ABCDE　就刺激经济活动和调节社会生活的税收支出而言，其一般形式大致有税收豁免、税收抵免、纳税扣除、优惠税率、纳税延期、盈亏相抵等。

32.【解析】ABC　出口退税是指为鼓励出口而退还纳税人的税款：①退还进口税，即用进口原料或半制成品，加工制成产品以后，出口时退还其已纳的进口税；②退还已纳的国内销售税、消费税、增值税等。

第三章 税收理论

 大纲解读

本章考试目的在于考查应试人员是否掌握税收理论的相关内容。从近三年考题情况来看，本章主要考查税收概述、税收原则、税法与税制、税收负担、国际税收等，平均分值是 6 分。具体考试内容如下。

1. 税收概述

税收的本质、税收的职能。

2. 税收原则

财政原则、经济原则、公平原则。

3. 税法与税制

税法概述、税制要素、我国现行税收法律制度、我国税制改革与展望。

4. 税收负担

税收负担概述、税收负担的影响因素、税收负担的转嫁与归宿。

5. 国际税收

国际税收概述、税收管辖权、国际重复征税的产生与免除、国际避税与反避税、国际税收协定。

 **考点精讲**

第一节 税 收 概 述

考点一 税收的本质

税收是国家为满足社会公共需要，依据其社会职能，按照法律规定，参与社会产品的分配，强制、无偿地取得财政收入的一种规范形式。

第一，税收是一种工具，其使用的目的是为国家取得财政收入，从而满足社会公共需要；

第二，税收这种工具是由国家来掌握和运用的，征税权力归国家所有；

第三，税收所表现的是按照法律的规定，通过强制的征收，把纳税单位和个人的收入转移到政府手中，形成财政收入。税收由国家征收，行使征收权的主体是国家。

税收表现了国家与纳税人在征税、纳税和利益分配上的一种特殊关系。税收的本质是：①税收的主体是国家；②税收的客体是社会产品；③税收是国家、社会、集团、社会成员之间形成的特定分配关系；④税收的目的是为实现国家职能服务；⑤税收分配关系是社会整个生产关系的有机组成部分。

考点二 税收的职能

税收的职能是指税收客观存在的固有的功能。税收的职能是由税收的本质决定的，是税收本质的体现。税收的三项基本职能为：

(1) 财政职能(收入职能)，财政职能是税收首要的和基本的职能；

(2) 经济职能(调节职能)；

(3) 监督职能。

【例 3-1】 税收的基本职能包括(　　)。(2008 年多选题)

A. 财政职能 　　　　　　B. 补贴职能 　　　　　　C. 经济职能

D. 监督职能 　　　　　　E. 转移职能

【解析】ACD　税收的职能是由税收的本质决定的，是税收本质的体现。税收的三项基本职能为财政职能、经济职能、监督职能。

第二节　税 收 原 则

考点三 税收原则概述

(一) 税收原则的概念

税收原则是政府制定税收制度，执行税收职能应遵循的基本指导思想和基本规则，是税务行政和管理应遵循的理论标准和准则，是一定社会经济关系在税制建设中的反映，其核心是如何使得税收关系适应一定的生产关系的要求，它体现了政府课税的基本思想。

(二) 制定税收原则的依据

(1) 政府公共职能。

(2) 社会生产力水平。

(3) 生产关系状况。

(三) 税收原则理论的形成和发展

(1) 威廉·配第的税收原则。威廉·配第提出了公平、简便、节省三条标准。

(2) 亚当·斯密的税收原则。亚当·斯密提出了著名的税收四原则：平等原则、确定原则、便利原则和最少征收费用原则。

(3) 阿道夫·瓦格纳的税收原则。阿道夫·瓦格纳提出了著名的"四端九项原则"，对亚当·斯密及其他前人的税收原则理论作了较为完备、详细的补充发展，形成了一套较为全面系统的税收原则理论体系。

① 财政政策原则，包括收入充分原则和收入弹性原则。

② 国民经济原则，包括慎选税源的原则和慎选税种的原则。

③ 社会公平原则，又称"社会正义原则"，包括普遍原则和平等原则。

④ 税务行政原则，包括确定原则、便利原则和节约原则。

考点四　现代税收原则

现代税收原则，是指适应现代经济发展和现代国家社会政策需要，税收所应遵循的原则。一般认为，适应现代市场经济发展的要求和现代国家社会政策的需要，税收应遵循的基本原则主要有：财政原则、经济原则、公平原则等。

1. 税收的财政原则

税收的财政原则即税收必须为国家筹集充足的财政资金，以满足国家职能活动需要的原则。其内容包括财政收入和税务行政两方面，前者要求税收必须保证国家收入的充分并富有弹性，以满足各个时期、不同情况下的国家需要；后者要求税务行政效率，税制必须是确定的、合法的，征收方法是便利的，征收费用是节约的、最少的。

税制建设的财政原则包括下列内容：

(1) 充裕原则；

(2) 弹性原则；

(3) 便利原则；

(4) 节约原则。

2. 税收的经济原则

税收的经济原则是税收制度的建立原则之一。即税制的建立应有利于保护国民经济，避免税收妨碍生产的消极作用，进而促进国民经济持续、均衡的发展。它要求：①在征税时要保护税本；②要求正确选择征税对象和税源；③正确地设计税率；④税收的转嫁与归宿要顾及税收对经济的影响。另外，还要发挥税收对经济资源配置的作用。

(1) 配置原则。税收的配置原则就是要求：第一，当资源已经处于最优配置状态时，税收活动就应不妨碍这种配置；第二，当资源还未处于最优配置状态时，税收活动、税负轻重就应促使资源的转移和重新配置，以提高资源的利用效率。

(2) 效率原则。税收效率原则就是要求国家征税要有利于资源的有效配置和经济机制的有效运行，提高税务行政的管理效率。税收效率原则又可分为税收的经济效率原则和税收本身的效率原则两个方面。

① 税收的经济效率原则，是指税收应有利于资源的有效配置和经济的有效运行。征税必须使社会承受的额外负担为最小，以最小的额外负担换取最大的经济效率。

② 税收本身的效率原则，是指应节约税收的行政费用的原则，要提高税务行政管理的效率，必须节约行政费用，其基本要求就是以最小的税收成本取得最大的税收收入。

3. 税收的公平原则

税收的公平原则指税收负担应公平合理地分配于全体社会成员之间。该原则被瓦格纳称为社会正义原则。税收公平原则应包括两方面内容：普遍原则和平等原则。

【例 3-2】　关于税收效率原则的说法，错误的是(　　)。(2012 年单选题)

A. 税收要有利于资源的有效配置　　　　B. 税收要有利于经济机制的有效运行

C. 税收负担要公平合理地分配　　　　D. 征收费用要节省

【解析】C　贯彻税收效率原则，就要求国家征税要有利于资源的有效配置和经济体制的有效运行，提高税务行政的管理效率。税收效率原则可分为：

(1) 税收的经济效率原则，税收应有利于资源的有效配置和经济的有效运行，检验税收经济效率原则的标准是税收额外负担最小化和额外收益最大化；表现在税收上，就是国家税收不应对经济行为产生干预。

(2) 税收本身的效率原则，是指节约税收的行政费用的原则，其基本要求是以最小的税收成本取得最大的税收收入。

所以 ABD 三项都是正确的，C 选项属于税收的公平原则。

(1) 普遍原则。除特殊情况外，税收应由本国全体公民共同负担。在纳税问题上，不允许任何阶级、阶层，任何经济成分，任何个人或法人享有免税特权。

(2) 平等原则。指税收负担要公平合理地分配于社会各成员身上。现代社会的公平原则主要指平等原则。该原则将具体的体现在如下两个方面：一是横向公平，二是纵向公平。横向公平，又称"水平公平"，是指对社会经济条件相同的纳税人同等课税，即对支付能力相同的人同等课税。纵向公平，又称垂直公平，即对社会经济条件不同的纳税人区别课税，通常指对支付能力不同者不等量课税，支付能力强的多课税，支付能力弱的少课税，无支付能力者不课税。测定纳税人支付能力的强弱，通常有三种标准：收入、财产和支出。

第三节 税法与税制

考点五 税法概述

(一) 税法的概念

税和法历来是不可分割的，有税必有法，无法便无税，税法是税收的表现形式，税收必须以税法为其依据。

税法是由国家权力机关或其授权的行政机关制定的调整税收关系的法律规范的总称，是国家税务征管机关和纳税人从事税收征收管理与缴纳活动的法律依据。

税法的概念包含以下几个方面的内容：

(1) 税法的调整对象是税收关系，即有关税收活动的各种社会关系，包括税收体制关系、税收征纳关系、税收管理关系和其他税收关系；

(2) 税法是调整税收关系的一系列税收法律规范的总称；

(3) 税法是由国家权力机关或其授权的行政机关制定的。

(二) 税法的渊源

税法的渊源即税法的法律渊源，一般是指税法的效力来源，即税收法律规范的存在和表现形式。税法的渊源主要就是成文法，包括宪法、法律、法规、规范性文件等国内法渊源和税收双边协定、国际公约等国际法渊源。

1. 税法的正式渊源

在我国税法的正式渊源专指由国家制定的、以规范性文件为表现形式的作为税法渊源的制定法。

(1) 宪法。宪法作为税法最终、最高的法律渊源表现在两个方面：一是直接的渊源，即宪法中关于税收的直接规定；二是间接的渊源，即宪法中确定的一国政治制度、经济制度、社会制度、分配制度及各项原则性规定，在税收立法、执法、司法中必须严格遵循，得到充分体现。

(2) 税收法律。

(3) 税收法规。

(4) 部委规章和有关规范性文件。

(5) 地方性法规、地方政府规章和有关规范性文件。

(6) 自治条例和单行条例。

(7) 国际税收条约或协定。

2. 税法的非正式渊源

税法的非正式渊源不能作为税收执法和司法的直接依据，但也对税收执法和司法具有一定的参考价值。在我国，税法的非正式渊源主要是指习惯、判例、税收通告等。

(三) 税收的效力与解释

1. 税法的效力

(1) 税法的空间效力。税法的空间效力指税法在特定地域内发生的效力。我国税法的空间效力主要包括两种类型：①在全国范围内有效；②在地方范围内有效。

(2) 税法的时间效力。税法的时间效力是指税法何时开始生效，何时终止效力和有无溯及力的问题。

① 税法的生效；主要分为三种情况：一是税法通过一段时间后开始生效；二是税法自通过发布之日起生效；三是税法公布后授权地方政府自行确定实施日期。

② 税法的失效。税法的失效表明其法律约束力的终止，通常有三种类型：一是以新法代替旧法，这是最常见的税法失效方式；二是直接宣布废止某项税法；三是税法本身规定废止日期。

2. 税法的解释

(1) 立法解释。

(2) 行政解释。

(3) 司法解释。

(四) 税收法定主义原则

税收法定主义原则是税法最为重要的基本原则，或称税法的最高法律原则。税收法定主义原则是确定国家征税和私人纳税义务的根本原则。该原则的基本含义可以表述为：税法主体及其权利和义务必须由法律加以规定，税法的种类、构成要素皆必须且只能由法律予以明确规定，没有法律依据，任何主体不得征税，国民也不得被要求缴纳税款。

税收法定主义原则的内容可以概括为三个原则，即课税要素法定原则、课税要素明确原则和课税程序合法原则。

考点六 税制要素

(一) 税收制度

税收制度的概念可从广义和狭义两种角度理解。广义的税收制度是税收的各种法律制度的总称，它包括国家的各种税收法律法规、税收管理体制、征税管理制度以及税务机关内部管理制度等。狭义的税收制度是指税收法律制度，主要是从税政管理的角度来研究的税制。它的研究对象是根据一个国家现实的生产发展水平和经济结构等情况，研究税种、税目、税率的配置和设计，为税制改革、税收立法提供理论和可行的依据。

(二) 税收制度的构成要素

税收制度的构成要素，亦称"税法构成要素"，是指组成税收法律制度的共同因素。

1. 税收制度的基本要素

(1) 纳税人。

(2) 征税对象，亦称"征税客体"，指对什么课税，即国家征税的标的物。

① 征税范围。亦称"课税范围"。

② 税类。

③ 税种。一个税种(一种税收)一般由若干税制要素构成。

④ 税目。亦称课税品目、征税品目，是税法规定应征税的具体项目，是征税对象的具体化。

⑤ 计税依据。它是指计算应纳税额所依据的标准，即根据什么来计算纳税人应缴纳的税额。

⑥ 计税标准。它有两个含义，一是指划分课税对象适用税目税率所依据的标准；二是指计算应纳税额的依据，与计税依据同义。

⑦ 税基。它是指征税的客观基础。广义税基是指抽象意义上的征税基础；中义税基是指具体税种的征税基础，也可称为征税对象；狭义税基是指计算税额的征税基础，也可称为计税依据。

⑧ 税源。指税收的源泉，即税收的最终出处。

(3) 税率。税率是应纳税额与征税对象数额(量)之间的法定比例，是计算税额和税收负担的尺度，体现征税的程度，是税收制度的中心环节，是税收制度中最活跃、最有力的因素。税率一般分为比例税率、累进税率和定额税率，不同税率又可细分为若干税率形式。

【例3-3】 在税收制度的基本要素中，体现征税程度的是(　　)。(2010年单选题)

A. 纳税人　　　　B. 征税对象　　　　C. 税率　　　　D. 计税依据

【解析】C 税率是应纳税额与征税对象数额(量)之间的法定比例，是计算税额和税收负担的尺度，体现征税的程度，是税收制度的中心环节，是税收制度中最活跃、最有力的因素。

税率的基本形式有：

① 比例税率。它是指对同一征税对象，不论数额大小，均按同一比例计征的税率。一般适用于商品流转额的课税。在具体运用上，比例税率又可分为产品比例税率、地区差别比例税率和幅度比例税率。

② 累进税率。它是指随征税对象数额或相对比例的增大而逐级提高税率的一种递增等级税率，即按征税对象或相对比例的大小，划分为若干不同的征税级距，规定若干高低不同的等级税率。累进税率又可分为全额累进税率、超额累进税率、全率累进税率、超率累进税率、超倍累进税率等几种，其中使用时间较长和应用较多的是超额累进税率。

为解决超额累进税率按原理计税在技术上的复杂性，实际工作中通常采用经过简化的计税方法，即"速算扣除数法"。其计算公式为：

$$应纳税额=应税所得额×适用税率-速算扣除数$$

本级速算扣除数=(本级税率-上一级税率)×上级课税对象的最高数额+上一级速算扣除数

【例3-4】 关于累进税率的说法，错误的是(　　)。(2012年单选题)

A. 在全额累进税率下，一定征税对象的数额只适用一个等级的税率

B. 在超额累进税率下，征税对象数额越大，适用税率越高

C. 对同一征税对象采用同一税率，按超额累进税率计算的应纳税额大于按全额累进税率计算的应纳税额

D. 按全额累进税率计算的应纳税额与按超额累进税率计算的应纳税额的差额为速算扣除数

【解析】C 按超额累进税率计算的应纳税额小于按全额累进税率计算的应纳税额。

③ 定额税率。又称"固定税额"，是指对每一单位的征税对象直接规定固定税额的一种税率。它是税率的一种特殊形式，一般适用于从量计征的税种。具体运用时，又可分为地区差别定额税率、幅度定额税率和分类分级定额税率等形式。

2. 税收制度的其他要素

(1) 纳税环节。纳税环节是指税法规定的商品在整个流转过程中应当缴纳税款的环节。按照纳税环节的多少，可分为"一次课征制"、"两次课征制"和"多次课征制"。

(2) 纳税期限。纳税期限一般是指税法规定的纳税人申报缴纳税款的间隔时间。从我国现行各税种看，纳税期限分按年征收、按季征收、按月征收、按天征收和按次征收等多种形式。

(3) 减税免税。减税是从应征税款中减征部分税款；免税是免征全部税款。减税免税有针对纳税人的，有针对课税对象的。减税免税的形式一般分为法定减免、特案减免和临时减免三种。

减税免税的方式分为以下两种：

① 税基式减免。它是通过直接缩小计税依据的方式实现的减税免税，具体包括起征点、免征额、项目扣除以及跨期结转等。其中起征点是征税对象达到一定数额开始征税的起点。免征额是在征税对象的全部数额中免予征税的数额。起征点与免征额同为征税与否的界限，对纳税人来说，在其收入没有达到起征点或没有超过免征额的情况下，都不征税。

【例3-5】 王先生某月取得劳务收入为5000元，假设当地规定的起征点为2000元，则王先生本月应税收入为(　　)元。(2012年单选题)

A. 2000　　　　　　B. 3000　　　　　　C. 5000　　　　　　D. 7000

【解析】C 应税收入，顾名思义，就是应该交纳税金的收入。起征点是征税数额达到一定数额开始征税的起点。免征额是在征税对象的全部数额中免予征税的数额。所以在此题中，应税收入是5000元，起征点是2000元，免征额是2000元。

② 税额式减免。它是通过直接减少应纳税额的方式实现的减税免税,具体包括全部免征、减半征收、核定减免率以及另定减征税额等。税收支出的形式,除上述各种减免形式外,还包括税收抵免、延迟纳税等形式。

(4) 违章处理。违章处理是指对纳税人违反税法的行为所做的处罚,它是维护国家税法严肃性的一种必要措施,也是税收强制性的一种具体体现。违章处理的方式主要有:加收滞纳金、处以罚款、通知银行扣款、吊销税务登记证、会同工商行政管理部门吊销营业执照、移送司法机关追究刑事责任等。

考点七 我国现行税收法律制度

我国现行的税法是法律、法规和规章组成的一个统一的法律体系。我国现行税收法律制度共由19个税种组成,按其性质和作用大致分为以下5类:

(1) 货物和劳务税类(也称流转税类)。包括增值税、消费税、营业税、关税,主要在生产、流通或者服务业中发挥调节作用。

(2) 所得税类。包括企业所得税、个人所得税,主要是在国民收入形成后,对生产经营者的利润和个人的纯收入发挥调节作用。

(3) 财产税类。包括房产税、契税、车船税、船舶吨税,主要是对某些财产和行为发挥调节作用。

(4) 资源税类。包括资源税、城镇土地使用税、耕地占用税、土地增值税,主要是对因开发和利用自然资源差异而形成的级差收入发挥调节作用。

(5) 行为、目的税类。包括固定资产投资方向调节税(现已停征)、印花税、城市维护建设税、车辆购置税、烟叶税,主要是为了达到特定目的,对特定对象和特定行为发挥调节作用。

上述19种税,除企业所得税法、个人所得税法是以国家法律的形式发布实施以外,其他税种都是经全国人大授权立法,由国务院以暂行条例的形式发布实施。

考点八 我国税制改革与展望

我国税制改革按照优化税制结构、公平税收负担的原则,改革和健全货物和劳务税、所得税、资源税、财产税和其他税制,构建有利于科学发展和加快转变经济发展方式的税收体制机制,充分发挥税收筹集收入和调控经济、调节分配的作用。

(1) 货物和劳务税制改革。

(2) 所得税制改革。

(3) 资源税制改革。

(4) 财产税制及其他税制改革。

第四节 税 收 负 担

考点九 税收负担概述

(一) 税收负担的概念

税收负担是指一定时期内纳税人因国家征税而承受的经济负担。税收负担可从两个方面来考察：从绝对的角度看，它是指纳税人应支付给国家的税款额；从相对的角度来看，它是指税收负担率，即纳税人的应纳税额与其计税依据价值的比率。

(二) 税收负担的衡量指标

在一国经济不断发展变化的情况下，实践中一般采用相对数，即税收负担率来衡量税收负担，按照税负层次的分类可具体分为：

1. 宏观税收负担的衡量指标

全社会税收总额与社会产出总量或总经济规模的对比关系。衡量宏观税负的指标主要是国民生产总值(或国内生产总值)负担率和国民收入负担率。其计算公式为：

$$国民生产总值负担率=税收总额/国民生产总值×100\%$$

同国民生产总值负担率相比，国民收入负担率更能准确地衡量一国总体的税收负担水平。其计算公式为：

$$国民收入负担率=税收总额/国民收入×100\%$$

2. 微观税收负担的衡量指标

衡量微观税负比衡量宏观税负复杂，要使用量化的指标准确地计量间接税转嫁的程度很不容易，这造成微观税收负担的衡量指标往往只作为参考性的指标，具体如下：

(1) 企业(个人)综合税收负担率。

$$企业(个人)综合税收负担率=企业(个人)缴纳的各项税收的总和/$$
$$企业总产值(个人毛收入)×100\%$$

(2) 直接税负担率，即企业(个人)缴纳的全部直接税与其收入的比率。实践中多采用纯收入直接税负担率的指标。

$$纯收入直接税负担率=企业(个人)一定时期缴纳的所得税(包括财产税/企业(个人)$$
$$一定时期获得的纯收入)$$

(3) 企业流转税税负率。

$$企业流转税税负率=实际缴纳的流转税税额/同期销售收入(营业收入)×100\%$$

(4) 企业所得税税负率。

$$企业所得税税负率=实际缴纳的所得税税额/同期实现利润总额×100\%$$

(三) 影响税收负担的主要因素

1. 经济因素

(1) 经济发展水平或生产力发展水平。

(2) 一国的政治经济体制。

(3) 一定时期的宏观经济政策。

【例3-6】 影响税收负担的经济因素有( )。(2010年多选题)

A. 经济发展水平　　　　　　　B. 税率　　　　　　　　C. 一国的政治经济体制

D. 一定时期的宏观经济政策　　E. 税收的减免政策

【解析】ACD 影响税收负担的经济因素有：经济发展水平或生产力发展水平；一国的政治经济体制；一定时期的宏观经济政策。

2. 税制因素

(1) 征税对象。在其他因素既定的情况下，征税对象的范围和数额越大，税负水平越高；反之，则越低。

(2) 计税依据。计税依据是直接用于计算税额的要素，它与税额的大小以及税负的高低关系密切。

(3) 税率。在其他要素不变的情况下，税率直接决定着税负的高低，即税率越高，税收负担越高；反之，则越低。可以说，税率与税收负担有着最为直接的关系。一般来说，税率累进的程度越大，纳税人的名义税率与实际税率、边际税率与平均税率的差距也越大。

(4) 减免税。减免税对税收负担的影响主要表现在依照税法规定减少纳税人的部分税收负担或免除纳税人的全部税收负担。这是使纳税人税收负担减轻的因素。

(5) 税收附加和加成。与减免税相反，税收的附加和加成是使纳税人税收负担加重的税制因素，是在纳税人按法定税率已形成的应纳税额基础上再多征一定的数额，从而使得纳税人实际负担的税收加重。

考点十　税收负担的转嫁与归宿

(一) 税负转嫁与归宿的概念

所谓税负转嫁是指纳税人通过各种途径将应缴税金全部或部分地转给他人负担从而造成纳税人与负税人不一致的经济现象。

所谓税负的归宿，是指税收负担的最终归着点。税收经过转嫁的过程最终会把负担落在纳税人身上，这时税收的转嫁过程结束，税收负担也找到其最终的归宿。

(二) 税负转嫁的形式

税负转嫁，也有经济学家称之为税收辗转，其基本形式有以下四种：

(1) 前转，亦称"顺转"，指纳税人在进行商品或劳务的交易时通过提高价格的方法将其应负担的税款向前转移给商品或劳务的购买者或最终消费者负担的形式。一般认为，前转是税负转嫁的最典型和最普通的形式，多发生在商品和劳务课税上。

(2) 后转，亦称"逆转"，指纳税人通过压低生产要素的进价从而将应缴纳的税款转嫁给生产要素的销售者或生产者负担的形式。

【例3-7】 纳税人通过压低生产要素的进价从而将应缴纳的税款转嫁给生产要素的销售者或生产者负担的税负转嫁形式称为( )。(2013年单选题)

A. 前转　　　　　　B. 后转　　　　　　C. 消转　　　　　　D. 税收资本化

【解析】B　后转是指纳税人通过压低生产要素的进价从而将应缴纳的税款转嫁给生产要素的销售者或生产者负担的税负转嫁形式。

(3) 消转，亦称"税收转化"，即纳税人对其所纳的税款既不向前转嫁也不向后转嫁，而是通过改善经营管理或改进生产技术等方法，自行消化税收负担。严格地说，消转并未将税收负担转移给他人，这是一种较为特殊的形式。

(4) 税收资本化，亦称"资本还原"，即生产要素购买者将购买的生产要素未来应纳税款，通过从购入价格中扣除的方法，向后转移给生产要素的出售者的一种形式。

【例3-8】　生产要素购买者将购买的生产要素未来应纳税款，通过从购入价格中扣除的方法，向后转移给生产要素出售者的方式被称为(　　)。(2010年单选题)

A. 预提税收　　　　　B. 预扣税收　　　　　C. 税收资本化　　　　　D. 税收抵扣

【解析】C　税收资本化亦称"资本还原"，即生产要素购买者将购买的生产要素未来应纳税款，通过从购入价格中扣除的方法，向后转移给生产要素的出售者的一种形式。

(三) 税负转嫁的条件

(1) 商品经济的存在。随着商品经济的产生，出现商品的市场交易，多环节、多层次的流通交换过程为税负的转嫁提供了可能。

(2) 自由的价格体制。税负转嫁一般是通过价格的变动实现的，需要市场价格的可变性和各市场主体的自由定价权作为支撑。

(四) 税负转嫁的一般规律

(1) 供给弹性较大、需求弹性较小的商品的征税较易转嫁。
(2) 对垄断性商品课征的税较易转嫁。
(3) 流转税较易转嫁。
(4) 征税范围广的税种较易转嫁。

第五节　国　际　税　收

考点十一　国际税收概述

(一) 国际税收的概念

国际税收是指两个或两个以上国家政府，因行使各自的征税权力，在对跨国纳税人进行分别课税而形成的征纳关系中所发生的国家之间的税收分配关系。这个概念包括以下几重含义：

(1) 国际税收不是一种独立的税种，而是由于各相关的跨国经济活动而形成的一种税收分配关系，这种国际税收分配关系的载体仍然是一般的国家税收。

(2) 国际税收不能离开跨国纳税人这一因素，若纳税人不具备跨越国境的课税要素，则通常只承担一个国家的纳税义务，也不涉及别国的财政利益，国际税收关系就无从发生。

(二) 国际税收的研究内容

国际税收的研究对象是各国政府为协调国际税收分配活动所进行的一系列税收管理并采取的措施，以及由此而形成的国与国之间的税收分配关系及其处理准则和规范。通常认为国际税收主要研究所得税和资本收益税方面的问题。

概括起来，国际税收需要研究的重要内容主要有：税收管辖权、国际重复征税的产生与免除、国际避税与反避税等。

【例 3-9】 国际税收研究涉及的主要税种是(   )。(2008 年单选题)

A. 流转税和所得税 　　　　　　　　　B. 流转税和资源税

C. 所得税和资源税 　　　　　　　　　D. 所得税和资本收益税

【解析】D 通常认为国际税收主要研究所得税和资本收益税方面的问题。

考点十二　税收管辖权

(一) 税收管辖权的概念及确定原则

税收管辖权是指国家在税收领域中的主权，是一国政府行使主权征税所拥有的各种权利。税收管辖权力的确定原则可分为属地主义原则和属人主义原则。

(1) 属地主义原则，是指以纳税人的收入来源地或经济活动所在地为标准确定国家行使管辖权的范围，这是各国行使税收管辖权的最基本原则。

(2) 属人主义原则，是以纳税人的国籍和住所为标准确定国家行使税收管辖权范围的原则。即对该国的居民(包括自然人和法人)行使课税权力的原则。

(二) 税收管辖权的种类

对应税收管辖权确立的属地主义和属人主义的不同原则，税收管辖权可分为收入来源地管辖权和居民管辖权。

(1) 收入来源地管辖权。亦称"地域管辖权"，是按照属地主义原则确立的税收管辖权，即一国政府只对来自或被认为是来自本国境内的所得拥有征税权力。

(2) 居民管辖权。是按照属人主义原则确立的税收管辖权，即一国政府对本国居民的全部所得拥有征税权，无论该收入是否来源于该国。

【例 3-10】 A 国居民王先生在 B 国取得所得 100 000 元，已知 A 国实行收入来源地管辖权，A 国税率为 20%；B 国实行居民管辖权，B 国税率为 10%。A、B 两国没有税收抵免的税收协定，则王先生这笔所得应纳税款为(   )。(2011 年单选题)

A. 0 　　　　B. 10 000 元 　　　　C. 20 000 元 　　　　D. 30 000 元

【解析】A A 国实行收入来源地管辖权，也就是对跨国纳税人来自本国境内的收入或在本国境内从事经济活动，不论其居住地是否在该国，是否为该国居民，一律行使征税权力，因而王先生在 B 国取得的收入就不用向 A 国缴纳税款；B 国实行居民管辖权，即一国政府对本国居民的全部所得拥有征税权，无论该收入是否来源于该国，而王先生不是 B 国的居民，所以王先生的这笔收入也不必向 B 国缴纳税款，同时 A、B 两国没有税收抵免的税收协定，因此，王先生这笔所得不用缴纳任何税款。

(三) 税收管辖权的选择

目前，多数国家包括我国，都是同时实行属人和属地两类税收管辖权。

考点十三　国际重复征税的产生与免除

(一) 国际重复征税的概念及其产生的原因

国际重复征税是指两个或两个以上国家对跨国纳税人的同一征税对象或税源进行分别课税所形成的交叉重叠征税。一般情况下，这种重叠征税是由两个国家产生的，所以，又被普遍称为国际双重征税。

首先，产生国际重复征税的前提是纳税人在其居住国以外的其他国家获取收入，并且各国均征收所得税。

其次，产生国际重复征税的根本原因是各国税收管辖权的交叉。

此外，在各国都实行单一的税收管辖权时，由于各国对居民或收入来源地的认定标准不同，也会出现居民管辖权和居民管辖权的交叉，或地域管辖权与地域管辖权的交叉，从而也会产生国际重复征税。

(二) 国际重复征税的免除

对于如何处理国际重复征税问题，可以采取的方式和方法主要有低税法、扣除法、免税法和抵免法。

1. 低税法

居住国政府对其居民国外来源的所得，单独制定较低的税率征税，以减轻重复征税。低税法只能在一定程度上降低重复征税的数额，但不能彻底解决，只有当单独制定的较低税率趋于零时，国际重复征税才趋于彻底免除。

2. 扣除法

居住国政府对其居民取得的国内外所得汇总征税时，允许居民将其在国外已纳的所得税视为费用在应纳税所得中予以扣除，就扣除后的部分征税。这种方法也不能彻底解决重复征税。

3. 免税法

亦称"豁免法"，居住国政府对其居民来源于非居住国的所得额，单方面放弃征税权，从而使国际重复征税得以彻底免除，这种方法是承认收入来源地管辖权的独占地位，因而会使居住国利益损失较大。

4. 抵免法

居住国政府对其居民的国外所得在国外已纳的所得税，允许从其应汇总缴纳的本国所得税款中抵扣，税收抵免是承认收入来源地管辖权优先于居民管辖权，是目前解决国际重复征税最有效的方法。在实际应用中，抵免法又分为直接抵免和间接抵免两种方法。直接抵免适用于同一经济实体的跨国纳税人，是指居住国政府对其居民纳税人在非居住国直接缴纳的所得税款，允许冲抵其应缴本国政府的所得税款。间接抵免适用于跨国母子公司之间的税收抵免,是指居住国政府对其母公司来自外国子公司股息的相应利润所缴纳的外国政府所得税,允许母公司在应缴本国政府所得税内进行抵免。

【例3-11】A公司为甲国居民纳税人,2012年度来自甲国的所得为50万元,来自乙国的所得为50万元。甲、乙两国的税率分别为20%和30%。A公司已在乙国缴纳税款,甲国对本国居民来自境外的所得实行的免除重复征税方法为扣除法,A公司2012年度应向甲国缴纳所得税( )万元。(2013年单选题)

A. 10   B. 15   C. 17   D. 20

【解析】C $50 \times 20\% + (50 - 50 \times 30\%) \times 20\% = 17$(万元)。

抵免限额的规定具体有三种方法,即分国抵免限额、综合抵免限额、分项抵免限额。

(1) 分国抵免限额。即居住国政府对其居民纳税人来自每一个外国的所得,分别计算抵免限额。其计算公式为:

分国抵免限额=国内外应税所得额×本国税率×某一外国应税所得额/国内外应税所得额

(2) 综合抵免限额。即居住国政府对其居民纳税人的全部外国来源所得,不分国别、项目汇总在一起计算抵免限额。其计算公式为:

综合抵免限额=国内外应税所得额×本国税率×国外应税所得额/国内外应税所得额

采用综合抵免的方法,可以使跨国纳税人在不同的国家发生的不足限额和超限额部分相互抵消,纳税人可获得最大限度的抵免。

【例3-12】甲国居民李先生在乙国取得劳务报酬所得100 000元,利息所得20 000元。已知甲国劳务报酬所得税率为20%,利息所得税率为10%;乙国劳务报酬所得税率为30%,利息所得税率为5%;甲、乙两国均实行居民管辖权兼收入来源地管辖权,两国之间签订了税收抵免协定,并实行综合抵免限额法,则下列表述中正确的为( )。(2011年单选题)

A. 上述所得在甲国不用缴纳所得税

B. 李先生应在甲国补缴所得税11 000元

C. 李先生应在甲国补缴所得税22 000元

D. 李先生应在甲国补缴所得税33 000元

【解析】A   由于甲国和乙国都实行居民管辖权,因此,甲国居民李先生在乙国取得的收入只需在甲国纳税。又由于甲、乙两国之间签订了税收减免协定,实行综合抵免限额法,那么根据"综合抵免限额=国内外应税所得额×本国税率×国外应税所得额/国内外应税所得额",在甲国需要缴纳的可以全额抵免,所以李先生在甲国不用缴纳所得税款。

(3) 分项抵免限额。其计算公式为:

分项抵免限额=国内外应税所得额×本国税率×国外某一单项所得额/国内外应税所得额

分项抵免限额实际上是对综合抵免限额的一种补充,也是以维护居住国利益为出发点的。

此外,还有一个与税收抵免联系密切的问题就是税收饶让,是指居住国政府对其居民在国外得到的所得税减免优惠的部分,视同在国外实际缴纳的税款给予税收抵免,不再按居住国税法规定的税率进行补征。

【例 3-13】 下列关于税收饶让的表述，正确的是(　　)。(2011 年单选题)

A. 税收饶让是税收抵免的延伸，是以税收抵免的发生为前提的

B. 税收饶让可以彻底解决国际重复征税问题

C. 通过税收饶让，居民在国外已纳税款可以得到全部抵免

D. 通过税收饶让，居民在国外已纳税款可以作为费用进行扣除

【解析】A　税收饶让，是指居住国政府对其居民在国外得到的所得税减免优惠的部分，视同在国外实际缴纳的税款给予税收抵免，不再按居住国税法规定的税率进行补征。可见，税收饶让是税收抵免的延伸，是以税收抵免的发生为前提的。但其意义已超出了解决国际重复征税的范围，而主要是为了保障各国税收优惠措施的实际效果。因为如果不实行税收饶让，居民在国外获得的减免税部分不能得到抵免，这部分应税所得还需按本国税率纳税，这样实际是使实行税收优惠的国家所放弃的税收权益没有被纳税人享用，而是被居住国政府所剥夺，税收优惠政策的效用被抵消。

考点十四　国际避税与反避税

(一) 国际避税及其产生的原因

国际避税是跨国纳税人利用各国税法规定的差异和漏洞，以不违法的手段减轻或消除国际税负的行为。探究国际避税产生的具体原因主要有两个方面：

(1) 跨国纳税人对利润的追求是国际避税产生的内在动机；

(2) 各国税收制度的差别和税法的缺陷是产生国际避税的外部条件。

(二) 国际反避税

各国政府都在积极应对，通过完善税法和加强征管等单方面措施以及国际多边合作管理来防范国际避税活动，这称为国际反避税。

(1) 税法的完善。国际避税是利用各国税法的差异和漏洞来进行的，因此反避税的一个重要措施便是弥补税法的漏洞和缺陷，具体体现在：

第一，税制的完善；

第二，加强税收立法，制定专门的反避税条款；

第三，国际避税案件的裁定还应该形成相应的法规，为法院或税务官员对国际避税有关事宜提供裁定的依据。

(2) 加强税务管理。如采用先进的征管手段，加强税务调查与审计，培养高素质、经验丰富的税务官员等。

(3) 加强国际多边合作。包括各国政府间税收信息、资料的提供，以及政府间签订协议合作监督某些贸易行为的进行等。

考点十五　国际税收协定

(一) 国际税收协定及其种类

所谓国际税收协定，是指两个或两个以上的主权国家，为了协调处理相互之间跨国纳税人征税事务方面的税收关系，本着对等的原则，通过政府谈判所签订的一种书面税收协议或条约。

国际税收协定，按参加国的多少可分为双边和多边两类。目前，虽有一些多边国际税收协定，但大量是双边国际税收协定。

国际税收协定，按其涉及的内容和范围的大小可分为两类。凡是协议内容一般的适用于缔约国之间各种税收问题的，称为一般国际税收协定。如协议内容仅适用于某项工业的特定税收问题的，则称为特定国际税收协定。

(二) 国际税收协定的作用

国际税收协定在国际经济交往中具有多方面的作用：

(1) 国际税收协定具有体现主权国家之间相互尊重和平等协商。

(2) 国际税收协定具有赋予本国居民履行跨国纳税义务的安全保障。

(3) 国际税收协定本身就是适应国际经济技术交流需要的产物。

(三) 国际税收协定范本

目前国际上最重要、影响力最大的两个国际税收协定范本为：经济合作与发展组织的《关于对所得和财产避免双重征税的协定范本》，即《OECD 协定范本》；联合国的《关于发达国家与发展中国家间避免双重征税的协定范本》，即《UN 协定范本》。是两个国际组织为了协调和指导各国签订双边税收协定或多边税收协定而制定并颁布的示范性文本。

同 步 自 测

一、单项选择题

1. 以下有关税收的说法中，不正确的是(　　)。
   A. 税收的本质是一种分配关系
   B. 税收的职能是主观存在的、固有的、不受外部客观经济条件的影响
   C. 我国现行税制结构是以流转税为主体的复合税制
   D. 产生国际重复征税的根本原因在于各国税收管辖权的交叉

2. 下列关于税收本质的说法中错误的是(　　)。
   A. 税收体现了国家与纳税人的一种分配关系
   B. 税收的主体是国家
   C. 税收的客体是商品
   D. 税收的目的是为实现国家职能服务

3. 税收首要和基本的职能是(　　)。

    A. 政治职能　　　　B. 分配职能　　　　　　C. 财政职能　　　　D. 社会职能

4. 税收的本质决定税收具有财政、经济、监督三大基本职能,其中经济职能是指(　　)。

    A. 为国家取得财政收入

    B. 通过税收分配对国民经济进行调节

    C. 反馈监督经济活动状况,为国民经济管理和宏观调控提供信息

    D. 对纳税人的生产管理进行监督

5. 提出著名的税收四原则的英国经济学家是(　　)。

    A. 威廉·配第　　　B. 攸士第　　　　　　C. 亚当·斯密　　　D. 瓦格纳

6. 威廉·配第提出的三条税收原则是(　　)。

    A. 公平、公正、公开　　　　　　　　　B. 公平、简便、节省

    C. 公平、效率、节省　　　　　　　　　D. 公平、简便、效率

7. 在社会主义市场经济条件下税收的公平原则是指(　　)。

    A. 通过征税完全消除收入差距,实现收入的绝对平均

    B. 税收负担应普遍分配给全社会成员,支付能力不同,税收负担应有所区别

    C. 支付能力不同,税收负担应相同

    D. 以最小的税收成本取得最大的税收收入

8. 社会主义市场经济条件下的税收原则是(　　)。

    A. 财政、中性、稳定　　　　　　　　　B. 财政、公平、经济

    C. 公平、效率、节约　　　　　　　　　D. 确实、便利、省费

9. 下列税收原则中不属于亚当·斯密的税收原则的是(　　)。

    A. 平等原则　　　　B. 确定原则　　　　　　C. 便利原则　　　　D. 社会公平原则

10. 税收收入应能随着财政支出的需要进行调整,体现了税收的(　　)。

    A. 便利原则　　　　B. 配置原则　　　　　　C. 经济原则　　　　D. 弹性原则

11. 对社会经济条件不同的纳税人区别课税,体现了税收的(　　)。

    A. 横向公平原则　　B. 纵向公平原则　　　　C. 普遍原则　　　　D. 配置原则

12. 国家税收不应对经济行为产生干扰体现了税收的(　　)。

    A. 经济原则　　　　B. 资源配置原则　　　　C. 公平原则　　　　D. 稳定原则

13. 下列关于税收原则的表述中正确的是(　　)。

    A. 税收的经济效率原则是指节约税收的行政费用

    B. 税收本身的效率原则是指税收应有利于资源的有效配置和经济的有效运行

    C. 税收的财政原则是税收的共同原则,在不同的社会制度下为不同阶级服务

    D. 税收的横向公平是对社会经济条件不同的纳税人区别课税

14. 关于税法的渊源中错误的说法是(　　)。

    A. 税法的渊源包括税法的正式渊源与非正式渊源

    B. 宪法是税法最终、最高的法律渊源

    C. 在我国,税法的非正式渊源主要是指习惯、判例、税收通告等

    D. 税法的非正式渊源可以作为税收执法和司法的直接依据

15. 《中华人民共和国增值税暂行条例》属于(   )。

    A. 税收法律   B. 税收法规   C. 税收规章   D. 行政文件

16. 区别税制结构类型的主要标志是(   )。

    A. 采用何种经济体制模式   B. 以什么税种为主体税种

    C. 一国税收收入的规模大小   D. 开征税种的多少

17. 一种税区别于另一种税的主要标志是(   )。

    A. 纳税人   B. 征税对象   C. 计税依据   D. 税率

18. 税收负担的最终归着点被称为(   )。

    A. 税负转移   B. 税收承担   C. 税负归宿   D. 纳税人

19. 造成纳税人与负税人不一致的经济现象的原因有(   )。

    A. 税负归宿   B. 税负转嫁   C. 减免税   D. 税收扣除

20. 属于税负转嫁的条件是(   )。

    A. 税率高低   B. 税额的大小   C. 财政赤字   D. 商品经济的存在

21. 并未将税收负担转移给他人的税负转嫁形式是(   )。

    A. 前转   B. 后转   C. 消转   D. 税收价格化

22. 下列关于税负转嫁的表述中正确的是(   )。

    A. 前转是纳税人通过压低生产要素的进价从而将应缴纳的税款转嫁给生产要素的销售者或生产者负担的形式

    B. 后转是纳税人在进行商品或劳务的交易时通过提高价格的方法将其应负担的税款向前转移给商品或劳务的购买者或者最终消费者负担的形式

    C. 前转的发生一般是因为市场供求关系不允许纳税人提高商品价格所致

    D. 税收资本化主要发生在某些资本品交易中

23. 在不考虑税负转嫁因素的情况下,下列关于税率的表达中正确的是(   )。

    A. 在比例税率下,纳税人的名义税率等于实际利率

    B. 在累进税率下,纳税人的名义税率等于实际税率

    C. 在累进税率下,纳税人的边际税率等于实际利率

    D. 在累进税率下,纳税人的边际税率等于平均税率

24. 甲国对乙国居民在甲国取得的专利收入征收所得税,并对甲国居民在乙国取得的专利收入同样征税的规定遵循了(   )。

    A. 属地主义原则   B. 属人主义原则

    C. 属地兼属人主义原则   D. 全面征税原则

25. 一国政府行使主权征税所拥有的各种权利称为(   )。

    A. 税收管辖权   B. 税收征收权

    C. 国际征税权   D. 课征税款权

26. 甲国对乙国居民在甲国取得的利息收入征收所得税,对甲国居民在乙国取得的利息收入不征所得税的做法所遵循的原则是(   )。

    A. 属地主义原则   B. 属人主义原则

    C. 属地兼属人主义原则   D. 税收饶让原则

27. 目前多数国家对税收管辖权的选择是(　　)。
     A. 只行使地域管辖权　　　　　　　　　B. 只行使公民管辖权
     C. 同时行使地域管辖权和居民管辖权　　D. 只行使居民管辖权

28. 关于国际避税产生原因的说法错误的是(　　)。
     A. 国际避税产生的具体原因有两个方面，即内在动机和外在条件
     B. 跨国纳税人对利润的追求是国际避税产生的内在动机
     C. 各国税收制度的差别和税法的缺陷是产生国际避税的外部条件
     D. 税法的差异是国际避税产生的内在动机

29. 下列关于税收抵免限额的描述中正确的是(　　)。
     A. 在分国抵免法下，纳税人可获得最大限度的抵免
     B. 在综合抵免法下，纳税人可获得最大限度的抵免
     C. 在分项抵免法下，纳税人可获得最大限度的抵免
     D. 在分国不分项抵免法下，纳税人可获得最大限度的抵免

30. 下列关于税收抵免的说法不正确的是(　　)。
     A. 对于同一经济实体的跨国纳税人所采用的解决重复征税的方法是直接抵免法
     B. 直接抵免法适用于跨国母子公司之间的税收抵免
     C. 税收抵免是处理国际重复征税问题的方法之一
     D. 税收抵免分为直接抵免和间接抵免两种方法

31. 甲国居民有来源于乙国的所得100万元，甲乙两国的所得税税率分别为30%、20%，两国均行使地域管辖权和居民管辖权。在抵免法下甲国应对该笔所得征收所得税(　　)万元。
     A. 0　　　　　　　B. 10　　　　　　　C. 20　　　　　　　D. 30

32. 甲国居民有来源于乙国的所得200万元，甲、乙两国的所得税税率为40%、30%，两国均行使地域管辖权兼居民管辖权。在扣除法下甲国应对该笔所得征收所得税(　　)万元。
     A. 0　　　　　　　B. 20　　　　　　　C. 56　　　　　　　D. 80

33. 甲国居民有来源于乙国的所得100万元，甲乙两国的所得税税率分别为30%、20%，两国均行使地域管辖权和居民管辖权。在抵免法下甲国应对该笔所得征收所得税(　　)万元。
     A. 0　　　　　　　B. 10　　　　　　　C. 20　　　　　　　D. 30

34. 甲国居民有来源于乙国所得100万元，甲、乙两国的所得税税率分别为50%、40%，两国均行使地域管辖权和居民管辖权。在免税法下甲国对该笔所得征收所得税为(　　)万元。
     A. 10　　　　　　　B. 20　　　　　　　C. 30　　　　　　　D. 40

35. 甲国居民有来源于乙国所得100万元、丙国所得40万元，甲、乙、丙三国的所得税税率分别为50%、40%、30%。在分国抵免法下，甲国应对上述所得征收所得税为(　　)万元。
     A. 70　　　　　　　B. 52　　　　　　　C. 18　　　　　　　D. 0

36. 甲国居民有来源于乙国所得100万元、丙国所得100万元，甲、乙、丙三国的所得税税率分别为40%、50%、30%。在综合抵免法下，甲国应对上述所得征收所得税为(　　)万元。
     A. 80　　　　　　　B. 50　　　　　　　C. 10　　　　　　　D. 0

37. 甲国居民有来源于乙国经营所得100万元，特许权使用费所得50万元。甲、乙两国经营所得的所得税税率分别为50%、40%；甲、乙两国特许权使用费所得的所得税税率分别为10%、20%。在分项抵免法下甲国应对上述所得征收所得税为(　　)万元。
     A. 55　　　　　　　B. 15　　　　　　　C. 10　　　　　　　D. 5

二、多项选择题

1. 下列关于税收本质的表述中正确的有(　　)。

　　A. 税收的本质体现的是税收这一经济形式所反映的分配关系

　　B. 税收分配的主体是国家

　　C. 税收分配的客体是税收收入

　　D. 税收分配的目的是为实现国家职能服务

　　E. 税收分配关系是社会整个生产关系的有机组成部分

2. 19世纪德国经济学家瓦格纳提出的税收原则包括(　　)。

　　A. 财政政策原则　　　　　B. 国民经济原则　　　　　C. 适应国家本质原则
　　D. 社会公平原则　　　　　E. 税务行政原则

3. 税收经济原则包括(　　)。

　　A. 配置原则　　　　　　　B. 效率原则　　　　　　　C. 普遍原则
　　D. 弹性原则　　　　　　　E. 充裕原则

4. 财政原则是税制建设的重要原则，其内容有(　　)。

　　A. 充裕原则　　　　　　　B. 弹性原则　　　　　　　C. 便利原则
　　D. 效率原则　　　　　　　E. 节约原则

5. 税收的公平原则包括(　　)。

　　A. 弹性原则　　　　　　　B. 便利原则　　　　　　　C. 节约原则
　　D. 普遍原则　　　　　　　E. 平等原则

6. 18世纪英国古典经济学的主要代表亚当·斯密提出的税收原则包括(　　)。

　　A. 平等原则　　　　　　　B. 确定原则　　　　　　　C. 便利原则
　　D. 最少征收费用原则　　　E. 财政原则

7. 税收的效率原则包括(　　)。

　　A. 税收的经济效率原则　　B. 税收的基本效率原则
　　C. 税收的本身效率原则　　D. 税收的合理效率原则
　　E. 税收的前提效率原则

8. 下列关于税收效率原则的表述中正确的有(　　)。

　　A. 税收要有利于社会从可利用的资源中获得最大的利益

　　B. 税收要有利于经济机制的有效运行

　　C. 征收制度要简，征收费用要省

　　D. 税收要最大限度地取得财政收入

　　E. 税收要有利于社会公平分配

9. 税收的调节作用主要通过(　　)体现出来。

　　A. 税收优惠　　　　　　　B. 税负分配　　　　　　　C. 课税对象
　　D. 税收惩罚　　　　　　　E. 纳税人

10. 在我国，税法的非正式渊源包括(　　)。

　　A. 宪法　　　　　　　　　B. 税收法律　　　　　　　C. 习惯
　　D. 判例　　　　　　　　　E. 税收通告

11. 税率的基本形式有( )。

    A. 比例税率   B. 累进税率   C. 定额税率

    D. 名义税率   E. 实际税率

12. 税负转嫁的形式有( )。

    A. 提高产品价格转嫁给消费者   B. 压低原材料价格转嫁给供应者

    C. 提高生产效率以自行消化税收负担   D. 税收的资本化

    E. 获得减免税待遇

13. 下列关于税收管辖权的表述中正确的有( )。

    A. 任何主权国家的税收管辖权都是独立自主的

    B. 税收管辖权是国家主权的重要组成部分

    C. 税收管辖权是对国际所得征税的依据

    D. 各国在行使税收管辖权时必须考虑其他国家的利益

    E. 税收管辖权的行使不能超越该国政治权力所及的范围

14. 采用抵免法解决重复征税时,对抵免限额的规定具体方法包括( )。

    A. 分国抵免限额   B. 综合抵免限额   C. 分项抵免限额

    D. 单一抵免限额   E. 分步抵免限额

15. 下列关于国际税收的表述中正确的有( )。

    A. 国际税收是指两个或两个以上国家政府,因行使各自的征税权力,在对跨国纳税人进行分别课税而形成的征纳关系中所发生的国家之间的税收分配关系

    B. 国际税收是一种独立的税种

    C. 国际税收不能离开跨国纳税人这一因素

    D. 任何税收活动,只要涉及国家之间的财政利益分配,均属于国际税收的研究范围

    E. 国际税收主要研究所得税和资本收益税方面的问题

同步自测解析

一、单项选择题

1.【解析】B 尽管在不同的社会形态和经济形态下,税收形式不尽相同,但其体现特殊分配关系的本质是不变的,因此税收的职能也具有客观性,不以人们主观意志为转移,也不受外部客观经济条件的影响。

2.【解析】C 税收的客体是社会产品。

3.【解析】C 财政职能是税收首要的和基本的职能。

4.【解析】B 经济职能亦称调节职能,是指通过税收分配,对实现社会总需求与总供给的平衡,对资源配置、国民经济的地区分配格局、产业结构、社会财富分配和居民消费结构等进行调节的功能。

5.【解析】C 亚当·斯密是在"自由放任和自由竞争"思想的指导下,吸收前人的理论成果,总结在税制建设中的基本原则,在其代表作《国民财富性质和原因的研究》(简称《国富论》)中提出了著名的税收四原则。

6. 【解析】B　威廉·配第在他所著的《赋税论》和《政治算术》中，第一次提出了税收原则，他提出了公平、简便、节省三条标准。

7. 【解析】B　税收的公平原则指税收负担应公平合理地分配于全体社会成员之间。税收公平原则应包括两方面内容：普遍原则和平等原则。平等原则又分为横向公平和纵向公平。横向公平，又称"水平公平"，是指对社会经济条件相同的纳税人同等课税，即对支付能力相同的人同等课税。纵向公平，又称垂直公平，即对社会经济条件不同的纳税人区别课税，通常指对支付能力不同者不等量课税，支付能力强的多课税，支付能力弱的少课税，无支付能力者不课税。

8. 【解析】B　社会主义市场经济条件下的税收原则包括：财政原则、经济原则、公平原则。

9. 【解析】D　亚当·斯密在其代表作《国民财富性质和原因的研究》(简称《国富论》)中提出了著名的税收四原则：平等原则、确定原则、便利原则、最少征收费用原则。而社会公平原则属于瓦格纳的税收原则。

10. 【解析】D　弹性原则，是指税收收入应能随着财政支出的需要进行调整。这就要求，一方面要在经济增长、征税对象和税收收入之间建立密切联系，要确保税收随着经济增长而增长；另一方面，要根据政府支出需要，适时适度地增减税种、税目，调整税率。

11. 【解析】B　纵向公平，又称垂直公平，即对社会经济条件不同的纳税人区别课税，通常指对支付能力不同者不等量课税，支付能力强的多课税，支付能力弱的少课税，无支付能力者不课税。

12. 【解析】A　税收的经济原则是指税制的建立应有利于保护国民经济，避免税收妨碍生产的消极作用，进而促进国民经济持续、均衡的发展，也就是说国家税收不应该对经济行为产生干扰。

13. 【解析】C　税收的经济效率原则，是指税收应有利于资源的有效配置和经济的有效运行。税收本身的效率原则，是指应节约税收的行政费用的原则。税收的财政原则是税收的共同原则，在不同的社会制度下为不同阶级服务。横向公平，又称"水平公平"，是指对社会经济条件相同的纳税人同等课税，即对支付能力相同的人同等课税。

14. 【解析】D　税法的非正式渊源不能作为税收执法和司法的直接依据，但也对税收执法和司法具有一定的参考价值。

15. 【解析】B　税收法规是指最高国家行政机关制定的规范性税收文件。我国税收法规的形式主要有国务院发布的有关税收的规范性决定和命令，如税收条例(包括暂行条例)、由国务院或其授权主管部门制定的实施细则以及其他具有规范性内容的税收文件。所以，《中华人民共和国增值税暂行条例》属于税收法规。

16. 【解析】B　税收制度又有另一种含义，即指一个国家在一定的历史条件下所形成的税收制度的结构体系，即各税类、税种、税制要素等相互配合、相互协调构成的税制体系即税制结构，如分别以所得税、流转税为主体的税制结构，以流转税和所得税并重为主体的税制结构等。因此，区分税制结构类型的主要标志应该是以什么税种为主体税种。

17. 【解析】B　征税对象是征税客体，指对什么课税，即国家征税的目的。它规定了每一种税的征税界限，是一种税区别于另一种税的主要标志。每一种税一般都有特定的征税对象。

18.【解析】C 所谓税负的归宿，是指税收负担的最终归着点。税收经过转嫁的过程最终会把负担落在纳税人身上，这时税收的转嫁过程结束，税收负担也找到其最终的归宿。

19.【解析】B 由于在微观层次上，存在商品劳务税的税负转嫁问题，纳税人缴纳的税收并不一定等于其承担的税负。

20.【解析】D 税负转嫁的条件有两个：商品经济的存在和自由的价格体制。

21.【解析】C 消转，亦称"税收转化"，即纳税人对其所纳的税款既不向前转嫁也不向后转嫁，而是通过改善经营管理或改进生产技术等方法，自行消化税收负担。严格地说，消转并未将税收负担转移给他人，这是一种较为特殊的形式。

22.【解析】D 前转，亦称"顺转"，指纳税人在进行商品或劳务的交易时通过提高价格的方法将其应负担的税款向前转移给商品或劳务的购买者或最终消费者负担的形式。后转，亦称"逆转"，指纳税人通过压低生产要素的进价从而将应缴纳的税款转嫁给生产要素的销售者或生产者负担的形式。后转的发生一般是因为市场供求条件不允许纳税人提高商品价格，使之不能采取前转的方式转移税收负担所致。税收资本化主要发生在某些资本品的交易中。

23.【解析】A 在不考虑其他因素(如税收转嫁、税前扣除)的情况下，若实行比例税率，则税率等于纳税人的实际负担率；若实行累进税率，则名义的边际税率与纳税人实际税负率是不同的。一般来说，税率累进的程度越大，纳税人的名义税率与实际税率、边际税率与平均税率的差距也越大。

24.【解析】C 属地主义原则是指以纳税人的收入来源地或经济活动所在地为标准确定国家行使管辖权的范围，这是各国行使税收管辖权的最基本原则。属人主义原则是以纳税人的国籍和住所为标准确定国家行使税收管辖权范围的原则，即对该国的居民(包括自然人和法人)行使课税权力的原则。因此，题目所描述的情形是属地兼属人主义原则。

25.【解析】A 税收管辖权是指国家在税收领域中的主权，是一国政府行使主权征税所拥有的各种权利。

26.【解析】A 属地主义原则是指以纳税人的收入来源地或经济活动所在地为标准确定国家行使管辖权的范围，这是各国行使税收管辖权的最基本原则。

27.【解析】C 多数国家包括我国，是同时施行属人和属地两类税收管辖权。

28.【解析】D 国际避税产生的具体原因主要有两个方面：一是内在动机；二是外在条件。其中，跨国纳税人对利润的追求是国际避税产生的内在动机；各国税收制度的差别和税法的缺陷是产生国际避税的外部条件。

29.【解析】B 采用综合抵免的方法，可以使跨国纳税人在不同的国家发生的不足限额和超限额部分相互抵消，纳税人可获得最大限度的抵免。

30.【解析】B 间接抵免适用于跨国母子公司之间的税收抵免，是指居住国政府对其母公司来自外国子公司股息的相应利润所缴纳的外国政府所得税，允许母公司在应缴本国政府所得税内进行抵免。

31.【解析】B 抵免限额=100×30%=30万元，该居民在乙国实际缴纳=100×20%=20万元<30万元，即该部分在甲国缴纳税款时可以完全抵免，所以甲国对这笔所得征收所得税100×30%-20=10万元。

32.【解析】C　由于甲乙两国均行使地域管辖权兼居民管辖权，所以根据地域管辖权，乙国对该居民征收的所得税为 200×30%=60 万元；扣除法，即居住国政府对其居民取得的国内外所得汇总征税时，允许居民将其在国外已纳的所得税视为费用在应纳税所得中予以扣除，就扣除后的部分征税。所以，该居民在甲国需缴纳的所得税为(200-60)×40%=56 万元。

33.【解析】B　在实行抵免法时，甲国应对该笔所得征收的所得税为 100×(30%-20%)=10 万元。

34.【解析】C　在免税法下，该居民需要向甲国缴纳的所得税为(100-100×40%)×50%=30 万元。

35.【解析】C　在不考虑抵免的情况下，该居民需要向甲国缴纳的税款为(100+40)×50%=70 万元。在分国抵免法下，该居民需要向甲国缴纳的所得税为 70-100×40%-40×30%=18 万元。

36.【解析】D　在不考虑抵免的情况下，该居民需要向甲国缴纳的税款为(100+100)×40%=80 万元。在综合抵免法下，该居民需要向甲国缴纳的所得税为 80-100×50%-100×30%=0。

37.【解析】C　在不考虑抵免的情况下，该居民需要向甲国缴纳的税款为(100+50)×50%=75 万元。在分国抵免法下，该居民应该向甲国缴纳的所得税为 75-100×40%-(100+50)×10%-50×20%=10 万元。

二、多项选择题

1.【解析】ABDE　税收表现了国家与纳税人在征税、纳税和利益分配上的一种特殊关系。税收的本质是：①税收的主体是国家；②税收的客体是社会产品；③税收是国家、社会、集团、社会成员之间形成的特定分配关系；④税收的目的是为实现国家职能服务；⑤税收分配关系是社会整个生产关系的有机组成部分。

2.【解析】ABDE　19 世纪德国经济学家阿道夫·瓦格纳提出了著名的"四端九项原则"：(1)财政政策原则，包括收入充分原则和收入弹性原则。(2)国民经济原则，包括慎选税源的原则和慎选税种的原则。(3)社会公平原则，又称"社会正义原则"，包括普遍原则和平等原则。(4)税务行政原则，包括确定原则、便利原则和节约原则。

3.【解析】AB　税收的经济原则是税收制度的建立原则之一，即税制的建立应有利于保护国民经济，避免税收妨碍生产的消极作用，进而促进国民经济持续、均衡的发展。包括配制原则和效率原则。

4.【解析】ABCE　税制建设的财政原则包括以下内容：充裕原则、弹性原则、便利原则被和节约原则。

5.【解析】DE　税收的公平原则是指税收负担应公平合理地分配于全体社会成员之间。该原则被瓦格纳称为"社会正义原则"，包括两方面内容：普遍原则和平等原则。

6.【解析】ABCD　18 世纪英国古典经济学的主要代表亚当·斯密提出了著名的税收四原则，即平等原则、确定原则、便利原则和最少征收费用原则。

7.【解析】AC　税收效率原则包括：(1)税收的经济效率原则，是指税收应有利于资源的有效配置和经济的有效运行；(2)税收的本身效率原则，是指应节约税收的行政费用的原则。

8.【解析】ABC　税收效率原则的含义是多方面的：①从资源配置的方面说，税收要有利于资源的有效配置，使社会从可利用的资源中获得最大的利益；②从经济运行的方面讲，税收要有利于经济机制的有效运行，不应对市场机制的运行发生干扰和扭曲；③从税务行政的方面看，征收制度要简，征收费用要省。概括地讲，税收效率原则就是要求国家征税要有利于资源的有效配置和经济机制的有效运行，提高税务行政的管理效率。

9. 【解析】ABD　税收的调节作用主要通过税率确定、税负分配、税收优惠和税收惩罚等体现出来。

10. 【解析】CDE　在我国，税法的非正式渊源主要指习惯、判例、税收通告。

11. 【解析】ABC　税率的基本形式有比例税率、累进税率和定额税率。

12. 【解析】ABCD　税负转嫁的形式有：(1)前转，即提高产品价格转嫁给消费者；(2)后转，即压低原材料价格转嫁给供应者；(3)消转，即提高生产效率以自行消化税收负担；(4)税收的资本化。

13. 【解析】ABCE　税收管辖权是指国家在税收领域中的主权，是一国政府行使主权征税所拥有的各种权利。任何主权国家的税收管辖权都是独立自主的，税收管辖权不仅是国家主权的重要组成部分，同时还是对国际所得征税的依据，是国家行使主权的重要表现，任何外力都不得干涉和控制。当然，税收管辖权虽是一国主权，但它的确定也需遵循一定的原则。由于税收是凭借国家政治权力征收的，决定了课税权力不能超越该国政治权力所及的范围，税收管辖权也是如此。

14. 【解析】ABC　抵免限额的规定具体有三种方法，即分国抵免限额、综合抵免限额、分项抵免限额。

15. 【解析】ACDE　国际税收不是一种独立的税种，而是由于各相关的跨国经济活动而形成的一种税收分配关系，这种国际税收分配关系的载体仍然是一般的国家税收。

第四章　货物和劳务税制度

 大纲解读

本章考试目的在于考查应试人员是否掌握增值税、消费税、营业税、关税的相关规定。从近三年考题情况来看，本章主要考查增值税、消费税、营业税、关税的概念，纳税人、征税范围、税率等相关规定，平均分值是 8 分。具体考试内容如下。

1. 增值税

增值税的概念、增值税的纳税人、增值税的征税范围、增值税的税率、增值税应纳税额的计算、增值税的纳税义务发生时间、增值税的纳税期限、增值税的征收管理。

2. 消费税

消费税的概念、消费税的纳税人、消费税的征税范围、消费税的税率、消费税的计税依据、消费税应纳税额的计算、消费税的征收管理。

3. 营业税

营业税的概念、营业税的纳税人、营业税的征收范围、营业税的税率、营业税的计税依据、营业税应纳税额的计算、营业税的征收管理。

4. 关税

关税的概念、关税的纳税人、关税的征税范围、关税的税率、关税的完税价格和应纳税额的计算、关税的税收优惠、关税的征收管理。

 **考点精讲**

第一节　增值税制

考点一　增值税的概念

增值税是以从事销售货物或者提供加工、修理修配劳务以及从事进口货物的单位和个人取得的增值额为课税对象征收的一种税。

考点二　增值税的纳税人

中华人民共和国境内销售货物或者提供加工、修理修配劳务以及进口货物的单位和个人，为增值税的纳税义务人，应当依法缴纳增值税。

考点三　增值税的征税范围

增值税的征税范围是指在中华人民共和国境内销售的货物，提供的加工、修理修配劳务以及进口的货物。

(一) 销售货物

(1) 基本规定。销售货物是指有偿转让货物的所有权，即销售除土地、房屋和其他建筑物等不动产之外的有形动产，包括电力、热力、气体在内。这里讲的销售货物是受境内所约束的。

(2) 视同销售货物的规定。单位或个体工商户的下列行为，视同销售货物，征收增值税：

① 委托他人代销货物；

② 销售代销货物；

③ 设有两个以上机构并实行统一核算的纳税人，将货物从一个机构移送到其他机构用于销售，但相关机构在统一县(市)的除外；

④ 将自产或委托加工的货物用于非应税项目；

⑤ 将自产、委托加工或购买的货物作为投资，提供给其他单位或个体工商户；

⑥ 将自产、委托加工或购买的货物分配给股东或投资者；

⑦ 将自产、委托加工的货物用于集体福利或个人消费；

⑧ 将自产、委托加工或购买的货物无偿赠送其他单位或个人。

(二) 提供的应税劳务

目前，我国增值税的应税劳务限定为提供加工、修理修配劳务。

(三) 混合销售行为

一项销售行为如果既涉及货物又涉及非增值税应税劳务，应视为混合销售行为。《中华人民共和国增值税暂行条例实施细则》第六条规定的行为视为销售货物，应当缴纳增值税；其他单位和个人的混合销售行为，均视为销售非增值税应税劳务，不缴纳增值税。

【例4-1】 下列混合销售行为中，涉及缴纳增值税的有(　　)。(2009年多选题)

A. 企业生产销售铝合金门窗并负责安装

B. 宾馆提供餐饮服务并销售烟酒饮料

C. 邮政部门提供邮寄服务并销售邮票

D. 批发企业销售货物并实行送货上门

E. 电信部门为客户提供电信服务同时销售电话机

【解析】AD　一项销售行为如果既涉及货物又涉及非增值税应税劳务，应视为混合销售行为。《中华人民共和国增值税暂行条例实施细则》第六条规定：纳税人的下列混合销售行为，应当分别核算货物的销售额和非增值税应税劳务的营业额，并根据其销售货物的销售额计算缴纳增值税，非增值税应税劳务的营业额不缴纳增值税。(1)销售自产货物并同时提供建筑业劳务的行为；(2)财政部、国家税务总局规定的其他情形。

(四) 兼营非应税劳务的规定

纳税人的销售行为如果既涉及货物或应税劳务，又涉及非应税劳务，为兼营非应税劳务。

(五) 部分货物的征税规定

(1) 货物期货。
(2) 银行销售金银的业务。
(3) 建筑材料、构件。
(4) 集邮商品。
(5) 缝纫。
(6) 饮食业销售货物。

【例4-2】 关于增值税征收范围的说法，正确的是(　　)。(2009年单选题)

A. 将购买的货物分配给股东，应征收增值税
B. 集邮商品的生产、调拨和销售，不征收增值税
C. 经营单位购入执法部门查处并拍卖的商品再销售的，不征收增值税
D. 银行销售金银的，不征收增值税

【解析】A 将购买的货物分配给股东视同销售行为，应当征收增值税；集邮商品的生产、调拨和销售征收增值税；经营单位购入执法部门查处并拍卖的商品再销售的要征收增值税；银行销售金银的业务，征收增值税。

考点四 增值税的税率

(1) 基本税率为17%。
(2) 低税率为13%。适用于生活必需品类、文化用品类、农业生产资料类、农业产品、金属矿采选品与非金属矿采选品、国务院规定的其他货物。
(3) 零税率。仅限于出口货物。
(4) 小规模纳税人适用的征收率：商业企业为4%；其他企业为6%。
(5) 一般纳税人按简易办法纳税适用的征收率。

纳税人兼营不同税率的货物或者是应税劳务的，应分别核算不同税率货物或应税劳务的销售额。未分别核算销售额的，一律从高适用税率。

考点五 增值税应纳税额的计算

(一) 一般纳税人应纳税额的计算

按照税法规定，一般纳税人销售货物或者提供应税劳务，其应纳税额为当期销项税额抵扣当期进项税额后的余额。应纳税额计算公式：

$$应纳税额=当期销项税额-当期进项税额$$

1. 销项税额

纳税人销售货物或者应税劳务，按照销售额和规定的税率计算并向购买方收取的增值税

额为销项税额。销项税额计算公式：

$$销项税额=销售额×税率$$

2. 进项税额

纳税人购进货物或者接受应税劳务，所支付或者负担的增值税额为进项税额。

(1) 准予从销项税额中抵扣的进项税额

① 增值税专用发票上注明的增值税额。

② 海关完税凭证上注明的增值税额。

③ 收购免税农产品可抵扣的增值税额。购进免税农业产品准予抵扣的进项税额，按照买价和13%的扣除率计算。进项税额计算公式：

$$进项税额=买价×扣除率$$

④ 购进或者销售货物以及在生产经营过程中支付运输费用的，按照运输费用结算单据上注明的运输费用金额和7%的扣除率计算的进项税额。进项税额计算公式：

$$进项税额=运输费用金额×扣除率$$

⑤ 混合、兼营行为。

(2) 进项税额的申报抵扣时间

① 增值税一般纳税人申请抵扣的防伪税控系统开具的增值税专用发票，必须自该增值税专用发票开具之日起90日内到税务机关认证，否则不予抵扣进项税额。

② 增值税一般纳税人认证通过的防伪税控系统开具的增值税专用发票，应在认证通过的当月按照增值税有关规定核算当期进项税额并申报抵扣，否则不予抵扣进项税额。

(3) 不得从销项税额中抵扣的进项税额

① 用于非增值税应税项目、免征增值税项目、集体福利或者个人消费的购进货物或者应税劳务。

② 非正常损失的购进货物及相关的应税劳务。

【例4-3】 居民甲由于原有住房拆迁获得拆迁款60万元，后又重新购买一套新住房，房价为80万元，下列说法中，正确的是(　　)。(当地契税税率为3%)(2012年单选题)

A. 居民甲不需缴纳契税

B. 居民甲应缴纳契税1.8万元

C. 居民甲应缴纳契税2.4万元

D. 居民甲应缴纳契税0.6万元

【解析】 D　(80-60)×3%=0.6万元。

③ 非正常损失的在产品、产成品所耗用的购进货物或者应税劳务。

④ 国务院财政、税务主管部门规定的纳税人自用消费品，纳税人自用的应征消费税的摩托车、汽车、游艇。

⑤ 上述①～④项规定的货物的运输费用和销售免税货物的运输费用。

⑥ 一般纳税人兼营免税项目或者非增值税应税劳务而无法划分不得抵扣的进项税额的，按下列公式计算不得抵扣的进项税额：

不得抵扣的进项税额=当月无法划分的全部进项税额×(当月免税项目销售额与非增值税应税劳务营业额合计÷当月全部销售额与营业额合计)

⑦ 有下列情形之一者，应按销售额依照增值税税率计算应纳税额，不得抵扣进项税额，也不得使用增值税专用发票：

一般纳税人会计核算不健全，或者不能够提供准确税务资料的；

纳税人销售额超过小规模纳税人标准，未申请办理一般纳税人认定手续的。

(4) 进项税额的扣减

已抵扣进项税额的购进货物或应税劳务发生条例规定不允许抵扣情况的，应将该项购进货物或应税劳务的进项税额从当期发生的进项税额中扣减。一般纳税人因进货退出或折让而收回的增值税额，应从发生进货退出或折让当期的进项税额中扣减。

【例4-4】 一般纳税人因进货退出而收回的增值税税额，应从发生进货的当期进项税额中扣减，如不按规定扣减，造成虚增进项税额，不纳或少纳增值税的，规定的处理方法是(　　)。(2009年单选题)

A. 属欠税行为，补缴税款　　　　　　B. 进项税额转出，不收取滞纳金

C. 属偷税行为，按偷税处罚　　　　　D. 进项税额转出，以后年度补缴

【解析】C　如不按规定扣减，造成虚增进项税额，不纳或少纳增值税的，属于偷税行为，需要按偷税进行处罚。而进项税应转出而未转出的，也为偷税行为，同样需要按照偷税进行处罚。

(5) 进项税额不足抵扣的处理

① 因当期销项税额小于当期进项税额不足抵扣时，其不足部分可以结转下期继续抵扣。

② 对纳税人因销项税额小于进项税额而产生期末留抵税额的，应以期末留抵税额抵减增值税欠税。纳税人发生用进项留抵税额抵减增值税欠税时，应做相应的会计处理。

(二) 简易办法应纳税额的计算

小规模纳税人销售货物或者应税劳务，按照销售额和规定的征收率计算应纳税额，不得抵扣进项税额。小规模纳税人销售货物或者应税劳务的征收率为3%。应纳税额计算公式：

$$应纳税额 = 销售额 \times 征收率$$

【例4-5】 某生产企业(增值税一般纳税人)2011年8月末盘存发现上月购进的原材料被盗，账面成本金额50 000元(其中含分摊的运输费用4650元)，该批货物适用增值税税率为17%，则该批货物进项税额转出数额为(　　)元。(2012年单选题)

A. 8013.70　　　　B. 8035.50　　　　C. 8059.50　　　　D. 8500.00

【解析】C　(50 000−4650)×0.17+4650/0.93×0.07=8059.50元。

(三) 进口货物应纳税额的计算

纳税人进口货物，按照组成计税价格和规定的税率计算应纳税额，不得抵扣任何税额。组成计税价格和应纳税额计算公式：

$$组成计税价格 = 关税完税价格 + 关税 + 消费税$$
$$应纳税额 = 组成计税价格 \times 税率$$

【例4-6】 某生产性企业为增值税一般纳税人，主要生产A产品，适用增值税税率为17%。2004年4月有关会计资料如下：

(1) 采取分期收款方式销售A产品1000件，每件不含税价格为1000元，按合同规定本

月应收总价款的 50%。但由于对方企业资金紧张，企业尚未收到货款。

(2) 销售 A 产品 100 件给小规模纳税人，同时收取包装费 10 000 元，单独记账核算的包装物押金 20 000 元，合同规定包揽物退回期限三个月。

(3) 采用以旧换新方式销售 A 产品 10 件，旧货物折价 1000 元。

(4) 企业购进原材料，取得的增值税专用发票上注明价款 100 000 元，税款 17 000 元。货物已验收入库。

(5) 从小规模纳税人处购进原材料，取得的普通发票上注明价款 20 000 元。

(6) 为购进上述原材料发生运杂费支出 2500 元，取得的运杂费发票上注明运费金额 2000 元，装卸费 300 元、保险费 200 元。款项已支付。(2011 年案例分析题)

根据上述资料，回答下列问题：

1. 该企业当月应税销售额包括( )。
   A. 分期收款方式销售合同规定的本月应收款
   B. 销售 A 产品收取的包装费
   C. 销售 A 产品收取的包装物押金
   D. 购进原材料发生的运费支出

【解析】AB 销售 A 产品收取的包装物押金只有在逾期时才会作为逾期当月的销售额。本题中该押金刚收到，尚未逾期。购进原材料发生的运费支出要计算抵扣的进项税，而不是销项税，所以不应计入当月应税销售额。

2. 购进原材料所发生的运费可以计提的进项税额为( )元。
   A. 0   B. 140   C. 175   D. 250

【解析】B 运费准予抵扣的进项税是按照运费发票上注明的运输费以及建设基金的合计数计算进项税。本题中没有建设基金，所以只按照发票上注明的运输费计税。即 2000×7%=140 元。

3. 本月销项税额为( )元。
   A. 20 152.99   B. 20 400   C. 54 400   D. 105 152.99

【解析】D
第 1 笔：1000×50%×1000×17%=85 000 元。
第 2 笔：100×1000×17%+10 000÷1.17×17%=18 452.99 元。
第 3 笔：10×1000×17%=1700 元。
本月销项税额合计=85 000+18 452.99+1700=105 152.99 元。

4. 本月进项税额为( )元。
   A. 17 000   B. 17 140   C. 17 175   D. 20 045.98

【解析】B
第 4 笔：17 000 元。
第 5 笔：从小规模纳税人购进的原材料，其进项税不得抵扣。
第 6 笔：140 元。
本月进项税额合计=17 000+140=17 140 元。

5. 本月应纳增值税税额为( )元。
   A. 2977.99   B. 36 977.99   C. 37 260   D. 88 012.99

【解析】D 本月应纳增值税额为 105 152.99−17 140=88 012.99 元。

考点六　销售货物或应税劳务的计税依据

纳税人销售货物或应税劳务的计税依据是销售额，销售额为纳税人销售货物或者应税劳务向购买方收取的全部价款和价外费用，但是不包括收取的销项税额。销售额以人民币计算。纳税人以人民币以外的货币结算销售额的，应当折合成人民币计算。

(1) 纳税人采取折扣方式销售货物，如果销售额和折扣额在同一张发票上分别注明的，可按折扣后的销售额征收增值税；如果将折扣额另开发票，不论其在财务上如何处理，均不得从销售额中减除折扣额。

(2) 采取以旧换新方式销售货物，按新货物的同期销售价格确定销售额，不得扣减旧货收购价格(金银首饰以旧换新除外)。

(3) 采取还本销售方式销售货物，其销售额就是货物的销售价格，不得从销售额中扣减还本支出。

(4) 采取以物易物方式销售的，双方均作购销处理，以各自发出的货物核算销售额并计算销项税额，以各自收到的货物核算购货额并计算进项税额。

(5) 包装物及收取包装物押金是否计入销售额的规定。纳税人为销售货物而出租、出借包装物收取的押金，单独记账核算的，不并入销售额征税。但对因逾期未收回包装物不再退还的押金，应按所包装货物的适用税率征收增值税。

(6) 对视同销售货物行为的销售额的确定。纳税人销售货物或者应税劳务的价格明显偏低且无正当理由的，以及纳税人有视同销售行为而无销售额者，由主管税务机关按下列顺序核定其销售额。

① 按纳税人当月同类货物的平均销售价格确定。

② 按纳税人最近时期同类货物的平均销售价格确定。

③ 按组成计税价格确定。组成计税价格的公式为：

$$组成计税价格 = 成本 \times (1 + 成本利润率)$$

(7) 混合销售行为、兼营非应税劳务销售额的确定。凡属按混合销售行为和兼营的非应税劳务依照规定应当征收增值税的，其销售额分别为货物与非应税劳务的销售额的合计，货物或者应税劳务与非应税劳务的销售额的合计。

(8) 外汇销售额折合人民币销售额的计算。纳税人以外汇结算销售额的，应当按外汇市场价格折合成人民币计算。人民币折合率可以选择销售额发生的当天或当月 1 日的国家外汇牌价(原则上为中间价)。纳税人应在事先确定采用何种折合率，确定后一年内不得变更。

考点七　增值税的纳税义务发生时间

(1) 销售货物或者应税劳务，增值税的纳税义务发生时间为收讫销售款项或者取得索取销售款项凭据的当天；先开具发票的，为开具发票的当天。

① 采取直接收款方式销售货物；不论货物是否发出，均为收到销售款或者取得索取销售款凭据的当天。

② 采取托收承付和委托银行收款方式销售货物，为发出货物并办妥托收手续的当天。

③ 采取赊销和分期收款方式销售货物，为书面合同约定的收款日期的当天，无书面合同

的或者书面合同没有约定收款日期的,为货物发出的当天。

④ 采取预收货款方式销售货物,为货物发出的当天,但生产销售生产工期超过 12 个月的大型机械设备、船舶、飞机等货物,为收到预收款或者书面合同约定的收款日期的当天。

⑤ 委托其他纳税人代销货物,为收到代销单位的代销清单或者收到全部或部分货款的当天。未收到代销清单及货款的,为发出代销货物满 180 天的当天。

⑥ 销售应税劳务,为提供劳务同时收讫销售款或者取得索取销售款的凭据的当天。

⑦ 纳税人发生视同销售货物行为的,为货物移送的当天。

(2) 进口货物,增值税的纳税义务发生时间为报关进口的当天。

(3) 增值税扣缴义务发生时间为纳税人增值税纳税义务发生的当天。

考点八　增值税的纳税期限

(一) 增值税纳税期限的规定

增值税的纳税期限分别为 1 日、3 日、5 日、10 日、15 日、1 个月或者 1 个季度。纳税人的具体纳税期限,由主管税务机关根据纳税人应纳税额的大小分别核定;不能按照固定期限纳税的,可以按次纳税。

以 1 个季度为纳税期限的规定仅适用于小规模纳税人。

(二) 增值税报缴税款期限的规定

纳税人以 1 个月或者 1 个季度为 1 个纳税期的,自期满之日起 15 日内申报纳税;以 1 日、3 日、5 日、10 日或者 15 日为 1 个纳税期的,自期满之日起 5 日内预缴税款,于次月 1 日起 15 日内申报纳税并结清上月应纳税款。

纳税人进口货物,应当自海关填发海关进口增值税专用缴款书之日起 15 日内缴纳税款。

考点九　增值税的纳税地点

(1) 固定业户应当向其机构所在地的主管税务机关申报纳税。

(2) 固定业户到外县(市)销售货物或者应税劳务,应当向其机构所在地的主管税务机关申请开具外出经营活动税收管理证明,并向其机构所在地的主管税务机关申报纳税;未开具证明的,应当向销售地或者劳务发生地的主管税务机关申报纳税;未向销售地或者劳务发生地的主管税务机关申报纳税的,由其机构所在地的主管税务机关补征税款。

(3) 非固定业户销售货物或者应税劳务,应当向销售地或者劳务发生地的主管税务机关申报纳税;未向销售地或者劳务发生地的主管税务机关申报纳税的,由其机构所在地或者居住地的主管税务机关补征税款。

(4) 进口货物,应当向报关地海关申报纳税。

(5) 扣缴义务人应当向其机构所在地或者居住地的主管税务机关申报缴纳其扣缴的税款。

考点十　增值税的减税、免税

(一) 起征点

根据《增值税暂行条例》及实施细则的规定，对个人销售额未达到起征点的免征增值税。

(二) 免征项目

根据《增值税暂行条例》及其细则的规定，下列项目免征增值税：

(1) 农业生产者销售的自产农业产品；

(2) 避孕药品和用具；

(3) 古旧图书；

(4) 直接用于科学研究、科学实验和教学的进口仪器、设备；

(5) 外国政府、国际组织无偿援助的进口物资和设备；

(6) 由残疾人组织直接进口供残疾人专用的物品；

(7) 个人(不包括个体经营者)销售的自己使用过的物品。

纳税人兼营免税、减税项目的，应当单独核算免税、减税项目的销售额；未分别核算销售额的，不得免税、减税。

考点十一　增值税的征收管理

(一) 划分一般纳税人和小规模纳税人的目的及其基本依据

对增值税纳税人进行分类的目的是为了配合增值税专用发票的管理。现行增值税制度是以纳税人年销售额的大小和会计核算水平这两个标准为依据来划分一般纳税人和小规模纳税人的。

(二) 小规模纳税人的认定及管理

(1) 小规模纳税人的认定。根据规定，凡符合下列条件的视为小规模纳税人：①从事货物生产或者提供应税劳务的纳税人，以及以从事货物生产或者提供应税劳务为主，并兼营货物批发或者零售的纳税人，年应征增值税销售额(以下简称应税销售额，是指纳税人在连续不超过 12 个月的经营期内累计应征增值税销售额，包括免税销售额)在 50 万元以下(含本数，下同)的；②除第①项规定以外的纳税人，年应税销售额在 80 万元以下的。

(2) 小规模纳税人的管理。小规模纳税人实行简易办法征收增值税，一般不使用增值税专用发票。

(三) 一般纳税人的认定及管理

(1) 一般纳税人的认定。一般纳税人是指年应征增值税销售额超过财政部规定的小规模纳税人标准的企业和企业性单位。即凡年应税销售额超过小规模纳税人标准的企业和企业性单位，均为一般纳税人。

除国家税务总局另有规定外，纳税人一经认定为一般纳税人后，不得转为小规模纳税人。

(2) 一般纳税人的认定办法及管理。

考点十二 交通运输业和部门现代服务业营业税改征增值税试点改革

(一) 纳税人和扣缴义务人

(1) 纳税人。在中华人民共和国境内(以下简称境内)提供交通运输业和部分现代服务业服务(以下简称应税服务)的单位和个人，为增值税纳税人。

(2) 纳税人分为一般纳税人和小规模纳税人。

(3) 扣缴义务人。中华人民共和国境外(以下简称境外)的单位或者个人在境内提供应税服务，在境内未设有经营机构的，以其代理人为增值税扣缴义务人；在境内没有代理人的，以接受方为增值税扣缴义务人。

(二) 应税服务

应税服务，是指陆路运输服务、水路运输服务、航空运输服务、管道运输服务、研发和技术服务、信息技术服务、文化创意服务、物流辅助服务、有形动产租赁服务、鉴证咨询服务。

(三) 税率和征收率

(1) 增值税税率。

① 提供有形动产租赁服务，税率为17%。

② 提供交通运输业服务，税率为11%。

③ 提供现代服务业服务(有形动产租赁服务除外)，税率为6%。

④ 财政部和国家税务总局规定的应税服务，税率为0。

(2) 增值税征收率为3%。

(四) 应纳税额的计算

(1) 一般性规定。增值税的计税方法，包括一般计税方法和简易计税方法。

① 一般纳税人提供应税服务适用一般计税方法计税。一般纳税人提供财政部和国家税务总局规定的特定应税服务，可以选择适用简易计税方法计税，但一经选择，36个月内不得变更。

② 小规模纳税人提供应税服务适用简易计税方法计税。

③ 境外单位或者个人在境内提供应税服务，在境内未设有经营机构的，扣缴义务人按照下列公式计算应扣缴税额：

$$应扣缴税额=接受方支付的价款÷(1+税率)×税率$$

(2) 一般计税方法。一般计税方法的应纳税额，是指当期销项税额抵扣当期进项税额后的余额。应纳税额计算公式：

$$应纳税额=当期销项税额-当期进项税额$$

当期销项税额小于当期进项税额不足抵扣时，其不足部分可以结转下期继续抵扣。

① 销项税额计算。

② 进项税额计算。

(3) 简易计税方法。

第二节 消 费 税 制

考点十三 消费税的概念

消费税是针对我国境内从事生产、委托加工和进口应税消费品的单位和个人，就其销售额或销售数量，在特定环节征收的一种税。

考点十四 消费税的纳税人

根据《中华人民共和国消费税暂行条例》的规定，消费税的纳税人为：在中华人民共和国境内生产、委托加工和进口应税消费品的单位和个人。

考点十五 消费税的征税范围

(1) 烟。

卷烟是指将各种烟叶切成烟丝并按照一定的配方辅之以糖、酒、香料加工而成的产品。

(2) 酒及酒精。

① 白酒。

② 黄酒。

③ 啤酒。

④ 其他酒。

⑤ 酒精。

(3) 化妆品。

(4) 贵重首饰和珠宝玉石。

(5) 鞭炮、焰火。

(6) 成品油。

(7) 汽车轮胎。

(8) 摩托车。摩托车的征税范围包括：轻便摩托车、摩托车。

(9) 小汽车。

(10) 高尔夫球及球具。

(11) 高档手表。

(12) 游艇。

(13) 木制一次性筷子。

(14) 实木地板。

考点十六 消费税的税率

(一) 消费税的税率形式

消费税的税率有两种形式:一种是比例税率;一种是定额税率。

消费税采用列举法按具体应税消费品设置税目税率,征税界限清楚,一般不易发生错用税率的情况。但是,如果存在下列情况时,应按适用税率中最高税率征税:①纳税人兼营不同税率的应税消费品,即生产销售两种税率以上的应税消费品时,应当分别核算不同税率应税消费品的销售额或销售数量,未分别核算的,按最高税率征税;②纳税人将应税消费品与非应税消费品以及适用税率不同的应税消费品组成成套消费品销售的,应根据组合产制品的销售金额按应税消费品中适用最高税率的消费品税率征税。

(二) 适用税率的特殊规定

1. 卷烟的适用税率

(1) 纳税人销售的卷烟因放开销售价格而经常发生价格上下浮动的,应以该牌号规格卷烟销售当月的加权平均销售价格确定征税类别和适用税率。但销售的卷烟有下列情况之一者,不得列入加权平均计算:①销售价格偏低而无正当理由的;②无销售价格的。

(2) 卷烟由于接装过滤嘴、改变包装或其他原因提高销售价格后,应按照新的销售价格确定征税类别和适用税率。

(3) 纳税人自产自用的卷烟应当按照纳税人生产的同牌号规定的卷烟销售价格确定征税类别和适用税率。没有同牌号规格卷烟销售价格的,一律按照卷烟最高税率征税。

(4) 委托加工的卷烟按照受托方同牌号规格卷烟的征税类别和适用税率征税。没有同牌号规格卷烟的,一律按照卷烟最高税率征税。

(5) 残次品卷烟应当按照同牌号正品卷烟的征税类别确定适用税率。

(6) 下列卷烟不分征税类别一律按照56%的卷烟税率征税,并按照定额每标准箱150元计征税率:①白包卷烟;②手工卷烟;③未经国务院批准纳入计划的企业和个人生产的卷烟。

(7) 卷烟分类计税标准的调整,由国家税务总局确定。

2. 酒的适用税率

(1) 外购酒精生产的白酒,应按酒精所用原料确定白酒的适用税率。凡酒精所用原料无法确定的,一律按粮食白酒税率征税。

(2) 外购两种以上酒精生产的白酒,一律从高确定税率征税。

(3) 以外购白酒加浆降度,或外购散酒装瓶出售,以及外购白酒以曲香、香精进行调香、调味生产的白酒,按照外购白酒所用原料确定适用税率。凡白酒所用原料无法确定的,一律按照粮食白酒的税率征税。

(4) 以外购的不同品种的白酒勾兑的白酒,一律按照粮食白酒的税率征税。

(5) 对用粮食和薯类、糠麸等多种原料混合生产的白酒，一律按照粮食白酒的税率征税。

(6) 对用薯类和粮食以外的其他原料混合生产的白酒，一律按照薯类白酒的税率征税。

考点十七　消费税的计税依据

(一) 自行销售应税消费品应纳税额的计税依据

国家在确定消费税的计税依据时，主要从应税消费品的价格变化情况和便于征纳等角度出发，分别采用从量和从价两种计税办法。

1. 实行从量定额计征办法的计税依据

从量定额通常以每单位应税消费品的重量、容积或数量为计税依据，并按每单位应税消费品规定固定税额，这种固定税额即为定额税率。我国消费税对卷烟、白酒、黄酒、啤酒、汽油、柴油等实行定额税率，采用从量定额的办法征税，其计税依据是纳税人销售应税消费品的数量。

2. 实行从价定率计征办法的计税依据

实行从价定率办法征税的应税消费品，计税依据为应税消费品的销售额。应税消费品的销售额包括销售应税消费品从购买方收取的全部价款和价外费用。价外费用，无论是否属于纳税人的收入，均应并入销售计算纳税。即：

$$销售额=应税消费品销售额+价外收费$$

销售额不包括应向购买方收取的增值税额，在计算消费税时，应当换算为不含增值税税额的销售额，其换算公式为：

$$应税消费品的销售额=含增值税的销售额/(1+增值税税率或征收率)$$

3. 若干特殊规定

(1) 销售额中扣除外购已税消费品已纳消费税的规定。外购已税消费品的买价是指外购应税消费品增值税专用发票上注明的销售额(不包括增值税税额)。

【例 4-7】 下列应税消费品中，准予扣除外购已税消费品已纳消费税的有(　　)。(2009年多选题)

A. 以已税烟丝为原料生产的卷烟

B. 以已税珠宝玉石为原料生产的贵重首饰

C. 以已税汽车轮胎连续生产的小汽车

D. 以已税润滑油为原料生产的润滑油

E. 以已税杆头、杆身和握把为原料生产的高尔夫球杆

【解析】ABDE　从销售额中扣除外购已税消费品已纳消费税的规定，可知题目中，仅以已税汽车轮胎连续生产的小汽车不能扣除外购已税消费品已纳消费税。

(2) 自设非独立核算门市部计税的规定。纳税人通过自设非独立核算门市部销售的自产应税消费品，应当按照门市部对外销售数额或销售数量征收消费税。

(3) 应税消费品用于其他方面的规定。纳税人自产的应税消费品用于换取生产资料和消费资料，投资入股和抵偿债务等方面，应当按纳税人同类应税消费品的最高销售价格作为计税依据。

【例4-8】 下列情形的应税消费品，按照现行消费税法的有关规定，应以纳税人同类应税消费品的最高销售价格作为计税依据计算消费税的有(　　)。(2008年多选题)

A. 用于抵债的应税消费品
B. 用于馈赠的应税消费品
C. 用于对外投资入股的应税消费品
D. 用于换取消费资料的应税消费品
E. 用于换取生产资料的应税消费品

【解析】 ACDE　纳税人自产的应税消费品用于换取生产资料和消费资料，投资入股和抵偿债务等方面，应当按纳税人同类应税消费品的最高销售价格作为计税依据。因此，该题目应该选择ACDE。

(二) 自产自用应税消费品的计税依据

纳税人自产自用消费品应当以同类消费品销售价格为依据，计算纳税；没有同类消费品销售价格的，按照组成计税价格计算纳税。组成计税价格的计算公式是：

$$应纳税额=组成计税价格×适用税率$$

【例4-9】 下列纳税人自产自用应税消费品行为中，不缴纳消费税的是(　　)。(2009年单选题)

A. 炼油厂用于本企业基建部门车辆的自产汽油
B. 汽车厂用于管理部门的自产汽车
C. 日化厂用于交易会样品的自产化妆品
D. 卷烟厂用于生产卷烟的自制烟丝

【解析】 D　纳税人用于生产非应税消费品和在建工程、管理部门、非生产机构、提供劳务以及用于馈赠、赞助、集资、广告、样品、职工福利、奖励等方面的应税品，于移送使用时纳税。所以ABC三个选项都是需要缴纳消费税的，并且于移送使用时纳税。而D选项中卷烟厂生产的自制烟丝是用来进一步生产卷烟的，所以不需要缴纳消费税。

(三) 委托加工应税消费品的计税依据

委托加工的应税消费品，是指由委托方提供原料和主要材料，受托方只收取加工费和代垫部分辅助材料加工的应税消费品。

委托加工的应税消费品，按照受托方的同类消费品的销售价格计算纳税；没有同类消费品销售价格的，按照组成计税价格计算纳税。计算公式为：

$$组成计税价格=(材料成本+加工费)/(1-消费税税率)$$

纳税人用委托加工收回的11种应税消费品连续生产应税消费品，在计征消费税时准予从应纳消费税税额中扣除原料已纳消费税税额。

考点十八 消费税应纳税额的计算

(一) 自行销售应税消费品应纳税额的计算

(1) 从量定额应纳税额的计算公式为:

$$应纳税额=应税消费品数量×消费税单位税额$$

(2) 从价定率应纳税额的计算公式为:

$$应纳税额=应税消费品销售额×适用税率$$

(3) 复合计税应纳税额的计算公式为:

$$应纳税额=销售数量×定额税率+销售额×比例税率$$

(二) 自产自用应税消费品应纳税额的计算

(1) 有同类消费品的销售价格的,按照纳税人生产的同类消费品的销售价格计算纳税。其应纳税额计算公式为:

$$应纳税额=同类消费品销售价格×自产自用数量×适用税率$$

(2) 没有同类消费品销售价格的,应按组成计税价格计税,计算公式为:

$$应纳税额=组成计税价格×适用税率$$

(三) 委托加工应税消费品应纳税额的计算

(1) 有同类消费品销售价格的,其应纳税额的计算公式为:

$$应纳税额=同类消费品销售单价×委托加工数量×适用税率$$

(2) 没有同类消费品销售价格的,按组成计税价格计税,计算公式为:

$$应纳税额=组成计税价格×适用税率$$

(四) 进口应税消费品应纳税额的计算

(1) 进口的应税消费品,实行从价定率办法计算应纳税额的,按照组成计税价格计算纳税,计算公式为:

$$组成计税价格=(关税完税价格+关税)/(1-消费税比例税率)$$
$$应纳税额=组成计税价格×适用税率$$

实行从量定额办法的应税消费品的应纳税额的计算:

$$应纳税额=应税消费品数量×消费税单位税额$$

(2) 依据确定的进口卷烟消费税适用比例税率,计算进口卷烟消费税组成计税价格和应纳消费税税额:

$$进口卷烟消费税组成计税价格=(关税完税价格+关税+消费税定额税)/(1-进口卷烟消费适用比例税率)$$

应纳消费税税额=进口卷烟消费税组成计税价格×进口卷烟消费税适用比例税率+消费税定额税

其中,

消费税定额税=海关核定的进口卷烟数量×消费税定额税率

消费税定额税率为每标准箱(50 000 支)150 元。

【例 4-10】 某外资企业进口一批汽车轮胎,海关核定关税完税价格为 600 万元。已知关税税率为 60%,消费税税率为 10%。该企业应纳的消费税为( )万元。(2008 年单选题)

A. 60　　　　　　B. 91.17　　　　　　C. 96　　　　　　D. 106.67

【解析】D 组成计税价格=(600+600×60%)/(1−10%)=1066.7 万元,应纳消费税=1066.7×10%=106.67 万元。

考点十九　消费税的征收管理

(一) 纳税义务发生时间

(1) 纳税人销售应税消费品的,纳税义务发生时间按不同的销售结算方式分别为:①采取赊销和分期收款结算方式的,为书面合同约定的收款日期的当天,书面合同没有约定收款日期或者无书面合同的,为发出应税消费品的当天;②采取预收货款结算方式的,为发出应税消费品的当天;③采取托收承付和委托银行收款方式的,为发出应税消费品并办妥托收手续的当天;④采取其他结算方式的,为收讫销售款或者取得索取销售款凭据的当天。

(2) 纳税人自产自用应税消费品的,为移送使用的当天。

(3) 纳税人委托加工应税消费品的,为纳税人提货的当天。

(4) 纳税人进口应税消费品的,为报关进口的当天。

【例 4-11】 纳税人销售的应税消费品,采取赊销和分期收款结算方式的,其纳税义务的发生时间为( )。(2008 年单选题)

A. 发出应税消费品的当天　　　　　　B. 取得全部价款的当天

C. 每一期收取货款的当天　　　　　　D. 销售合同规定的收款日期的当天

【解析】D 纳税人销售应税消费品的,采取赊销和分期收款结算方式的,为书面合同约定的收款日期的当天,书面合同没有约定收款日期或者无书面合同的,为发出应税消费品的当天。

(二) 纳税期限

消费税的纳税期限分别为 1 日、3 日、5 日、10 日、15 日、1 个月或者 1 个季度。

纳税人以 1 个月或者 1 个季度为 1 个纳税期的,自期满之日起 15 日内申报纳税;以 1 日、3 日、5 日、10 日或者 15 日为 1 个纳税期的,自期满之日起 5 日内预缴税款,于次月 1 日起 15 日内申报纳税并结清上月应纳税款。

纳税人进口应税消费品,应当自海关填发海关进口消费税专用缴款书之日起 15 日内缴纳税款。

(三) 纳税地点

纳税人到外县(市)销售或者委托外县(市)代销自产应税消费品的,于应税消费品销售后,向机构所在地或者居住地主管税务机关申报纳税。

纳税人的总机构与分支机构不在同一县(市)的,应当分别向各自机构所在地的主管税务机关申报纳税;经财政部、国家税务总局或者其授权的财政、税务机关批准,可以由总机构汇总向总机构所在地的主管税务机关申报纳税。

委托个人加工的应税消费品,由委托方向其机构所在地或者居住地主管税务机关申报纳税。

进口的应税消费品,由进口人或者其代理人向报关地海关申报纳税。

第三节 营业税制

考点二十 营业税的概念

营业税是对在我国境内提供应税劳务、转让无形资产或销售不动产的单位和个人所取得的营业额征收的一种商品与劳务税。

考点二十一 营业税的纳税人

在中华人民共和国境内提供应税劳务、转让无形资产或者销售不动产的单位和个人,为营业税的纳税人。

企业租赁或承包给他人经营的,以承租人或承包人为纳税人。

单位和个体工商户的员工、雇工在为本单位或雇主提供劳务时,不是纳税人。

考点二十二 营业税的征税范围

营业税的征税范围为在中华人民共和国境内提供的应税劳务、转让的无形资产或销售的不动产。

(一)"境内"的含义

营业税的征收范围强调提供应税劳务、转让无形资产或销售不动产是在中华人民共和国境内发生的。

(1) 提供或者接受应税劳务的单位或个人在境内。

(2) 所转让的无形资产(不含土地使用权)的接受单位或者个人在境内。

(3) 所转让或者出租土地使用权的土地在境内。

(4) 所销售或者出租的不动产在境内。

(二)"应税行为"的含义

营业税的应税行为是指有偿提供应税劳务,有偿转让无形资产所有权或使用权,有偿转让不动产所有权的行为。

考点二十三　营业税的税率

营业税实行分行业比例税率。可归为如下三类。

(1) 税率为3%的：交通运输业、建筑业、金融保险业、邮电通信业、文化体育业。

(2) 税率为5%的：服务业、转让无形资产、销售不动产。

(3) 税率为5%～20%的：娱乐业，其中台球、保龄球税率为5%。

考点二十四　营业税的计税依据

(一) 一般规定

营业税的计税依据是营业额，包括全部价款和价外费用。

单位和个人提供营业税应税劳务、转让无形资产和销售不动产发生退款时，凡该项退款已征收过营业税的，允许退还已征税款，也可以从纳税人以后的营业额中减除。

单位和个人在提供营业税应税劳务、转让无形资产、销售不动产时，如果将价款与折扣额在同一张发票上注明的，以折扣后的价款为营业额；如果将折扣额另开发票的，不论其在财务上如何处理，均不得从营业额中减除。

电信单位销售的各种有价电话卡，由于其计费系统只能按有价电话卡面值出账并按有价电话卡面值确认收入，不能直接在销售发票上注明折扣折让额，以按面值确认的收入减去当期财务会计上体现的销售折扣折让后的余额为营业额。

单位和个人提供应税劳务、转让无形资产和销售不动产时，因受让方违约而从受让方取得的赔偿金收入，应并入营业额中征收营业税。

单位和个人因财务会计核算办法改变将已缴纳过营业税的预收性质的价款逐期转为营业收入时，该价款允许从营业额中减除。

【例4-12】 可以作为营业税计税依据的是(　　)。(2012年单选题)

A. 融资租赁业务中的租赁费

B. 国际联运企业向客户收取的运费

C. 股票转让时的卖出价减去买入价后的差额

D. 以不动产投资入股共担经营风险时的评估价值

【解析】C　股票转让时的卖出价减去买入价后的差额可以作为营业税计税依据。

(二) 分行业的计税依据

1. 运输业计税依据

(1) 运输业务的营业额一般包括客运收入、货运收入、装卸搬运收入、其他运输业务和运输票价中包含的保险费收入以及随同票价、运价向客户收取的各种建设基金等。

(2) 运输企业自中华人民共和国境内载运旅客或货物出境，在境外其载运的旅客或货物改由其他运输企业承运的，以全程运费减去付给转运企业的运费后的余额为营业额。

(3) 联营运输业务，以实际取得的营业收入为营业额。代开发票纳税人从事联运业务的，其计征营业税的营业额为代开的货物运输发票上注明的应税收入，不得减除支付给其他联运合作方的各种费用。

2. 建筑业计税依据

(1) 建筑业的营业额为承包建筑、修缮、安装、装饰和其他工程作业取得的营业收入额。用公式表示为：

$$工程价款=直接费+间接费+计划利润+税金$$

(2) 纳税人从事建筑、修缮、装饰和其他工程作业，无论与对方如何结算，其营业额均应包括工程所用原材料、设备及其他物资和动力的价款在内，不包括建设方提供的设备的价款。

(3) 纳税人从事安装工程作业，所安装设备的价值计入安装工程产值的，其营业额应包括设备的价款在内。

(4) 建筑业的总承包人将工程分包或者转包给他人的，以工程的全部承包额减去付给分包人或者转包人的价款后的余额为营业额。

(5) 自建行为的营业额根据同类工程的价格确定；没有同类工程价格的，按下列公式核定计税价格：

$$计税价格=工程成本×(1+成本利润率)/(1-营业税税率)$$

(6) 包工包料、包工不包料工程的营业额。

(7) 招标、投标工程的营业额。

【例4-13】 甲建筑工程公司下辖3个施工队、1个招待所(均为非独立核算单位)，2008年经营业务如下：

(1) 承包某建筑工程项目，并与建设方签订了建筑工程总包合同，总包合同明确工程总造价3000万元。

(2) 甲建筑工程公司将其中200万元的建筑工程项目分包给乙建筑工程公司。

(3) 甲建筑工程公司向丙建筑工程公司转让闲置办公用房一栋(购置原价700万元)，取得转让收入1300万元。

(4) 甲建筑工程公司招待所取得客房收入30万元，餐厅、歌舞厅收入共计55万元。

已知该地娱乐业营业税税率为20%。(2009年案例分析题)

1. 甲建筑工程公司承包建筑工程应缴纳的营业税为( )万元。

    A. 6   B. 84   C. 90   D. 150

【解析】C 建筑业的营业税率为3%，因此3000×3%=90万元。

2. 甲建筑工程公司招待所收入应缴纳的营业税为( )万元。

    A. 4.25   B. 11.9   C. 12.5   D. 17

【解析】C 招待所收入应缴纳的营业税=30×5%+55×20%=12.5万元，因客房收入缴纳的营业税税率为5%，而餐厅、歌舞厅收入的营业税税率为20%。

3. 甲建筑工程公司转让闲置办公用房应缴纳的营业税为( )万元。

    A. 18   B. 30   C. 39   D. 65

【解析】B 转让不动产缴纳的营业税税率为5%，因此该公司转让闲置办公用房应缴纳的营业税为(1300-700)×5%=30万。

4. 乙建筑工程公司应缴纳的营业税为( )万元。

    A. 0   B. 6   C. 21   D. 66

【解析】B 建筑业的营业税率为3%，因此200×3%=6万。

3. 金融保险业的计税依据

金融业计征营业税的营业额有两种方法：一是对一般贷款、典当、金融经纪业等中介服务，以取得的利息收入全额或手续费收入全额确定为营业额；二是对外汇、证券、期货等金融商品转让，以卖出价减去买入价后的差额为营业额。

(1) 对金融机构当期实际收到的结算罚款、罚息、加息等收入应并入营业额中征税。对金融机构的出纳长款收入，不征收营业税。银行吸收的存款不征营业税，办理结算业务手续收入、销售账单凭证、支票收入、办理贴现收入应纳营业税，转贴现业务收入，暂不征收营业税。

(2) 融资租赁以其向承租者收取的全部价款和价外费用(包括残值)减去出租方承担的出租货物的实际成本后的余额，以直线法折算出本期的营业额。计算方法为：

实际成本=货物购入原价+关税+增值税+消费税+运杂费+安装费+保险费+贷款的利息(贷款的利息包括外汇借款和人民币借款利息)

【例4-14】 下列关于金融保险业营业税的表述中正确的有(　　)。(2010年多选题)

A. 对金融机构的出纳长期收入不征营业税

B. 融资租赁业务以向承租方收取的全部价款和价外费用为营业额计算征收营业税

C. 银行吸收的存款不征营业税

D. 对金融机构转贴现业务收入征收营业税

E. 银行办理结算业务销售账单凭证取得的收入缴纳营业税

【解析】ACE　对金融机构当期实际收到的结算罚款、罚息、加息等收入应并入营业额中征税。对金融机构的出纳长款收入，不征收营业税。银行吸收的存款不征营业税，办理结算业务手续收入、销售账单凭证、支票收入、办理贴现收入应纳营业税，转贴现业务收入，暂不征收营业税。融资租赁以其向承租者收取的全部价款和价外费用(包括残值)减去出租方承担的出租货物的实际成本后的余额，以直线法折算出本期的营业额。

4. 邮电通信业的计税依据

确定邮电通信业的营业额有两种方法：第一，以取得收入的全额确定的营业额；第二，以实际取得的收入额，即差额或收益额确定的营业额。

邮政电信单位与其他单位合作，共同为用户提供邮政电信业务及其他服务并由邮政电信单位统一收取价款的，以全部收入减去支付给合作方价款后的余额为营业额。

电信部门以集中受理方式为集团客户提供跨省的出租电路业务，由受理地区的电信部门按取得的全部价款减除分割给参与提供跨省电信业务的电信部门的价款后的差额为营业税计税依据；对参与提供跨省电信业务的电信部门，按各自取得的全部价款为营业税计税营业额。

5. 文化体育业的计税依据

文化业的营业额，是指经营文化活动业务的收入额，包括表演、播映及其他文化业(如展览、培训等)的收入。体育业的营业额，是指举办各种体育比赛和为体育比赛或体育活动提供场所取得的全部收入额。

单位或个人进行演出，以全部票价收入或包场收入(即全部收入)减去付给提供演出场所的单位、演出公司或者经纪人的费用后的余额为营业额。

广播电视有线数字付费频道业务应由直接向用户收取数字付费频道收视费的单位按其向用户收取的收视费全额，向所在地主管税务机关缴纳营业税。对各合作单位分得的收视费收入，不再征收营业税。

6. 娱乐业的计税依据

娱乐业的营业额为经营娱乐业向顾客收取的各项费用，包括门票收入、台位费、点歌费、烟酒和饮料费及经营娱乐业向顾客收取的其他各项费用。

7. 服务业的计税依据

服务业的营业额是指纳税人提供代理业、旅店业、饮食业、旅游业、仓储业、租赁业、广告业、其他服务业的应税劳务向对方收取的全部价款和价外费用。

(1) 代理业的营业额为纳税人从事代理业务向委托方实际收取的手续费、介绍费、代办费等收入。

(2) 旅游企业组织旅游团到中华人民共和国境外旅游，在境外改由其他旅游企业接团的，以全程旅费减去付给该接团企业的旅费后余额为营业额。

(3) 广告代理业的营业额为代理者向委托方收取的全部价款和价外费用减去付给广告发布者的广告发布费后的余额。

【例4-15】 某企业以厂房作抵押向银行贷款，取得贷款后将一房产交予银行使用，以厂房租金抵交贷款利息，则该企业取得的厂房租金收入应按(　　)税目征收营业税。(2008年单选题)

A. 金融保险业　　　　B. 服务业　　　　C. 销售不动产　　　　D. 转让无形资产

【解析】B 某企业以厂房作抵押向银行贷款，取得贷款后将一房产交予银行使用，以厂房租金抵交贷款利息，则该企业取得的厂房租金收入应按服务业税目征收营业税。

8. 转让无形资产的计税依据

转让无形资产的营业额，是指受让方支付给转让方的全部货币、实物和其他经济利益。

9. 销售不动产的计税依据

销售不动产的营业额是指纳税人销售不动产时从购买方取得的全部价款和价外费用(含货币、实物或其他经济利益)。

(1) 转让有限产权或永久使用权方式销售建筑物的，视同销售建筑物，营业额为向对方收取的全部价款和价外费用。

(2) 单位将不动产无偿赠与他人的，视同销售不动产，营业额由主管税务机关确定。

(3) 在销售不动产时，连同不动产所占土地的使用权一并转让的行为，比照销售不动产征税。

(4) 以不动产投资入股，参与接受投资方利润分配，共同承担投资风险的行为，不征营业税；以投资入股为名，实际是以取得固定利润或按销售额提成方式取得报酬的，属于普通的销售或出租不动产的行为，就其取得的销售收入或租金收入征税。

(5) 以不动产作抵押向金融机构贷款，应根据不同情况分别核定营业额：

① 抵押期间(贷款期满以前)不动产仍归借款人使用，不动产的所有权未发生转移，不征营业税；贷款期满后，因借款人无力偿还欠款，不动产收归银行所有，此时应对借款人按"销售不动产"征营业税，营业额为其尚未归还银行的贷款本息合计。

② 借款人取得贷款后，就将不动产交予银行使用，以不动产租金抵作贷款利息，则对借

款人应按"服务业"征营业税;如果借款人到期无力归还贷款,以不动产抵作欠款,则对借款人按销售不动产征税,营业额为其所欠银行的贷款本金。

单位和个人销售或转让其购置的不动产或受让的土地使用权,以全部收入减去不动产或土地使用权的购置或受让原价后的余额为营业额。

单位和个人销售或转让抵债所得的不动产、土地使用权的,以全部收入减去抵债时该项不动产或土地使用权作价后的余额为营业额。

10. 其他行业的计税依据

劳务公司接受用工单位的委托,为其安排劳动力,凡用工单位将其应支付给劳动力的工资和为劳动力上交的社会保险以及住房公积金统一交给劳务公司代为发放或办理的,以劳务公司从用工单位收取的全部价款减去代收转付给劳动力的工资和为劳动力办理社会保险及住房公积金后的余额为营业额。

从事物业管理的单位,以与物业管理有关的全部收入减去代业主支付的水、电、燃气以及代承租者支付的水、电、燃气、房屋租金的价款后的余额为营业额。

考点二十五 营业税应纳税额的计算

营业税应纳税额的计算公式为:

$$应纳税额=营业额×税率$$

应纳税额按人民币计算。纳税人按人民币以为的货币结算营业额的,应按规定先折算成人民币后,再计算应纳税额。

【例4-16】 2007年7月某歌厅收取的费用为包间费10万元,烟酒饮料费50万元。点歌费等其他费用30万元(已知服务业税率为5%,娱乐业税率为20%),则该歌厅本月应纳的营业税为( )万元。(2010年单选题)

A. 4.2   B. 4.5   C. 13.5   D. 18

【解析】D 娱乐业的营业额为经营娱乐业向顾客收取的各项费用,包括门票收费、台位费、点歌费、烟酒和饮料费及经营娱乐业的其他各项收费。由于娱乐业税率为20%,因此,该歌厅本月应缴纳的营业税为(10+50+30)×20%=18万元。

考点二十六 营业税的征收管理

(一) 纳税义务发生时间

1. 一般规定

营业税纳税义务发生时间为纳税人提供应税劳务、转让无形资产或者销售不动产并收讫营业收入款项或者取得索取营业收入款项凭据的当天。

2. 特殊规定

(1) 纳税人转让土地使用权或者销售不动产,采取预收款方式的,其纳税义务发生时间为收到预收款的当天。

(2) 纳税人提供建筑业或者租赁业劳务，采取预收款方式的，其纳税义务发生时间为收到预收款的当天。

(3) 纳税人自建建筑物后销售的，纳税义务发生时间为其销售自建建筑物并收讫营业额或取得索取营业额凭据的当天。

(4) 国家税务总局根据工程价款的结算方式还对建筑业的纳税义务发生时间作了特殊规定。

(5) 根据金融企业的业务特点，把握金融业营业税的纳税义务发生时间。

(6) 纳税人将不动产或者土地使用权无偿赠送其他单位或者个人的，其纳税义务发生时间为不动产所有权、土地使用权转移的当天。

【例4-17】 下列关于营业税纳税义务发生时间及纳税地点的表述，正确的是(　　)。(2011年单选题)

A. 纳税人销售不动产采用预收款方式的，其纳税义务发生时间为不动产交付使用的当天

B. 纳税人出售自建建筑物的，其自建行为的纳税义务发生时间为建筑物交付使用的当天

C. 纳税人将不动产无偿赠与他人，其纳税人义务发生时间为不动产所有权转移的当天

D. 纳税人销售不动产，应当向机构所在地主管税务机关申报纳税

【解析】C　纳税人转让土地使用权或者销售不动产，采取预收款方式的，其纳税义务发生时间为收到预收款的当天。纳税人提供建筑业或者租赁业劳务，采取预收款方式的，其纳税义务发生时间为收到预收款的当天。纳税人将不动产或者土地使用权无偿赠送其他单位或者个人的，其纳税义务发生时间为不动产所有权、土地使用权转移的当天。纳税人销售、出租不动产应当向不动产所在地的主管税务机关申报纳税。

(二) 纳税期限

营业税的纳税期限分别为5日、10日、15日、1个月或者1个季度。纳税人的具体纳税期限，由主管税务机关根据纳税人应纳税额的大小分别核定；不能按照固定期限纳税的，可以按次纳税。

纳税人以1个月或者1个季度为一个纳税期的，自期满之日起15日内申报纳税；以5日、10日或者15日为一个纳税期的，自期满之日起5日内预缴税款，于次月1日起15日内申报纳税并结清上月应纳税款。

银行、财务公司、信托投资公司、信用社、外国企业常驻代表机构的纳税期限为1个季度。

(三) 纳税地点

1. 一般规定

(1) 纳税人提供应税劳务应当向其机构所在地或者居住地的主管税务机关申报纳税。

(2) 纳税人转让无形资产应当向其机构所在地或者居住地的主管税务机关申报纳税。但是，纳税人转让、出租土地使用权，应当向土地所在地的主管税务机关申报纳税。

(3) 纳税人销售、出租不动产应当向不动产所在地的主管税务机关申报纳税。

(4) 扣缴义务人应当向其机构所在地或者居住地的主管税务机关申报缴纳其扣缴的税款。

(5) 纳税人应当向应税劳务发生地、土地或者不动产所在地的主管税务机关申报纳税而自应当申报纳税之月起超过 6 个月没有申报纳税的，由其机构所在地或者居住地的主管税务机关补征税款。

2. 特殊规定

(1) 纳税人提供的应税劳务发生在外县(市)，应向劳务发生地主管税务机关申报纳税而未申报纳税的，由其机构所在地或居住地主管税务机关补征税款。

(2) 交通运输业纳税地点的特殊规定。

(3) 建筑业纳税地点的特殊规定。

(4) 金融保险业纳税地点的特殊规定。

(5) 纳税人在本省、自治区、直辖市范围内发生应税行为，其纳税地点需要调整的，由省、自治区、直辖市人民政府所属税务机关确定。

【例 4-18】 下列营业项目中，其营业税的纳税地点正确的有(　　)。(2008 年多选题)

A. 销售不动产，向其机构所在地主管税务机关申报纳税

B. 从事运输业务，向其机构所在地主管税务机关申报纳税

C. 纳税人转让土地使用权，应当向其机构所在地主管税务机关申报纳税

D. 承包的工程跨省、自治区、直辖市的，向其机构所在地主管税务机关申报纳税

E. 提供应税劳务，应当向应税劳务发生地主管税务机关申报纳税

【解析】BDE　纳税人销售、出租不动产应当向不动产所在地的主管税务机关申报纳税。纳税人转让、出租土地使用权，应当向土地所在地的主管税务机关申报纳税。纳税人承包的工程跨省、自治区、直辖市的，向其机构所在地主管税务机关申报纳税。

第四节　关　税　制

考点二十七　关税的概念

关税是由海关对进出国境或关境的货物、物品征收的一种税。

考点二十八　关税的纳税人

贸易性商品的纳税人是经营进出口货物的收货人、发货人。

物品的纳税人包括：入境时随身携带行李、物品的携带人；各种入境运输工具上携带自用物品的持有人；馈赠物品以及其他方式入境个人物品的所有人；进口个人邮件的收件人。

考点二十九　关税的征税范围

凡事国家允许，属于《中华人民共和国进出口税则》规定应税的货物、物品，均属于关税的征税范围。

考点三十 关税的税率

(一) 进口货物的税率

在《进出口税则》列名的全部税目中，除规定免税的之外，都要征收进口关税。进口关税有普通税率和优惠税率之分。

(二) 出口货物的税率

出口货物征税原则：征税的品种不宜太多；税率适度；体现国家政策。

(三) 税率的运用

《中华人民共和国进出口关税条例》规定，进出口货物应当依照税则规定的归类原则归入合适的税号，并按照适用的税率征税。

考点三十一 关税的完税价格和应纳税额的计算

(一) 进口货物的完税价格

(1) 一般货物的完税价格。进口货物以海关审定的成交价格为基础的到岸价格作为完税价格。
(2) 特殊货物的完税价格。
(3) 进口货物海关估价方法。

(二) 出口货物的完税价格

(1) 以成交价格为基础的完税价格。
(2) 出口货物海关估价方法。

(三) 应纳税额的计算

(1) 从价应纳税额的计算
$$关税税额=进(出)口应税货物数量×单位完税价格×适用税率$$
(2) 从量应纳税额的计算
$$关税税额=应税进(出)口货物数量×单位货物税额$$
(3) 复合计税应纳税额
$$关税税额=应税进(出)口货物数量×单位货物税额+应税进(出)口货物数量×单位完税价格×适用税率$$
(4) 滑准税应纳税额
$$关税税额=应税进(出)口货物数量×单位完税价格×滑准税税率$$

同 步 自 测

一、单项选择题

1. 某企业(一般纳税人)于 2009 年 12 月将一辆自己使用过的小轿车(原价 16 万元,已计提折旧 5 万元),以 10 万元的价格售出,其正确的税务处理方法是( )。
    A. 按 6%简易办法计算应纳增值税
    B. 按 4%简易办法计算应纳增值税
    C. 按 4%简易办法减半计算应纳增值税
    D. 不缴增值税

2. 纳税人的下列行为中,属于混合销售应征收增值税的有( )。
    A. 饭店附设门市部对外销售货物
    B. 某邮局函件、包件传递业务收入 20 万元,邮物物品销售收入 0.5 万元
    C. 某铝合金生产企业,销售铝合金产品负责安装,取得销售额 800 万元
    D. 某照相馆在拍照的同时销售镜框,月收入 1.2 万元

3. 纳税人销售自己使用过的摩托车,售价超过原值的,在增值税方面的规定是( )。
    A. 视同销售货物,按 17%征收增值税
    B. 属于销售旧货行为,按 13%的低税率征收增值税
    C. 按 4%的征收率减半征收增值税
    D. 销售自己使用过的物品,免征增值税

4. 某企业为增值税一般纳税人,2008 年 6 月直接向农业生产者购进免税农产品 90 000 元,该企业当期准予扣除的进项税额是( )元。
    A. 15 300   B. 6300   C. 11 700   D. 5400

5. 下列项目中应当征收增值税的是( )。
    A. 农业生产者出售自产的农产品
    B. 邮电局销售报纸、杂志
    C. 企业转让商标取得的收入
    D. 向白酒经销商收取的品牌费

6. 按增值税法规定,采取预收货款方式销售货物,纳税义务发生时间为( )。
    A. 货物发出的当天
    B. 合同约定收款日期的当天
    C. 收到货款的当天
    D. 办妥相关手续的当天

7. 某企业销售一台旧机床,取得销售收入 10 000 元。已知该项固定资产的原价为 50 000 元,已提折旧 40 000 元,则该项销售行为应纳增值税为( )元。
    A. 0   B. 192.31   C. 200   D. 400

8. 根据现行增值税的规定,下列混合销售应当征收增值税的是( )。
    A. 某建筑安装公司提供辅助材料为客户进行安装服务
    B. 某宾馆提供餐饮服务的同时销售烟酒饮料
    C. 批发企业销售货物并送货上门
    D. 电信部门销售移动电话并为客户提供电信服务

9. 某个体零售户于 2009 年 3 月份购进一批货物,含税进价为 11.7 万元。当月将其中一部分货物销售给某宾馆,开出的普通发票上注明的货款金额为 80 万元。则该个体零售户当月应缴纳的增值税为( )万元。
    A. 4.52   B. 3.08   C. 2.82   D. 2.33

10. 下列项目所包含的进项税额，不得从销项税额中抵扣进项税额的是(　　)。

    A. 生产过程中出现的报废产品　　　　　B. 用于返修产品修理的易损零配件

    C. 生产企业用于经营管理的办公用品　　D. 校办企业生产本校教具的外购材料

11. 某百货商场(一般纳税人)下设零售部和一个招待所，该商场能正确核算各自的收入，2009 年 2 月零售收入为 936 万元，取得防伪税控系统开具的增值税专用发票 90 张，上面注明销售额合计 600 万元；从小规模生产企业购买商品，取得税务机关代开的增值税专用发票和普通发票上注明的销售额分别为 80 万元、30 万元，均已付款；商场超市外购免税农产品，收购凭证上注明收购价格 6 万元。该商场所属的招待所取得的客房收入 12 万元，招待所餐饮部从商场购进的餐具中领用价值 1 万元的餐具。该商场 2 月份应缴纳的增值税为(　　)万元。

    A. 30.99　　　　　　B. 52.39　　　　　　C. 83.78　　　　　　D. 89.21

12. 根据现行消费税规定，用外购已税 11 种消费品连续生产应税消费品的，准予按生产领用数量计算扣除外购已税消费品已纳消费税。下列说法符合这一规定的是(　　)。

    A. 以外购已税珠宝玉石生产的金银首饰

    B. 以外购已税白酒生产的白酒

    C. 以外购的已税汽车轮胎生产的汽车

    D. 以外购的已税化妆品生产的化妆品

13. 纳税人委托加工应税消费品，如果没有同类消费品销售价格的，应按照组成计税价格计算应纳税额，计算公式为(　　)。

    A. 组成计税价格=(成本+利润)/(1-消费税税率)

    B. 组成计税价格=(材料成本+加工费)/(1-消费税税率)

    C. 组成计税价格=(成本+利润)/(加工费+消费税税率)

    D. 组成计税价格=(材料成本+加工费)/(1+消费税税率)

14. 纳税人销售不动产时，应当向(　　)主管税务机关申报纳税。

    A. 公司注册地　　　　　　　　　　　B. 公司法人居住地

    C. 受托售楼机构所在地　　　　　　　D. 不动产所在地

15. 下列行为中属于视同货物销售的是(　　)。

    A. 将购买的货物用于计提福利　　　　B. 将购买的货物用于个人消费

    C. 将购买的货物用于在建工程　　　　D. 将购买的货物作为投资

16. 某汽车轮胎厂为增值税一般纳税人，下设一非独立核算的门市部，2008 年 8 月该厂将生产的一批汽车轮胎交门市部，计价 60 万元。门市部将其零售，取得含税销售额 77.22 万元。按照当时汽车轮胎的消费税税率为 10%，该项业务应缴纳的消费税为(　　)。

    A. 5.13 万元　　　　　B. 6 万元　　　　　C. 6.60 万元　　　　　D. 7.72 万元

17. 下列各项中，符合消费税纳税义务发生时间规定的是(　　)。

    A. 进口的应税消费品，为取得进口货物的当天

    B. 自产自用的应税消费品，为移送使用的当天

    C. 委托加工的应税消费品，为支付加工费的当天

    D. 采取预收货款结算方式的，为收到预收款的当天

18. 下列关于消费税的说法正确的是(   )。

    A. 现行消费税共设计的税率分为 18 档

    B. 现行消费税采用的比例税率分为 10 档，最低为 3%

    C. 现行消费税采用的定额税率分为 8 档，最低为每征税单位 0.1 元

    D. 现行消费税采用的定额税率分为 8 档，最高为每征税单位 250 元

19. 关于纳税期限说法不正确的是(   )。

    A. 消费税纳税期限以 1 个月为一期的纳税，于期满后 10 日内申报纳税

    B. 纳税人进口应税消费品，应当自海关填发税款缴纳凭证的次日起 7 日内缴纳税款

    C. 增值税纳税人以 15 日为 1 期纳税的，自期满之日起 10 日内预缴税款

    D. 纳税人以 7 天为 1 期纳税的，自期满之日起 5 日内预缴税款

20. 某广告经营公司 2007 年 5 月份取得广告业务收入 18 万元，支付给其他单位广告制作费 5 万元，支付给电视台广告发布费 3 万元，收取广告赞助费 1 万元。该公司当月应纳营业税为(   )万元。

    A. 0.55   B. 0.7   C. 0.8   D. 0.95

21. 某邮局某月直接取得报刊发行收入 20 万元，邮寄业务收入 10 万元，其他邮政业务收入 5 万元。邮政电信业适用税率 3%，其应纳营业税额是(   )万元。

    A. 1.05   B. 0.30   C. 0.45   D. 0.96

22. 在营业税的计税依据中，以全部收费减去相关费用后的余额为营业额的是(   )。

    A. 房地产公司售楼收入   B. 咨询服务收入

    C. 旅游业务收入   D. 娱乐业收入

23. 湘江贸易公司委托甲公司加工应税消费品一批，发出材料成本 110 万元，加工费 100 万元，消费税税率 30%，则甲公司应交消费税(   )万元。

    A. 90   B. 51   C. 63   D. 35.7

24. 下列项目中征收营业税的是(   )。

    A. 公园取得的门票收入

    B. 个人转让著作权的收入

    C. 医院提供的医疗服务收入

    D. 科研单位转让专利使用权取得的收入

25. 下列混合销售行为中，应当征收营业税的是(   )。

    A. 家具城销售家具并实行有偿送货上门服务   B. 银行销售金银

    C. 装潢公司为客户包工包料装饰房屋   D. 典当行销售死当商品

26. 关于营业税的纳税期限说法正确的是(   )。

    A. 金融业的纳税期限为一个月   B. 保险业的纳税期限为一个季度

    C. 金融业的纳税期限为一个季度   D. 保险业的纳税期限为 10 日

27. 在计算缴纳营业税时，下列营业收入属于差额纳税的收入是(   )。

    A. 旅游企业组织旅游团到境外旅游，在境外改由其他旅游企业接团取得的收入

    B. 银行的手续费收入

    C. 装潢公司为客户包工包料装饰房屋的工程收入

    D. 典当业收取的劳务收入

28. 下列关于营业税计税依据的表述，正确的是(   )。

    A. 旅游企业以收取的全部旅费为营业额

    B. 买卖外汇业务以卖出价减去买入价后的余额为营业额

    C. 广告代理业以向委托方收取的全部价款为营业额

    D. 期货业务以卖出价为营业额

29. 某公司 2008 年 1 月以房屋作抵押，向银行贷款 100 万元，2009 年 5 月到期后本息合计 125 万元；因该公司无力归还贷款，银行将所抵押的房屋收归已有，经权威机构评估，该房屋价值 107 万元，该公司将其余的 18 万元支付给银行，则该公司应纳营业税为(   )万元。

    A. 10   B. 5.35   C. 6.25   D. 8.56

30. 某运输公司运输一批货物出境，收取全程运费 100 000 元，含保险费 500 元，出境时付给境外承运公司 40 000 元，该运输公司应纳营业税为(   )元。

    A. 1200   B. 1785   C. 1800   D. 3000

31. 甲企业为建筑安装公司，2009 年发生以下业务：(1)自建楼房一栋工程成本 10 007 万元，建成后将该楼房对外出售，取得销售收入 2000 万元；(2)将两年前投资入股的一栋房产，在投资期内将其股权的 40%出让，取得收入 500 万元；(3)将一栋楼房抵押给某银行使用以取得贷款，当月抵减应付银行利息 50 万元。则甲企业本月应纳营业税为(   )万元(建筑业利润率为 20%)。

    A. 102.50   B. 137.11   C. 139.61   D. 39.61

二、多项选择题

1. 依据增值税的有关规定，下列增值税一般纳税人，可按 6%的征收率计算纳税的有(   )。

    A. 县以下小型水力发电单位生产的电力

    B. 发电部门供应的电力

    C. 建筑用和生产建筑材料所用的砂、土、石料

    D. 用微生物制成的生物制品

    E. 原材料中掺有煤矸石等生产的墙体材料

2. 计算增值税中允许作为进项税额抵扣的是(   )。

    A. 从销售方取得增值税专用发票注明的税额

    B. 从海关取得的完税凭证上注明的增值税额

    C. 运输单位开具的发票上注明的运费按规定扣除率计算的进项税额

    D. 工业企业收购废旧原料开具的普通发票上注明金额按规定扣除率计算的进项税额

    E. 从小规模纳税人取得的普通发票上注明金额按规定税率计算出的进项税额

3. 增值税的销售额为纳税人销售货物或提供应税劳务向购买方取得的全部价款和价外费用，但下列费用中不属于价外费用的有(   )。

    A. 向购买方收取的增值税税款

    B. 向购买方收取的手续费

    C. 向购买方收取的包装费

    D. 向购买方收取的储备费

    E. 同时符合两个条件的代垫运费：承运部门的运费发票开具给购买方的、纳税人将该项发票转交给购买方的

4. 用委托加工收回的应税消费品连续生产应税消费品,允许扣除委托加工收回应税消费品已纳消费税税款的有(   )。

  A. 用委托加工的已税烟丝连续生产卷烟

  B. 用委托加工的已税化妆品连续生产化妆品

  C. 用委托加工的已税化妆品连续生产护肤护发品

  D. 用委托加工的已税珠宝玉石连续生产贵重首饰及珠宝玉石

  E. 以委托加工收回的已税实木地板为原料生产的实木地板

5. 以下项目需要征收消费税的有(   )。

  A. 服装   B. 游艇   C. 高尔夫球

  D. 护肤护发品   E. 实木地板

6. 下列关于消费税纳税义务发生时间的表述中正确的是(   )。

  A. 纳税人采取赊销和分期收款结算方式的,其纳税义务发生时间为销售合同规定的收款日期的当天

  B. 纳税人采取预收货款结算方式的,其纳税义务发生时间为收到预收款的当天

  C. 纳税人自产自用的应税消费品,其纳税义务发生时间为移送使用的当天

  D. 纳税人委托加工的应税消费品,其纳税义务发生时间为纳税人提货的当天

  E. 纳税人进口的应税消费品,其纳税义务发生时间为报关进口的当天

7. 在计算缴纳营业税时,下列营业收入属于差额纳税的收入是(   )。

  A. 旅游企业组织旅游团到境外旅游,在境外改由其他旅游企业接团取得的收入

  B. 银行的手续费收入

  C. 装潢公司为客户包工包料装饰房屋的工程收入

  D. 典当业收取的劳务收入

  E. 广告代理收入

8. 下列关于营业税的纳税义务发生时间的说法正确的是(   )。

  A. 转让土地使用权,采取预收款方式的,为实际收到款项的当天

  B. 将不动产赠与他人的,为不动产所有权转移的当天

  C. 单位或个人新建建筑物销售后,其自建行为纳税义务发生时间为销售自建建筑物并收取营业额或取得索取营业额凭据的当天

  D. 扣缴税款义务发生时间为扣缴义务人代纳税人收讫营业额或取得索取营业额凭据的当天

  E. 金融机构与其贷款纳税义务发生时间为纳税人取得利息收入权利的当天

9. 下列属于营业税免税项目的有(   )。

  A. 外商设立的研究开发中心取得的技术转让收入

  B. 文艺团体义演的门票收入

  C. 医院提供的医疗服务收入

  D. 人民银行对企业贷款取得的利息收入

  E. 个人转让著作权的收入

10. 下列情形中应当征收营业税的有(   )。

  A. 境外某公司向境内提供商标使用权

B. 境内某公司所转让的无形资产在境外使用

C. 境内保险机构提供的出口货物险

D. 境外保险机构以境内的物品为标的提供的保险劳务

E. 销售境外不动产

11. 关于营业税的说法正确的有(　　)。

A. 娱乐业中的营业额包括门票收入、台位费、点歌费、饮酒和饮料费

B. 娱乐行业的营业税额为20%

C. 营业税实行分行业比例税率,主要有3%、5%、20%三个档次

D. 交通行业、建筑业、服务业的税率为3%

E. 销售不动产、转让无形资产的税率为5%

三、案例分析题

(一) 某企业为增值税一般纳税人,2006年5月份发生以下业务:

(1) 从农业生产者手中购玉米40吨,每吨收购价3000元,共计支付收购价款120 000元。

(2) 购进货物取得增值税专用发票,注明金额450 000元、增值税额76 500元;支付给运输单位的购进运输费用22 500元,取得普通发票。本月将已验收入库货物的80%零售,取得含税销售额585 000元,20%用于本企业集体福利。

(3) 购进原材料取得增值税专用发票,注明金额160 000元、增值税额27 200元,材料验收入库。本月生产加工一批新产品450件,每件成本价格380元(无同类产品市场价格),全部售给本企业职工,取得不含税销售额171 000元。月末盘存发现上月购进的原材料被盗,金额50 000元,成本利润率为10%。

(4) 销售使用过的摩托车5辆,其中:2辆低于原值销售,取得含税销售额11 640元,其余3辆高于原值销售,取得含税销售额20 800元。

(5) 当月发生逾期押金收入12 870元。

本月取得的发票均通过税务机关认证。

根据上述资料回答如下问题:

1. 下列表述正确的有(　　)。

A. 从农业生产者手中收购的玉米准予抵扣进项税

B. 支付给运输单位的购进运输费准予抵扣进项税

C. 用于集体福利的购进货物准予抵扣进项税

D. 上月购进的被盗原材料的进项税额不得抵扣

2. 销售使用过的摩托车应纳增值税额为(　　)元。

A. 800　　　　　　B. 400　　　　　　C. 416　　　　　　D. 0

3. 本月销项税额为(　　)元。

A. 116 977　　　　B. 86 870　　　　　C. 118 847　　　　D. 20 045. 99

4. 本月进项税额为(　　)元。

A. 78 060　　　　　B. 120 875　　　　C. 96 760　　　　　D. 11 2375

5. 本月应纳增值税税额为(　　)元。

A. 22 087　　　　　B. 22 487　　　　　C. 37 260　　　　　D. 88 012. 99

(二) 某汽车制造厂为增值税一般纳税人，2007 年发生下列业务：

(1) 购进原材料一批，已入库，取得增值税专用发票注明的税款 500 万。

(2) 销售汽车取得销售收入(不含税)7000 万元。

(3) 兼营汽车租赁业务取得收入 30 万元。

(4) 兼营运输业务取得收入 50 万元。

该厂适用的消费税税率为 8%，计算回答下列问题：

1. 该厂当期应纳增值税为(　　)万元。

    A. 690　　　　　　B. 500　　　　　　C. 860　　　　　　D. 1190

2. 应纳消费税为(　　)万元。

    A. 500　　　　　　B. 560　　　　　　C. 450　　　　　　D. 400

3. 汽车租赁业务应纳营业税为(　　)万元。

    A. 1.5　　　　　　B. 0.9　　　　　　C. 0.54　　　　　　D. 0.2

4. 运输业务应纳营业税为(　　)万元。

    A. 2.5　　　　　　B. 2　　　　　　C. 1.5　　　　　　D. 3

5. 该汽车制造厂当月共计缴纳的营业税为(　　)万元。

    A. 2.9　　　　　　B. 1.7　　　　　　C. 4　　　　　　D. 3

(三) 某企业为增值税一般纳税人，主要生产甲、乙两种产品，适用增值税税率为 17%，消费税税率为 8%，2004 年 3 月份有关会计资料如下：

(1) 销售甲产品 1000 件，每件不含税价格为 800 元，同时负责运输并收取运输费 1000 元。

(2) 将甲产品 50 件用于职工福利，已知其生产成本为每件 500 元。

(3) 购进一批原材料，取得的增值税专用发票上注明价款为 200 000 元，税款 34 000 元。

(4) 上述购进材料入库时发现短缺 10%，经查属于非正常损失。

(5) 委托 A 厂(增值税一般纳税人)加工一批乙产品，已知其原材料成本为 50 000 元，支付加工费 10 000 元，并取得增值税专业发票。A 厂无同类产品的对外售价。

根据上述资料回答下列问题：

1. 第一笔业务应计算的销项税额为(　　)元。

    A. 136 000　　　　B. 136 070.3　　　　C. 136 145.30　　　　D. 136 170

2. 将甲产品用于职工福利，其正确的处理方法为(　　)。

    A. 应计算不得抵扣的进项税额

    B. 其原材料所含的进项税额可以进行抵扣

    C. 应视同销售按其对外售价计算销项税额

    D. 应视同销售按组成计税价格计算销项税

3. 委托加工乙产品应由受托方代收代缴的消费税为(　　)元。

    A. 800　　　　　　B. 4000　　　　　　C. 4800　　　　　　D. 5217.39

4. 本月可以抵扣的进项税为(　　)元。

    A. 26 350　　　　B. 30 600　　　　C. 32 300　　　　D. 34 000

5. 本月应纳增值税税额为(　　)元。

    A. 103 700　　　　B. 103 870　　　　C. 108 926.82　　　　D. 110 645.3

(四) 2003 年 9 月某综合服务楼发生下列业务:

(1) 照相馆取得营业收入 50 000 元。

(2) 旅店凭卡到柜台统一办理住宿费结算,取得住宿收入 120 000 元。

(3) 精品屋是增值税一般纳税人,主要从事商品流通业务,经营商品有甲乙丙三种,其中乙适用增值税税率为 17%,丙属免税商品。销售甲商品取得销售收入 100 000 元,将乙商品 80 000 元捐赠给敬老院,销售丙商品取得收入 60 000 元;9 月份购进甲乙商品取得的增值税发票上注明的进项税额为 5500 元(以上收入均为不含税收入)。

(4) 饭店共有 5 个包间,包间均有卡拉 OK 设备,为客人提供餐饮、娱乐等服务,取得收入 15 000 元,餐饮娱乐未分别核算。

根据以上业务,回答以下问题:

1. 该照相馆取得的收入应纳营业税( )元。
   A. 1500　　　　　　B. 2500　　　　　　C. 2540　　　　　　D. 2526.42

2. 旅店住宿业务应纳营业税( )元。
   A. 6000　　　　　　B. 6132.08　　　　　C. 6200　　　　　　D. 5800

3. 精品屋应纳增值税( )元。
   A. 45 500　　　　　B. 55 923.07　　　　C. 35 300　　　　　D. 25 100

4. 饭店 9 月应纳营业税和增值税共计( )元。
   A. 1500　　　　　　B. 3000　　　　　　C. 33 600　　　　　D. 36 600

同步自测解析

一、单项选择题

1. 【解析】C　由教材可知,属于增值税条例第十条规定不得抵扣且未抵扣进项税额的固定资产,按照简易办法依 4% 征收率减半征收增值税。而小轿车属于应征消费税的消费品,购进时不得抵扣进项税额,因此销售时就按照 4% 的征收率减半征收增值税。

2. 【解析】C　A 属于饭店的兼营行为,对于门市部对外销售的货物应征收增值税。B 属于营业税纳税人发生的应征营业税的混合销售行为。C 属于生产性单位发生的混合销售行为,应征收增值税。D 属于营业税纳税人发生的混合销售行为,应征收营业税。

3. 【解析】C　纳税人销售自己使用过的摩托车,售价超过原值的,按 4% 的征收率减半征收增值税,售价低于原值,不纳税。

4. 【解析】C　当期准予抵扣的进项税额=买价×扣除率=90 000 元×13%=11 700(元)。

5. 【解析】D　农业生产者销售的自产农业产品,避孕药品和用具,古旧图书,直接用于科学研究、科学实验和教学的进口仪器、设备,外国政府、国际组织无偿援助的进口物资和设备,由残疾人组织直接进口供残疾人专用的物品,个人(不包括个体经营者)销售的自己使用过的物品均属于免征增值税的范围。题目中需要征收增值税的仅有向白酒经销商收取的品牌费。

6. 【解析】A　采取预收货款方式销售货物,为货物发出的当天。

7. 【解析】A　使用过的固定资产同时具备以下几条免征增值税:属于企业固定资产目录所列货物;企业按固定资产管理,并确定已使用过的货物;销售价格不超过其原值的货物。

该企业的该项销售行为符合免征增值税条件，所以应纳增值税为零。销售旧机床的售价小于固定资产的原值，所以应该属于免税的固定资产。因此，题目中所述的销售行为应缴纳的增值税为 0。

8. 【解析】C　纳税人的下列混合销售行为，应当分别核算货物的销售额和非增值税应税劳务的营业额，并根据其销售货物的销售额计算缴纳增值税，非增值税应税劳务的营业额不缴纳增值税：1.销售自产货物并同时提供建筑业劳务的行为；2.财政部、国家税务总局规定的其他情形。

9. 【解析】D　个体零售户属于商业性小规模纳税人，因此，应纳增值税为：80÷(1+3%)×3%=2.33(万元)。

10. 【解析】D　用于非增值税应税项目、免征增值税项目、集体福利或者个人消费的购进货物或者应税劳务，其进项税额不得从销项税额中抵扣，校办企业生产本校教具的外购材料即为这类情形。

11. 【解析】A　该商场 2 月份应缴纳的增值税：

当期销项税额=936÷1.17×17%=136(万元)

当期进项税额=600×17%+80×3%+6×13%-1×17%+105.01(万元)

当月应纳增值税=136-105.01=30.99(万元)

12. 【解析】D　考核"外购已税消费品税额扣除的问题"。扣除范围：(1)柴油、汽油、航空煤油、溶剂油、小汽车、高档手表、酒均不在扣除范围之内；(2)必须是同一税目消费品连续生产同一税目的消费品，所以"已税汽车轮胎"生产"汽车"不允许扣除；(3)珠宝玉石加工金银首饰、钻石首饰不得扣除。

13. 【解析】B　委托加工的应税消费品，按照受托方的同类消费品的销售价格计算纳税；没有同类消费品销售价格的，按照组成计税价格计算纳税。计算公式为：

组成计税价格=(材料成本+加工费)/(1-消费税税率)

14. 【解析】D　纳税人销售、出租不动产应当向不动产所在地的主管税务机关申报纳税。

15. 【解析】D　单位或个体经营者的下列行为，视同销售货物，征收增值税：委托他人代销货物；销售代销货物；设有两个以上机构并实行统一核算的纳税人，将货物从一个机构移送到其他机构用于销售，但相关机构在同一县(市)的除外；将自产或委托加工的货物用于非应税项目；将自产、委托加工或购买的货物作为投资，提供给其他单位或个体经营者；将自产、委托加工或购买的货物分配给股东或投资者；将自产、委托加工的货物用于集体福利或个人消费；将自产、委托加工或购买的货物无偿赠送他人。

16. 【解析】C　应纳税额=77.22÷(1+17%)×10%=6.60 万元。

17. 【解析】B　采取预收货款结算方式的，为发出应税消费品的当天；采取托收承付和委托银行收款方式的，为发出应税消费品并办妥托收手续的当天；纳税人进口应税消费品的，为报关进口的当天。

18. 【解析】B　现行消费税共设计 14 档税率(税额)，比例税率为 10 档，最低为 3%，最高为 45%；定额税率为 6 档，最低为每征税单位 0.1 元，最高为每征税单位 250 元。

19. 【解析】D　对以 1 天、3 天、5 天、10 天、15 天为一期的纳税人，于期满后 5 日内预缴税款，于次月 1 日起 10 日内申报纳税并结算上月底应纳税款。

20.【解析】C　广告代理，以代理者向委托方收取的全部价款和价外费用减去付给广告发布者的广告发布费后的余额为营业额。对广告公司因经营的需要，而再委托其他企业加工制作的费用支出不得扣除。除了广告发布费可扣除，其余支出均不得扣除，所以应纳营业税=(18-3+1)×5%=0.8(万元)。

21.【解析】A　应纳营业税额＝营业收入×适用税率=(20+10+5)×3%=1.05 万元。

22.【解析】C　旅游业务，以全部收费减去替旅游者付给其他单位的食宿、交通、门票和其他代付费用后的余额为营业额。

23.【解析】A　甲公司应缴纳的消费税为(110+100)÷(1-30%)×30%=90(万元)。

24.【解析】A　《营业法规定》，医院、诊所和其他医疗机构提供的医疗服务免征营业税，国务院现已规定，科研单位转让专利和非专利技术的所有权或使用权所得的收入；个人转让著作权的收入为免税项目。那么，四个选项中只有公园取得的门票收入征收营业税。

25.【解析】C　一项销售行为如果涉及货物又涉及非应税劳务，为混合销售行为。营业税是对在我国境内提供应税劳务、转让无形资产或销售不动产的单位和个人所取得的营业额征收的一种商品与劳务税。正确答案是 C。

26.【解析】C　具体而言，金融业(不含典当业)的纳税期限为一个季度，应自纳税期限之日起 10 日内申报纳税。保险业的纳税期限为 1 个月。

27.【解析】A　BCD 三项均没有更换营业单位，所以不属于差额纳税收入。

28.【解析】B　对一般贷款、典当、金融经纪业等中介服务，以取得的利息收入全额或手续费收入全额确定为营业额。对外汇、证券、期货等金融商品转让，以卖出价减去买入价后的差额为营业额。旅游业，以全部收费减去替旅游者付给其他单位的餐费、住宿费、交通费、门票和其他代付费用后的余额为营业额。广告代理业的营业额为代理者向委托方收取的全部价款和价外费用减去付给广告发布者的广告发布费后的余额。

29.【解析】B　107×5%=5.35(万元)，假设评估价为 130 万元，银行将多余的 5 万元返还该公司，则应纳营业税 130×5%=6.50 万元。

30.【解析】C　该运输公司应纳营业税为(100 000-40 000)×3%=1800 元。

31.【解析】C　(1) 纳税人自建房屋对外出售，分别按建筑业的销售不动产缴纳营业税建筑劳务应纳营业税：1000×(1+20%)÷(1-3%)×3%=37.11(万元)。销售不动产应纳营业税：2000×5%=100(万元)。

(2) 自 2003 年 1 月 1 日起，将不动产投资入股共担投资风险的，不征营业税；在投资期内转让其股权的也不征营业税。

(3) 将不动产抵押抵减利息，属于出租行为，按服务业缴纳营业税。

房产抵押抵减利息应纳营业税=50×5%=2.5(万元)。

(4) 甲企业应纳营业税=37.11+100+2.5=139.61(万元)。

二、多项选择题

1.【解析】ACDE　一般纳税人销售自产的下列货物，可选择按照简易办法依照 6%的征收率计算缴纳增值税：县级及县级以下小型水力发电单位生产的电力；建筑用和生产建筑材料所用的砂、土、石料；以自己采掘的砂、土、石料或其他矿物连续生产的砖、瓦、石灰(不含粘土实心砖、瓦)；用微生物、微生物代谢产物、动物毒素、人或动物的血液或组织制成的生物制品；自来水；商品混凝土(仅限于以水泥为原料生产的水泥混凝土)。而发电部门供应的电力按17%的税率征税。

2. 【解析】ABCD　准予从销项税额中抵扣的进项税额有：增值税专用发票上注明的增值税额；海关完税凭证上注明的增值税额；收购免税农产品计算的增值税额；购进或者销售货物以及在生产经营过程中支付运输费用的，按照运输费用结算单据上注明的运输费用金额和7%的扣除率计算的进项税额；混合销售行为和兼营的非应税劳务，按规定应征收增值税的，该混合销售行为所涉及的非应税劳务和兼营的非应税劳务所用购进货物的进项税额，符合规定的，准予从销项税额中抵扣。

3. 【解析】AE　价外费用是指价外向购买方收取的手续费、补贴、基金、集资费、返还利润、奖励费、违约金(延期付款利息)、包装费、包装物租金、储备费、优质费、运输装卸费、代收款项、代垫款项及其他各种性质的价外收费。但不包括：向购买方收取的销项税额；受托加工应征消费税的消费品所代收代缴的消费税；同时符合下列条件的代垫运费：承运部门的运费发票开具给购货方的、纳税人将该项发票转交给购货方的。

4. 【解析】ABDE　纳税人以委托加工收回的下列11种应税消费品连续生产应税消费品，在计征消费税时准予从应纳消费税税额中扣除原料已纳消费税税额：以委托加工收回的已税烟丝为原料生产的卷烟；以委托加工收回的已税化妆品为原料生产的化妆品；以委托加工收回的已税珠宝玉石为原料生产的贵重首饰及珠宝玉石；以委托加工收回的已税鞭炮、焰火为原料生产的鞭炮、焰火；以委托加工收回的已税汽车轮胎连续生产的汽车轮胎；以委托加工收回的已税摩托车连续生产的摩托车；以委托加工收回的已税石油为原料生产的应税消费品；以委托加工收回的已税润滑油为原料生产的润滑油；以委托加工收回的已税杆头、杆身和握把为原料生产的高尔夫球杆；以委托加工收回的已税木制一次性筷子为原料生产的木制一次性筷子；以委托加工收回的已税实木地板为原料生产的实木地板。

5. 【解析】BCE　消费税的征税范围包括烟、酒及酒精、化妆品、贵重首饰和珠宝玉石、鞭炮、焰火、成品油、汽车轮胎、摩托车、小汽车、高尔夫球及球具、高档手表、游艇、木制一次性筷子和实木地板。

6. 【解析】ACDE　纳税人采取预收货款结算方式的，其纳税义务的发生时间，为发出应税消费品的当天。

7. 【解析】AE　对一般贷款、典当、金融经纪业等中介服务，以取得的利息收入全额或手续费收入全额确认为营业额；运输企业自中华人民共和国境内运输旅客或者货物出境，在境外改由其他运输企业运输的，以全程运费减去付给转运企业的运费后的余额为营业额；对于纳税人从事建筑、修缮、装饰工程作业，无论与对方如何结算(如包工包料，包工不包料)，其营业额应包括工程所用原材料及其他物资和动力的价款在内；广告代理业的营业额为代理者向委托方收取的全部价款和价外费用减去付给广告发布者的广告费后的余额。

8. 【解析】BCDE　转让土地使用权，采取预收款方式的，为收到预收款的当天。

9. 【解析】CE　ABD三项收入在《中华人民共和国营业税暂行条例》附件《营业税税目税率表》中均有明确记载。

10. 【解析】AD　营业税的征收范围强调提供应税劳务、转让无形资产或销售不动产是在中华人民共和国境内发生的。

11. 【解析】ABCE　营业税实行分行业比例税率，主要有3%、5%、20%三个档次。娱乐业的营业额为经营娱乐业向顾客收取的各项费用，包括门票收入、台位费、点歌费、饮酒和饮料费及经营娱乐业向顾客收取的各项费用。营业税的税率采用比例税率依税目设置，一目一率，分为 3%、5%、8%、5%~20%四档 9 种。具体税目税率如下：(1)交通运输业税率为 3%；(2)建筑业税率为 3%；(3)金融保险业税率为 8%；(4)邮政通信业税率为 3%；(5)文化体育业税率为 3%；(6)娱乐业税率为 20%；(7)服务业税率为 5%；(8)转让无形资产税率为 5%；(9)销售不动产税率为 5%。

三、案例分析题

(一) 1. ABD   2. B   3. C   4. C   5. B

【解析】

1. A 属于购进免税农产品，其进项税可以抵扣；B 属于购进货物支付的运输费，可以按照发票注明的运输费金额抵扣进项税；C 属于用于非应税项目的购进货物，其进项税不得抵扣；D 属于非正常损失的购进货物，其进项税不得抵扣，4 月份已经抵扣的，要在 5 月份转出。

2. 销售使用过的固定资产售价低于原值免税，售价高于原值按 4%税率减半征收，应纳税额=[20 800/(1+4%)]×4%×50%=400 元。

3. 第(2)笔业务：销项税额=585 000/(1+17%)×17%=85 000。

第(3)笔业务：由于生产加工的产品，没有同类产品市场价格，所以要按照组成计税价格计算。

组成计税价格=450×380×(1+10%)=188 100。

销项税额=188 100×17%=31 977 元。

第(5)笔业务：逾期押金应并入销售额，但要换算。

销项税额=12 870/(1+17%)×17%=1870 元。

销项税额合计=85 000+31 977+1870=118 847 元。

4. 第(1)笔业务：从农业生产者手中收购玉米属于购进免税农产品，按收购价的 13%抵扣进项税额。

进项税=120 000×13%=15 600 元。

第(2)笔业务：支付给运输单位的购进运输费用 22 500 元，取得普通发票，其进项税可以按 7%抵扣。用于本企业集体福利的购进货物，其进项税不得抵扣。

准予抵扣的进项税=(76 500+22 500×7%)×80%=62 460 元。

第(3)笔业务：购进被盗的原材料，其已经抵扣的进项税额应该转出。

转出的材料的进项税额=50 000×17%=8500 元。

本笔业务进项税额合计=27 200-8500=18 700 元。

本月进项税额合计=15 600+62 460+18 700=96 760 元。

5. 本月应纳增值税税额为：11 8847-96 760+400(销售旧固定资产)=22 487 元。

(二) 1. A   2. B   3. A   4. C   5. D

【解析】

1. 7000×17%-500=690 万元。

2. 7000×8%=560 万元。

3. 30×5%=1.5 万元。

4. 50×3%=1.5 万元。

5. 1.5+1.5=3 万元。

(三) 1. C   2. D   3. D   4. C   5. C

【解析】

1. 销售货物同时负责运输属于混合销售行为，都视为销售货物，取得的货款和运输费一并作为货物销售额，按照17%的税率征收增值税，且运输费应视为含税销售额。

销售税额＝800×1000×17%＋1000/(1＋17%)×17%＝136 145.3 元。

2. 将自产、委托加工的产品用于职工集体福利，应视同销售，按照组成计税价格计算增值税。

3. 组成计税价格＝(50 000＋10 000)÷(1－8%)＝65 217.39 元。

应纳税额＝65 217.39×8%＝5 217.39 元。

4. 34 000－200 000×10%×17%＋10 000×17%＝32 300 元。

5. 136 145.30＋50×500×(1＋10%)/(1－8%)×17%－32 300＝108 926.82 元。

(四) 1. B   2. A   3. D   4. B

【解析】

1. 照相馆的营业收入按照"服务业"征税；适用5%的营业税税率。

营业税＝50 000×5%＝2500 元。

2. 旅店取得的住宿收入也属于"服务业"范围，所以营业税＝120 000×5%＝6000 元。

3. 销项税包括如下两部分。

销售甲产品的销项税：100 000×17%＝17 000 元。

捐赠乙产品要视同销售：80 000×17%＝13 600 元。

进项税＝5500 元。

应交增值税＝17 000＋13 600－5500＝25 100 元。

4. 饭店应纳增值税为0，应纳营业税要按娱乐业征税(因为服务业收入和娱乐业收入没有分开核算，要从高适用税率)。

应纳营业税＝15 000×20%＝3000 元。

第五章　所得税制度

 大纲解读

本章考试目的在于考查应试人员是否掌握企业所得税和个人所得税的相关规定。从近三年考题情况来看，本章主要考查企业所得税和个人所得税征税对象、税率、计税依据等，平均分值是 6 分。具体考试内容如下。

1. 企业所得税

概述、纳税人、征税对象、税率、计税依据、税前扣除、资产的税务处理、应纳税额的计算、税收优惠、源泉扣缴、特别纳税调整、征收管理。

2. 个人所得税

概述、纳税人、征税对象、税率、计税依据、应纳税额的计算、税收优惠、征收管理。

 **考点精讲**

第一节　企业所得税

考点一　概述

企业所得税是指国家对境内企业的生产和其他取得收入的组织的生产、经营所得和其他所得依法征收的一种税。

考点二　纳税人

（一）基本界定

在中华人民共和国境内，企业和其他取得收入的组织，包括依照中国法律、行政法规在中国境内成立的企业、事业单位、社会团体以及其他取得收入的组织(以下统称企业)，为企业所得税的纳税人。

企业所得税的纳税人，不包括依照中国法律、行政法规成立的个人独资企业、合伙企业。

企业分为居民企业和非居民企业。

（二）居民企业

居民企业，是指依法在中国境内成立，或者依照外国(地区)法律成立但实际管理机构在中国境内的企业。

(三) 非居民企业

非居民企业,是指依照外国(地区)法律成立且实际管理机构不在中国境内,但在中国境内设立机构、场所的,或者在中国境内未设立机构、场所,但有来源于中国境内所得的企业。

考点三 征税对象

(1) 销售货物所得,按照交易活动发生地确定。

(2) 提供劳务所得,按照劳务发生地确定。

(3) 转让财产所得,不动产转让所得按照不动产所在地确定;动产转让所得按照转让动产的企业或者机构、场所所在地确定,权益性投资资产转让所得按照被投资企业所在地确定。

(4) 股息、红利等权益性投资所得,按照分配所得的企业所在地确定。

(5) 利息所得、租金所得、特许权使用费所得,按照负担、支付所得的企业或者机构、场所所在地确定,或者按照负担、支付所得的个人的住所地确定。

(6) 其他所得,由国务院财政、税务主管部门确定。

考点四 税率

(一) 法定税率

居民企业适用的企业所得税的法定税率为 25%。

(二) 优惠税率

(1) 符合规定条件的小型微利企业:20%,注意小型微利企业的判断标准。

【例5-1】 某企业(非高新技术企业)2008 年应纳税所得额为 50 万元,企业当年从业人数 50 人,资产总额 800 万元,不考虑其他因素,则企业 2008 年适用的企业所得税税率为(   )。(2009 年单选题)

 A. 18%   B. 20%   C. 25%   D. 27%

【解析】C 符合条件的小型微利企业,减按 20% 的税率征收企业所得税。符合条件的小型微利企业,是指从事国家非限制和禁止行业,并符合下列条件的企业:(1)工业企业,年度应纳税所得额不超过 30 万元,从业人数不超过 100 人,资产总额不超过 3000 万元;(2)其他企业,年度应纳税所得额不超过 30 万元,从业人数不超过 80 人,资产总额不超过 1000万元。此企业应纳税所得额为 50 万元,超过 30 万,不属于小型微利企业,所以为法定税率 25%。

(2) 高新技术企业优惠税率:15%。

(3) 西部地区鼓励类产业企业优惠税率:15%。

(4) 非居民企业优惠税率:10%。

考点五 计税依据

(一) 应纳税所得额的计算原则

企业所得税的计税依据为应纳税所得额。企业应纳税所得额的计算，应遵循以下原则：
(1) 权责发生制为原则。
(2) 税法优先原则。

(二) 应纳税所得额的计算公式

应纳税所得额=收入总额-不征税收入-免税收入-各项扣除-允许弥补的以前年度亏损

(三) 亏损弥补

企业纳税年度发生的亏损，准予向以后年度结转，用以后年度的所得弥补，但结转年限最长不得超过5年。

(四) 清算所得的计算

清算所得=全部资产可变现价值或交易价格-资产的计税基础-清算费用-相关税费+
债务清偿损益等

(五) 非居民企业应纳税所得额的计算

(1) 股息、红利等权益性投资收益和利息、租金、特许权使用费所得，以收入全额为应纳税所得额。
(2) 转让财产所得，以收入全额减除财产净值后的余额为应纳税所得额。
(3) 其他所得，参照前两项规定的方法计算应纳税所得额。

考点六 收入确认

(一) 收入总额

企业以货币形式和非货币形式从各种来源取得的收入，为收入总额。具体包括：
(1) 销售货物收入；
(2) 提供劳务收入；
(3) 转让财产收入；
(4) 股息、红利等权益性投资收益；
(5) 利息收入；
(6) 租金收入；
(7) 特许权使用费收入；
(8) 接受捐赠收入；
(9) 其他收入。

(二) 不征税收入

收入总额中的下列收入为不征税收入:

(1) 财政拨款。

(2) 依法收取并纳入财政管理的行政事业性收费。

(3) 依法收取并纳入财政管理的政府性基金。

(4) 国务院规定的专项用途财政性资金。

(5) 国务院规定的其他不征税收入。

(三) 免税收入

企业的下列收入为免税收入:

(1) 国债利息收入。

(2) 符合条件的居民企业之间的股息、红利等权益性投资收益。

(3) 在中国境内设立机构、场所的非居民企业从居民企业取得与该机构、场所有实际联系的股息、红利等权益性投资收益。

(4) 符合条件的非营利组织的收入。

【例5-2】企业收入总额中属于不征税收入的是( )。(2008年单选题)

A. 国债利息收入　　　B. 技术转让收入　　　C. 股息、红利收入　　　D. 财政拨款

【解析】D　收入总额不征税的收入有:财政拨款、依法收取并纳入财政管理的行政事业性收费、依法收取并纳入财政管理的政府性基金以及国务院规定的其他不征税收入。

考点七　企业所得税的税前扣除

(一) 税前扣除的基本原则

(1) 相关性和合理性原则。

(2) 区分收益性支出和资本性支出原则。

(3) 不征税收入形成支出不得扣除原则。

(4) 不得重复扣除原则。

(二) 准予税前扣除的项目

(1) 工资、薪金

(2) 补充保险。

(3) 利息。

(4) 职工福利费。企业发生的职工福利费支出,不超过工资薪金总额14%的部分,准予扣除。

(5) 工会经费。企业拨缴的工会经费,不超过工资薪金总额2%的部分,准予扣除。

(6) 职工教育经费。企业发生的职工教育经费支出,不超过工资薪金总额2.5%的部分,准予扣除;超过部分,准予在以后纳税年度结转扣除。

(7) 业务招待费。企业发生的与生产经营活动有关的业务招待费支出,按照发生额的60%

扣除，但最高不得超过当年销售(营业)收入的 5‰。

(8) 广告费和业务宣传费。企业发生的符合条件的广告费和业务宣传费支出，不超过当年销售(营业)收入 15%的部分，准予扣除；超过部分，准予在以后纳税年度结转扣除。

(9) 环境保护、生态恢复等方面的专项资金。

(10) 非居民企业境内机构、场所分摊境外总机构费用。

(11) 公益性捐赠支出。企业发生的公益性捐赠支出，不超过年度会计利润总额 12%的部分，准予扣除。

(三) 禁止税前扣除的项目

(1) 向投资者支付的股息、红利等权益性投资收益款项。

(2) 企业所得税税款。

(3) 税收滞纳金。

(4) 罚金、罚款和被没收财物的损失。

(5) 公益性捐赠支出超过企业年度会计利润总额 12%的部分以及非公益性捐赠支出。

(6) 赞助支出。

(7) 未经核定的准备金支出。

(8) 除企业依照国家有关规定为特殊工种职工支付的人身安全保险费和国务院财政、税务主管部门规定可以扣除的其他商业保险费外，企业为投资者或者职工支付的商业保险费。

(9) 企业依照法律、行政法规有关规定提取的用于环境保护、生态恢复等方面的专项资金，提取后改变用途的。

(10) 企业之间支付的管理费、企业内营业机构之间支付的租金和特许权使用费，以及非银行企业内营业机构之间支付的利息。

(11) 企业对外投资期间持有的投资资产成本。

(12) 企业与其关联方分摊成本时违反税法规定自行分摊的成本。

(13) 企业从其关联方接受的债权性投资与权益性投资的比例超过规定标准而发生的利息支出。

(14) 企业按特别纳税调整规定针对补缴税款向税务机关支付的利息。

(15) 企业的不征税收入用于支出所形成的费用。

(16) 烟草企业的烟草广告费和业务宣传费支出。

(17) 与取得收入无关的其他支出。

(18) 国务院财政、税务主管部门规定不得扣除的其他项目。

考点八　资产的税务处理

(一) 资产税务处理的基本原则

企业的各项资产，包括固定资产、生物资产、无形资产、长期待摊费用、投资资产、存货等，以历史成本为计税基础。

企业持有各项资产期间资产增值或者减值，不得调整该资产的计税基础。

(二) 固定资产的税务处理

1. 固定资产的计税基础

(1) 外购的固定资产，以购买价款和支付的相关税费以及直接归属于使该资产达到预定用途发生的其他支出为计税基础。

(2) 自行建造的固定资产，以竣工结算前发生的支出为计税基础。

(3) 融资租入的固定资产，以租赁合同约定的付款总额和承租人在签订租赁合同过程中发生的相关费用为计税基础，租赁合同未约定付款总额的，以该资产的公允价值和承租人在签订租赁合同过程中发生的相关费用为计税基础。

(4) 盘盈的固定资产，以同类固定资产的重置完全价值为计税基础。

(5) 通过捐赠、投资、非货币性资产交换、债务重组等方式取得的固定资产，以该资产的公允价值和支付的相关税费为计税基础。

(6) 改建的固定资产，除已足额提取折旧的固定资产和租入的固定资产外，以改建过程中发生的改建支出增加计税基础。

2. 不得计算折旧扣除的固定资产

(1) 房屋、建筑物以外未投入使用的固定资产。

(2) 以经营租赁方式租入的固定资产。

(3) 以融资租赁方式租出的固定资产。

(4) 已足额提取折旧仍继续使用的固定资产。

(5) 与经营活动无关的固定资产。

(6) 单独估价作为固定资产入账的土地。

(7) 其他不得计算折旧扣除的固定资产。

3. 固定资产的折旧方法

固定资产按照直线法计算的折旧，准予扣除。企业应当自固定资产投入使用月份的次月起计算折旧；停止使用的固定资产，应当自停止使用月份的次月起停止计算折旧。

4. 固定资产的折旧年限

固定资产计算折旧的最低年限如下：

(1) 房屋、建筑物为 20 年；

(2) 飞机、火车、轮船、机器、机械和其他生产设备为 10 年；

(3) 与生产经营活动有关的器具、工具、家具等为 5 年；

(4) 飞机、火车、轮船以外的运输工具为 4 年；

(5) 电子设备为 3 年。

5. 其他折旧方法

从事开采石油、天然气等矿产资源的企业，在开始商业性生产前发生的费用和有关固定资产的折耗、折旧方法，由国务院财政、税务主管部门另行规定。

【例 5-3】 下列关于固定资产税务处理的表述中，正确的有(　　)。(2010 年多选题)

A. 停止使用的固定资产，应当从停止使用月份的次月起停止计提折旧

B. 未使用的房屋不得计提折旧

C. 以经营租赁方式租入的固定资产，承租方可以计提折旧

D. 以融资租赁方式租出的固定资产，出租方不再计提折旧

E. 季节性停用的机器设备不再计提折旧

【解析】AD 企业应当自固定资产投入使用月份的次月起计算折旧；停止使用的固定资产，应当自停止使用月份的次月起停止计算折旧，A 选项正确；房屋建筑物以外的未投入使用的固定资产不计提折旧，B 选项错误；以经营租赁方式租入的固定资产，出租方计提折旧，C 选项错误；以融资租赁方式租出的固定资产，承租方计提折旧，出租方不再计提折旧，D 选项正确；季节性停用的机器设备计提折旧，E 选项错误。

(三) 生产性生物资产的税务处理

生产性生物资产，是指企业为生产农产品、提供劳务或者出租等而持有的生物资产，包括经济林、薪炭林、产畜和役畜等。

(1) 生产性生物资产的计税基础，按照以下方法确定：①外购的生产性生物资产，以购买价款和支付的相关税费为计税基础；②通过捐赠、投资、非货币性资产交换、债务重组等方式取得的生产性生物资产，以该资产的公允价值和支付的相关税费为计税基础。

(2) 生产性生物资产的折旧方法。生产性生物资产按照直线法计算的折旧，准予扣除。企业应当自生产性生物资产投入使用月份的次月起计算折旧；停止使用的生产性生物资产，应当自停止使用月份的次月起停止计算折旧。

(3) 生产性生物资产的折旧年限。生产性生物资产计算折旧的最低年限如下：①林木类生产性生物资产为 10 年；②畜类生产性生物资产为 3 年。

(四) 无形资产的税务处理

(1) 无形资产的计税基础，按照以下方法确定：①外购的无形资产，以购买价款和支付的相关税费以及直接归属于使该资产达到预定用途发生的其他支出为计税基础；②自行开发的无形资产，以开发过程中该资产符合资本化条件后至达到预定用途前发生的支出为计税基础；③通过捐赠、投资、非货币性资产交换、债务重组等方式取得的无形资产，以该资产的公允价值和支付的相关税费为计税基础。

(2) 不得计算摊销费用扣除的无形资产，包括：①自行开发的支出已在计算应纳税所得额时扣除的无形资产；②自创商誉；③与经营活动无关的无形资产；其他不得计算摊销费用扣除的无形资产。

(3) 无形资产的摊销。无形资产按照直线法计算的摊销费用，准予扣除。无形资产的摊销年限不得低于 10 年。作为投资或者受让的无形资产，有关法律规定或者合同约定了使用年限的，可以按照规定或者约定的使用年限分期摊销。外购商誉的支出，在企业整体转让或者清算时，准予扣除。

(五) 其他资产的税务处理

1. 长期待摊费用的税务处理

长期待摊费用，自支出发生月份的次月起，分期摊销，其中：(1)已足额提取折旧的固定资产的改建支出，按照固定资产预计尚可使用年限分期摊销；(2)租入固定资产的改建支出，

按照合同约定的剩余租赁期限分期摊销；(3)固定资产的大修理支出，按照固定资产尚可使用年限分期摊销；(4)其他应当作为长期待摊费用的支出，摊销年限不得低于 3 年。

2. 投资资产的税务处理

投资资产按照以下方法确定成本：(1)通过支付现金方式取得的投资资产，以购买价款为成本；(2)通过支付现金以外的方式取得的投资资产，以该资产的公允价值和支付的相关税费为成本。

企业对外投资期间，投资资产的成本在计算应纳税所得额时不得扣除。企业在转让或者处置投资资产时，投资资产的成本，准予扣除。

3. 存货的税务处理

存货按照以下方法确定成本：(1)通过支付现金方式取得的存货，以购买价款和支付的相关税费为成本；(2)通过支付现金以外的方式取得的存货，以该存货的公允价值和支付的相关税费为成本；(3)生产性生物资产收获的农产品，以产出或者采收过程中发生的材料费、人工费和分摊的间接费用等必要支出为成本。

企业使用或者销售存货，按照规定计算的存货成本，准予在计算应纳税所得额时扣除。企业使用或者销售的存货的成本计算方法，可以在先进先出法、加权平均法、个别计价法中选用一种。计价方法一经选用，不得随意变更。

(六) 企业重组的税务处理

企业重组的税务处理。企业在重组过程中，应当在交易发生时确认有关资产的转让所得或者损失，相关资产应当按照交易价格重新确定计税基础。

考点九　应纳税额的计算

(一) 应纳税额的计算公式

$$应纳税额=应纳税所得额×适用税率-减免税额-抵免税额$$

(二) 境外所得已纳税额的抵免

1. 直接抵免

企业取得的下列所得已在境外缴纳的所得税税额，可以从其当期应纳税额中抵免，抵免限额为该项所得依照《企业所得税法》规定计算的应纳税额；超过抵免限额的部分，可以在以后 5 个年度内，用每年度抵免限额抵免当年应抵税额后的余额进行抵补：

(1) 居民企业来源于中国境外的应税所得；

(2) 非居民企业在中国境内设立机构、场所，取得发生在中国境外但与该机构、场所有实际联系的应税所得。

抵免限额=中国境内、境外所得依照《企业所得税法》及其实施条例的规定计算的应纳税总额×来源于某国(地区)的应纳税所得额÷中国境内、境外应纳税所得总额

2. 间接抵免

居民企业从其直接或者间接控制的外国企业分得的来源于中国境外的股息、红利等权益

性投资收益，外国企业在境外实际缴纳的所得税税额中属于该项所得负担的部分，可以作为该居民企业的可抵免境外所得税税额，在税法规定的抵免限额内抵免。

考点十　税收优惠

（一）项目所得减免税

企业的下列所得，可以免征、减征企业所得税：

(1) 企业从事税法规定的农作物、中药材和林木种植、农作物新品种选育、牲畜、家禽的饲养、林产品的采集、远洋捕捞以及农、林、牧、渔服务业项目的所得，免征企业所得税；企业从事税法规定花卉、茶以及其他饮料作物和香料作物种植、海水和内陆养殖项目的所得，减半征收企业所得税。

(2) 企业从事国家重点扶持的公共基础设施项目投资经营的所得，自项目取得第一笔生产经营收入所属纳税年度起，第 1 年至第 3 年免征企业所得税，第 4 年至第 6 年减半征收企业所得税。

(3) 企业从事符合条件的环境保护、节能节水项目的所得，自项目取得第一笔生产经营收入所属纳税年度起，第 1 年至第 3 年免征企业所得税，第 4 年至第 6 年减半征收企业所得税。

(4) 一个纳税年度内，居民企业技术转让所得不超过 500 万元的部分，免征企业所得税；超过 500 万元的部分，减半征收企业所得税。

(5) 外国政府向中国政府提供贷款取得的利息所得，国际金融组织向中国政府和居民企业提供优惠贷款取得的利息所得，免征企业所得税。

（二）民族自治地方减免税

民族自治地方的自治机关对本民族自治地方的企业应缴纳的企业所得税中属于地方分享的部分，可以决定减征或者免征。

（三）加计扣除

(1) 企业为开发新技术、新产品、新工艺发生的研究开发费用，未形成无形资产计入当期损益的，在按照规定据实扣除的基础上，按照研究开发费用的 50% 加计扣除；形成无形资产的，按照无形资产成本的 150% 摊销。

(2) 企业安置《中华人民共和国残疾人保障法》规定的残疾人员的，在按照支付给残疾职工工资据实扣除的基础上，按照支付给残疾职工工资的 100% 加计扣除。

（四）创业投资企业投资抵免

创业投资企业采取股权投资方式投资于未上市的中小高新技术企业 2 年以上的，可以按照其投资额的 70% 在股权持有满 2 年的当年抵扣该创业投资企业的应纳税所得额；当年不足抵扣的，可以在以后纳税年度结转抵扣。

（五）加速折旧

企业的固定资产由于技术进步或处于强震动、高腐蚀状态的，确需加速折旧的，可以缩短折旧年限或者采取加速折旧的方法。采取缩短折旧年限方法的，最低折旧年限不得低于税法规定最低折旧年限的60%；采取加速折旧方法的，可以采取双倍余额递减法或者年数总和法。

(六) 减计收入

企业综合利用资源，生产符合国家产业政策规定的产品所取得的收入，可以在计算应纳税所得额时，减按90%计入收入总额。

(七) 专用设备投资抵免

企业购置并实际使用税法规定的环境保护、节能节水、安全生产等专用设备的，该专用设备的投资额的10%可以从企业当年的应纳税额中抵免；当年不足抵免的，可以在以后5个纳税年度结转抵免。

【例5-4】某商贸企业，2008年实现的产品销售收入为1800万元，支付合理的工资薪金总额200万元(含残疾职工工资50万元)，业务招待费80万元，职工福利费60万元，职工教育经费30万元，利润总额为200万元。另外，企业当年购置环境保护专用设备支出600万元，购置完毕即投入使用。企业所得税税率为25%。(2009年案例分析题)

1. 该企业2008年度允许税前扣除的工资薪金为(　　)万元。

　　A. 150　　　　　　B. 200　　　　　　C. 250　　　　　　D. 300

【解析】C　支付给残疾职工的工资100%可以加计扣除，即该企业2008年度允许税前扣除的工资薪金为200+50=250万元。

2. 该企业2008年度不允许税前扣除的业务招待费为(　　)万元。

　　A. 9　　　　　　　B. 32　　　　　　　C. 48　　　　　　　D. 71

【解析】D　业务招待费的60%为80×60%=48万元，销售收入的5‰为1800×0.5%=9万元。此处可以扣除9万元。不允许扣除的是80-9=71万元。

3. 该企业2008年度允许税前扣除的职工福利费为(　　)万元。

　　A. 28　　　　　　　B. 32　　　　　　　C. 35　　　　　　　D. 60

【解析】A　200×14%=28万，而实际发生的职工福利费60万元，此处可以扣除28万元。

4. 该企业2008年度允许税前扣除的职工教育经费为(　　)万元。

　　A. 30　　　　　　　B. 5　　　　　　　C. 4　　　　　　　D. 3

【解析】B　200×2.5%=5万，实际发生的为30万，所以此处可以扣除5万。剩下的以后年度结转扣除。

5. 税法规定，企业购置并实际使用环境保护专用设备，可以按设备投资额的一定比例抵免企业当年的应纳税额，则该企业可以抵免的应纳税额为(　　)万元。

　　A. 600　　　　　　B. 240　　　　　　C. 60　　　　　　D. 30

【解析】C　企业购置并实际使用环境保护专用设备，可以按设备投资额的10%抵免企业当年的应纳税额，所以是600×10%=60万元。

6. 该企业2008年度应纳税所得额为(　　)万元。

　　A. 200　　　　　　B. 257　　　　　　C. 271　　　　　　D. 278

【解析】D　200-50+71+(60-28)+(30-5)=278万元。

7. 该企业 2008 年度应纳企业所得税为( )万元。

  A. 9.5   B. 39.25   C. 42.75   D. 44.5

【解析】A 应纳税额=278×25%-60=9.5 万元。

考点十一 源泉扣缴

(一) 法定扣缴

非居民企业在中国境内未设立机构、场所的，或者虽设立机构、场所但取得的所得与其所设机构、场所没有实际联系的，应当就其来源于中国境内的所得应缴纳的企业所得税实行源泉扣缴，以支付人为扣缴义务人，以支付人所在地为纳税地点。税款由扣缴义务人在每次支付或者到期应支付时，从支付或者到期应支付的款项中扣缴。

(二) 指定扣缴

对非居民企业在中国境内取得工程作业和劳务所得应缴纳的所得税，税务机关可以指定工程价款或者劳务费的支付人为扣缴义务人。

(三) 特定扣缴

依照税法规定应当扣缴的所得税，扣缴义务人未依法扣缴或者无法履行扣缴义务的，由纳税人在所得发生地缴纳。纳税人未依法缴纳的，税务机关可以从该纳税人在中国境内其他收入项目的支付人应付的款项中，追缴该纳税人的应纳税款。

(四) 扣缴申报

扣缴义务人每次代扣的税款，应当自代扣之日起 7 日内缴入国库，并向所在地的税务机关报送扣缴企业所得税报告表。

考点十二 特别纳税调整

(一) 转让定价调整

企业与其关联方之间的业务往来，不符合独立交易原则而减少企业或者其关联方应纳税收入或者所得额的，税务机关有权按照合理方法调整。

独立交易原则，是指没有关联关系的交易各方，按照公平成交价格和营业常规进行业务往来遵循的原则。

合理方法，包括：(1)可比非受控价格法；(2)再销售价格法；(3)成本加成法；(4)交易净利润法；(5)利润分割法；(6)其他符合独立交易原则的方法。

【例5-5】企业与其关联方之间的业务往来,不符合独立交易原则而减少企业或者其关联方应纳税收入或者所得额的,税务机关有权按照合理方法调整。所谓合理方法,包括(　　)。(2008年多选题)

A. 自行定价法　　　　B. 再销售价格法　　　　C. 成本加成法

D. 交易净利润法　　　E. 利润分割法

【解析】BCDE　合理方法包括: (1)可比非受控价格法; (2)再销售价格法; (3)成本加成法; (4)交易净利润法; (5)利润分割法; (6)其他符合独立交易原则的方法。

(二) 成本分摊协议

企业与其关联方共同开发、受让无形资产,或者共同提供、接受劳务发生的成本,在计算应纳税所得额时应当按照独立交易原则进行分摊。

企业可以按照独立交易原则与其关联方分摊共同发生的成本,达成成本分摊协议。企业与其关联方分摊成本时,应当按照成本与预期收益相配比的原则进行分摊,并在税务机关规定的期限内,按照税务机关的要求报送有关资料。

(三) 预约定价安排

预约定价安排,是指企业就其未来年度关联交易的定价原则和计算方法,向税务机关提出申请,与税务机关按照独立交易原则协商、确认后达成的协议。

企业可以向税务机关提出与其关联方之间业务往来的定价原则和计算方法,税务机关与企业协商、确认后,达成预约定价安排。

(四) 提供相关资料

企业向税务机关报送年度企业所得税纳税申报表时,应当就其与关联方之间的业务往来,附送年度关联业务往来报告表。税务机关在进行关联业务调查时,企业及其关联方,以及与关联业务调查有关的其他企业,应当按照规定提供相关资料。

(五) 核定应纳税所得额

企业不提供与其关联方之间业务往来资料,或者提供虚假、不完整资料,未能真实反映其关联业务往来情况的,税务机关有权依法核定其应纳税所得额。

税务机关依法核定企业的应纳税所得额时,可以采用下列方法: (1)参照同类或者类似企业的利润率水平核定; (2)按照企业成本加合理的费用和利润的方法核定; (3)按照关联企业集团整体利润的合理比例核定; (4)按照其他合理方法核定。

(六) 受控外国企业规则

由居民企业,或者由居民企业和中国居民控制的设立在实际税负低于12.5%税率水平的国家(地区)的企业,并非由于合理的经营需要而对利润不作分配或者减少分配的,上述利润中应归属于该居民企业的部分,应当计入该居民企业的当期收入。

(七) 防范资本弱化规定

企业从其关联方接受的债权性投资与权益性投资的比例超过以下规定比例而发生的利息支出，不得在计算应纳税所得额时扣除：(1)金融企业，为 5∶1；(2)其他企业，为 2∶1。

(八) 一般反避税规则

企业实施其他不具有合理商业目的的安排而减少其应纳税收入或者所得额的，税务机关有权按照合理方法调整。

(九) 加收利息

对企业作出特别纳税调整的，应当对补征的税款，自税款所属纳税年度的次年 6 月 1 日起至补缴税款之日止的期间，按日加收利息。加收的利息，不得在计算应纳税所得额时扣除。加收的利息，应当按照税款所属纳税年度中国人民银行公布的与补税期间同期的人民币贷款基准利率加 5 个百分点计算。

(十) 追溯调整

企业与其关联方之间的业务往来，不符合独立交易原则，或者企业实施其他不具有合理商业目的安排的，税务机关有权在该业务发生的纳税年度起 10 年内，进行纳税调整。

考点十三　征收管理

(一) 一般规定

1. 纳税地点

居民企业以企业登记注册地为纳税地点；但登记注册地在境外的，以实际管理机构所在地为纳税地点。

非居民企业在中国境内设立机构、场所的，应当就其所设机构、场所取得的来源于中国境内的所得，以及发生在中国境外但与其所设机构、场所有实际联系的所得，以机构、场所所在地为纳税地点。非居民企业在中国境内设立两个或者两个以上机构、场所的，经税务机关审核批准，可以选择由其主要机构、场所汇总缴纳企业所得税。

2. 纳税方式

居民企业在中国境内设立不具有法人资格的营业机构的，应当汇总计算并缴纳企业所得税。企业之间不得合并缴纳企业所得税。

3. 纳税年度

企业所得税按纳税年度计算。纳税年度自公历 1 月 1 日起至 12 月 31 日止。

企业在一个纳税年度中间开业，或者终止经营活动，使该纳税年度的实际经营期不足 12 个月的，应当以其实际经营期为一个纳税年度。

企业依法清算时，应当以清算期间作为一个纳税年度。

4. 预缴申报

企业所得税分月或者分季预缴。

企业无论盈利或者亏损,都应当自月份或者季度终了之日起 15 日内,向税务机关报送预缴企业所得税纳税申报表,预缴税款。

5. 汇算清缴

企业在纳税年度内无论盈利或者亏损,都应当自年度终了之日起 5 个月内,向税务机关报送年度企业所得税纳税申报表,并汇算清缴,结清应缴应退税款。

企业在报送企业所得税纳税申报表时,应当按照规定附送财务会计报告和其他有关资料。

企业在年度中间终止经营活动的,应当自实际经营终止之日起 60 日内,向税务机关办理.当期企业所得税汇算清缴。

6. 清算申报

企业应当在办理注销登记前,就其清算所得向税务机关申报并依法缴纳企业所得税。

企业应当自清算结束之日起 15 日内,向主管税务机关报送企业清算所得税纳税申报表,结清税款。

7. 货币单位

依法缴纳的企业所得税,以人民币计算。所得以人民币以外的货币计算的,应当折合成人民币计算并缴纳税款。

(二) 跨地区经营汇总缴纳企业所得税征收管理

1. 征管办法

居民企业在中国境内跨地区设立不具有法人资格的营业机构的,应当汇总计算并缴纳企业所得税,实行“统一计算、分级管理、就地预缴、汇总清算、财政调库”的企业所得税征收管理办法。

2. 税款分摊

(1) 分摊单位。总机构和具有主体生产经营职能的二级分支机构,就地分摊缴纳企业所得税。

(2) 分摊方法。汇总纳税企业按照税法规定汇总计算的企业所得税,包括预缴税款和汇算清缴应缴应退税款,50%由总机构分摊缴纳,50%在各二级分支机构间分摊,各二级分支机构根据分摊税款就地办理缴库或退库。

(3) 分摊公式。

总机构分摊税款=汇总纳税企业当期应纳所得税额×50%

所有二级分支机构分摊税款总额=汇总纳税企业当期应纳所得税额×50%

总机构应按照上年度二级分支机构的营业收入、职工薪酬和资产总额三个因素计算各二级分支机构分摊所得税款的比例,三因素的权重依次是 0.35、0.35、0.30。

3. 税款预缴

总机构应将本期企业应纳所得税额的 50%部分,在每月或季度终了后 15 日内就地申报预缴。

4. 汇算清缴

总机构应在年度终了后 5 个月内,依照法律、法规和其他有关规定进行汇总纳税企业的所得税年度汇算清缴，结清应纳应退税款。各二级及以下分支机构不进行企业所得税汇算清缴。

第二节　个人所得税

考点十四　概述

个人所得税是对个人取得的各项应纳税所得征收的一种税。

考点十五　纳税人

我国个人所得税的纳税人，包括中国公民、个体工商户、个人独资企业和合伙企业的个人投资者，在华取得所得的外籍人员(包括无国籍人员)以及港、澳、台同胞。

考点十六　征税对象

下列各项个人所得，应纳个人所得税：(1)工资、薪金所得；(2)个体工商户的生产、经营所得；(3)个人独资企业和合伙企业个人投资者的生产、经营所得；(4)对企事业单位的承包经营、承租经营所得；(5)劳务报酬所得；(6)稿酬所得；(7)特许权使用费所得；(8)利息、股息、红利所得；(9)财产租赁所得；(10)财产转让所得；(11)偶然所得；(12)经国务院财政部门确定征税的其他所得。

考点十七　税率

个人所得税按所得项目不同分别适用超额累进税率和比例税率。

(1) 工资、薪金所得，适用超额累进税率，税率为 5%～45%，如表 5-1 所示。

表 5-1　工资、薪金所得适用个人所得税税率表

级　数	全月应纳税所得额	税率/%	速算扣除数
1	不超过 1500 元的	3	0
2	超过 1500～4500 元的部分	10	105
3	超过 4500～9000 元的部分	20	555
4	超过 9000～35 000 元的部分	25	1005
5	超过 35 000～55 000 元的部分	30	2755
6	超过 55 000～80 000 元的部分	35	5505
7	超过 80 000 元的部分	45	13 505

(2) 个体工商户、个人独资企业和合伙企业个人投资者的生产、经营所得和对企事业单

位的承包经营、承租经营所得，适用超额累进税率，税率为5%～35%，如表5-2所示。

表5-2　个体工商户、个人独资企业和合伙企业个人投资者的生产经营所得和
对企事业单位的承包经营、承租经营所得适用个人所得税税率表

级　　数	全年应纳税所得额	税率/%	速算扣除数
1	不超过 15 000 元的	5	0
2	超过 15 000～30 000 元的部分	10	750
3	超过 30 000～60 000 元的部分	20	3750
4	超过 60 000～100 000 元的部分	30	9750
5	超过 100 000 元的部分	35	14 750

(3) 劳务报酬所得，适用比例税率，税率为20%。对劳务报酬所得一次收入畸高的，可以实行加成征收。

(4) 稿酬所得，适用比例税率，税率为20%，并按应纳税额减征30%。

(5) 特许权使用费所得，利息、股息、红利所得，财产租赁所得，财产转让所得，偶然所得和其他所得，适用比例税率，税率为20%。

储蓄存款在2008年10月9日后孳生的利息所得，暂免征收个人所得税。

【例5-6】 中国公民张先生取得财产租赁所得10 000元，则张先生应缴纳个人所得税( )元。(2009年单选题)

    A. 1200　　　　　　　B. 1600　　　　　　　C. 1840　　　　　　　D. 2000

【解析】B　张先生应该缴纳的个人所得税为 10 000×(1-20%)×20%=1600 元。

考点十八　计税依据

个人所得税的计税依据是应纳税所得额。

(一) 工资、薪金所得

(1) 对于在中国境内任职、受雇的中国公民，其每月的工资、薪金收入额允许减除 3500 元的费用，余额为应纳税所得额。

(2) 对于下列四种人员，其每月的工资、薪金收入，在统一减除 3500 元费用的基础上，再允许减除 1300 元的附加减除费用：①在中国境内的外商投资企业和外国企业中工作的外籍人员；②应聘在中国境内的企业、事业单位、社会团体、国家机关中工作的外籍专家；③在中国境内有住所而在中国境外任职或者受雇取得工资、薪金所得的个人；④国务院财政、税务主管部门确定的其他人员。

(3) 在中国境内两处或者两处以上取得工资、薪金所得的，应纳税所得额应合并计算。

(二) 个体工商户的生产、经营所得

个体工商户的生产、经营所得，以每一纳税年度的收入总额减除成本、费用以及损失后的余额，为应纳税所得额。

(三) 个人独资企业和合伙企业个人投资者的生产、经营所得

个人独资企业的投资者以全部生产经营所得为应纳税所得额。

合伙企业的投资者按照合伙企业的全部生产经营所得和合伙协议约定的分配比例确定应纳税所得额，合伙协议没有约定分配比例的，以全部生产经营所得和合伙人数量平均计算每个投资者的应纳税所得额。

个人独资企业和合伙企业每一纳税年度的收入总额减除成本、费用以及损失后的余额，为全部生产、经营所得，包括企业分配给投资者的所得和企业当年留存的所得(利润)。

(四) 对企事业单位的承包经营、承租经营所得

对企事业单位的承包经营、承租经营所得，以每一纳税年度的收入总额，减除必要费用后的余额，为应纳税所得额。

(五) 劳务报酬所得、稿酬所得、特许权使用费所得、财产租赁所得

劳务报酬所得、稿酬所得、特许权使用费所得、财产租赁所得，每次收入不超过4000元的，减除费用800元，余额为应纳税所得额；每次收入4000元以上的，准予扣除20%的费用，余额为应纳税所得额。

(六) 财产转让所得

财产转让所得，以转让财产的收入额减除财产原值和合理费用后的余额，为应纳税所得额。

(七) 利息、股息、红利所得，偶然所得和其他所得

利息、股息、红利所得，偶然所得和其他所得，以每次收入额为应纳税所得额。

【例5-7】 关于个人取得利息所得计征个人所得税的说法，错误的是(   )。(2009年单选题)

A. 个人取得的企业债券利息所得，暂免征收个人所得税

B. 储蓄存款在2009年1月1日后孳生的利息所得，暂免征收个人所得税

C. 个人取得的国债利息所得，免征个人所得税

D. 个人取得的教育储蓄存款利息所得，免征个人所得税

【解析】B 储蓄存款在2008年10月9日后孳生的利息所得，暂免征收个人所得税。

(八) 公益事业捐赠扣除

个人将其所得通过中国境内的社会团体、国家机关向教育和其他社会公益事业以及遭受严重自然灾害地区、贫困地区的捐赠，捐赠额未超过纳税人申报的应纳税所得额30%的部分，可以从其应纳税所得额中扣除。

个人通过非营利的社会团体和国家机关向红十字事业、农村义务教育等的捐赠，准予在缴纳个人所得税前全额扣除。

考点十九　应纳税额的计算

(一) 个人所得税应纳税额的计算公式

个人所得税的应纳税所得额应分项分别计算,其计算公式为:

$$分项应纳税额=分项应纳税所得额×适用税率$$
$$应纳税额=\sum 分项应纳税额$$

(二) 个人所得税的税收抵免规定

纳税人从中国境外取得的所得,准予其在应纳税额中扣除已在境外缴纳的个人所得税税额,但扣除额不得超过该纳税人境外所得依照中国税法规定计算的应纳税额。

考点二十　税收优惠

下列各项个人所得,免纳个人所得税:

(1) 省级人民政府、国务院部委和中国人民解放军军级以上单位,以及外国组织、国际组织颁发的科学、教育、技术、文化、体育、环境保护等方面的奖金;

(2) 国债和国家发行的金融债券利息,教育储蓄存款利息以及国务院财政部门确定的其他专项储蓄存款或者储蓄性专项基金存款利息;

(3) 按照国家统一规定发给的补贴、津贴;

(4) 福利费、抚恤金、救济金;

(5) 保险赔款;

(6) 军人的转业费、复员费;

(7) 按照国家统一规定发给干部、职工的安家费、退职费、退休工资、离休工资、离休生活补助费;

(8) 按照我国有关法律规定应予免税的各国驻华使馆、领事馆的外交代表、领事官员和其他人员的所得;

(9) 中国政府参加的国际公约、签订的协议中规定免税的所得;

(10) 经国务院财政部门批准免税的所得。

有下列情形之一的,经批准可以减征个人所得税:

(1) 残疾、孤老人员和烈属的所得;

(2) 严重自然灾害造成重大损失的;

(3) 其他经国务院财政部门批准减税的。

【例5-8】 中国公民张某系一大学教授,2013年度取得的收入情况如下:

(1) 每月取得工资收入5600元;

(2) 一次性取得设计收入2万元,缴税前从中依次拿出6000元、5000元,通过国家机关分别捐给了农村义务教育和贫困地区;

(3) 出版专著一部,出版社支付稿酬10万元;

(4) 在 A 国讲学取得税后收入 2 万元，已按收入来源地税法缴纳了个人所得税 3000 元。(案例分析题)

1. 2013 年度张某取得的工资收入应缴纳个人所得税为(   )元。

    A. 5700   B. 6564   C. 7140   D. 1260

【解析】D 工资收入应纳个人所得税=[(5600-3500)×10%-105]×12=1260 元。

2. 2013 年度张某取得的设计收入应缴纳个人所得税为(   )元。

    A. 1000   B. 1400   C. 1800   D. 1960

【解析】B 取得设计收入 20 000 元，属于劳务报酬，扣减 20%的费用，通过国家机关向农村义务教育捐赠全额扣除，通过国家机关向贫困地区的捐赠不超过应纳税所得额 30%的扣除，所以：设计收入应纳个人所得税=[20 000×(1-20%)-6000]×(1-30%)×20%=1400 元。

3. 2013 年度张某取得的稿费收入应缴纳个人所得税为(   )元。

    A. 11 200   B. 14 000   C. 16 000   D. 20 000

【解析】A 稿酬收入 4000 元以上的扣减 20%的费用，所以，100 000×(1-20%)×20%×(1-30%)=11 200 元。

4. 2006 年度张某从 A 国取得的讲学收入在我国应缴纳的个人所得税为(   )元。

    A. 200   B. 680   C. 1900   D. 3200

【解析】B 从 A 国取得的讲学收入属于从境外取得的劳务报酬，其税前劳务报酬收入是 23 000(20 000+3000)，依照中国税法规定计算的应纳税额(扣除限额)=23 000×(1-20%)×20%=3680 元。境外实际已经缴纳的个人所得税为 3000 元，低于扣除限额，所以应对在中国缴纳差额部分的税款，即该所得应补缴个人所得税 3680-3000=680 元。

5. 下列表述中正确的有(   )。

    A. 张某不是自行申报纳税的纳税义务人

    B. 张某应在 2013 年度终了后 3 个月内自行到主管税务机关办理纳税申报

    C. 稿费收入的个人所得税以支付稿费的单位为扣缴义务人

    D. 张某应在 2013 年度终了后 45 日内，将从 A 国取得的讲学收入应在中国缴纳的所得税款缴入国库

【解析】BC 张某的年纳税所得额已经超过了 12 万元，而且有从境外取得的所得，因此属于自行申报纳税的纳税义务人，A 错误；年所得 12 万元以上的纳税义务人，应当在年度终了后 3 个月内自行到主管税务机关办理纳税申报，所以 B 正确；个人所得税以支付所得的单位或者个人为扣缴义务人，C 正确；从中国境外取得所得的纳税义务人，应当在年度终了后 30 日内，将应纳的税款缴入国库，并向税务机关报送申报表，D 错误。

考点二十一　征收管理

(一) 自行申报纳税

1. 自行申报纳税的纳税义务人

纳税义务人有下列情形之一的，应当按照规定到主管税务机关办理纳税申报：(1)年所得 12 万元以上的；(2)从中国境内两处或者两处以上取得工资、薪金所得的；(3)从中国境外取得所得的；(4)取得应纳税所得，没有扣缴义务人的；(5)国务院规定的其他情形。

2. 自行申报纳税的纳税期限

(1) 年所得 12 万元以上的纳税义务人，在纳税年度终了后 3 个月内到主管税务机关办理纳税申报。

(2) 个体工商户的生产、经营所得应纳的税款，按年计算，分月预缴，由纳税义务人在次月 15 日内预缴，年度终了后 3 个月内汇算清缴，多退少补。

(3) 对企事业单位的承包经营、承租经营所得应纳的税款，按年计算，由纳税义务人在年度终了后 30 日内缴入国库，并向税务机关报送纳税申报表。纳税义务人在一年内分次取得承包经营、承租经营所得的，应当在取得每次所得后的 15 日内预缴，年度终了后 3 个月内汇算清缴，多退少补。

(4) 从中国境外取得所得的纳税义务人，应当在年度终了后 30 日内，将应纳的税款缴入国库，并向税务机关报送纳税申报表。

(二) 代扣代缴

个人所得税，以支付所得的单位或者个人为扣缴义务人。扣缴义务人每月所扣的税款，应当在次月 15 日内缴入国库。对扣缴义务人按照所扣缴的税款，付给 2% 的手续费。

扣缴义务人应当按照国家规定办理全员全额扣缴申报。

同 步 自 测

一、单项选择题

1. 某企业 2008 年亏损 20 万元，2009 年亏损 10 万元，2010 年盈利 5 万元，2011 年亏损 15 万元，2012 年盈利 8 万元，2013 年盈利 6 万元，2014 年度盈利 74 万元，则 2014 年度的应纳税所得额是( )万元。

    A. 47   B. 48   C. 49   D. 74

2. 某内资企业 2008 年度来源于境内的全部应税所得为 100 万元，来源于境外 A 国分公司生产经营所得(扣除境外已缴所得税)20 万元，在 A 国已缴所得税 5 万元，假设该企业适用 25% 的所得税率，且不用弥补以前年度亏损，则该企业 2008 年度应纳企业所得税为( )万元。

    A. 28   B. 33   C. 34.6   D. 26.25

3. 某企业全年销售收入 2000 万元，全年实际发生的业务招待费为 16 万元，则该企业在计算应纳税所得额时可以税前扣除的业务招待费为( )万元

    A. 12.5   B. 16   C. 9.8   D. 7

4. 某企业 2012 年通过民政部门向希望小学捐赠货物价款 35 万元，已知该企业当年的利润总额为 90 万元，那么，准予在计算应纳税所得额时扣除的捐赠是( )万元。

    A. 27   B. 35   C. 10.8   D. 2.7

5. 下列关于企业所得税扣除项目的表述，不正确的有( )。

    A. 取得的国债利息收入免征企业所得税

    B. 向投资者支付的股息、红利等权益性投资收益款项允许在税前扣除

    C. 补充养老保险费、补充医疗保险费，分别在不超过职工工资总额 5% 内准予税前扣除

    D. 以融资租赁方式发生的租赁费不得直接扣除

6. 下列税种中，在计算企业所得税应纳税所得额时，不准予从收入总额中直接扣除的有（ ）。

    A. 增值税   B. 消费税   C. 资源税   D. 土地增值税

7. 外国企业在中国境内未设立机构，而有取得来源于中国境内的特许权使用费，应交纳预提所得税，税率为（ ）。

    A. 20%   B. 30%   C. 10%   D. 15%

8. 企业通过公益性社团或者县级以上人民政府捐赠的公益性捐赠支出的扣除方法是（ ）。

    A. 可按应纳税所得额的 15%计算扣除限额

    B. 可按年度会计利润的 12%计算扣除限额

    C. 可按年度会计利润的 15%计算扣除限额

    D. 可全额在税前扣除

9. 某内资企业经税务部门认定 2012 年度发生亏损 50 万元，2013 年度应纳税所得额为 52 万元，则 2013 年度应纳企业所得税为（ ）元。

    A. 5000   B. 5400   C. 6600   D. 171 600

10. 下列关于税率的说法不正确的有（ ）。

    A. 美国某公司在北京设立的办事处，其适用税率为 20%

    B. 国家需要重点扶持的高新技术企业，减按 15%的税率征收企业所得税

    C. 工资、薪金所得，适用超额累进税率，税率为 5%～35%

    D. 个体工商户的生产，适用超额累进税率，税率为 5%～35%

11. 某企业当年应纳税所得额为 50 万元，以其弥补上年度亏损后，其余额为 8 万元，企业员工人数为 50 人，资产总额 800 万元，则企业当年适用的企业所得税税率为（ ）。

    A. 18%   B. 20%   C. 25%   D. 27%

12. 纳税人在生产经营过程中租入固定资产而支付的下列租赁费用，不能直接作为费用扣除的是（ ）。

    A. 经营性租赁方式发生的租赁费   B. 融资性租赁方式发生的租赁费

    C. 经营性租赁承租方支付的手续费   D. 安装交付使用后产生的借款利息

13. 根据企业所得税法规定，依照外国（地区）法律成立但实际管理机构在中国境内的企业，是居民企业。上述实际管理机构是指（ ）。

    A. 对企业的生产经营、人员、账务、财产等实施管理和控制的机构

    B. 对企业的生产经营、人员、账务、财产等实施全面管理和控制的机构

    C. 对企业的生产经营实施实质性全面管理和控制的机构

    D. 对企业的生产经营、人员、账务、财产等实施实质性全面管理和控制的机构

14. 某汽车制造企业 2012 年实现销售（营业）收入 1000 万元，实际发生广告费和业务宣传费支出 300 万元，则该企业 2012 年计算应纳税所得额时可以税前扣除的广告费和业务宣传费为（ ）万元。

    A. 20   B. 80   C. 150   D. 300

15. 对企事业单位的承包经营、承租经营的应纳税所得额是以每一纳税年度的收入总额，减除必要费用后的余额，该必要费用是（ ）元/月。

A. 1600   B. 3500   C. 4000   D. 4800

16. 我国个人所得税税法规定对劳务报酬所得一次收入畸高的实行加成征税,对应纳税所得额超过 50 000 元部分加征十成,对所得额超过 50 000 元的部分,其适用的税率为( )。

A. 20%   B. 30%   C. 40%   D. 50%

17. 我国现行税法规定,年所得( )万元以上的纳税人需要到税务机关办理自行纳税申报

A. 8   B. 10   C. 12   D. 15

18. 王某属于自由职业者,本月外出演奏所得为 5000 元,则王某的所得应按( )项目征税。

A. 工资、薪金所得   B. 劳务报酬所得

C. 个体工商户生产经营所得   D. 对企事业单位的承包、承租经营所得

19. 下列收入中免征个人所得税的是( )。

A. 利息收入   B. 外商个人从外商投资企业取得的股息

C. 咨询收入   D. 年终分红

20. 个人将其所得通过中国境内非营利团体向社会公益事业捐赠,捐赠额允许从应纳税所得额中扣除,但捐赠扣除额不得超过应纳税所得额的( )。

A. 30%   B. 20%   C. 10%   D. 40%

21. 下列所得中征收个人所得税的是( )。

A. 军人的复员费

B. 独生子女补贴

C. 国际组织颁发的科学发明奖金

D. 个人转让自用达 2 年以上的家庭居住用房取得的所得

22. 张先生取得利息收入 5000 元,拿出其中的 2000 元通过民政部门捐给贫困山区,则张先生利息收入应纳个人所得税( )元。

A. 600   B. 700   C. 800   D. 1000

23. 某纳税人 2008 年 6 月份在中国境内取得工资、薪金收入 5400 元,其应纳的个人所得税为( )元。

A. 55   B. 62   C. 75   D. 85

24. 在天津一外商投资企业中工作的美国专家(为非居民纳税人)2008 年 6 月取得由该企业发放的工资收入 10 000 元人民币。其应纳的个人所得额为( )元。

A. 1465   B. 1305   C. 1200   D. 485

25. 下列项目中以收入全额为应纳税所得额计征个人所得税的是( )。

A. 劳务报酬所得   B. 稿酬所得

C. 财产租赁所得   D. 购物中奖收入

二、多项选择题

1. 非居民企业是指在中国境内设立的从事生产经营活动的机构、场所,包括( )。

A. 从事建筑、安装等工程作业的场所   B. 农场

C. 符合条件的营业代理人   D. 子公司

E. 分公司

2. 下列固定资产中不得计算折旧扣除的有(　　)。

　　A. 以融资租赁方式租出的固定资产　　　B. 未投入使用的房屋

　　C. 以经营租赁方式租入的固定资产　　　D. 以融资租赁方式租入的固定资产

　　E. 自行建造的固定资产

3. 下列税种中，在计算企业所得税应纳税所得额时，准予从应税收入总额中直接扣除的有(　　)。

　　A. 增值税　　　　　　　B. 消费税　　　　　　　　C. 资源税

　　D. 城市维护建设税　　　E. 所得税

4. 下列关于企业所得税扣除项目的表述，正确的有(　　)。

　　A. 税收、滞纳金允许在税前扣除

　　B. 保险公司给予纳税人的无赔款优待免征企业所得税

　　C. 纳税人购买的国家重点建设债券利息免征企业所得税

　　D. 纳税人转让各类固定资产发生的费用允许在税前扣除

　　E. 以融资租赁方式发生的租赁费不得直接扣除

5. 下列企业支出项目中不准在所得税前扣除的有(　　)。

　　A. 被没收财物的损失　　　　　　　　　B. 赞助支出

　　C. 未经核定的准备金支出　　　　　　　D. 所得税税款

　　E. 按规定标准列支的广告费

6. 以下属于企业所得税税前扣除基本原则的有(　　)。

　　A. 相关性原则　　　　　　　　　　　　B. 不征税收入形成支出不得扣除原则

　　C. 重要性原则　　　　　　　　　　　　D. 谨慎性原则

　　E. 合理性原则

7. 下列各项收入中要征收企业所得税的有(　　)。

　　A. 转让财产收入　　　B. 股息、红利等权益性投资收益　　C. 财政拨款收入

　　D. 接受捐赠收入　　　E. 利息收入

8. 下列关于资产的税务处理的表述，正确的有(　　)。

　　A. 盘盈的固定资产，按照固定资产的原价计价

　　B. 未使用的房屋不得计提折旧

　　C. 融资租入的固定资产可以计提折旧

　　D. 已提足折旧继续使用的固定资产不得再计提折旧

　　E. 无形资产的摊销年限不得低于 10 年

9. 下列个人所得中，在计算缴纳个人所得税时，适用 20%比例税率的有(　　)。

　　A. 财产转让所得　　　　　B. 利息所得　　　　　　C. 中奖所得

　　D. 工资、薪金所得　　　　E. 承包所得

10. 下列各项中，符合我国《个人所得税法》规定的是(　　)。

　　A. 偶然所得按每次收入额为应纳税所得额

　　B. 稿酬所得按应纳税额减征 70%

　　C. 活期储蓄存款利息按照 20%计征

　　D. 国债利息收入免征个人所得税

　　E. 对工资薪金以取得的全部收入来计税

11. 下列( )纳税义务人，应当按照规定到主管税务机关办理自行纳税申报。

    A. 年所得 10 万元以上的

    B. 从中国境内两处或者两处以上取得工资、薪金所得的

    C. 从中国境外取得所得的

    D. 取得应纳税所得，没有扣缴义务人的

    E. 国务院规定的其他情形

三、案例分析题

(一) 某工业企业 2013 年度实现销售收入 5000 万元，实现利润总额为 1000 万元。该年度企业列支企业管理费 150 万元，其中业务招待费 30 万元；企业列支工资 450 万元，列支职工福利费、工会经费、职工教育经费 78.75 万元(该企业计税工资标准为 320 万元)；企业列支财务费用 70 万元，其中包括向其他企业借款高于银行同期贷款的利息 15 万元，其他各项符合税法规定，根据以上资料，回答下列问题。

1. 全年应列支的业务招待费标准是( )万元。

    A. 40   B. 25   C. 15   D. 18

2. 全年多列支的工资、职工福利费、工会经费、职工教育经费为( )万元。

    A. 130   B. 51.25   C. 149.55   D. 125

3. 企业应纳所得税额为( )万元。

    A. 294.14   B. 330   C. 396   D. 391.05

(二) 王某 2013 年 5 月份收入情况如下：

(1) 取得劳务报酬收入 50 000。

(2) 取得银行存款利息收入 2000 元；国库券利息收入 500 元。

(3) 取得稿酬收入 3800 元。

(4) 取得特许权使用费收入 20 000 元，并将其中的 4500 元通过民政部门捐赠给希望工程基金会。

根据上述资料，回答下列问题：

1. 下列有关个人所得税的表述，正确的有( )。

    A. 支付稿酬的单位应代扣代缴李某的个人所得税

    B. 李某取得的稿酬收入的费用扣除额为 800 元

    C. 李某的劳务报酬收入应按 30% 的比例税率计算应纳税额

    D. 李某取得的特许使用费收入的费用扣除额为 800 元

2. 劳务报酬收入应纳个人所得税税额为( )元。

    A. 10 000   B. 8000   C. 6360   D. 12 000

3. 稿酬收入应纳个人所得税税额为( )元。

    A. 420   B. 600   C. 800   D. 840

4. 李某对希望工程基金会的捐赠，正确的处理为( )。

    A. 应全额在税前扣除

    B. 可以从应纳税所得额中扣除 2400 元

    C. 可以从应纳税所得额中扣除 3000 元

    D. 超过可以从应纳税所得额中扣除的部分应计算缴纳个人所得税

5. 李某 5 月份应纳个人所得税为(　　)元。

    A. 5300   B. 13 120   C. 6360   D. 8760

同步自测解析

一、单项选择题

1. 【解析】C　2008 年度的 20 万元亏损，应由 2009—2013 年这五年的盈利来弥补。2010 年弥补 5 万，2012 年弥补 8 万，2013 年弥补 6 万，总计弥补 19 万元，剩余 1 万元的亏损，不得再用税前所得弥补。2009 年的亏损，应由 2010—2014 年的盈利来弥补，由于 2010、2012 年和 2013 年的盈利均弥补了 2008 年的亏损，所以应由 2014 年的盈利来弥补 10 万元亏损。2011 年 15 万元亏损，也由 2014 年的盈利来弥补，2014 年的盈利为 74-10-15=49 万元，纳税所得额为 49 万元。

2. 【解析】D　企业取得的下列所得已在境外缴纳的所得税税额，可以从其当期应纳税额中抵免，抵免限额为该项所得依照本法规定计算的应纳税额；超过抵免限额的部分，可以在以后 5 个年度内，用每年度抵免限额抵免当年应抵税额后的余额进行抵补：(1)居民企业来源于中国境外的应税所得。(2)非居民企业在中国境内设立机构、场所，取得发生在中国境外但与该机构、场所有实际联系的应税所得。

    抵免限额=中国境内、境外所得依照企业所得税法和条例规定计算的应纳税总额×来源于

          某国(地区)的应纳税所得额/中国境内、境外应纳税所得额总额

          =[(100+20+5)×25%]×[(20+5)/(100+20+25)]

          =6.25 万元＞境外实际缴纳的税款 5 万元，所以 5 万元可以全额抵免。

    该企业 2008 年度应纳企业所得税=应纳税所得额×适用税率-抵免税额

                    =(100+20+5)×25%-5=26.25 万元

3. 【解析】C　企业发生的与生产经营活动有关的业务招待费支出，按照发生额的 60%扣除，但最高不得超过当年销售(营业)收入的 5‰。16×60%=9.6 万元，2000×5‰=10 万元，因此，该企业在计算应纳税所得额时可以税前扣除的业务招待费为 9.8 万元。

4. 【解析】C　企业发生的公益性捐赠支出，在年度利润总额 12%以内的部分，准予在计算应纳税所得额时扣除。

5. 【解析】B　向投资者支付的股息、红利等权益性投资收益款项是禁止税前扣除的项目。

6. 【解析】A　题目中所列的税种中，在计算企业所得税应纳税所得额时，只有增值税不准予从收入总额中直接扣除。

7. 【解析】C　我国税法规定，外国企业在中国境内未设立机构、场所，而有取得来源于中国境内的利润、利息、租金、特许权使用费和其他所得的，或者虽然设有机构、场所，但上述所得与其机构、场所没有实际联系的，都应当缴纳 10%的所得税，税款由支付人在每次支付款项中扣缴。采用这种方法征收的所得税，通常称为预提所得税。

8. 【解析】B　企业发生的公益性捐赠支出，不超过年度会计利润总额 12%的部分，准予扣除。

9.【解析】A 根据《企业所得税暂行条例》规定税率,2013 年度应纳企业所得税为:(52-50)×25%=0.5 万元=5000 元。

10.【解析】C 工资、薪金所得,适用超额累进税率,税率为 3%～45%。

11.【解析】B 符合条件的小型微利企业,减按 20%的税率征收企业所得税。符合条件的小型微利企业,是指从事国家非限制和禁止行业,并符合下列条件的企业:(1)工业企业,年度应纳税所得额不超过 30 万元,从业人数不超过 100 人,资产总额不超过 3000 万元;(2)其他企业,年度应纳税所得额不超过 30 万元,从业人数不超过 80 人,资产总额不超过 1000 万元。题目中所述情形符合小型微利企业,因此企业当年适用的企业所得税税率为 20%。

12.【解析】B 纳税人根据生产经营需要租入固定资产所支付租赁费的扣除,应根据租赁方式分别按下列规定处理:以经营租赁方式租入固定资产而发生的租赁费,可以据实扣除;以融资租赁方式发生的租赁费不得直接扣除,而应计入资产的价值,以折旧的形式分期扣除。承租方支付的手续费,以及安装交付使用后支付的利息等,可在支付时直接扣除。

13.【解析】D 居民企业,是指依法在中国境内成立,或者依照外国(地区)法律成立但实际管理机构在中国境内的企业。上述实际管理机构,是指对企业的生产经营、人员、账务、财产等实施实质性全面管理和控制的机构。

14.【解析】C 企业发生的符合条件的广告费和业务宣传费支出,不超过当年销售(营业)收入 15%的部分,准予扣除;超过部分,准予在以后纳税年度结转扣除。因此,该企业 2012 年计算应纳税所得额时可以税前扣除的广告费和业务宣传费为 1000×15%=150 万元。

15.【解析】B 对企事业单位的承包经营、承租经营所得,以每一纳税年度的收入总额,减除必要费用后的余额,为应纳税所得额。减除必要费用,是指按月减除 3500 元。

16.【解析】C 劳务报酬所得,适用比例税率,税率为 20%。对劳务报酬所得一次收入畸高的,可以实行加成征收。这里的"加成征收",是指对应纳税所得额超过 20 000～50 000 元的部分,依照税法规定计算应纳税额后再按照应纳税额加征五成;超过 50 000 元的部分,加征十成,因此,对所得额超过 50 000 元的部分,其适用的税率为 40%。

17.【解析】C 自行申报纳税的纳税义务人有下列情形之一的,应当按照规定到主管税务机关办理纳税申报:(1)年所得 12 万元以上的;(2)从中国境内二处或者二处以上取得工资、薪金所得的;(3)从中国境外取得所得的;(4)取得应纳税所得,没有扣缴义务人的;(5)其他。

18.【解析】B 王某的所得应该按照劳务报酬所得项目征税。

19.【解析】B 题目中所列的各个选项中,外商个人从外商投资企业取得的股息免纳个人所得税。

20.【解析】A 个人将其所得通过中国境内的社会团体、国家机关向教育和其他社会公益事业以及遭受严重自然灾害地区、贫困地区的捐赠,捐赠额未超过纳税义务人申报的应纳税所得额 30%的部分,可以从其应纳税所得额中扣除。

21.【解析】D 个人所得税法规定的免税所得包括:外国组织、国际组织颁发的科学教育等方面的奖金;按照国家统一规定发给的补贴、津贴,如独生子女补贴、军人的转业费和复员费。个人所得税法规定的暂免征税所得包括:个人转让自用达 5 年以上,并且是唯一的家庭居住用房取得的所得。

22.【解析】B 捐款可以在税前抵扣的是所得额的 30%,应纳税所得为 5000-5000×30%=3500 元,则张先生利息收入应缴纳的个人所得税为 3500×20%=700 元。

23. 【解析】D　应纳税所得额=5400-3500=1900 元。

应纳税额=1900×10%-105=85 元。

24. 【解析】D　应纳税所得额=10 000-3500-1300=5200 元。

应纳税额=5200×20%-555=485 元。

25. 【解析】D　劳动报酬所得、稿酬所得、财产租赁所得的应纳税所得额要分成如下两种情况计算。

(1) 对上述所得的每次收入不超过 4000 元的，减除费用 800 元，余额为应纳税所得额；

(2) 对上述所得的每次收入超过 4000 元的，准予减除 20% 的费用，余额为应纳税所得额。利息、股息、红利、购物中奖所得以每次收入额为应纳税所得额。

二、多项选择题

1. 【解析】ABCE　非居民企业是指在中国境内从事生产经营活动的机构、场所，包括：(1)管理机构、营业机构、办事机构；(2)工厂、农场、开采自然资源的场所；(3)提供劳务的场所；(4)从事建筑、安装、装配、修理、勘探等工程作业的场所；(5)其他从事生产经营活动的机构、场所。

2. 【解析】AC　不得计算折旧扣除的固定资产包括：(1)房屋、建筑物以外未投入使用的固定资产；(2)以经营租赁方式租入的固定资产；(3)以融资租赁方式租出的固定资产；(4)已足额提取折旧仍继续使用的固定资产；(5)与经营活动无关的固定资产；(6)单独估价作为固定资产入账的土地。

3. 【解析】BCD　在题目中所列的税种中，计算企业所得税应纳税所得额时，准予从应税收入总额中直接扣除的有消费税、资源税和城市维护建设税。

4. 【解析】DE　税收滞纳金是禁止税前扣除的项目；保险公司给予纳税人的无赔偿优待，应作为当年的应纳税所得额；以融资租赁方式发生的租赁费不得直接扣除，而应计入资产的价值，以折旧的形式分期扣除；纳税人购买国债的利息收入，不计入纳税所得额。但国家重点建设债券和金融债券应照章纳税；纳税人转让各类固定资产发生的费用，允许扣除。综上所述，只有 DE 项为正确答案。

5. 【解析】ABCD　计算企业所得税时，应纳税所得额中不予扣除的项目包括：(1)向投资者支付的股息、红利等权益性投资收益款项；(2)企业所得税税款；(3)税收滞纳金。(4)罚金、罚款和被没收财物的损失；(5)公益性捐赠支出超过企业年度会计利润总额 12% 的部分以及非公益性捐赠支出；(6)赞助支出；(7)未经核定的准备金支出；(8)除企业依照国家有关规定为特殊工种职工支付的人身安全保险费和国务院财政、税务主管部门规定可以扣除的其他商业保险费外，企业为投资者或者职工支付的商业保险费；(9)企业依照法律、行政法规有关规定提取的用于环境保护、生态恢复等方面的专项资金，提取后改变用途的；(10)企业之间支付的管理费、企业内营业机构之间的租金和特许权使用费，以及非银行企业内营业机构之间支付的利息；(11)企业对外投资期间持有的投资资本成本；(12)企业与其关联方分摊成本时违反税法规定自行分摊的成本；(13)企业从其关联方分摊成本时违反税法规定自行分摊的成本；(14)企业按特别纳税调整规定针对补缴税款向税务机关支付的利息；(15)企业的不征税收入用于支出所形成的费用；(16)烟草企业的烟草广告费和业务宣传费支出；(17)与取得收入无关的其他支出。

6. 【解析】ABE 税前扣除的基本原则包括：相关性原则、合理性原则、真实性原则、合法性原则、配比性原则、区分收益性支出和资本性支出原则、不征税收入形成支出不得扣除原则和不得重复扣除原则。

7. 【解析】ABDE 财政拨款收入为不征税收入。

8. 【解析】CDE 盘盈的固定资产，以同类固定资产的重置完全价值为计税基础；未使用的房屋可以计提折旧；融资租入的固定资产可以计提折旧；已提足折旧继续使用的固定资产不得再计提折旧；无形资产的摊销年限不得低于 10 年。

9. 【解析】ABC 特许权使用费所得，利息、股息、红利所得，财产租赁所得，财产转让所得、偶然所得和其他所得等都适用 20%比例税率。

10. 【解析】AD 偶然所得按每次收入额为应纳税所得额；稿酬所得按应纳税额减征 30%；储蓄存款利息所得、国债利息收入免税。

11. 【解析】BCDE 纳税义务人有下列情形之一的，应当按照规定到主管税务机关办理纳税申报：(1)年所得 12 万元以上的；(2)从中国境内两处或者两处以上取得工资、薪金所得的；(3)从中国境外取得所得的；(4)取得应纳税所得，没有扣缴义务人的；(5)国务院规定的其他情形。

三、案例分析题

(一) 1. D　　2. C　　3. A

【解析】

1. 业务招待费支出按照发生额的 60%扣除，但最高不得超过当年销售(营业)收入的 5‰。30×60%=18(万元)，5000×5‰=25(万元)，因此扣除限额为 18 万元，即多列支 12 万元。

2. 计税工资为 320 万元，列支工资 450 万元，多列支 130 万元；按计税工资计算，应列支职工福利费、工会经费、职工教育经费 320×(14%+2%+2.5%)=59.2 万元，多列支 78.75-59.2=19.55 万元；共多列支 130+19.55=149.55 万元。

3. 在利润总额基础上调整计算应纳税额：1000+12+149.55+15=1176.55，再乘以 0.25，等于 294.14 万元。

(二) 1. ABC　　2. A　　3. A　　4. A　　5. B

【解析】

1. 稿酬、劳务报酬等均应由支付单位代扣代缴个人所得税，稿酬收入 3800 元小于 4000 元，扣除标准为 800 元，劳务报酬收入 50 000 元。

纳税所得=50 000×(1-20%)=40 000，大于 20 000 元，小于 50 000 元，应加征 5 成，即税率为 20%×(1+50%)=30%。

李某取得的特许使用费收入 20 000 元，超过 4000 元，应扣除 20 000×20%=4000 元。

2. 劳务报酬纳税所得=40 000 元。

应纳税额=20 000×20%+(40 000-20 000)×30%=10 000 元。

或采用速算扣除法计算，纳税所得在 20 000～40 000 元，速算扣除数是 2000，应纳税额=40 000×30%-2000=10 000 元。

3. 应纳税额=(3800-800)×20%×(1-30%)=420 元。

4. 个人将其所得通过中国境内的非营利社会团体、国家机关向教育和其他社会公益事业以及灾区、贫困地区的捐赠，捐赠额未超过纳税人申报的应纳税所得额30%的部分，可以从应纳税所得额中扣除。

特许权使用费收入 20 000 元，超过 4000 元，应扣除 20 000×20%=4000 元。

特许权使用费纳税所得额=20 000-4000=16 000 元。

准予扣除的捐赠额=16 000×30%=4800 元，大于捐赠金额元。

应纳所得税额=(16 000-4500)×20%=2300 元。

5. 劳务报酬个人所得税 10 000 元。

稿酬所得个人所得税 420 元。

特许权使用费所得个人所得税 2300 元。

利息所得(国债利息免税)个人所得税=2000×20%=400 元。

合计=10 000+420+2300＋400=13 120 元。

第六章 其他税收制度

 大纲解读

本章考试目的在于考查应试人员是否掌握财产税制、资源税制、行为目的税制的相关规定。从近三年考题情况来看，本章主要考查房产税、契税、车船税、资源税、城镇土地使用税、耕地占用税、土地增值税、印花税、城市维护建设税的相关规定，平均分值是 6 分。具体考试内容如下。

1. 房产税

房产税的纳税人和征税范围、房产税的税率、房产税应纳税额的计算、房产税的减免。

2. 契税

契税的纳税人和征税范围、契税的税率、契税的计税依据和应纳税额的计算、契税的减免。

3. 车船税

车船税的纳税人和征税范围、车船税的税率、车船税的计税依据和应纳税额的计算、车船税的减免。

4. 资源税

资源税的纳税人和征税范围、资源税的税率、资源税的计税依据和应纳税额的计算、资源税的减免。

5. 城镇土地使用税

城镇土地使用税的纳税人和征税范围、城镇土地使用税的税率、城镇土地使用税的计税依据和应纳税额的计算、城镇土地使用税的减免。

6. 耕地占用税

耕地占用税的纳税人和征税范围、耕地占用税的税率、耕地占用税的计税依据和应纳税额的计算、耕地占用税的税收优惠、耕地占用税的征收管理。

7. 土地增值税

土地增值税的纳税人和征收范围、土地增值税的计税依据、土地增值税的税率、土地增值税的税收优惠。

8. 印花税

印花税的纳税人和征收范围、印花税的税率、印花税的计税依据和应纳税额的计算、印花税的减免。

9. 城市维护建设税

城市维护建设税的纳税人和征收范围、城市维护建设税的税率、城市维护建设税的计税依据和应纳税额的计算、城市维护建设税的减免。

考点精讲

第一节 财产税制

房产税是以房屋为征税对象，以房屋的计税余值或租金收入为计税依据，向房屋产权所有人征收的一种财产税。

考点一 房产税

(一) 房产税的纳税人和征税范围

房产税以在征税范围内的房屋产权所有人为纳税人。其中：

(1) 产权属国家所有的，由经营管理单位纳税；产权属集体和个人所有的，由集体单位和个人纳税。

(2) 产权出典的，由承典人纳税。

(3) 产权所有人、承典人不在房屋所在地的，由房产代管人或者使用人纳税。

(4) 产权未确定及租典纠纷未解决的，亦由房产代管人或者使用人纳税。

(5) 纳税单位和个人无租使用房产管理部门、免税单位及纳税单位的房产，应由使用人代为缴纳房产税。

(6) 融资租赁的房产，由承租人依照房产余值缴纳房产税，纳税人由当地税务机关根据实际情况确定。

我国自 2009 年 1 月 1 日起废止《中华人民共和国城市房地产税暂行条例》，明确外商投资企业、外国企业和组织以及外籍个人依照《中华人民共和国房产税暂行条例》缴纳房产税。

《中华人民共和国房产税暂行条例》规定，房产税在城市、县城、建制镇和工矿区征收。

城市是指国务院批准设立的市。县城是指县人民政府所在地。建制镇是指经省、自治区、直辖市人民政府批准设立的建制镇。建制镇的征税范围为镇人民政府所在地。工矿区是指工商业比较发达、人口比较集中，符合国务院规定的建制镇标准，但尚未设立镇建制的大中型工矿企业所在地。房产税的征税范围不包括农村，主要是为了减轻农民负担。

【例6-1】 村民王某在本村有两间临街住房，将其中一间做经营用，按照税法规定，王某可(   )。(2010 年单选题)

A. 就经营用房缴纳房产税   B. 不缴纳房产税

C. 暂免房产税   D. 减半缴纳房产税

【解析】B 房产税在城市、县城、建制镇和工矿区征收，不包括农村。

(二) 房产税的税率

我国现行房产税采用比例税率。房产税的税率有两种：依据房产计税余值计税的，税率为1.2%；依据房产租金收入计税的，税率12%。从 2001 年 1 月 1 日起，对个人居住用房出租仍用于居住的，其应缴纳的房产税暂减按 4%的税率征收。对企事业单位、社会团体以及其他组织按市场价格向个人出租用于居住的住房，减按 4%的税率征收房产税。

(三) 房产税的应纳税额的计算

房产税应纳税额的计算公式为：

应纳税额=房产计税余值(或租金收入)×适用税率

其中：房产计税余值=房产原值×(1-原值减除率)。

(四) 房产税的减免

依据《房产税暂行条例》及有关规定，目前房产税的减免优惠主要有：

(1) 国家机关、人民团体、军队自用的房产。

(2) 由国家财政部门拨付事业经费的单位自用的房产。对实行差额预算管理的事业单位，也属于是由国家财政部门拨付事业经费的单位，对其本身自用的房产免征房产税。

(3) 宗教寺庙、公园、名胜古迹自用的房产。宗教寺庙、公园、名胜古迹自用的房产，免征房产税。但公园、名胜古迹中附设的营业单位及出租的房产，应征收房产税。

(4) 个人拥有的非营业用的房产。对个人所有的非营业用房给予免税。但是，对个人所有的营业用房或出租等非自用的房产，应按照规定征收房产税。

(5) 经财政部批准免税的其他房产。根据《关于房产税若干具体问题的解释和暂行规定》，下列房产可免征房产税：

① 企业办的各类学校、医院、托儿所、幼儿园自用的房产，可以比照由国家财政部门拨付事业经费的单位自用的房产，免征房产税。

② 经有关部门鉴定，对损毁不堪居住的房屋和危险房屋，在停止使用后，可免征房产税。

③ 自 2004 年 8 月 1 日起，对军队空余房产租赁收入暂免征收房产税；此前已征收税款不予退还，未征税款不再补征。

【例6-2】 下列关于房产税的说法中，正确的有( )。(2008 年多选题)

A. 农村地区自用房产不需要缴纳房产税，如是出租房屋则需要按租金的 4%缴纳房产税

B. 公园自用的房产不需要缴纳房产税

C. 自收自支的事业单位不享受免征房产税的照顾

D. 对个人所有的用房均给予免税

E. 军队自用房产应缴纳房产税

【解析】BC 房产税的征税范围不包括农村。规定的对个人居住用房出租仍用于居住的，其应缴纳的房产税暂减按 4%的税率征收，所指的住房不是农村地区自用房用于出租的情形。宗教寺庙、公园、名胜古迹自用的房产，免征房产税。1990 年 1 月 1 日后，对经费来源实行自收自支的事业单位，不再享受 3 年免税照顾，应照章征收房产税。对个人所有的非营业用房给予免税。但是，对个人所有的营业用房或出租等非自用的房产，应按照规定征收房产税。对国家机关、人民团体、军队自用的房产免征房产税。

(6) 凡是在基建工地为基建工地服务的各种工棚、材料棚、休息棚和办公室、食堂、茶炉房、汽车房等临时性房屋，在施工期间，一律免征房产税。

(7) 纳税人因房屋大修导致连续停用半年以上的，在房屋大修期间免征房产税，免征税额由纳税人在申报缴纳房产税时自行计算扣除。

(8) 纳税单位与免税单位共同使用的房屋，按各自使用的部分划分，分别征收或免征房产税。

(9) 为鼓励利用地下人防设施，地下人防设施的房屋暂不征收房产税。

(10) 老年服务机构自用的房产免征房产税。

(11) 对非营利性医疗机构、疾病控制机构和妇幼保健机构等卫生机构自用的房产，免征房产税。

(12) 对高校后勤实体免征房产税。

(13) 从2001年1月1日起，对按政府规定价格出租的公有住房和廉租住房，包括企业和自收自支事业单位向职工出租的单位自有房屋；房管部门向居民出租的公有住房；落实私房政策中带户发还产权并以政府规定租金标准向居民出租的私有住房等，暂免征收房产税。对廉租住房经营管理单位按照政府规定价格、向规定保障对象出租廉租住房的租金收入，免征房产税。

(14) 对邮政部门坐落在城市、县城、建制镇、工矿区范围以外的，但尚在县邮政局内核算的房产，在单位财务账中划分清楚的，从2001年1月1日起不再征收房产税。

(15) 房地产开发企业开发的商品房在出售前，不征收房产税。但对出售前房地产开发企业已使用或出租、出借的商品房应按规定征收房产税。

(五) 个人住房房产税改革

考点二 契税

(一) 契税的纳税人和征税范围

契税是以所有权发生转移的不动产为征税对象，向产权承受人征收的一种财产税。

在中华人民共和国境内转移土地、房屋权属，承受的单位和个人为契税的纳税人。

契税的征税对象是发生土地使用权和房屋所有权权属转移的土地和房屋。

具体征税范围包括：

(1) 国有土地使用权出让。

(2) 土地使用权转让。

(3) 房屋买卖。以下几种特殊情况，视同房屋买卖：

① 以房产抵债或实物交换房屋；

② 以房产作为投资或作股权转让。但以自有房屋作股权投入本人经营企业，免纳契税；

③ 买房拆料或翻建新房，应照章征收契税。

【例6-3】 下列情况中应征收契税的是( )。(2008年单选题)

A. 企业破产清算期间，债权人承受破产企业土地房屋产权以抵债务

B. 企业改制成职工持股的股份有限公司且承受原企业土地

C. 买房拆料或翻建新房

D. 房屋产权交换，且交换价值相等

【解析】C 买房拆料或翻建新房，应照章征收契税。

(4) 房屋赠与。

(5) 房屋交换。

(6) 企业改革中有关契税政策：

① 公司制改革；

② 股权转让；

③ 公司合并；

④ 公司分立；

⑤ 公司出售；

⑥ 企业破产。

(7) 房屋附属设施有关契税政策：

① 对于承受与房屋相关的附属设施(包括停车位、汽车库、自行车库、顶层阁楼以及储藏室)所有权或土地使用权的行为，按照契税法律、法规的规定征收契税；对于不涉及土地使用权和房屋所有权转移变动的，不征收契税；

② 采取分期付款方式购买房屋附属设施土地使用权、房屋所有权的，应按合同规定的总价款计征契税；

③ 承受的房屋附属实施权属单独计价的，按照当地确定的适用税率征收契税；与房屋统一计价的，适用与房屋相同的契税税率。

【例6-4】 契税的征税范围包括(　　)。(2010年多选题)

A. 国有土地使用权出让　　　　　　　　　B. 以房屋抵债

C. 农村集体土地承包经营权的转移　　　　D. 房屋买卖

E. 以房产作为投资

【解析】ABDE　契税的具体征税范围包括：国有土地使用权出让、土地使用权转让、房屋买卖(以房产抵债或实物交换房屋，以房产作为投资或作股权转让，买房拆料或翻建新房，应照章征收契税三种情形视同买卖房屋)、房屋赠与、房屋交换等。

(二) 契税的税率

契税实行幅度比例税率，税率幅度为3%～5%。

(三) 契税的计税依据和应纳税额的计算

1. 计税依据

契税的计税依据按照土地、房屋交易的不同情况确定：

(1) 土地使用权出售、房屋买卖，其计税依据为成交价格。

(2) 土地使用权赠与、房屋赠与，其计税依据由征收机关参照土地使用权出售、房屋买卖的市场价格核定。

(3) 土地使用权交换、房屋交换，其计税依据是所交换的土地使用权、房屋的价格差额。

(4) 出让国有土地使用权的，其契税计税依据价格为承受人为取得该土地使用权而支付的全部经济利益。

① 以协议方式出让的，其契税计税依据为成交价格。

② 以竞价方式出让的，其契税计税依据价格，一般应确定为竞价的成交价格，土地出让金、市政建设配套费以及各种补偿费用应包括在内。

③ 先以划拨方式取得土地使用权，后经批准改为出让方式取得该土地使用权的，应依法缴纳契税，其计税依据为应补缴的土地出让金和其他出让费用。

④ 已购公有住房经补缴土地出让金和其他出让费用成为完全产权住房的，免征土地权属转移的契税。

(5) 通过"招、拍、挂"程序承受土地使用权的，应按土地成交总价款计征契税，其中土地前期开发成本不得扣除。

【例 6-5】 下列关于契税的计税依据的说法中，正确的是(　　)。(2008 年单选题)

A. 土地使用权出售的以评估价格为计税依据

B. 土地使用权赠与的以市场价格为计税依据

C. 土地使用权交换的以成交价格为计税依据

D. 出让国有土地使用权的以重置价格为计税依据

【解析】B　土地使用权出售，其计税依据为成交价格；土地使用权赠与，其计税依据由征收机关参照土地使用权出售的市场价格核定；土地使用权交换，其计税依据是所交换的土地使用权；出让国有土地使用权的，其契税计税依据价格为承受人为取得该土地使用权而支付的全部经济利益。

2. 契税的应纳税额的计算

应纳税额的计算公式为：

$$应纳税额 = 计税依据 \times 税率$$

【例 6-6】 某公司 2008 年发生两笔互换房产业务，并已办理了相关手续。其中，第一笔业务换出的房产价值 500 万元，换进的房产价值 800 万元，并向对方支付差额 300 万元；第二笔业务换出的房产价值 600 万元，换进的房产价值 300 万元，并收取差额 300 万元。已知当地人民政府规定的契税税率为 3%，该公司上述两笔互换房产业务应缴纳契税(　　)万元。(2009 年单选题)

A. 0　　　　　　　　B. 9　　　　　　　　C. 18　　　　　　　　D. 33

【解析】B　300×3%=9 万元。房屋交换，其价值不相等的，按超出部分由支付差价方缴纳契税。

(四) 契税的减免

1. 契税减免的基本规定

(1) 国家机关、事业单位、社会团体、军事单位承受土地、房屋用于办公、教学、医疗、科研和军事设施的，免征契税。

(2) 城镇职工按规定第一次购买公有住房的免征契税。

(3) 因不可抗力丧失住房而重新购买住房的，酌情准予减征或者免征契税。

(4) 土地、房屋被县级以上人民政府征用、占用后，重新承受土地、房屋权属的，由省级人民政府确定是否减免。

(5) 承受荒山、荒沟、荒丘、荒滩土地使用权，并用于农、林、牧、渔业生产的，免征契税。

(6) 经外交部确认，依照我国有关法律规定以及我国缔结或参加的双边和多边条约或协定，应当予以免税的外国驻华使馆、领事馆、联合国驻华机构及其外交代表、领事官员和其他外交人员承受土地、房屋权属的，免征契税。

2. 财政部规定的其他减征、免征契税的项目

(1) 对拆迁居民因拆迁重新购置住房的，对购买成交价格中相当于拆迁补偿款的部分免征契税，成交价格超过拆迁补偿款的，对超过部分征收契税。

(2) 根据《中华人民共和国契税暂行条例》及其实施细则的有关规定，对承受国有土地使用权所应支付的土地出让金，要计征契税。不得因减免土地出让金，而减免契税。

(3) 对国家石油储备基地第一期项目建设过程中涉及的契税予以免征。

(4) 以上经批准减税、免税的纳税人，改变有关土地、房屋用途的，不再属于减免税的范围，应当补缴已经减免的税款。纳税义务发生的时间为改变有关土地、房屋用途的当天。

(5) 从 2007 年 8 月起，对廉租住房经营管理单位购买住房作为廉租住房、经济适用住房经营管理单位回购经济适用住房继续作为经济适用住房房源的，免征契税。对个人购买经济适用住房，在法定税率基础上减半征收契税。

(6) 从 2010 年 10 月 1 日起，对个人购买 90 平方米及以下普通住房的，减按 1% 税率征收契税。

符合减免税规定的纳税人，应在土地、房屋权属转移合同生效 10 日内向土地、房屋所在地的征收机关提出减免税申报。自 2004 年 10 月 1 日起，计税金额在 10 000 万元(含 10 000 万元)以上的减免，征收机关应在办理减免手续完毕之日起 30 日内报国家税务总局备案。

考点三　车船税

(一) 车船税的纳税人和征税范围

车船税的纳税人是车辆、船舶的所有人或管理人，即在我国境内拥有车船的单位和个人。同时，《中华人民共和国车船税暂行条例》还规定，应税车船的所有人或管理人未缴纳车船税的，应由使用人代缴。

车船税的征税范围是依法在公安、交通、农业等车船管理部门登记的车船，具体可分为车辆和船舶两大类。

(二) 车船税的税率

车船税采用定额税率，即对征税的车船规定单位固定税额。

(三) 车船税的计税依据和应纳税额的计算

1. 计税依据

车船税实行从量计税的方法。根据车船的种类、性能、构造和使用情况的不同，分别选择了三种单位的计税标准，即辆、净吨位和自重吨位。

(1) 采用以辆为计税标准的车辆有：电(汽)车、摩托车、自行车、人力车、畜力车等。

(2) 采用以净吨位为计税标准主要是船舶。

(3) 采用以自重吨位为计税标准的有：载货汽车、三轮汽车和低速货车。

2. 车船税应纳税额的计算

车船税根据不同类型的车船及其适用的计税标准分别计算应纳税额。计算公式如下：

(1) 乘用车、客车、摩托车：

$$应纳税额=应税车辆数量×适用单位税额$$

(2) 船舶：

$$应纳税额=净吨位或艇身长度×适用单位税额$$

(3) 货车、专用作业车、轮式专业机械车：

$$应纳税额=车船的整备质量×适用单位税额$$

(四) 车船税的减免

下列车船免征减征车船税：

(1) 捕捞、养殖渔船减征车船税；

(2) 军队、武警专用的车船免征车船税；

(3) 警用车船免征车船税；

(4) 对节约能源、使用新能源的车船可以减征或者免征车船税；对受严重自然灾害影响纳税困难以及有其他特殊原因确需减税、免税的，可以减征或者免征车船税；

(5) 省、自治区、直辖市人民政府根据当地实际情况，可以对公共交通车船，农村居民拥有并主要在农村地区使用的摩托车、三轮汽车和低速载货汽车定期减征或者免征车船税。省、自治区、直辖市人民政府可以根据当地实际情况，对城市、农村公共交通车船给予定期减税、免税；

(6) 依照我国有关法律和我国缔结或者参加的国际条约的规定应当予以免税的外国驻华使馆、领事馆和国际组织驻华机构及其有关人员的车船。

省、自治区、直辖市人民政府可以根据当地实际情况，对城市、农村公共交通车船给予定期减税、免税。

第二节　资 源 税 制

考点四　资源税

(一) 资源税的纳税人和征税范围

1. 纳税人

在中华人民共和国领域及管辖海域开采应税矿产品或者生产盐的单位和个人，为资源税的纳税人。

2. 征税范围

《中华人民共和国资源税暂行条例》本着纳入范围的资源必须具有商品属性，即具有使用价值和交换价值的原则，只将原油、天然气、煤炭、其他非金属矿原矿、黑色金属矿原矿、有色金属矿原矿和盐列入了征税范围。

(二) 资源税的税率

资源税采用从价定率或者从量定额的税率，即固定税额。

资源税的计税依据和应纳税额的计算。

(三) 资源税的计税依据和应纳税额的计算

1. 计税依据

从量定额征收方式,决定了资源税以课税数量为计税依据。纳税人开采或者生产应税产品销售的,以销售数量为课税数量。纳税人开采或者生产应税产品自用的,以自用(非生产用)数量为课税数量。

2. 资源税应纳税额的计算

$$应纳税额=销售数量×适用税率$$

(四) 资源税的减免

(1) 开采原油过程中用于加热、修井的原油免税。

(2) 纳税人开采或者生产应税产品过程中,因意外事故或者自然灾害等原因遭受重大损失的,由省、自治区、直辖市人民政府酌情决定减税或者免税。

(3) 国务院规定的其他减税、免税项目。

考点五　城镇土地使用税

(一) 城镇土地使用税的纳税人和征税范围

在城市、县城、建制镇、工矿区范围内使用土地的单位和个人,为城镇土地使用税的纳税人,应当依照有关规定缴纳城镇土地使用税。具体规定如下:

(1) 城镇土地使用税由拥有土地使用权的单位或个人缴纳;

(2) 土地使用权未确定或权属纠纷未解决的,由实际使用人纳税;

(3) 土地使用权共有的,由共有各方分别纳税。

城镇土地使用税的征税范围为城市、县城、建制镇和工矿区。

(二) 城镇土地使用税的税率

城镇土地使用税实行分级幅度税额税率。每平方米土地年税额规定如下:

(1) 大城市 1.5~30 元;

(2) 中等城市 1.2~24 元;

(3) 小城市 0.9~18 元;

(4) 县城、建制镇、工矿区 0.6~12 元。

经省、自治区、直辖市人民政府批准,经济落后地区的城镇土地使用税适用税额标准可以适当降低,但降低额不得超过规定的最低税额的30%。

(三) 城镇土地使用税的计税依据和应纳税额的计算

1. 计税依据

城镇土地使用税以纳税人实际占用的土地面积(平方米)为计税依据。

2. 城镇土地使用税应纳税额的计算

城镇土地使用税的应纳税额依据纳税人实际占用的土地面积和适用单位税额计算。计算公式如下：

$$应纳税额=实际占用的应税土地面积(平方米) \times 适用税额$$

(四) 城镇土地使用税的减免

减免优惠的基本规定：

(1) 国家机关、人民团体、军队自用的土地；

(2) 由国家财政部门拨付事业经费的单位自用的土地；

(3) 宗教寺庙、公园、名胜古迹自用的土地；

(4) 市政街道、广场、绿化地带等公共用地；

(5) 直接用于农、林、牧、渔的生产用地；

(6) 经批准开山填海整治的土地和改造的废弃土地，从使用的月份起免缴土地使用税5～10年；

(7) 由财政部另行规定的能源、交通、水利用地和其他用地；

其他减免优惠的规定：

(1) 凡是缴纳了耕地占用税的，从批准征用之日起满1年后征收城镇土地使用税；征用非耕地因不需要缴纳耕地占用税，应从批准征用之次月起征收城镇土地使用税。

(2) 房地产开发公司建造商品房的用地，除经批准开发建设经济适用房的用地外，一律不得减免城镇土地使用税。

(3) 凡在开征范围内的土地，除直接用于农、林、牧、渔业的，按规定免予征税以外，不论是否缴纳农业税，均应照章征收城镇土地使用税。

(4) 对基建项目在建期间使用的土地，原则上应征收城镇土地使用税。对纳税人纳税确有困难的，可由各省、自治区、直辖市税务局根据具体情况予以免征或减征城镇土地使用税；对已经完工或已经使用的建设项目，其用地应照章征收城镇土地使用税。

(5) 为了促进集贸市场的发展及照顾各地的不同情况，各省、自治区、直辖市税务局可根据具体情况，自行确定对集贸市场用地征收或者免征城镇土地使用税。

(6) 对于各类危险品仓库、厂房所需的防火、防爆、防毒等安全防范用地，可由各省、自治区、直辖市税务局确定，暂免征收城镇土地使用税。

(7) 企业关闭、撤销后，其占地未作他用的，经各省、自治区、直辖市税务局批准，可暂免征收城镇土地使用税。

(8) 自2004年7月1日起，企业搬迁后原场地不使用的、企业范围内荒山等尚未利用的土地，免征城镇土地使用税。

(9) 向居民供热并向居民收取采暖费的供热企业暂免征收城镇土地使用税。

(10) 对企业的铁路专用线、公路等用地，除另有规定者外，在企业厂区以内的，应照章征收城镇土地使用税；在厂区以外、与社会公用地段未加隔离的，暂免征收城镇土地使用税。

(11) 对企业范围内的荒山、林地、湖泊等占地，尚未利用的，经各省、自治区、直辖市税务局审批，可暂免征收城镇土地使用税。

(12) 对企业厂区(包括生产、办公及生活区)以内的绿化用地，应照章征收城镇上地使用税，厂区以外的公共绿化用地和向社会开放的公园用地，暂免征收城镇土地使用税。

(13) 物资储运企业的露天货场、库区道路、铁路专用线等非建筑用地免征城镇土地使用税问题可由省、自治区、直辖市税务局根据具体情况处理。

(14) 中国石油天然气总公司所属单位用地中，油气生产建设用地暂免征收城镇土地使用税；在城市、县城、建制镇以外工矿区的油气生产、生活用地，暂免征收城镇土地使用税。

(15) 对林区的育林地、运材道、防火道、防火设施用地，免征城镇土地使用税；林业系统的森林公园、自然保护区，可比照公园免征城镇土地使用税；林业系统的林区贮木场、水运码头用地，原则上应缴纳城镇土地使用税，但考虑到林业系统目前的困难，暂予免征。

(16) 对盐场、盐矿的生产厂房、办公、生活区用地，应照章征收城镇土地使用税；盐场的盐滩、盐矿的矿井用地，暂免征收城镇土地使用税；对盐场的、盐矿的其他用地，由省、自治区、直辖市税务局根据实际情况，确定征免措施。

(17) 矿山的采矿场、排土场、矿尾库、炸药库的安全区，以及运矿运岩公路、尾矿输送管道及回水系统用地，免征城镇土地使用税；矿山企业采掘地下矿造成的塌陷地以及荒山占地，在未利用之前，暂免征收城镇土地使用税。

(18) 自 2007 年 8 月 1 日起，对廉租住房、经济适用住房建设用地以及廉租住房经营管理单位按照政府规定价格、向规定保障对象出租的廉租住房用地，免征城镇土地使用税。

(19) 对在一个纳税年度内月平均实际安置残疾人就业人数占单位在职职工总数的比例高于 25%(含 25%)且实际安置残疾人人数高于 10 人(含 10 人)的单位，可减征或免征该年度城镇土地使用税。具体减免税比例及管理办法由省、自治区、直辖市财税主管部门确定。

【例 6-7】 下列有关城镇土地使用税的说法中，正确的是(   )。(2008 年单选题)

A. 外商投资企业不适用城镇土地使用税，但外国企业同样适用城镇土地使用税

B. 个人所有的经营房屋免征城镇土地使用税

C. 房地产公司经批准开发建设的经济适用房可减免城镇土地使用税

D. 如存在土地使用权权属纠纷未解决的，由原拥有土地使用权的单位纳税

【解析】C 外商投资企业、外国企业都适用城镇土地使用税。个人所有的经营房屋属于城镇土地使用税的纳税范围。房地产开发公司建造商品房的用地，除经批准开发建设经济适用房的用地外，一律不得减免城镇土地使用税。土地使用权权属发生纠纷未解决的，由土地实际使用人纳税。

考点六　耕地占用税

(一) 耕地占用税的纳税人和征税范围

1. 纳税人

耕地占用税的纳税人，是指占用耕地建房或者从事非农业建设的单位(包括国有企业、集体企业、私营企业、股份制企业、外商投资企业、外国企业以及其他企业和事业单位、社会团体、国家机关、军队以及其他单位)和个人(包括个体工商户以及其他个人)。

2. 耕地占用税的税率

(1) 人均耕地不超过 1 亩的地区，每平方米为 10～50 元。

(2) 人均耕地超过 1 亩但不超过 2 亩的地区，每平方米 8～40 元。

(3) 人均耕地超过 2 亩但不超过 3 亩的地区，每平方米 6～30 元。

(4) 人均耕地超过 3 亩以上的地区，每平方米 5～25 元。

(二) 耕地占用税的计税依据和应纳税额的计算

$$应纳税额=实际占用的耕地面积(平方米)×适用定额税率$$

(三) 耕地占用税的税收优惠

1. 免征耕地占用税的情形

(1) 军事设施占用耕地。

(2) 学校、幼儿园、养老院、医院占用耕地。

2. 减征耕地占用税的情形

(1) 铁路线路、公路线路、飞机场跑道、停机坪、港口、航道占用耕地，减按每平方米 2 元的税额征收耕地占用税。

(2) 农村居民占用耕地新建住宅，按照当地使用税额减半征收耕地占用税。

(四) 耕地占用税的征收管理

耕地占用税由地方税务机关负责征收。土地管理部门在通知单位或者个人办理占用耕地手续时，应当同时通知耕地所在地同级地方税务机关。获准占用耕地的单位或者个人应当在收到土地管理部门的通知之日起 30 日内缴纳耕地占用税。土地管理部门凭耕地占用税完税凭证或者免税凭证和其他有关文件发放建设用地批准书。

考点七　土地增值税

(一) 土地增值税的纳税人和征税范围

1. 纳税人

转让国有土地使用权、地上的建筑物及其附着物并取得收入的单位和个人，为土地增值税的纳税人。

2. 征税范围的一般规定

土地增值税是对转让国有土地使用权，地上的建筑物及其附着物征收。

(二) 土地增值税的计税依据

根据《土地增值税暂行条例》及其实施细则的规定，纳税人转让房地产取得的应税收入，应包括转让房地产的全部价款及有关的经济收益。从收入的形式来看，包括货币收入、实物收入和其他收入。

(三) 土地增值税的税率

土地增值税实行四级超率累进税率，如表 6-1 所示。

表 6-1　土地增值税实行四级超率累进税率

级数	增值税与扣除项目金额的比率	税率/%	速算扣除系数/%
1	不超过 50%的部分	30	0
2	超过 50%～100%的部分	40	5
3	超过 100%～200%的部分	50	15
4	超过 200%的部分	60	35

(四) 土地增值税的税收优惠

(1) 建造普通标准住宅的税收优惠。纳税人建造普通标准住宅出售，增值税未超过扣除项目金额 20%的，免除土地增值税；增值额超过扣除项目金额 20%的，应就其全部增值额按规定计税。

(2) 对企事业单位、社会团体以及其他组织转让服务作为租房房源、且增值额未超过扣除项目金额 20%的，免征土地增值税。

(3) 因国家建设需要依法证明、收回的房地产，免征土地增值税。

(4) 因城市实施规划、国家建设的需要而搬迁，由纳税人自行转让原房地产的，免征土地增值税。

(5) 对因中国邮政集团公司邮政速递物流业务重组改制，中国邮政集团公司向中国邮政速递物流股份有限公司、各省邮政公司向省邮政速递物流有限公司转移房地产产权应缴纳的土地增值税，予以免征。

(6) 自 2008 年 11 月 1 日起，对居民个人转让住房一律免征土地增值税。

第三节　行为、目的税制

考点八　印花税

印花税是对经济活动和经济交往中书立、领受、使用的应税经济凭证所征收的一种税。因纳税人主要是通过在应税凭证上粘贴印花税票来完成纳税义务，故名印花税。

(一) 印花税的纳税人和征税范围

1. 纳税人

凡在我国境内书立、领受、使用属于征税范围内所列应税经济凭证的单位和个人，都是印花税的纳税人。按照征税项目划分的具体纳税人是：立合同人、立账簿人、立据人、领受人和使用人。

2. 征税范围

现行印花税只对《中华人民共和国印花税暂行条例》列举的凭证征收，没有列举的凭证不征税。正式列举的凭证分为五类，即经济合同，产权转移书据，营业账簿，权利、许可证照和经财政部门确定征税的其他凭证。

(二) 印花税的税率

印花税征税对象根据不同凭证的性质和特点，按照合理负担、便于征纳的原则，分别采用不同的税率。现行印花税采用比例税率和定额税率两种税率。

【例6-8】 印花税的税率形式有(　　)。(2009年多选题)

A. 定额税率　　　　　　　B. 超额累进税率　　　　　　C. 比例税率

D. 全额累进税率　　　　　E. 超率累进税率

【解析】 AC　印花税的税率形式有定额税率和比例税率。

1. 比例税率

印花税的比例税率分为四档，即：0.05‰、0.3‰、0.5‰和1‰。按比例税率征收的应税项目包括：各种合同及具有合同性质的凭证、记载资金的账簿和产权转移书据等。其具体规定是：

(1) 财产租赁合同、仓储保管合同、财产保险合同的税率为1‰。

(2) 加工承揽合同、建设工程勘察设计合同、货物运输合同、产权转移书据、营业账簿中记载资金的账簿，其税率为0.5‰。

【例6-9】 企业资金账簿应按(　　)贴花交纳印花税。(2008年单选题)

A. 每件5元　　　　　　　　　　B. 全部资金的1‰

C. 记载资金的0.5‰　　　　　　D. 不需缴纳

【解析】 C　加工承揽合同、建设工程勘察设计合同、货物运输合同、产权转移书据、营业账簿中记载资金的账簿，其税率为0.5‰。

(3) 购销合同、建筑安装工程承包合同、技术合同的规定税率为0.3‰。

(4) 借款合同的税率为0.05‰。

自2008年9月19日起，财政部、国家税务总局调整证券(股票)交易印花税征收方式，将此前对买卖、继承、赠与所书立的A股、B股股权转让书据按1‰的税率对双方当事人征收证券(股票)交易印花税，调整为单边征收，即对买卖、继承、赠与所书立的A股、B股股权转让书据的出让方按1‰的税率征收证券(股票)交易印花税，对受让方不再征税。

2. 定额税率

适用定额税率的是权利、许可证照和营业账簿中除记载资金账簿以外的其他账簿，采取按件规定固定税额，单位税额均为每件5元。对其他营业账簿、权利许可证照，单位税额均为每件5元。

(三) 印花税的计税依据和应纳税额的计算

1. 印花税的计税依据

印花税根据不同征税项目，分别实行从价计征和从量计征两种征收方法。

(1) 从价计税情况下计税依据的确定，实行从价计征的凭证以所载金额为计税依据。其具体情况如下：

① 各类经济合同，以合同上所记载的金额、收入或费用为计税依据。

② 产权转移书据，以书据中所载的金额为计税依据。

③ 对记载资金的营业账簿，以实收资本和资本公积的两项合计金额为计税依据。

(2) 从量计税情况下计税依据的确定，实行从量计征的除记载资金账簿以外的其他营业账簿和权利、许可证照，以计税数量为计税依据。

2. 印花税的应纳税额的计算

(1) 按比例税率计算应纳税额的方法：

$$应纳税额=计税金额×适用税率$$

(2) 按定额税率计算应纳税额的方法：

$$应纳税额=凭证数量×单位税额$$

(四) 印花税的减免

根据《印花税暂行条例》及其实施细则和其他有关税法的规定，下列凭证免纳印花税：

(1) 已缴纳印花税的凭证副本或抄本。

(2) 财产所有人将财产赠给政府、社会福利单位、学校所立的书据。

(3) 国家指定的收购部门与村民委员会、农民个人书立的农产品收购合同。

(4) 无息、贴息贷款合同。

(5) 外国政府或国际金融组织向我国政府及国家金融机构提供优惠贷款所立的合同。

(6) 房地产管理部门与个人订立的房租合同，凡房屋属于用于生活居住地，暂免贴花。

(7) 军事货物运输、抢险救灾物资运输，以及新建铁路临管线运输等的特殊货运凭证。

(8) 对国家邮政局及所属各级邮政企业，从 1999 年 1 月 1 日起独立运营新设立的资金账簿，凡属在邮电管理局分营前已贴花的资金免征印花税，1999 年 1 月 1 日以后增加的资金按规定贴花。

(9) 自 2004 年 7 月 1 日起,对经国务院和省级人民政府决定或批准进行的国有(含国有控股)企业改组改制而发生的上市公司国有股权无偿转让行为,暂不征收证券(股票)交易印花税。对不属于上述情况的上市公司国有股权无偿转让行为,仍应征收证券(股票)交易印花税。

(10) 企业改制前签订但尚未履行完的各类应税合同，改制后需要变更执行主体的，对仅改变执行主体，其余条款未作变动且改制前已贴花的，不再贴花。

(11) 企业因改制签订的产权转移书据免予贴花。

(12) 对投资者(包括个人和机构)买卖封闭式证券基金免征印花税。

(13) 对国家石油储备基地第一期项目建设过程中涉及的印花税予以免征。

(14) 从 2007 年 8 月 1 日起，对廉租住房、经济适用住房经营管理单位与廉租住房、经济适用住房相关的印花税以及廉租住房承租人、经济适用住房购买入涉及的印花税予以免征。对个人出租、承租住房签订的租赁合同，免征印花税。

(15) 对于企业集团内具有平等法律地位的主体之间自愿订立、明确双方购销关系、据以供货和结算、具有合同性质的凭证，应按规定征收印花税。对于企业集团内部执行计划使用的、不具有合同性质的凭证，不征收印花税。

(16) 从 2008 年 11 月 1 日起，对个人销售或购买住房暂免征收印花税。

【例 6-10】 某中外合资企业 2008 年 1 月开业，领受房屋产权证、工商营业执照、商标注册证、卫生先进单位证各一件；开业当月，签订了以下合同：

(1) 与银行签订一份借款合同，所载金额为 80 万元；

(2) 与保险公司签订一份财产保险合同，支付保险费 4 万元；

(3) 与某仓库签订一年的货物保管合同，月保管费为 1000 元；

(4) 与某运输企业签订货物运输合同，所载运输费金额 50 万元；

(5) 营业账簿中实收资本为 300 万元，资本公积金为 100 万元，其他营业账簿 8 本。

已知运输合同的税率为 0.5‰、借款合同的税率为 0.05‰，财产保险合同、仓储保管合同的税率为 1‰。(2009 年案例分析题)

1. 该企业签订的借款合同应缴纳印花税(　　)元。

    A. 0　　　　　　B. 20　　　　　　C. 40　　　　　　D. 80

【解析】C　800 000×0.05‰=40 元。

2. 该企业签订的财产保险合同应缴纳印花税(　　)元。

    A. 0　　　　　　B. 20　　　　　　C. 40　　　　　　D. 80

【解析】C　40 000×1‰=40 元。

3. 该企业签订的保管合同应缴纳印花税(　　)元。

    A. 0　　　　　　B. 6　　　　　　C. 10　　　　　　D. 12

【解析】D　1000×12×1‰=12 元。

4. 该企业签订的货物运输合同应缴纳印花税(　　)元。

    A. 0　　　　　　B. 250　　　　　　C. 500　　　　　　D. 1000

【解析】B　500 000×0.5‰=250 元。

5. 该企业开立领用各类证件应缴纳印花税(　　)元。

    A. 0　　　　　　B. 4　　　　　　C. 15　　　　　　D. 20

【解析】C　房屋产权证、工商营业执照、商标注册证需缴纳印花税，3×5=15 元。

6. 该企业各类营业账簿应缴纳印花税(　　)元。

    A. 0　　　　　　B. 40　　　　　　C. 2000　　　　　　D. 2040

【解析】D　(3 000 000+1 000 000)×0.5‰+8×5=2040 元。

考点九　城市维护建设税

(一) 城市维护建设税的纳税人和征税范围

1. 纳税人

城建税的纳税义务人，是指负有缴纳"三税"义务的单位和个人。对外商投资企业和外国企业缴纳的"三税"同样征收城建税。

2. 征税范围

由于城建税是对从事工商经营活动的单位和个人，就其实际缴纳的增值税、消费税、营业税的税额计征的，所以其征税范围与增值税、消费税、营业税的征税范围一致。

(二) 城市维护建设税的税率

城建税的税率，是指纳税人应缴纳的城建税税额与纳税人实际缴纳的"三税"税额的比率。城建税按纳税人所在地的不同，设置了三档地区差别比例税率，即：

(1) 纳税人所在地为市区的，税率为 7%；

(2) 纳税人所在地为县城、镇的，税率为 5%；

(3) 纳税人所在地不在市区、县城或镇的，税率为 1%。

城建税的适用税率，应当按纳税人所在地的规定税率执行。但是，对下列两种情况，可按缴纳"三税"所在地的规定税率就地缴纳城建税：

第一种情况是，由受托方代扣代缴、代收代缴"三税"的单位和个人，其代扣代缴、代收代缴的城建税按受托方所在地适用税率执行。

第二种情况是，流动经营等无固定纳税地点的单位和个人，在经营地缴纳"三税"的，其城建税的缴纳按经营地适用税率执行。

(三) 城市维护建设税的计税依据和应纳税额的计算

1. 计税依据

城建税的计税依据，是指纳税人实际缴纳的"三税"税额。纳税人违反"三税"有关税法而加收的滞纳金和罚款，不作为城建税的计税依据。城建税与"三税"同时征收，如果要免征或者减征"三税"，也就要同时免征或者减征城建税。

2. 应纳税额的计算

城建税纳税人的应纳数额大小由纳税人实际缴纳的"三税"税额决定，其计算公式为：

应纳税额=纳税人实际缴纳的增值税、消费税、营业税税额×适用税率

(四) 城市维护建设税的减免

城建税原则上不单独减免，因城建税具有附加税性质，当主税发生减免时，城建税相应发生税收减免。城建税的税收减免具体有以下几种情况：

(1) 城建税按减免后实际缴纳的"三税"税额计征，即随"三税"的减免而减免。

(2) 对于因减免税而需要进行"三税"退库的，城建税也可同时退库。

(3) 海关对进口产品代征的增值税、消费税，不征收城建税。

(4) 为支持三峡工程建设，对三峡工程建设基金，自 2004 年 1 月 1 日至 2009 年 12 月 31 日期间，免征城市维护建设税和教育费附加。

(5) 对"三税"实行先征后返、先征后退、即征即退办法的，除另有规定外，对随"三税"附征的城市维护建设税和教育费附加，一律不予退(返)还。

考点十 教育费附加

(一) 教育费附加的缴纳人和征收范围

教育费附加是以缴纳增值税、消费税、营业税的单位和个人为缴纳人来征收的。凡缴纳增值税、消费税、营业税的单位和个人都应缴纳教育费附加，并分别与增值税、消费税和营业税同时缴纳。

(二) 教育费附加的征收率

现行教育费附加征收比率为 3%。

(三) 教育费附加的征收依据和应纳费用的计算

教育费附加是以各单位和个人实际缴纳的增值税、消费税和营业税税额为计征依据。其计算公式为：

应纳教育费附加=实际应纳增值税、消费税、营业税税额×征收比率

(四) 教育费附加的减免

(1) 对海关出口的产品征收的增值税、消费税、营业税，不征收教育费附加。

(2) 对由于减免增值税、消费税和营业税而发生的退税，可同时退还已征收的教育费附加。但对出口产品退还增值税、消费税的，不退还已征的教育费附加。

同 步 自 测

一、单项选择题

1. 下列各项中不符合《房产税暂行条例》规定的是(　　)。
   A. 将房屋产权出典的，承典人为纳税人
   B. 将房屋产权出典的，产权所有人为纳税人
   C. 房屋产权未确定的，房产代管人或使用人为纳税人
   D. 产权所有人不在房产所在地的，房产代管人或使用人为纳税人

2. 下列关于房产税的表述错误的是(　　)。
   A. 自 2004 年 8 月 1 日起，对军队空余房产租赁收入暂免征收房产税
   B. 房产的征税范围不包括农村
   C. 国家机关、人民团体自用的房产免征房产税
   D. 纳税人因房屋大修导致连续停用 3 个月以上的，在房屋大修期间免征房产税

3. 根据《房产税暂行条例》规定，对企业办的各类学校、医院、托儿所自用的房产应(　　)。
   A. 征收房产税　　　　　　　　　　B. 减征房产税
   C. 免征房产税　　　　　　　　　　D. 缓征房产税

4. 2006 年某居民将自有房屋出租给某公司员工居住，其应缴纳的房产税税率为(　　)。
   A. 4%　　　　　B. 1.2%　　　　　C. 12%　　　　　D. 0

5. 某市儿童公园将其一房屋租给个体户王某开鲜花礼品店，《房产税暂行条例》对该房屋的税收政策规定是(　　)。
   A. 征收房产税　　　　　　　　　　B. 减征房产税
   C. 免征房产税　　　　　　　　　　D. 缓征房产税

6. 依据房产租金收入计税的房产税的税率为(　　)。
   A. 1.2%　　　　　B. 12%　　　　　C. 2.2%　　　　　D. 22%

7. 下列行为不属于契税征税范围的是(　　)。
   A. 国有土地使用权的出让　　　　　B. 国有土地使用权转让
   C. 房屋买卖　　　　　　　　　　　D. 农村集体土地承包经营权的转让

8. 以(　　)为征税对象，向产权承受人征收的一种财产税，被称为契税。

  A. 房屋   B. 所有权发生转移的不动产

  C. 开征范围的土地   D. 规定的自然资源

9. 下列情况中，契税的计税依据确定错误的是(　　)。

  A. 土地使用权出售，其计税依据为成交价格

  B. 土地使用权赠与，其计税依据为土地市场价格

  C. 以协议方式出让国有土地使用权的，其计税依据为土地的原值

  D. 已购买公房经补缴土地出让金和其他出让费成为完全产权住房的，免征契税

10. 下列关于契税税率说法正确的是(　　)。

  A. 契税实行固定比例税率

  B. 契税的具体执行税率可以根据各地区实际情况确定

  C. 契税实行浮动比例税率

  D. 契税实行的税率为2%～5%

11. 符合减免税规定的纳税人，应在土地、房屋权属转移合同生效(　　)内向土地、房屋所在地的征收机关提出减免税申报。

  A. 10日   B. 15日   C. 20日   D. 30

12. 车船的所有人或管理人未缴纳车船税的，应当代为缴纳车船税的有(　　)。

  A. 车船所有人   B. 车船使用人

  C. 车船承租人   D. 税务机关认定的纳税人

13. 下列有关车船税的说法不正确的是(　　)。

  A. 对暂不使用的车船不征税   B. 对公务用警车免征税

  C. 对外籍人员的汽车应征税   D. 对非机动车一律免征税

14. 下列关于车船税的说法错误的是(　　)。

  A. 车船税采用定额税率

  B. 车船税实行从量计税的方法

  C. 车船税的纳税义务发生时间，为车船管理部门核发的车船登记证书或者行驶证书所记载日期的次月

  D. 车船税由地方税务机关负责征收

15. 下列城镇土地使用税纳税人表述正确的是(　　)。

  A. 城镇土地使用税由拥有土地所有权的单位和个人缴纳

  B. 土地使用权权属发生纠纷未解决的，由土地实际使用人纳税

  C. 土地使用权共有的，由所占份额大的一方纳税

  D. 对外商投资企业和外国企业暂不适用城镇土地使用税

16. 工商营业执照应按(　　)贴花缴纳印花税。

  A. 注册资金的2%   B. 全部资本的1%

  C. 每件5元   D. 股权资本的0.5‰

17. 根据印花税暂行条例的规定，纳税人不应该缴纳印花税的合同是(　　)。

  A. 贴息贷款合同   B. 技术转让合同

  C. 借款合同   D. 财产租赁合同

18. 应纳印花税的凭证应当于( )贴花。

    A. 年度内　　　　　　　　　　　　B. 书立或领受时

    C. 履行完毕时　　　　　　　　　　D. 开始履行时

19. 下列权利许可证明不属于印花税征税范围的是( )。

    A. 房屋产权证　　　　　　　　　　B. 工商营业执照

    C. 商标注册证　　　　　　　　　　D. 卫生许可证

20. 《资源税暂行条例》规定，纳税人开采或生产资源税应税产品销售的，以( )为课税数量。

    A. 生产数量　　　　　　　　　　　B. 移送使用数量

    C. 销售数量　　　　　　　　　　　D. 计划数量

21. 下列关于资源税减征的说法不正确的是( )。

    A. 对冶金联合企业矿山铁矿石资源税减征造成的地方财政收入减少，中央予以补贴

    B. 对冶金联合企业矿山铁矿石资源税，减按规定税额标准的30%征收

    C. 对有色金属矿的资源税在规定税额的基础上减征30%

    D. 对有色金属矿的资源税按规定税额标准的70%征收

22. 下列经营者中不需要缴纳城市维护建设税的是( )。

    A. 加工、修理、修配的国有企业　　B. 生产护肤护发品的私营企业

    C. 生产电器的外商投资企业　　　　D. 农村从事货物运输的个体户

23. 不属于城建税纳税人的是( )。

    A. 个人　　　　　　　　　　　　　B. 国有企业

    C. 外国企业　　　　　　　　　　　D. 私营企业

24. 以下可以退免城建税和教育费附加的是( )。

    A. "三税"的直接减免　　　　　　　B. "三税"的先征后返

    C. "三税"的先征后退　　　　　　　D. "三税"的即征即退

25. 下列关于教育费附加的说法错误的是( )。

    A. 教育费附加是以纳税人实际缴纳的"三税"税额为计税依据

    B. 按照《国务院关于教育费附加征收问题的紧急通知》的规定，各省、自治区、直辖市根据自己的实际情况确定征收比率

    C. 对海关出口产品征收的增值税、消费税、营业税不征收教育费附加

    D. 对于出口产品退还增值税、消费税的，不退还已征的教育费附加

二、多项选择题

1. 下列房产中免征房产税的是( )。

    A. 军队自用的房产　　　　　　　　B. 公园自用的房产

    C. 企业生产用房产　　　　　　　　D. 个人非营业用房产

    E. 事业单位自用的房产

2. 关于契税的计税依据说法正确的是( )。

    A. 土地使用权出售，计税依据为成交价格

    B. 土地使用权赠与，计税依据为征收机关参照土地使用权出售的市场价格核定

    C. 土地使用权交换，计税依据为所交换的土地使用权的价格差额

D. 出让国有土地使用权的，计税依据为市场价格

E. 出让国有土地使用权，计税依据为承受人为取得土地使用权支付的经济利益

3. 下列有关契税的说法中正确的是(   )。

    A. 契税的纳税人是我国境内转移土地、房屋权属的承受者

    B. 契税的征税对象是我国境内产权发生转移的不动产

    C. 契税实行差别比例税率

    D. 契税纳税人不包括国有经济单位

    E. 契税是一种财产税

4. 下列车船中免征车船使用税的有(   )。

A. 国家机关自用的车船	B. 拖拉机	C. 警用车船
D. 非机动驳船	E. 捕捞、养殖渔船	

5. 车船税的计税依据包括(   )。

A. 车船的价格	B. 车船的净值	C. 车船的辆数
D. 车船的吨位数	E. 车船的自重吨位	

6. 下列属于以自重吨位为计税标准的车辆有(   )。

A. 摩托车	B. 电车	C. 载货汽车
D. 三轮汽车	E. 拖拉机	

7. 享受税收优惠免纳城镇土地使用税的项目是(   )。

A. 名胜古迹自用的土地	B. 街道广场占用的土地
C. 新建商场占用的土地	D. 灌溉设施占用的土地
E. 政协机关办公土地	

8. 城镇土地使用税的纳税人包括在征税范围内的(   )。

A. 所有拥有国有土地使用权的单位	B. 拥有国有土地使用权的国有企业
C. 拥有国有土地使用权的私营企业	D. 占有国有土地的外资企业
E. 所有拥有国有土地使用权的个人	

9. 不属于每平方米土地年税额为 0.6~12 元的有(   )。

A. 大城市	B. 小城市	C. 县城
D. 中等城市	E. 工矿区	

10. 《印花税暂行条例》规定的应税凭证有(   )。

A. 产权转移书据	B. 权利许可证照	C. 资金账簿
D. 无息贷款合同	E. 工商营业执照	

11. 下列使用万分之三税率的有(   )。

A. 借款合同	B. 购销合同
C. 建筑安装工程承包合同	D. 技术合同
E. 财产保险合同	

12. 下列不属于资源税征税范围的有(   )。

A. 水	B. 液体盐	C. 天然气
D. 煤炭	E. 氧气	

13. 城市维护建设税(　　)。

    A. 采用幅度比例税率

    B. 一种附加税

    C. 与"三税"同时缴纳的一种税

    D. 按纳税人所在地的不同设置不同的税率

    E. 原则上可以单独减免

三、案例分析题

(一) 某企业 2005 年拥有房屋三栋,原值为 1000 万元,其中两栋为厂房。另外一栋该企业作为托儿所使用,原值为 300 万元(该省规定允许按原值一次扣除 20%)。

根据资料回答下列问题:

1. 该企业作为托儿所使用的房产依据税法规定应(　　)。

    A. 免税　　　　　　　　　　　　　B. 减半征收

    C. 缓征　　　　　　　　　　　　　D. 按(300-300×20%)×1.2%征收

2. 该企业 2005 年应缴纳的房产税为(　　)万元。

    A. 6.72　　　　　　B. 12.4　　　　　　C. 12　　　　　　D. 15.6

(二) 某外商投资企业 2005 年接受某国有企业以房产投资入股,房产市场价值为 100 万元,该企业还于 2005 年以自有房产与另一企业交换一处房产,支付差价款 300 万元,同年政府有关部门批准向该企业出让土地一块,该企业缴纳土地出让金 150 万元(该地规定契税税率为 5%)。

根据资料回答下列问题:

1. 该外商投资企业接受国有企业房产应缴纳的契税为(　　)万元。

    A. 5　　　　　　　B. 4　　　　　　　C. 3　　　　　　D. 0

2. 企业交换房产和缴纳土地出让金应缴纳的契税为(　　)万元。

    A. 15　　　　　　B. 7.5　　　　　　C. 0　　　　　　D. 22.5

(三) 某企业 2007 年度相关资料如下:

(1) 拥有土地 3000 平方米,其中绿化占地 700 平方米。绿化占地中有 400 平方米为街心花园,并向周围居民开放;

(2) 当年年初购入办公楼一栋,面积 1000 平方米,价值 1500 万元,其中价值 200 万元的部分作为企业办医院用房;

(3) 企业将临街厂房的一部分出租给某超市,租金收入为每月 5000 元;

(4) 企业当年购入载客汽车 5 辆,其中 1 辆属幼儿园专用,另 1 辆为附属小学专用。

注:该省规定按照房产税原值一次扣除 20%后的余值计税,城镇土地使用税税额为 4 元/平方米,当地载客汽车车船税额为每年每辆 80 元。

1. 2007 年该企业应缴城镇土地使用税为(　　)元。

    A. 10 400　　　　B. 10 800　　　　C. 11 600　　　　D. 12 000

2. 2007 年该企业应缴房产税为(　　)万元。

    A. 12　　　　　　B. 13.2　　　　　C. 18　　　　　D. 160

3. 2007 年该企业应缴纳的车船税为(　　)元。

    A. 180　　　　　　B. 240　　　　　　C. 320　　　　　D. 400

(四) 王某长年经营个体运输业务，2007 年王某签订了 20 份运输合同，合计金额 200 万元，又将 2 辆货车出租给某运输队，双方签订了租赁合同，租金为每辆每月 1000 元，租期一年。

2007 年王某将其自用的两处房产分别出租，其中一处为库房，租给某公司，每月取得租金收入 2500 元；另一处为楼房，王某将其中一层出租给某餐馆，每月租金 3000 元，二层租给邻居李某居住，每月租金 500 元。

注：运输合同的印花税税率为 0.5‰；租赁合同的印花税税率为 1‰。

1. 王某当年运输合同及货车出租合同应缴纳的印花税为(　　)元。

    A. 1000　　　　　　B. 1012　　　　　　C. 1024　　　　　　D. 12 500

2. 王某当年应缴纳的房产税为(　　)元。

    A. 7200　　　　　　B. 7600　　　　　　C. 8160　　　　　　D. 8200

同步自测解析

一、单项选择题

1. 【解析】B　产权出典的，由承典人纳税。产权所有人、承典人不在房屋所在地的，由房产代管人或者使用人纳税。产权未确定及租典纠纷未解决的，亦由房产代管人或者使用人纳税。

2. 【解析】D　自 2004 年 7 月 1 日起，纳税人因房屋大修导致连续停用半年以上的，在房屋大修期间免征房产税，免征税额由纳税人在申报缴纳房产税时自行计算扣除。

3. 【解析】C　企业办的各类学校、医院、托儿所、幼儿园自用的房产，可以比照由国家财政部门拨付事业经费的单位自用的房产，免征房产税。

4. 【解析】A　从 2001 年 1 月 1 日起，对个人居住用房出租仍用于居住的，其应缴纳的房产税暂减，按 4% 的税率征收。

5. 【解析】A　对企事业单位、社会团体以及其他组织按市场价格向个人出租用于居住的住房，减按 4% 的税率征收房产税。

6. 【解析】B　我国现行房产税采用比例税率。根据房产税的计税依据分为从价计征和从租计征两种形式，所以房产税的税率也有两种：依据房产计税余值计税的，税率为 1.2%；依据房产租金收入计税的，税率 12%。

7. 【解析】D　契税的土地使用权转让不包括农村集体土地承包经营权的转让。

8. 【解析】B　契税是以所有权发生转移的不动产为征税对象，向产权承受人征收的一种财产税。

9. 【解析】C　以协议方式出让国有土地使用权的，其计税依据为成交价格。

10. 【解析】B　契税实行幅度比例税率，税率幅度为 3%～5%。具体执行税率，由各省、自治区、直辖市人民政府在规定幅度内，根据本地区实际情况确定。

11. 【解析】A　符合减免税规定的纳税人，应在土地、房屋权属转移合同生效 10 日内向土地、房屋所在地的征收机关提出减免税申报。自 2004 年 10 月 1 日起，计税金额在 10 000 万元(含 10 000 万元)以上的减免，征收机关应在办理减免手续完毕之日起 30 日内报国家税务总局备案。

12. 【解析】B　应税车船的所有人或管理人未缴纳车船税的，应由使用人代缴。

13.【解析】A　免征车船税的有：非机动车船(不包括非机动驳船)；拖拉机；捕捞、养殖渔船；军队、武警专用的车船；警用车船；按照有关规定已经缴纳船舶吨税的船舶；依照我国有关法律和我国缔结或者参加的国际条约的规定应当予以免税的外国驻华使馆、领事馆和国际组织驻华机构及其有关人员的车船。因此对暂不使用的车船还是需要征收车船税的。

14.【解析】C　车船税的纳税义务发生时间，为车船管理部门核发的车船登记证书或者行驶证书所记载日期的当月。

15.【解析】B　城镇土地使用税由拥有土地使用权的单位或个人缴纳。土地使用权未确定或权属纠纷未解决的，由实际使用人纳税。土地使用权共有的，由共有各方分别纳税。外商投资企业、外国企业都适用城镇土地使用税。

16.【解析】C　权利许可证照包括政府部门发给的房屋产权证、工商营业执照、商标注册证、土地使用证等都是定额缴纳印花税，每件 5 元。

17.【解析】A　应该缴纳印花税的合同包括购销合同、加工承揽合同、建设工程勘察设计合同、建筑安装工程承包合同、财产租赁合同、货物运输合同、仓库保管合同、借款合同、财产保险合同、技术合同等。

18.【解析】B　印花税是对经济活动和经济交往中书立、领受、使用的应税经济凭证所征收的一种税。而纳税人主要是通过在应税凭证上粘贴印花税票来完成纳税义务。因此，应纳印花税的凭证应当于书立、领受或使用时贴花。

19.【解析】D　印花税的具体征税范围包括：经济合同(购销合同、加工承揽合同、建设工程勘察设计合同、建筑安装工程承包合同、财产租赁合同、货物运输合同、仓库保管合同、借款合同、财产保险合同、技术合同等)、产权转移书据、营业账簿(资金账簿和其他营业账簿)、权利许可证照(政府部门发给的房屋产权证、工商营业执照、商标注册证、土地使用证等)。

20.【解析】C　从量定额征收方式，决定了资源税以销售数量为课税数量。

21.【解析】B　自 2004 年 4 月 1 日起，对冶金联合企业矿山铁矿石资源税，减按规定税额标准的40%征收。对于由此造成的地方财政减少的收入，由中央财政予以适当补助。对有色金属矿的资源税在规定税额的基础上减征30%，按规定税额标准的70%征收。

22.【解析】C　城建税的征税范围较广泛。包括城市、县城、建制镇，以及税法规定征收"三税"的其他地区。但外商投资企业和外国企业暂不征收城建税。

23.【解析】C　对外商投资企业和外国企业缴纳的"三税"不征收城建税。

24.【解析】A　对"三税"实行先征后返、先征后退、即征即退办法的，对随"三税"附征的城建税和教育费附加，一律不予退还。

25.【解析】B　按照 1964 年 2 月 7 日《国务院关于教育费附加征收问题的紧急通知》的规定，现行教育费附加征收比率为3%。

二、多项选择题

1.【解析】ABDE　企业生产用房产需要缴纳房产税，其余的都属于免征房产税的范围。

2.【解析】ABCE　出让国有土地使用权的，其契税计税依据价格为承受人为取得该土地使用权而支付的全部经济利益。

3.【解析】ABE　契税实行幅度比例税率。原《契税暂行条例》不包括国有经济单位，但修改后的《契税暂行条例》把国有经济单位也作为纳税人，纳入了契税的征税范围。

4. 【解析】ABCE 下列车船免征车船税：非机动车船(不包括非机动驳船)；拖拉机；捕捞、养殖渔船；军队、武警专用的车船；警用车船；按照有关规定已经缴纳船舶吨税的船舶；依照我国有关法律和我国缔结或者参加的国际条约的规定应当予以免税的外国驻华使馆、领事馆和国际组织驻华机构及其有关人员的车船。

5. 【解析】CDE 车船税实行从量计税的方法。根据车船的种类、性能、构造和使用情况的不同，分别选择了三种计税标准，即辆、净吨位和自重吨位。(1)采用以辆为计税标准的车辆有：电(汽)车、摩托车、自行车、人力车、畜力车等。(2)采用以净吨位为计税标准的主要是船舶。(3)采用以自重吨位为计税标准的有载货汽车、三轮汽车和低速货车。

6. 【解析】CDE 采用以自重吨位为计税标准的有载货汽车、三轮汽车和低速货车。

7. 【解析】ABDE 下列土地免缴土地使用税：国家机关、人民团体、军队自用的土地；由国家财政部门拨付事业经费的单位自用的土地；宗教寺庙、公园、名胜古迹自用的土地；市政街道、广场、绿化地带等公共用地；直接用于农、林、牧、渔业的生产用地；经批准开山填海整治的土地和改造的废弃土地，从使用的月份起免缴土地使用税5～10年；由财政部另行规定免税的能源、交通、水利设施用地和其他用地。

8. 【解析】BC 在城市、县城、建制镇、工矿区范围内使用土地的单位和个人，为城镇土地使用税的纳税人，应当依照有关规定缴纳城镇土地使用税。其中，单位包括国有企业、集体企业、私营企业、股份制企业、外商投资企业、外国企业以及其他企业和事业单位、社会团体、国家机关、军队以及其他单位；个人，包括个体工商户以及其他个人。

9. 【解析】ABD 《城镇土地使用税暂行条例》第四条：土地使用税每平方米年税额如下：大城市1.5～30元；中等城市1.2～24元；小城市0.9～18元；县城、建制镇、工矿区0.6～12元。

10. 【解析】ABCE 现行印花税只对《印花税暂行条例》列举的凭证征税，没有列举的凭证不征税。正式列举的凭证分为五类：经济合同、产权转移书据、营业账簿、权利许可证照和经财政部门确认的其他凭证。

11. 【解析】BCD 购销合同、建筑安装工程承包合同、技术合同的规定税率为万分之三。

12. 【解析】AE 资源税的征税范围包括：原油、天然气、煤炭、其他非金属矿原矿、黑色金属矿原矿、有色金属矿原矿和盐(包括固体盐和液体盐)。

13. 【解析】BCD 城建税是国家为了扩大和稳定城市维护建设资金的来源，加强城市的维护建设，对缴纳增值税、消费税、营业税的单位和个人就其实际缴纳的"三税"税额为计税依据而征收的一种税。具有附加税的性质，原则上不能单独减免。

三、案例分析题

(一) 1. A　　2. A

【解析】

1. 企业办的各类学校、医院、托儿所、幼儿园自用的房产，可以比照由国家财政部门拨付事业经费的单位自用的房产，免征房产税。

2. 房产税的税率有两种：依据房产计税余值计税的，税率为1.2%；依据房产租金收入计税的，税率12%，而该省规定允许按原值一次扣除20%，因此，该企业2005年应缴纳的房产税为：

$$(1000-300)×(1-80\%)×1.2\%=6.72 \text{ 万元}$$

(二) 1. A　　2. D

【解析】

1. 该外商投资企业接受国有企业房产应缴纳的契税为 100×5%=5 万元。

2. 企业交换房产和缴纳土地出让金应缴纳的契税为(300+150)×5%=22.5 万元。

(三) 1. A　　2. B　　3. D

【解析】

1. 厂区以外的公共绿化用地和向社会开放的公园用地，暂免征收城镇土地使用税，因此 2007 年该企业应缴纳的城镇土地使用税为(3000-400)×4=10 400 元。

2. 房产税的税率有两种：依据房产计税余值计税的，税率为 1.2%；依据房产租金收入计税的，税率为 12%。同时对医院免征房产税，因此，该企业应缴纳的房产税为：

$$(1500-200)×(1-20\%)×1.2\%+0.5×12×12\%=13.2 \text{ 万元}$$

3. 2007 年该企业应缴纳的车船税为 80×5=400 元，其中幼儿园专用和附属小学专用的车不属于免征车船税的范围。

(四) 1. C　　2. C

【解析】

1. 王某当年运输合同及货车出租合同应缴纳的印花税为 2 000 000×0.5‰+1000×2×12×1‰=1024 元。

2. 房产税的税率有两种：依据房产计税余值计税的，税率为 1.2%；依据房产租金收入计税的，税率为 12%；从 2001 年 1 月 1 日起，对个人居住用房出租仍用于居住的，其应缴纳的房产税暂减按 4% 的税率征收。因此，王某当年应缴纳的房产税为：

$$2500×12×12\%+3000×12×12\%+500×12×4\%=8160 \text{ 元}$$

第七章 税 务 管 理

 大纲解读

本章考试目的在于考查应试人员是否掌握税务基础管理、税收征收管理、税收控制管理的相关内容。从近三年考题情况来看，本章主要考查税务基础管理、税收征收管理、税收控制管理的规定，平均分值是4分。具体考试内容如下。

1. 税务基础管理

税务登记、账簿凭证管理、发票管理、纳税申报。

2. 税收征收管理

税收征收管理的形式、税收征收的管理、减免税的管理、出口退税的管理。

3. 税收控制的管理

经济税源调查的目的和内容、经济税源调查分析与报告。

 **考点精讲**

第一节 税务基础管理

考点一 税务登记

税务登记是税务机关对纳税人的经济活动进行登记并据此对纳税人实施税务管理的一种法定制度。税务登记又称纳税登记，它是税务机关对纳税人实施税收管理的首要环节和基础工作，是征纳双方法律关系成立的依据和证明，也是纳税人必须依法履行的义务。

（一）税务登记的范围

(1) 实行独立经济核算，经工商部门批准核发营业执照的企业和个体户。

(2) 领取企业法人营业执照的事业单位和社会性团体。

(3) 企业在外地设立的分支机构和从事生产、经营的场所。

(4) 依法负有纳税义务的非从事生产、经营的单位和个人。

其他临时取得应税收入或发生应税行为，以及只缴纳个人所得税、车船使用税的单位和个人，可不办理税务登记或者只登记不发证。

（二）税务登记的种类

税务登记的种类包括：设立税务登记，变更税务登记，注销税务登记，停业、复业登记，外出经营报验登记。

1. 设立税务登记

企业，企业在外地设立的分支机构和从事生产、经营的场所，个体工商户和从事生产、经营的事业单位，向生产、经营所在地税务机关申报办理税务登记。

在设立税务登记的时间规定中，注意 30 日的规定。

税务机关对纳税人税务登记地点发生争议的，由其共同的上级税务机关指定管辖。

纳税人在申报办理税务登记时，应当根据不同情况向税务机关如实提供以下证件和资料：①工商营业执照或其他核准执业证件；②有关合同、章程、协议书；③组织机构统一代码证书；④法定代表人或负责人或业主的居民身份证、护照或者其他合法证件。其他需要提供的有关证件、资料，由省、自治区、直辖市税务机关确定。

纳税人在申报办理税务登记时，应当如实填写税务登记表。税务登记表的主要内容包括：①单位名称、法定代表人或者业主姓名及其居民身份证、护照或者其他合法证件的号码；②住所、经营地点；③登记类型；④核算方式；⑤生产经营方式；⑥生产经营范围；⑦注册资金(资本)、投资总额；⑧生产经营期限；⑨财务负责人、联系电话；⑩国家税务总局确定的其他有关事项。

已办理税务登记的扣缴义务人应当自扣缴义务发生之日起 30 日内，向税务登记地税务机关申报办理扣缴税款登记。

2. 变更税务登记

纳税人税务登记内容发生变化的，应当向原税务登记机关申报办理变更税务登记。

纳税人已在工商行政管理机关办理变更登记的，应当自工商行政管理机关变更登记之日起 30 日内，持有关证件向原税务登记机关申报办理变更税务登记。

纳税人按规定不需要在工商行政管理机关办理变更登记，或者其变更登记的内容与工商登记内容无关的，应当自税务登记内容实际发生变化之日起 30 日内，或自有关机关批准或宣布变更之日起 30 日内，持有关证件到原税务登记机关申报办理变更税务登记。

税务机关应当自受理之日起 30 日内，审核办理变更税务登记。

【例 7-1】 纳税人需要办理变更税务登记的情形有( )。(2009 年多选题)

A. 改变名称　　　　　　　　　　　B. 改变法人代表

C. 纳税人被工商行政机关吊销营业执照　　D. 增加注册资金

E. 改变住所或经营地点而不涉及主管税务机关变动的

【解析】ABDE　C 纳税人被工商行政机关吊销营业执照不属于办理变更税务登记的情形。

3. 注销税务登记

纳税人发生解散、破产、撤销以及其他情形，依法终止纳税义务的，应当在向工商行政管理机关或者其他机关办理注销登记前，持有关证件和资料向原税务登记机关申报办理注销税务登记；按规定不需要在工商行政管理机关或者其他机关办理注销登记的，应当自有关机关批准或宣告终止之日 15 日内，向原税务登记机关申报办理注销税务登记。

【例 7-2】 纳税人发生解散、破产、撤销以及其他情形，依法终止纳税义务的，按照规定不需要在工商行政管理部门办理注销登记的，应当自有关机关批准或宣布终止之日起( )日内，办理注销税务登记。(2009 年单选题)

A. 5　　　　　　B. 10　　　　　　C. 15　　　　　　D. 30

【解析】C　纳税人发生解散、破产、撤销以及其他情形，依法终止纳税义务的，按照规定不需要在工商行政管理部门办理注销登记的，应当自有关机关批准或宣布终止之日起 15 日内，办理注销税务登记。

纳税人被工商行政管理机关吊销营业执照或被其他机关予以撤销登记的，应当自营业执照被吊销或被撤销登记之日起 15 日内，向原税务登记机关申报办理注销税务登记。

纳税人因住所、经营地点变动，涉及改变税务登记机关的，应当向迁出地税务登记机关申报办理注销税务登记，并自注销税务登记之日起 30 日内向迁达地税务机关申报办理税务登记。

纳税人办理注销税务登记前，应当结清应纳税款、多退(免)税款、滞纳金和罚款，缴销发票、税务登记证件和其他税务证件；经税务机关核准后，办理注销税务登记手续。

【例 7-3】 下列企业变动情形中，需要注销原有税务登记的是(   )。(2012 年单选题)

A. 某企业改变经营范围

B. 某企业被工商部门吊销营业执照

C. 李某接替张某担任公司法人代表

D. 某企业由国有企业改制为股份制企业

【解析】B 被工商部门吊销营业执照需要注销原有税务登记。

4. 停业、复业登记

实行定期定额征收方式的个体工商户需要停业的，应当在停业前向税务机关申报办理停业登记。纳税人的停业期限不得超过一年。

纳税人在停业期间发生纳税义务的，应当依法申报缴纳税款。

纳税人应当于恢复生产经营之前，向税务机关申报办理复业登记。

纳税人停业期满不能及时恢复生产经营的，应当在停业期满前向税务机关提出延长停业登记申请，并如实填写《停、复业报告书》

【例 7-4】 实行定期定额征税方式的个体工商户需要停业的，应当在停业前向税务机关申请办理停业登记。纳税人的停业期(   )。(2008 年单选题)

A. 为 6 个月   B. 为 1 年

C. 不得超过 6 个月   D. 不得超过 1 年

【解析】D 实行定期定额征收方式的个体工商户需要停业的，应当在停业前向税务机关办理停业登记。纳税人的停业期限不得超过一年。

5. 外出经营报验登记

纳税人到外县(市)临时从事生产经营活动的，应当在外出生产经营之前，持税务登记证向主管税务机关申请开具《外出经营活动税收管理证明》。

税务机关按照一地一证的原则，核发《外管证》，《外管证》的有效期限一般为 30 日，最长不得超过 180 天。

纳税人在《外管证》注明地销售货物的，还应如实填写《外出经营货物报验单》，申报查验货物。

纳税人外出经营活动结束，应当向经营地税务机关填报《外出经营活动情况申报表》，并结清税款、缴销发票。

纳税人应当在《外管证》有效期届满后 10 日内，持《外管证》回原税务登记地税务机关办理《外管证》缴销手续。

(三) 税务登记证的发放及使用

1. 税务登记证的发放

纳税人在填写税务登记表并提供有关证件和资料，经税务机关审核批准后发给税务登记证。

2. 税务登记证件的使用要求

(1) 要亮证经营。

(2) 要遵守使用规定。

(3) 办理涉税事宜要持税务登记证。

(4) 要定期验换。

(5) 遗失要声明作废。

(四) 税务登记的法律责任

【例 7-5】 纳税人未按规定的期限办理税务登记手续，情节严重的，可处以(   )的罚款。(2009 年单选题)

A. 2000 元以下

B. 2000 元以上，10 000 元以下

C. 1000 元以上，5000 元以下

D. 5000 元以上，12 000 元以下

【解析】B 纳税人未按照规定的期限申报办理税务登记、变更或者注销登记的，由税务机关责令限期改正，可以处 2000 元以下的罚款；情节严重的，处 2000 元以上 10 000 元以下的罚款。纳税人不办理税务登记的，由税务机关责令限期改正；逾期不改正的，经税务机关提请，由工商行政管理机关吊销其营业执照。纳税人未按照规定使用税务登记证件，或者转借、涂改、损毁、买卖、伪造税务登记证件的，处 2000 元以上 10 000 元以下的罚款；情节严重的，处 10 000 元以上 50 000 元以下的罚款。

考点二 账簿、凭证管理

账簿、凭证管理是继税务登记之后税收征管的又一重要环节。

(一) 账簿管理

账簿是指由具有一定格式的账页所组成的，能够对全部经济业务活动进行全面、系统、连续、分类地记录和核算的簿籍。它包括总账、明细账、日记账和其他辅助性账簿。

1. 账簿的设置要求

(1) 一般的纳税人自领取营业执照或发生纳税义务之日起 15 日内设置账簿。

【例 7-6】 纳税人设置账簿的时间应是(   )。(2009 年单选题)

A. 自领取税务登记证件之日起 10 日内

B. 自领取营业执照之日起 15 日内

C. 自领取税务登记证件之日起一个月内

D. 自领取营业执照之日起一个月内

【解析】B 纳税人自领取营业执照之日起 15 日内设置账簿。

(2) 扣缴义务人应在税收法律、行政法规规定的扣缴义务发生之日起 10 日内，按照所代扣、代缴的税种，分别设置代扣代缴、代收代缴税款账簿。

(3) 生产、经营规模小又确无建账能力的纳税人：可以聘请专业机构或财会人员代为建账和办理账务；聘请上述机构或者人员有实际困难的，经县以上税务机关批准，建立收支凭证粘贴簿、进货销货登记簿或者税控装置。

【例7-7】 关于账簿设置的说法，正确的有(　　)。(2009年多选题)

A. 扣缴义务人应当自税收法律、行政法规规定的扣缴义务发生之日起15日内，按照所代扣、代收的税种，分别设置代扣代缴、代收代缴税款账簿

B. 纳税人使用计算机记账的，应当在使用前将会计电算化系统的会计核算软件、使用说明书及有关资料报送主管税务机关备查

C. 纳税人、扣缴义务人会计制度健全，能够通过计算机正确、完整计算其收入和所得或者代扣代缴、代收代缴税款情况的，其计算机储存的会计记录可视同会计账簿，不必打印成书面资料

D. 生产经营规模小又确无建账能力的纳税人，若聘请专业机构或者人员有实际困难的，经县以上税务机关批准，可以按照规定建立收支凭证粘贴簿、进货销货登记簿或者安装税控装置

E. 纳税人会计制度不健全，不能通过计算机正确、完整计算其收入和所得的，应当建立总账及与纳税有关的明细账等其他账簿

【解析】 BDE　A选项，扣缴义务人应当自税收法律、行政法规规定的扣缴义务发生之日起10日内，按照所代扣、代收的税种，分别设置代扣代缴、代收代缴税款账簿。C选项，纳税人、扣缴义务人会计制度健全，能够通过计算机正确、完整计算其收入和所得或者代扣代缴、代收代缴税款情况的，其计算机输出的完整的书面会计记录，可视为会计账簿。

2. 账簿的使用要求

每本账簿启用时，应在封面上标有账簿名称、所属年度，要在账簿扉页上详细载明：单位名称、编号、页数、启用日期、会计主管人员、记账人员姓名及签章等。记账人员工作变动时，要办理交接手续，在交接记录内载明交接日期和接替人姓名签章。

账簿、收支凭证粘贴簿、进销货登记簿等资料，至少要保存10年，未经税务机关批准，不得销毁。保管期满需要销毁时，应编造销毁清册，报主管部门和税务机关批准，然后在其监督下销毁。

(二) 凭证管理

1. 会计凭证的管理

会计凭证分为原始凭证和记账凭证两种。

(1) 原始凭证是指在经济业务发生时取得或者填制的用以记录或者证明经济业务或者完成情况的原始书面证明。

① 按照取得渠道的不同，分为自制原始凭证和外来原始凭证。

② 按照填制手续的不同，可以分为一次凭证和累制凭证。

原始凭证记载的各项内容均不得涂改；原始凭证有错误的，应当由出具单位重开或者更正，更正处应当加盖出具单位印章；原始凭证金额有错误的，应当由出具单位重开，不准在原始凭证上更正。

对原始凭证的审核主要包括以下几个方面内容：①审核原始凭证所记载的经济业务是否

正常，判断是否正确、符合要求；②合法性、合规性、合理性审核，审核是否符合规定及权限；③完整性审核，看手续是否完备；④正确性审核，看计算有无差错。对原始凭证进行审核后，会计人员应根据审核无误的原始凭证编制记账凭证。

(2) 记账凭证，又称分录凭证、记账凭单，是指由会计机构或者会计人员根据经过审核后确认无误的原始凭证或者汇总原始凭证。

按照记账凭证所记录的经济内容的不同，可以分为收款凭证、付款凭证和转账凭证。

记账凭证应符合下列要求：①应对记账凭证进行连续编号，以分清会计事项处理的先后顺序，便于与会计账簿核对；②记账凭证根据每一张原始凭证或若干张同类原始凭证汇总填制；③记账凭证必须附原始凭证(结账和更正的例外)，并注明张数；④与其他单位核算共同负担费用可由保存原始凭证主办单位填开费用分割单；⑤填制记账凭证错误可用红字注销法进行更正。

2. 税收凭证的管理

税收凭证是指税务机关在税款的征、减、免、退、补、罚过程中开具的凭证。

税收凭证分为两类：完税凭证类和综合凭证类。

税收凭证通常由税务机关直接填发和管理，只有一部分采用"三自"纳税缴款方式的单位，可以自行填制缴款书等税收凭证。

【例7-8】 下列凭证中，属于自制原始凭证的是(　　)。(2012 年单选题)

A. 进账单　　　　　B. 汇款单　　　　　C. 运费发票　　　D. 领料单

【解析】D　领料单属于自制原始凭证。

考点三　发票管理

发票根据其作用、内容及使用范围的不同，可以分为普通发票和增值税专用发票两大类。

(一) 发票管理的内容

1. 发票印制管理

(1) 发票印制权限。增值税专用发票，由国务院税务主管部门确定的企业印制；其他发票，按照国务院税务主管部门的规定，由省、自治区、直辖市税务机关确定的企业印制。

(2) 印制发票的企业应当具备的条件为：税务机关应当以招标方式确定印制发票的企业，并发给发票准印证。

(3) 印制发票应当使用国务院税务主管部门确定的全国统一的发票防伪专用品。

(4) 印制发票的企业按照税务机关的统一规定，建立发票印制管理制度和保管措施。

(5) 印制发票的企业必须按照税务机关批准的式样和数量印制发票。

(6) 发票应该使用中文印刷。

【例7-9】 发票的真伪鉴定由(　　)负责。(2010 年单选题)

A. 财政机关　　　　B. 工商部门　　　　C. 税务机关　　D. 技术监督局

【解析】C　发票的真伪鉴定由税务机关负责。

2. 发票领购管理

(1) 固定业户领购发票手续。需要领购发票的单位和个人，应当持税务登记证件、经办人身份证明、按照国务院税务主管部门规定式样制作的发票专用章的印模，向主管税务机关办理发票领购手续。主管税务机关根据领购单位和个人的经营范围和规模，确认领购发票的种类、数量以及领购方式，在 5 个工作日内发给发票领购簿。

(2) 临时经营领购发票手续。需要临时使用发票的单位和个人，可以直接向经营地税务机关申请领购或者向税务机关申请代开发票。

临时到本省、自治区、直辖市以外从事经营活动的单位或者个人，应当凭所在地税务机关的证明，向经营地税务机关领购经营地的发票。

税务机关对外省、自治区、直辖市来本辖区从事临时经营活动的单位和个人领购发票的，可以要求其提供保证人或者根据所领购发票的票面限额以及数量交纳不超过 1 万元的保证金，并限期缴销发票。

(3) 发票领购方式：交旧领新、验旧领新、批量供应，其中验旧购新是当前发票领购的主要方式。

3. 发票开具和保管

(1) 销售商品、提供服务以及从事其他经营活动的单位和个人，收款应当向付款方开具发票；特殊情况下，由付款方向收款方开具发票。

(2) 购买商品、接受服务以及从事其他经营活动支付款项，应当向收款方取得发票。

(3) 不符合规定的发票，不得作为财务报销凭证，任何单位和个人有权拒收。

(4) 开具发票应当按照规定的时限、顺序、栏目，全部联次一次性如实开具，并加盖发票专用章。

(5) 安装税控装置的单位和个人，应当按照规定使用税控装置开具发票，并按期向主管税务机关报送开具发票的数据。

(6) 任何单位和个人应当按照发票管理规定使用发票，不得有下列行为：①转借、转让、介绍他人转让发票、发票监制章和发票防伪专用品；②知道或者应当知道是私自印制、伪造、变造、非法取得或者废止的发票而受让、开具、存放、携带、邮寄、运输；③拆本使用发票；④扩大发票使用范围；⑤以其他凭证代替发票使用。

(7) 发票限于领购单位和个人在本省、自治区、直辖市内开具。

(8) 不得跨规定的使用区域携带、邮寄、运输空白发票。禁止携带、邮寄或者运输空白发票入境。

(9) 开具发票应当建立发票使用登记制度，设置发票登记簿，并定期向主管税务机关报告发票使用情况。

(10) 开具发票的单位和个人应当在办理变更或者注销税务登记的同时，办理发票和发票领购簿的变更、缴销手续。

(11) 应当按照新规定存放和保管发票，不得擅自损毁。已经开具的发票存根联和发票登记簿，应当保存 5 年。保存期满，报经税务机关查验后销毁。

【例 7-10】 一般纳税人发生的下列经济行为中，可以开具增值税专用发票的是(　　)。(2009 年单选题)

A. 销售给消费者化妆品

B. 将其生产的建筑材料销售给使用单位用于基建工程

C. 销售劳保专用鞋帽

D. 将其生产的汽车直接销售给个人

【解析】B　AD向消费者销售应税项目，C销售免税项目不得开具增值税专用发票。

(二) 发票检查

1. 发票检查的基本内容

(1) 普通发票检查的内容包括：一是检查自用发票的印制是否有完备的手续；二是检查是否按规定领购、开具和使用发票；三是检查是否设置发票管理账簿，并按规定保管和缴销发票。

(2) 除上述普通发票检查所涉及的内容外，增值税专用发票检查还要侧重以下几个方面：检查增值税专用发票的真实性；检查是否为涂改、伪造、变造的发票，防止"假票真开"；检查增值税专用发票的合法性、有效性；检查发票填开内容是否符合增值税专用发票使用的规定，有关销项税额、进项税额的各个栏目是否合乎规范，防止"真票假开"、转借代开、虚开增值税专用发票的情况发生。

2. 发票检查方法

(1) 对照检查法。

(2) 票面逻辑推理法。

(3) 顺向检查法。

(4) 逆向检查法。

(5) 增值税专用发票检查的一般方法：①鉴别真伪；②逻辑审核；③就地调查；④交叉传递；⑤双重稽核。

考点四　纳税申报

纳税申报是纳税人按照税法规定的期限和内容向税务机关提交有关纳税事项书面报告的行为，是纳税人发生纳税义务、界定纳税人法律责任的主要依据，是税务机关税收管理信息的主要来源和税务管理的重要制度。

(一) 纳税申报对象

(1) 负有纳税义务的单位和个人。

(2) 取得临时应税收入或发生应税行为的纳税人。

(3) 享有减税、免税待遇的纳税人。

(4) 扣缴义务人。

(二) 纳税申报内容

(1) 纳税申报表及税款扣缴报告表。

(2) 财务会计报表及其说明书。

(3) 其他纳税资料。其他纳税资料是指纳税人按照税务机关的要求报送的纳税申报表、财务会计报表以外的资料。

(三) 纳税申报的方式

(1) 直接申报(上门申报)。

(2) 邮寄申报。

(3) 数据电文申报。

(4) 委托代理申报。

(四) 纳税申报期限

(1) 流转税

以 1 个月或者 1 个季度为一个纳税期的纳税人,于期满后 15 日内申报纳税;以 1 日、3 日、5 日、10 日或 15 日为一个纳税期的纳税人,纳税期满后 5 日内预缴税款,次月 1 日起 15 日内结算上月应纳税款并申报纳税。

(2) 所得税

个人所得税:扣缴义务人每月所扣的税款,自行申报纳税人每月应纳的税款,都应当在次月 15 日缴入国库,并向税务机关报送纳税申报表。

企业所得税:申报期限为纳税人在月份或季度终了之日起 15 日内申报预缴,年度终了之日起 5 个月内向其主管税务机关报送年度企业所得税申报表并汇算清缴,结清应缴应退税款。

纳税申报期限的最后一天是法定节假日的,以休假日期满的次日为期限的最后一天。

经核准延期办理申报事项的,应当在纳税期内按照上期实际缴纳的税额或者税务机关核定的税额预缴税款,并在核准的延期内办理税款结算。

(1) 延期申报的范围。按照我国现行的税收法律、行政法规、部门规章以及延期申报的实践,延期的具体期限一般是一个申报期限内,最长不超过 3 个月。纳税人和扣缴义务人因不可抗力的作用不能按期办理纳税申报的,可申请延期申报。

(2) 延期申报的条件。纳税人、扣缴义务人在税务机关核准其延期申报时,必须在规定的纳税期限内先预缴税款。预缴税款的数额则按照上期实际缴纳的税额或者税务机关核定的税额确定。

【例 7-11】 按照我国现行的税收法律、行政法规、部门规章以及延期申报的实践,延期申报的具体期限是一个申报期限内,最长不得超过( )。(2011 年单选题)

A. 1 个月　　　　　　B. 3 个月　　　　　　C. 6 个月　　　　　　D. 1 年

【解析】B 按照我国现行的税收法律、行政法规、部门规章以及延期申报的实践,延期申报的具体期限是一个申报期限内,最长不得超过 3 个月。

第二节 税收征收管理

考点五 税收征收管理的形式

税务机关对纳税人进行征收管理的具体的形式主要有以下几种:

(一) 行业管理

又称"条条管理",它是指在一定范围内,打破地区区域界限,按行业进行征收管理的一种形式。它一般适用于工商户集中、行业分工清楚、归口管理明确的一些城市的税收征收管理。

(二) 区域管理

又称"块块管理"、"分片管理",它是指在一定范围内,按行政区域设立税务机构进行征收管理的形式。这种形式适用于大城市和县城的管理。

(三) 按经济性质管理

以纳税人的经济性质为标准,将纳税人分成若干类,然后归类分别管理。这种形式适用于大中城市和县城工商业户的征收管理。

(四) 巡回管理

它是指对征收面广、流动性大、季节性强、税源零星分期的纳税人进行征收管理的一种形式。一般适用于农村和集贸市场的税收征管。

(五) 驻厂管理

它是指税务机关派出驻厂员或驻厂组进驻纳税单位进行税收征管的一种形式。一般适用于大型企业或重点税源单位的税收征管。

考点六 税款征收的管理

(一) 税款征收的方式

按应纳税额的计算方法分类:

(1) 查账征收:适用于财务会计制度较为健全,能够认真履行纳税义务的纳税单位。

(2) 查定征收:适用于账册不够健全,但是能够控制原材料或者进销货的纳税单位。

(3) 查验征收:适用于经营品种比较单一,经营地点、时间和商品来源不固定的纳税人。

(4) 定期定额征收:适用于无完整考核依据的纳税人。

(二) 税款征收的内容

1. 应纳税额的核定

(1) 核定应纳税额的对象

①依照法律、行政法规规定可以不设置账簿的;②依照法律、行政法规规定应当设置但未设置账簿的;③擅自销毁账簿或者拒不提供纳税资料的;④虽设账簿,但账目混乱或者成本资料、收入凭证、费用凭证残缺不全,难以查账的;⑤发生纳税义务,未按照规定的期限办理纳税申报,经税务机关责令限期申报,逾期仍不申报的;⑥纳税人申报的计税依据明显偏低,又无正当理由的。

(2) 核定应纳税额的方法

①参照当地同类行业或者类似行业中经营规模和收入水平相近的纳税人的收入额和利润

率核定；②按照营业收入或成本加合理费用和利润核定；③按照耗用的原材料、燃料、动力等推算或者测算核定；④按照其他合理的方法核定。采取上述所列一种方法不足以正确核定应纳税额时，可以同时采用两种以上的方法核定。

2. 关联企业的税收调整制度

(1) 关联企业的认定

① 在资金、经营、购销等方面，存在直接或者间接拥有或者控制关系；

② 直接或间接同为第三者拥有或者控制；

③ 在其他利益上具有相关联的其他关系。

(2) 关联企业计税依据调整方法

① 按照独立企业之间进行相同或类似业务活动的价格；

② 按照再销售给无关联的第三者的价格所应取得的收入和利润进行调整；

③ 按照成本加合理费用和利润；

④ 其他合理的方法。

3. 扣缴义务人代扣、代收税款的制度

税务机关按照规定付给扣缴义务人代扣、代收代缴手续费。扣缴义务人代扣、代收税款时，必须给纳税人开具完税凭证。

(三) 纳税担保

纳税担保是税务机关为使纳税人发生应纳税行为后保证履行纳税义务而要求纳税人自行提供的保证及时足额上缴税款的措施。

1. 纳税担保的适用对象

(1) 税务机关有根据认为从事生产、经营的纳税人有逃避纳税义务行为的。

(2) 欠缴税款的纳税人需要出境的。

(3) 纳税人从事临时经营以及未领取营业执照从事工程承包或提供劳务的。

(4) 外来经营者需要在本地购买发票的。

2. 纳税担保的具体形式

(1) 纳税担保人担保。在中国境内具有纳税担保能力的公民、法人或者其他经济组织可以做纳税担保人。国家权力机关、行政机关、审判机关和检察机关等国家机关不得作为纳税担保人。

(2) 纳税保证金担保。从事临时经营的纳税人及未领取营业执照从事工程承包或者提供劳务的纳税人，税务机关可责成其提供纳税保证金；对有逃避纳税义务行为的纳税人及欠缴税款要离境的纳税人，税务机关可责成其提供纳税保证金或其他纳税担保。

(3) 纳税担保物担保。纳税人以自己所拥有的未设置抵押权的财产作为纳税担保。

(四) 税收保全措施和税收强制执行措施

1. 税收保全措施

(1) 税收保全措施的内容。税务机关有根据认为从事生产、经营的纳税人有逃避纳税义务行为的，可以在规定的纳税期之前，责令限期缴纳税款；在限期内发现纳税人有明显的转移、隐匿其应纳税的商品、货物以及其他财产迹象的，税务机关可责令纳税人提供纳税担保。

纳税人在不能提供纳税担保的情况下，税务机关经县以上税务局(分局)局长批准，可以对该纳税人采取税收保全措施。

【例7-12】 某公司拖欠2006年度营业税42万元，催缴无效，经县税务局局长批准，2007年3月税务机关书面函告通知其所在开户银行暂停支付存款50万元，这一行政行为属于( )。(2010年单选题)

A. 提供纳税担保   B. 税收保全措施

C. 强制征收措施   D. 税务行政协助

【解析】B 税务机关可根据公司的情况，责令其提供纳税担保。如果纳税人不能提供纳税担保，经县级以上税务局(分局)局长批准，税务机关可以采取书面通知纳税人开户银行或者其他金融机构冻结纳税人的金额相当于应纳税款的存款，这种行为属于税收保全措施。税收保全措施是指税务机关对可能由于纳税人的行为或者某种客观原因，致使以后税款的征收不能保证或难以保证的案件，采取限制纳税人处理或转移商品、货物或其他财产的措施。

执行税收保全措施的物品范围：个人及其所扶养家属维持生活必需的住房和用品，不在税收保全措施范围之内；个人所扶养家属，是指与纳税人共同居住生活的配偶、直系亲属以及无生活来源并由纳税人扶养的其他亲属；个人及其所扶养家属维持生活必需的住房和用品不包括机动车辆、金银饰品、古玩字画、豪华住宅或者一处以外的住房；税务机关对单价5000元以下的其他生活用品，不采取税收保全措施。

(2) 采取税收保全措施的前提和条件：第一，纳税人有逃避纳税义务的行为；第二，必须是在规定的纳税期之前和责令限期缴纳应纳税款的限期内。

【例7-13】 采取税收保全措施的时间是( )。(2012年单选题)

A. 纳税期满前   B. 纳税期满后

C. 申报期满前   D. 申报期满后

【解析】A 税务机关有根据认为从事生产、经营的纳税人有逃避纳税义务行为的，可以在规定的纳税期满前，责令限期缴纳税款。

2. 税收强制执行措施

(1) 税收强制执行措施的内容。从事生产、经营的纳税人、扣缴义务人未按规定的期限缴纳或者解缴税款，纳税担保人未按照规定的期限缴纳担保的税款，由税务机关责令限期缴纳，逾期仍未缴纳的，经县以上税务局(分局)局长批准，税务机关可以采取下列强制执行措施：①书面通知其开户银行或者其他金融机构从其存款中扣缴税款；②扣押、查封、依法拍卖或者变卖其价值相当于应纳税款的商品、货物或者其他财产，以拍卖或者变卖所得抵缴税款。

(2) 税收强制执行的适用范围。未按照规定的期限缴纳或者解缴税款，经责令限期缴纳，逾期仍未缴纳的从事生产、经营的纳税人、扣缴义务人和纳税担保人。拍卖或者变卖所得抵缴税款、滞纳金、罚款以及扣押、查封、保管、拍卖、变卖等费用后，剩余部分应当在3日内退还被执行人。

(五) 税款追征与退还

1. 税款的追征处理

(1) 因税务机关的责任，致使纳税人、扣缴义务人未缴或者少缴税款的，税务机关在3

年内可以要求纳税人、扣缴义务人补缴税款，但是不得加收滞纳金。

(2) 因纳税人、扣缴义务人计算错误等失误，未缴或者少缴税款的，税务机关在 3 年内可以追征税款、滞纳金；有特殊情况的，追征期可以延长到 5 年。

(3) 对偷税、抗税、骗税的，税务机关追征其未缴或者少缴的税款、滞纳金或者所骗取的税款，不受规定期限的限制。

2. 税款退还的处理

纳税人超过应纳税额缴纳的税款，税务机关发现后应当立即退还；纳税人自结算缴纳税款之日起 3 年内发现的，可以向税务机关要求退还多缴的税款并加算银行同期存款利息。

考点七　减免税的管理

(一) 减免税种类的一般划分

(1) 法定减免。在税收法律和行政法规中明确规定的减税、免税。起征点、免征额属于法定减免的范围。

(2) 特案减免。用特别的、专门的法规文件规定的减税、免税。

(3) 临时减免。

(二) 减免税管理规程

(1) 减税免税的申请：纳税人申请减免税要向主管税务机关提交书面报告、填写有关减税免税申请表并附送有关资料

(2) 减税免税的审批：一般实行集体审批的制度

(3) 减税免税的批复执行：以书面形式批复，向申请单位发出《减免税批复通知书》。

(4) 减税免税的监督检查：经批准减免税的纳税人，在享受减免税期间，也要按规定办理纳税申报手续。

考点八　出口退税的管理

出口退税是指货物报关出口销售后，将其国内所缴纳的税收退还给货物出口企业的一种制度。通过出口退税，可以鼓励出口、增强出口产品的竞争能力。

(一) 出口退税的范围

1. 出口退税的货物范围

(1) 具备货物出口条件，给予退税的货物。

①必须属于增值税、消费税征税范围货物，并取得增值税专用发票(抵扣联)，属于征收消费税的还应取得由企业开具并经税务机关和银行(国库)签章的《出口货物消费税专用缴款书》；②必须报关离境；③在财务上做出口销售。

(2) 不具备货物出口条件，特准退税的货物。

(3) 具备货物出口条件，除经国家批准属于进料加工复出口贸易外，不予退税的货物，包括：原油；援外出口货物；国家禁止出口货物，如天然牛黄、麝香、铜及铜基合金、白金、糖等。

2. 出口退税的企业范围

(1) 具有外贸出口经营权的企业。

(2) 委托出口的企业。

(3) 特定出口退税企业。

(二) 出口退税的形式

1. 不征不退的形式

不征不退是指对出口应税货物在生产加工等环节不征税，在出口环节不退税的做法。

2. 免、抵、退的形式

(1) 当期应纳税额的计算

当期应纳税额=当期内销货物的销项税额-(当期进项税额-当期免抵退税不得免征和
抵扣税额)-上期留抵税额

(2) 免抵退税额的计算

免抵退税额=出口货物离岸价×外汇人民币牌价×出口货物退税率-免抵退税额抵减额

免抵退税额抵减额=免税购进原材料价格×出口货物退税率

免税购进原材料包括国内购进免税原材料和进料加工免税进口料件，其中进料加工免税进口料件的价格为组成计税价格。

进料加工免税进口料件的组成计税价格=货物到岸价格+海关实征关税+海关实征消费税

(3) 当期应退税额和当期免抵税额的计算

① 当期期末留抵税额≤当期免抵退税额时：

当期应退税额=当期期末留抵税额

当期免抵税额=当期免抵退税额-当期应退税额

② 当期期末留抵税额>当期免抵退税额时：

当期应退税额=当期免抵退税额

当期免抵税额=0

(4) 免抵退税不得免征和抵扣税额的计算

免抵退税不得免征和抵扣税额=当期出口货物离岸价×外汇人民币牌价×(出口货物征税率-
出口货物退税率)-免抵退税不得免征和抵扣税额抵减额

免抵退税不得免征和抵扣税额抵减额=免税购进原材料价格×(出口货物征税率-
出口货物退税率)

(5) 新发生出口业务的生产企业自发生首笔出口业务之日起 12 个月内的出口业务，不计算当期应退税额，当期免抵税额等于当期免抵退税额；未抵顶完的进项税额，结转下期继续抵扣，从第 13 个月开始按免抵退税计算公式计算当期应退税额。

3. 先征后退的形式

先征后退是指对没有出口经营权的生产企业委托出口的货物，实行在生产环节正常征税，在出口时给予退税的做法。外贸企业或其他有出口经营权的企业从国内没有出口经营权的生产企业组织货源出口的货物，即采用先征后退的形式，对国内没有出口经营权的生产企业给予出口退税。

4. 实行出口退税电子化管理

为了加强出口退税管理，正确贯彻出口退税政策，必须加快现代管理手段的运用。税务系统内部以及税务与海关、银行、外贸部门之间要实行微机联网，出口企业和主管税务机关搞好退税单证录入工作，为正确地进行退税的计算机稽核奠定基础。

第三节　税收控制管理

考点九　经济税源调查的目的和内容

(一) 经济税源调查的目的

查明纳税人、征税对象的基本情况，掌握经济税源的现状；分析党和国家的经济政策、财税政策对税收产生或将要产生的影响；预测经济税源发展趋势并探索其规律，为提高税收计划管理的科学性、预见性，为充分挖掘税源潜力，做好促产增收工作，提供可靠的客观依据。

(二) 经济税源调查的内容

(1) 政策因素对税源的影响。具体包括：①税收制度和税收政策的影响；②财政政策和财务制度的影响；③产业政策的影响。

(2) 产业因素对税源的影响。

(3) 物价因素对税源的影响。

(4) 管理因素对税源的影响。

考点十　经济税源调查分析与报告

(一) 经济税源调查分析

(1) 进度分析。

(2) 趋势分析。

(3) 结构分析。

(4) 因素分析。

(5) 季节变动分析。

(6) 相关指标分析。

通过从各个角度对税源调查资料进行分析，查明影响经济税源的各种有利因素与不利因素、客观原因与主观原因、长期现象与暂时现象、主要问题与次要问题，从而为编制准确可靠的税收计划，搞好税收征收管理工作提供科学依据。

(二) 经济税源调查报告

经济税源调查报告,是经济税源调查工作的总结,一般有口头报告和书面报告两种形式。专题性调查一般采用书面报告形式。书面报告的内容应具有科学性、逻辑性,做到突出重点,有事实、有数据、有分析、有措施,使调查报告充分发挥反映情况、总结经验、指导税收计划管理的作用。

同 步 自 测

一、单项选择题

1. 下列情形中,纳税人不需要向原税务登记机关办理变更税务登记的有( )。
   A. 改变名称　　　　　　　　　　　B. 改变主管税务机关
   C. 改变开户银行和账号　　　　　　D. 改变法人代表

2. 下列关于税务登记的说法不正确的是( )。
   A. 税务机关对纳税人登记地点发生争议的,由其共同的上级税务机关指定管辖
   B. 扣缴义务人办理扣缴税款登记的范围和办法由省级以上的税务机关规定
   C. 纳税人遗失税务登记证的,应当在税务机关规定的期限内,在报纸、广播或电视上公开声明作废;同时向主管税务机关提交书面报告和申请,经审核后予以补发
   D. 个体工商户和从事生产、经营的事业单位自领取营业执照后,应向税务机关申报办理开业税务登记

3. 关于报验登记的规定,下列说法中正确的是( )。
   A. 所有从事生产、经营活动的纳税人均应办理报验登记
   B. 到外县(市)临时从事生产、经营活动的,应当向经营地税务机关办理外出经营活动税收管理证明
   C. 办理报验税务登记时,应当持税务登记证副本和所在地税务机关填开的外出经营活动税收管理证明,向营业地税务机关报验登记,接受税务管理
   D. 从事生产、经营的纳税人外出经营,超过核定经营范围的,应当在营业地办理税务登记

4. 纳税人办理开业税务登记,税务机关对纳税人填报的《税务登记表》以及提供的证件和资料,应自收到之日起( )日内审核完毕,符合规定的予以登记,并发给税务登记证件。
   A. 10　　　　　　　B. 15　　　　　　　C. 30　　　　　　　D. 60

5. 某中介服务公司从工商行政管理部门领取营业执照,其办理开业税务登记的期限是自领取营业执照之日起( )。
   A. 90 日内　　　　B. 60 日内　　　　C. 45 日内　　　　D. 30 日内

6. 在下列设置账簿的情形中,不符合账簿设置有关规定的是( )。
   A. 一般的纳税人自领取营业执照之日起 15 日内设置账簿
   B. 无建账能力的小规模纳税人可聘请注册会计师建账记账
   C. 经营规模小的纳税人有实际困难可以不设置任何账
   D. 扣缴义务人要在扣缴业务发生之日起 10 日内设账

7. 关于代扣代缴、代收代缴税款账簿，下列说法中正确的是(　　)。

    A. 办理工商登记后，15 日内设置代扣代缴、代收代缴税款账簿

    B. 自办理扣缴税款登记后，10 日内设置代扣代缴、代收代缴税款账簿

    C. 自扣缴义务发生之日起 15 日内设置代扣代缴、代收代缴税款账簿

    D. 扣缴义务人自扣缴义务发生之日起 10 日内，按照所代扣、代收的税种，分别设置代扣代缴、代收代缴税款账簿

8. 下列关于账簿的说法不正确的是(　　)。

    A. 每本账簿启用时，应在封面上标有账簿名称、所属年度

    B. 每本账簿启用时，要在账簿扉页上详细载明：单位名称、编号、页数、启用日期、会计主管人员、记账人员姓名及签章等

    C. 账簿、收支凭证粘贴簿、进销货登记簿等资料，最多保存 10 年，企业可自行销毁

    D. 记账凭证是按照经济业务内容加以分类，并据以确定会计分类而填制的作为登记账簿依据的一种凭证

9. 下列关于凭证的说法错误的是(　　)。

    A. 在经济业务发生时，取得的用以记录或者证明经济业务或者完成情况的原始书面证明是原始凭证

    B. 进行会计核算的原始资料是原始凭证

    C. 进行会计核算的重要依据是原始凭证

    D. 原始凭证是纳税人履行纳税义务状况和履行某种手续的证明

10. 关于发票印制，下列说法正确的是(　　)。

    A. 增值税专用发票防伪措施的采用由省级国税局确定

    B. 印刷企业只要有发票准印证即可正式开始印制发票

    C. 国家税务总局不管理普通发票的印制活动

    D. 全国统一发票监制章由国家税务总局确定

11. 下列关于发票的说法表述不准确的是(　　)。

    A. 发票是加强财务管理，保护国家财产安全的重要手段

    B. 发票是财务会计核算的原始凭证和税务稽查的重要依据

    C. 发票的领购管理是发票管理的基础环节

    D. 发票的领购方式包括：交旧领新、验旧领新、批量供应

12. 下列关于发票的保存与检查的说法正确的是(　　)。

    A. 发票的存根联和发票登记簿应保存 10 年

    B. 用票单位和个人已使用的发票存根保存期满后，应向省级以上的税务机关申请撤销

    C. 发票检查方法包括对照检查法、顺向检查法、逆向检查法、票面逻辑推理法

    D. 普通发票检查主要是看发票上是否盖章

13. 个人所得税自行申报的纳税人每月应纳的税款在次月(　　)内缴入国库。

    A. 15 日   B. 30 日   C. 10 日   D. 7 日

14. 以一日、三日、五日、十日或十五日为一纳税期限缴纳流转税的纳税人，纳税期满后(　　)内预缴税款。

    A. 3 日   B. 5 日   C. 7 日   D. 10 日

15. 下列关于纳税申报期限的规定中不正确的是( )。

    A. 邮寄纳税申报以寄出邮戳日期为实际申报日期

    B. 流转税，以 1 个月为一个纳税期的纳税人，于期满后 15 日内申报纳税

    C. 企业所得税申报期限为纳税人在月份或季度终了后 15 日内申报预缴，年度终了后 45 日内向其所在地主管税务机关报送会计决算报表并申报纳税

    D. 外商投资企业和外国企业所得税申报期限为纳税人在月份和季度终了后15日内申报预缴，年度终了后 4 个月内，报送年度所得税申报表和会计决算报表

16. 对征收面广、流动性大、季节性强、税源零星的分期纳税人进行征收管理的形式是( )。

    A. 驻厂管理   B. 巡回管理   C. 行业管理   D. 区域管理

17. 下列不属于税款征收方式按照应纳税额计算方法分类的是( )。

    A. 查账征收   B. 查簿征收   C. 查验征收   D. 定期定额征收

18. 下列行为主体不能作为纳税担保人的是( )。

    A. 公民个人   B. 企业法人   C. 经济组织   D. 国家机关

19. 关于核定应纳税额，下列说法中正确的是( )。

    A. 税务机关核定应纳税额时只能依法选定一种核定方法，并明确告之纳税人

    B. 税务机关采用一种方法不足以正确核定应纳税额时，可以同时采用两种以上的方法核定

    C. 纳税人对税务机关核定的应纳税额有异议的，税务机关应当提供相关证据，证明定额的合理

    D. 经税务机关认定后，纳税人可以调整应纳税额

20. 税务机关对纳税人下列行为中要求提供纳税担保的有( )。

    A. 纳税人偷税以后

    B. 纳税人欠税以后

    C. 纳税人被查封的商品由税务机关拍卖以后

    D. 纳税人在纳税期内有明显转移应税物品或应税收入迹象的

21. 纳税人超过应纳税额缴纳的税款,自结算缴纳税款之日起( )发现的,可要求退还。

    A. 5 年内   B. 4 年内   C. 3 年内   D. 1 年内

22. 税务机关对纳税人未按照规定的期限缴纳税款的，可责令限期缴纳，逾期仍未缴纳的，经县以上税务局批准，可采取的正确措施是( )。

    A. 书面通知纳税人开户银行或其他金融机构暂停支付纳税人存款

    B. 书面通知纳税人开户银行或其他金融机构从其存款中扣缴税款

    C. 扣押纳税人的价值相当于应纳税款的商品、货物或其他财产

    D. 查封纳税人的商品、货物或者其他财产

23. 下列关于纳税人未缴少缴税款的表述中，正确的是( )。

    A. 因纳税人计算错误等失误造成的，可以不加收滞纳金

    B. 对纳税人未缴少缴的税款，税务机关在追征时，不一定加收滞纳金

    C. 因税务机关的责任造成的，税务机关可以在 3 年内追征税款、滞纳金

D. 对纳税人未缴少缴的税款，税务机关可以在 3 年内追征税款，特殊情况可以延长到 5 年

24. 因纳税人、扣缴义务人计算错误等失误，未缴或者少缴税款的，税务机关在 3 年内可以追征税款、滞纳金；有特殊情况的，追征期可以延长到(   )年。

A. 5　　　　　　　　B. 7　　　　　　　　C. 10　　　　　　　　D. 15

25. 下列关于减免税种类的说法不正确的是(   )。

A. 减免税种类有：法定减免、特案减免、临时减免、终生减免

B. 法定减免是指在税收法律和行政法规中明确规定的减税、免税

C. 特案减免是指用特别的、专门的法规文件规定的减税、免税

D. 临时减免是指为照顾纳税人生产、生活及其他特殊困难而临时批准给予的减税、免税

26. 下列条件不属于出口货物退税必要条件的是(   )。

A. 报关离境　　　　　　　　　　　　　B. 属于增值税、消费税征税范围的货物

C. 有出口收汇凭证　　　　　　　　　　D. 在财务上作出口销售

二、多项选择题

1. 纳税人必须持税务登记证件方可办理的事项有(   )。

A. 开立银行账户　　　　　　　　　　　B. 办理纳税申报

C. 申请办理延期申报、延期缴纳税款　　D. 领购发票

E. 申请开具外出经营活动税收管理证明

2. 下列关于变更税务登记的表述中，正确的是(   )。

A. 纳税人税务登记内容发生变化的，无论是否需要到工商行政管理机关或者其他机关办理变更登记，都要向税务机关申报办理变更税务登记

B. 纳税人税务登记内容发生变化，不需要到工商行政管理机关或者其他机关办理变更登记的，无需到税务机关办理变更税务登记

C. 办理变更税务登记的期限是自税务登记内容发生变化之日起 30 日内

D. 办理变更税务登记的纳税人，应向税务机关提供变更登记的有关证件

E. 纳税人因住所、经营地点变动而涉及改变税务登记机关的，应当向迁出地税务机关申报办理变更税务登记，并向迁达地税务机关申请办理税务登记

3. 下列关于税务登记期限方面的说明正确的有(   )。

A. 税务机关应当自收到申报之日起 30 日内审核完毕并发给税务登记证件

B. 从事生产、经营的纳税人外出经营，自其在同一县(市)实际经营或提供劳务之日起，在连续的 12 个月内累计超过 180 天的，应当自期满之日起 30 日内，向生产、经营所在地税务机关申报办理税务登记，税务机关核发临时税务登记证及副本

C. 按照规定不需要在工商管理机关办理注销登记的，应当自有关机关批准或者宣告终止之日起 30 日内，持有关证件向原税务登记管理机关申报办理注销税务登记

D. 纳税人被工商行政管理机关吊销营业执照的，应当自营业执照被吊销之日起 30 日内，向原税务登记机关申报办理注销税务登记

E. 纳税人遗失税务登记证或者扣缴义务人遗失扣缴税款登记证件，应当在 30 日内书面报告主管税务机关并登报声明作废

4. 关于注销税务登记，下列说法中正确的是(　　)。
  A. 纳税人发生解散、破产、撤销以及其他情形，依法终止纳税义务的，应当在向工商行政管理机关或者其他机关办理注销登记前，向税务机关办理注销税务登记
  B. 纳税人因住所、经营地点变动而涉及改变税务登记机关的，应当向迁出地税务机关申报办理注销税务登记，并向迁达地税务机关申请办理税务登记
  C. 按照规定不需要在工商行政管理机关办理注册登记的，应当自有关机关批准或者宣告终止之日起 30 日内，持有关证件向原税务登记机关申报办理注销税务登记
  D. 纳税人被工商行政管理机关吊销营业执照或者其他机关予以撤销登记的，应当自营业执照被吊销或者被撤销登记之日起 15 日内，向原税务登记机关申报办理注销税务登记
  E. 纳税人在办理注销税务登记前，应当向税务机关结清应纳税款、滞纳金、罚款，缴销发票、税务登记证件和其他税务证件

5. 根据《税收征管法》的规定，对纳税人的下列行为，税务机关可处以 2000 元以下罚款的有(　　)。
  A. 未按规定的期限申报办理税务登记的(情节不严重)
  B. 虚假申报或不进行纳税申报的(情节不严重)
  C. 未按规定的限期办理纳税申报的(情节不严重)
  D. 未按规定安装、使用税控装置的(情节不严重)
  E. 未按规定使用税务登记证件的

6. 下列财务资料中，除另有规定者外，至少要保存 10 年的有(　　)。
  A. 账簿　　　　　　　　B. 发票的存根联　　　　　　C. 收支凭证的粘贴簿
  D. 发票登记簿　　　　　E. 进销货登记簿

7. 下列说法中正确的有(　　)。
  A. 原始凭证按照其取得渠道的不同，可分为自制原始凭证和外来原始凭证
  B. 原始凭证按照其填制手续的不同，可以分为一次凭证和累计凭证
  C. 原始凭证按其所记录的经济内容的不同，可以分为收款凭证、付款凭证和转账凭证
  D. 对原始凭证进行合法性、合规性、合理性审核，看是否符合规定及权限
  E. 原始凭证中的综合凭证包括各种提退减免凭证、罚款收据、票款结算单、代扣代缴专用发票、纳税保证金收据、税票调换证等

8. 对原始凭证审核的表述正确的有(　　)。
  A. 对原始凭证进行合法性、合规性、合理性审核，判断其是否符合规定及权限
  B. 审核原始凭证所记载的经济业务是否正常，判断是否正确，符合要求
  C. 完整性审核，看手续是否完备
  D. 正确性审核，看计算有无差错
  E. 审核原始凭证的填制单位

9. 下列几种情形中，符合发票管理地域性要求的有(　　)。
  A. 省、自治区、直辖市范围内使用的发票决不能在外地印制
  B. 纳税人只能在其机构所在地领购普通发票
  C. 发票只限于领购者在领购地开具

D. 发票一般由领购者在领购地缴销

E. 任何情况下发票均不得跨地域邮寄或携带使用

10. 下列说法中不正确的有(　　)。

   A. 销货方按规定填开发票

   B. 购买方按规定索取发票

   C. 发票要全联一次填写

   D. 开具发票要加盖公章

   E. 发票可以跨省、直辖市、自治区使用

11. 下列关于增值税专用发票填开时间的规定中正确的有(　　)。

   A. 采用预收货款、托收承付、委托银行收款结算方式的，为货物发出的当天

   B. 采用交款提货结算方式的，为货物送到的当天

   C. 采用赊销、分期付款结算方式的，为合同约定的收款日期的当天

   D. 将货物作为投资提供给其他单位或个体经营者，为货物移送的当天

   E. 将货物分配给股东，为货物移送的当天

12. 纳税申报中，下列(　　)情形需要由税务机关责令限期改正，可以处 2000 元以下的罚款；情节严重的，可以处 2000 元以上 10 000 元以下的罚款。

   A. 纳税人未按照规定的期限办理纳税申报

   B. 纳税人未按照规定的期限报送纳税资料

   C. 扣缴义务人未按照规定的期限向税务机关报送代扣代缴税款报告

   D. 扣缴义务人未按照规定的期限向税务机关报送代收代缴税款报告

   E. 扣缴义务人未按照规定的期限向税务机关报送有关资料的

13. 下列属于纳税申报对象的有(　　)。

   A. 负有纳税义务的单位和个人

   B. 暂停业的企业和经营场所

   C. 发生应税行为的纳税人

   D. 享有减、免税待遇的纳税人

   E. 负有扣缴义务的单位和个人

14. 下列关于税收征收管理形式的说法正确的有(　　)。

   A. 行业管理适用于工商户集中、行业分工清楚、归口管理明确的一些城市的税收征收管理

   B. 区域管理适用于大城市和县城的管理

   C. 按经济性质管理适合于大中城市和县城工商业户的征收管理

   D. 驻厂管理适用于农村和集贸市场的税收征管

   E. 巡回管理适用于大型企业或重点税源单位的征管

15. 纳税担保的适用对象不包括(　　)。

   A. 税务机关有根据认为从事生产经营的纳税人有逃避纳税义务行为的

   B. 欠缴税款的纳税人需要出境的

   C. 纳税人从事临时经营

   D. 已领取营业执照从事危险性很大的工程承包或提供劳务的

   E. 本地经营者需要在本地购买发票的

16. 根据《税收征管法》的规定，下列选项中属于税务机关可以采取的税收保全措施的有(　　)。

   A. 书面通知纳税人开户银行暂停支付纳税人的金额相当于应纳税款及滞纳金的存款

B. 书面通知纳税人开户银行从其存款中扣缴税款

C. 扣押、查封纳税人的价值相当于应纳税款的商品、货物或者财产

D. 扣押、查封、拍卖纳税人的价值相当于应纳税款的商品、货物或者其他财产，以拍卖所得抵缴税款

E. 书面通知纳税人的开户银行或者其他金融机构冻结纳税人的金额相当于应纳税款的存款

17. 出口企业从小规模纳税人处购进并持普通发票的下列货物中的( )特准退税。

 A. 松香   B. 纸制品   C. 五味子

 D. 山货   E. 工艺品

18. 出口退税的形式包括( )。

 A. 免税不退税   B. 不征不退   C. 免、抵、退

 D. 先征后退   E. 超税返还

三、案例分析题

(一) 某企业 2002 年 3 月 15 日领取了工商营业执照，之后设置了账簿，进行会计核算。2004 年 12 月份，该企业财务人员感到企业的账簿核算很不规范，容易被查出问题，便将开业以来的账簿及发票自行销毁，后被主管税务机关发现，受到严厉的处罚。

根据上述资料，回答下列问题：

1. 该企业设置账簿的法定时间应该是( )。

 A. 领取营业执照之日起 15 日内   B. 领取营业执照之日起 20 日内

 C. 领取营业执照之日起 30 日内   D. 领取营业执照之日起 45 日内

2. 该企业应自扣缴义务发生之日起( )内，按照所代扣代缴的税种，分别设置代扣代缴、代收代缴税款账簿。

 A. 30 日   B. 20 日   C. 15 日   D. 10 日

3. 纳税人的下列做法中正确的有( )。

 A. 纳税人设置的账簿中包括总账

 B. 纳税人设置的账簿中包括明细分类账

 C. 若企业生产经营规模小，经企业领导批准可以建立收支凭证粘贴簿

 D. 若企业生产经营规模小，经县以上税务机关批准，可以不设置总账

4. 纳税人发票的存根联和发票登记簿的保存期一般为( )。

 A. 1 年   B. 3 年   C. 5 年   D. 7 年

5. 当企业账簿保存期满，进行销毁时正确的做法有( )。

 A. 经企业领导批准后，进行销毁

 B. 编制销毁清册

 C. 销售给可靠的废旧物资收购部门

 D. 报主管部门和税务机关批准，然后在其监督下销毁

(二) 某县国税局接到群众举报，县属某工贸公司有进货不入账，企图逃税的行为，经查证责令该公司在 5 日内缴纳税款。第二天该公司不但未去缴税，反而将账户上的资金转走，税务局得到消息后，便责令该公司提供纳税担保。该公司到县政府找到主管部门，主管部门向国税局做了口头纳税保证。国税局不同意，最后该公司以库存原材料做了纳税担保。

根据上述资料选择正确答案:

1. 国税局不同意公司主管部门提供纳税担保是因为(　　)。

    A. 主管部门未作书面保证　　　　　　　B. 主管部门没有担保资格

    C. 国税局不信任主管部门　　　　　　　D. 主管部门无经济能力

2. 该公司在上述过程中出现的错误有(　　)。

    A. 进货不入账　　　　　　　　　　　　B. 转移账户资金

    C. 找主管部门担保　　　　　　　　　　D. 以库存材料作担保

3. 如果担保期满后该公司不缴税,国税局的对策是(　　)。

    A. 变卖公司库存材料抵缴税款　　　　　B. 采取税收保全措施

    C. 找回公司转移出去的资金　　　　　　D. 请求人民法院强制执行

4. 本题中,若该公司没有提供纳税担保,国税局的对策是(　　)。

    A. 书面通知纳税人开户银行暂停支付纳税人的金额相当于应纳税款及滞纳金的存款

    B. 书面通知纳税人开户银行从其存款中扣缴税款

    C. 扣押、查封纳税人的价值相当于应纳税款的商品、货物或者财产

    D. 扣押、查封、拍卖纳税人的价值相当于应纳税款的商品、货物或者其他财产,以拍卖所得抵缴税款

    E. 书面通知纳税人的开户银行或者其他金融机构冻结纳税人的金额相当于应纳税款的存款

同步自测解析

一、单项选择题

1.【解析】B　纳税人办理税务登记后,如发生下列情形之一,应当办理变更税务登记:发生改变名称、改变法定代表人、改变经济类型或经济性质、改变住所和经营地点、改变生产经营或经营方式、增减注册资金(资本)、改变隶属关系、改变生产经营期限、改变或增减银行账号、改变生产经营权属及改变其他税务登记内容的。

2.【解析】B　扣缴义务人办理扣缴税款登记的范围和办法由国务院规定。

3.【解析】D　纳税人到外县(市)临时从事生产经营活动的,应当在外出生产经营以前,持税务登记证向主管税务机关申请开具《外出经营活动税收管理证明》。纳税人应当在《外管证》注明地进行生产经营前向当地税务机关报验登记,并提交下列证件、资料:①税务登记证件副本;②《外管证》。从事生产、经营的纳税人外出经营,超过核定经营范围的,应当在营业地办理税务登记。

4.【解析】C　纳税人办理开业税务登记,税务机关对纳税人报送《税务登记表》和有关资料进行审核,如填写内容是否准确,有无缺漏项目,内容不实的问题,在收到《税务登记表》之日起30内审核完毕,符合规定的给予登记并发给税务登记证件。

5.【解析】D　各类企业、经营场所、个体工商户和从事生产、经营的事业单位,应自领取营业执照之日起30日内向所在地主管税务机关申报办理税务登记证。

6.【解析】C　即使税务机关认可其有实际困难的纳税人,也必须经县以上税务机关批准,建立收支凭证账簿、进销货登记簿或委托事务所代理建账。

7.【解析】D 一般的纳税人要根据国务院财政、税务主管部门的规定和税收征管法的要求，自领取营业执照之日起15日内设置账簿，根据合法、有效凭证记账，进行核算。

8.【解析】C 账簿、收支凭证粘贴簿、进销货登记簿等资料，除另有规定者外，至少要保存10年，未经税务机关批准，不得销毁。保管期满需要销毁时，应编制销毁清册，报主管部门和税务机关批准，然后在其监督下销毁。

9.【解析】D 税收凭证是纳税人履行纳税义务状况和履行某种手续的证明，纳税人必须妥善保管，便于税务机关检查。

10.【解析】D 全国统一的发票监制章、发票防伪专用品的生产和发票防伪措施的采用由国家税务总局负责管理。

11.【解析】C 发票的印制管理是发票管理的基础环节。

12.【解析】C 旧发票存根按规定定期保存。发票的存根联和发票登记簿，应保存5年，保存期满，报经税务机关查验后方可销毁。用票单位和个人已使用的发票存根保存期满后，应向主管税务机关申请撤销。普通发票检查的内容包括：一是检查自用发票的印制是否有完备的手续；二是检查是否按规定领购、开具和使用发票；三是检查是否设置发票管理账簿，并按规定保管和缴销发票。

13.【解析】D 个人所得税申报期限规定为：扣缴义务人每月所扣的税款，自行申报纳税人每月应纳的税款，都应当在次月7日缴入国库，并向税务机关报送纳税申报表。

14.【解析】B 纳税人因适用税种和缴纳税额不同，其纳税申报期限也有所不同：流转税以1日、3日、5日、10日或15日为一期的纳税人，纳税期满后5日内预缴税款，次月10日内结算上月应纳税款并申报纳税。

15.【解析】B 流转税，以1个月为一个纳税期的纳税人，于期满后10日内申报纳税。

16.【解析】B 巡回管理指对征收面广、流动性大、季节性强、税源零星分期的纳税人进行征收管理的一种形式。一般适用于农村和集贸市场的税收征管。

17.【解析】B 税款征收方式按应纳税额的计算方法分类：查账征收、查定征收、查验征收和定期定额征收。

18.【解析】D 国家机关包括国家权力机关、行政机关、审判机关和检察机关，由于其所处地位的特殊性，不论其是否具备纳税担保能力，均不得做纳税担保人，以保证税务机关依法执行职务，防止权力干预和各种违纪情况的发生。

19.【解析】B 纳税机关采取一种方法不足以正确核定应纳税额时，可以同时采用两种以上的方法核定。

20.【解析】D 纳税人在纳税期内有明显转移应税物品或应税收入迹象属于税务机关有根据认为从事生产经营的纳税人有逃避纳税义务的行为，属于纳税担保的对象。

21.【解析】C 纳税人超过应纳税额缴纳的税款，自结算缴纳税款之日起3年内发现的，可要求退还。

22.【解析】B 纳税人在规定的限期内缴纳税款的，税务机关必须立即解除税收保全措施；限期期满仍未缴纳税款的，经县以上税务局(分局)局长批准，税务机关可以书面通知纳税人开户银行或者其他金融机构，从其冻结的存款中扣缴税款，或者依法拍卖或者变卖所扣押、查封的商品、货物或者其他财产，以拍卖或者变卖所得抵缴税款。

23.【解析】B 对纳税人未缴少缴的税款，税务机关在追征时，不一定加收滞纳金，主要是看是谁造成的纳税人未缴少缴税款。

① 因税务机关的责任，致使纳税人、扣缴义务人未缴或者少缴税款的，税务机关在 3 年内可以要求纳税人、扣缴义务人补缴税款，但是不得加收滞纳金。

② 因纳税人、扣缴义务人失误，导致少缴税款，税务机关在 3 年内可追征税款、滞纳金，特殊情况可延长追征期至 5 年。

③ 偷税、抗税、骗税的，可以无限期追征。

24.【解析】A 因纳税人、扣缴义务人计算错误等失误，未缴或者少缴税款的，税务机关在 3 年内可以追征税款、滞纳金；有特殊情况的，追征期可以延长至 5 年。

25.【解析】A 减免税种类有三种，即法定减免、特案减免、临时减免。

26.【解析】C 所谓"出口货物"一般应当具备以下三个条件：(1)必须是属于增值税、消费税征税范围的货物，并取得增值税专用发票，属于征收消费税的还应取得由企业开具并经税务机关和银行签章的《出口货物消费税专用缴款书》。(2)必须报关离境。(3)在财务上作出口销售。

二、多项选择题

1.【解析】ACDE 根据规定纳税人办理下列事项要持税务登记证件：①开立银行存款账户；②申请减免退税；③申请办理延期申报、延期缴纳税款；④领购发票；⑤申请开具外出经营活动税收管理证明；⑥办理停业、歇业；⑦其他。

2.【解析】AD 纳税人已经在工商行政管理机关办理变更登记的，应当自工商行政管理机关变更登记之日起 30 日内，持有关资料向原税务登记机关办理变更税务登记。

纳税人不需要在工商行政管理机关办理变更登记，或者其变更登记的内容与工商登记内容无关的，应自税务登记内容实际发生变化之日起 30 日内，或者自有关税务机关批准或者宣布变更之日起 30 日内，持有关资料办理变更税务登记。

根据上述两条可以判定本题 AD 正确、BC 错误；

因住所、生产、经营场所变更而涉及改变主管税务登记机关的，向原税务机关申报办理注销税务登记，并在 30 日内向迁达地主管税务登记机关申报办理税务登记，所以 E 错误。

3.【解析】AB 按照规定不需要在工商管理机关办理注销登记的，应当自有关机关批准或者宣告终止之日起 15 日内，持有关证件向原税务登记管理机关申报办理注销税务登记。纳税人被工商行政管理机关吊销营业执照的，应当自营业执照被吊销之日起 15 日内，向原税务登记机关申报办理注销税务登记。纳税人遗失税务登记证或者扣缴义务人遗失扣缴税款登记证件，应当在 15 日内书面报告主管税务机关并登报声明作废。

4.【解析】ABDE 按规定不需要在工商行政管理机关或者其他机关办理注册登记的，应当自有关机关批准或者宣告终止之日起十五日内，持有关证件和资料向原税务登记机关申报办理注销税务登记。

5.【解析】AC 纳税人未按照规定的期限申报办理税务登记、变更或者注销登记的，由税务机关责令限期改正，可以处 2000 元以下的罚款；情节严重的，处 2000 元以上 10 000 元以下的罚款。纳税人未按照规定使用税务登记证件，或者转借、涂改、损毁、买卖、伪造税务登记证件的，处 2000 元以上 10 000 元以下的罚款；情节严重的，处 10 000 元以上 50 000 元以下的罚款。

6.【解析】ACE 账簿、收支凭证粘贴簿、进销货登记簿等资料，除另有规定者外，至少要保存 10 年，未经税务机关批准，不得销毁。

7.【解析】ABD　记账凭证按其所记录的经济内容的不同，可以分为收款凭证、付款凭证和转账凭证三种。税收凭证中的综合凭证包括各种提退减免凭证、罚款收据、票款结算单、代扣代缴专用发票、纳税保证金收据、税票调换证等。

8.【解析】ABCD　对原始凭证的审核主要包括：(1)审核原始凭证所记载的经济业务是否正常，判断是否正确，符合要求。(2)合法性、合规性、合理性审核，判断其是否符合规定及权限。(3)完整性审核，看手续是否完备。(4)正确性审核，看计算有无差错。

9.【解析】CD　发票不得跨省、直辖市、自治区使用。发票限于领购单位和个人在本省、自治区、直辖市内开具。发票领购单位未经批准不得跨规定使用区域携带、邮寄、运输空白发票，禁止携带、邮寄或者运输空白发票出入境。

10.【解析】DE　发票不得跨省、直辖市、自治区使用；开具发票要加盖财务印章或发票专用章。

11.【解析】ACDE　采用交款提货结算方式的，增值税专用发票填开时间应为收到货款的当天。所以 B 选项错误。

12.【解析】ABCDE　纳税人未按照规定的期限办理纳税申报和报送纳税资料的，或者扣缴义务人未按照规定的期限向税务机关报送代扣代缴、代收代缴税款报告和有关资料的，由税务机关责令限期改正，处以 2000 元以下的罚款；情节严重，可以处 2000 元以上 10 000 元以下的罚款。

13.【解析】ACDE　纳税申报的对象：(1)负有纳税义务的单位和个人。(2)取得临时应税收入或发生应税行为的纳税人。(3)享有减税、免税待遇的纳税人。(4)扣缴义务人。

14.【解析】ABC　巡回管理是指对征收面广、流动性大、季节性强、税源零星分散的纳税人进行征收管理的一种形式，一般适用于农村和集贸市场的税收征管。驻厂管理是指税务机关派出驻厂员或驻厂组进驻纳税单位进行税收征管的一种形式。一般适用于大型企业或重点税源单位的征管。

15.【解析】DE　纳税担保的适用对象：(1)税务机关有根据认为从事生产经营的纳税人有逃避纳税义务行为的。(2)欠缴税款的纳税人需要出境的。(3)纳税人从事临时经常以及未领取营业执照从事工程承包或提供劳务的。(4)外来经营者需要在本地购买发票的。

16.【解析】CE　税务机关可以采取下列税收保全措施：书面通知纳税人开户银行或者其他金融机构冻结纳税人的金额相当于应纳税款的存款；扣押、查封纳税人的价值相当于应纳税款的商品、货物或者其他财产。

17.【解析】ABCDE　出口企业从小规模纳税人处购进并持普通发票的下列货物，考虑其占出口比重较大及其生产、采购的特殊因素，特准退税。这类货物包括：抽纱、工艺品、香料油、山货、草柳竹藤制品、渔网渔具、松香、五味子、生漆、紫尾、山羊、板皮、纸制品。

18.【解析】BC　出口退税的方式：(1)不征不退的形式；(2)免、抵、退的形式。

三、案例分析题

(一)1. A　　2. D　　3. ABD　　4. C　　5. BD

【解析】

1. 一般的纳税人要根据国务院财政、税务主管部门的规定和《税收征管法》的要求，自领取营业执照之日起 15 日内设置账簿，根据合法、有效凭证记账，进行核算。

2. 扣缴义务人要在税收法律，行政法规规定的扣缴义务发生之日起 10 日内，按照所代扣代缴的税种分别设置代扣代缴，代收代缴税款账簿。

3. 纳税人和扣缴义务人都必须按照国务院税务主管部门的规定设置账簿。它包括总账、明细账、日记账和其他辅助性账簿。生产经营规模小，又确无建账能力的纳税人，经县级以上税务机关批准，可以按照税务机关的规定，不设总账。

4. 纳税人发票的存根联和发票登记簿，应保存 5 年，保存期满，报经税务机关查验后方可销毁。

5. 当企业账簿保存期满需要销毁时，应编制销毁清册，报主管部门和税务机关批准，然后在其监督下销毁。

(二) 1. C　　2. B　　3. ABC　　4. A　　5. CE

【解析】

1. 国家机关不得作为纳税担保人。

2. 仅以库存材料作担保是正确的做法。

3. 如果纳税人不能提供纳税担保的，税务机关可以采取的强制执行措施是变卖公司库存材料抵缴税款。

4. 税务机关有根据认为纳税人有逃避纳税义务的行为，可以在规定的纳税期限前就责令限期缴纳应纳税款，在限期内发现纳税人有明显的转移、隐匿其应税的商品、货物以及其他财产或者应纳税的收入的迹象的，税务机关可责成纳税人提供纳税担保。如纳税人提供不了纳税担保，税务机关可以采取税收保全措施。CE 是税收保全措施的内容。

第八章 纳税检查

 大纲解读

本章考试目的在于考查应试人员是否掌握纳税检查的相关规定。从近三年的考题情况来看，本章主要考查增值税、消费税、营业税、企业所得税的检查，平均分值是 6 分。具体考试内容包括：

1. 增值税的检查

销项税额的检查、进项税额的检查。

2. 消费税的检查

销售收入的检查、销售数量的检查。

3. 营业税的检查

建筑安装企业的检查、房地产开发企业的检查、旅游饮食服务企业的检查、转让无形资产及销售不动产业务的检查。

4. 企业所得税的检查

年度收入总额的检查、税前准予扣除项目的检查、不得税前扣除项目的检查。

 考点精讲

第一节 纳税检查概述

考点一 纳税检查的概念

(一) 纳税检查的概念

纳税检查是税务机关根据国家税法和财务会计制度的规定，对纳税人履行纳税义务的情况进行检查和监督，以充分发挥税收职能作用的一种管理活动。

纳税检查的主体是税务机关。

纳税检查的客体是纳税人，同时包括代扣代缴义务人、代收代缴义务人、纳税担保人等。

纳税检查的对象是纳税人所从事的经济活动和各种应税行为，以及履行纳税义务的情况。

纳税检查的依据是国家的各种税收法规、会计法规、企业财务制度。当税收法规和其他财会制度发生冲突时，以税收法规为准。

(二) 纳税检查的必要性

(1) 纳税检查是行使财政监督职能的具体体现。

(2) 纳税检查是当前经济形势的客观要求。

(3) 纳税检查是搞好征管工作的有力保证。

(三) 纳税检查的范围

(1) 检查纳税人的账簿、记账凭证、报表和有关资料，检查扣缴义务人代扣代缴、代收代缴税款账簿、记账凭证和有关资料；

(2) 到纳税人的生产、经营场所和货物存放地检查纳税人应纳税的商品、货物或者其他财产，检查扣缴义务人与代扣代缴、代收代缴税款有关的经营情况；

(3) 责成纳税人、扣缴义务人提供与纳税或者代扣代缴、代收代缴税款有关的文件、证明材料和有关资料；

(4) 询问纳税人、扣缴义务人与纳税或者代扣代缴、代收代缴税款有关的问题和情况；

(5) 到车站、码头、机场、邮政企业及其分支机构检查纳税人托运、邮寄应纳税商品、货物或者其他财产的有关单据、凭证和有关资料；

(6) 经县以上税务局(分局)局长批准，凭全国统一格式的检查存款账户许可证明，查询从事生产、经营的纳税人、扣缴义务人在银行或者其他金融机构的存款账户。税务机关在调查税收违法案件时，经设区的市、自治州以上税务局(分局)局长批准，可以查询案件涉嫌人员的储蓄存款。税务机关查询所获得的资料，不得用于税收以外的用途。

考点二　纳税检查的基本方法

(一) 详查法和抽查法

按照检查的范围、内容、数量和查账粗细的不同，分为详查法和抽查法两种。

详查法，是对被查期内的全部凭证、账册、报表和其他会计资料，进行全面、系统、细致的检查的一种方法。一般只适用于经济业务比较简单、会计核算制度不健全和财务管理比较混乱的企业，以及立案侦查的经济案件。

抽查法，是对被查期内的凭证、账册和报表抽出部分有目的地重点检查的一种方法。抽查效果的好坏，关键在于抽查对象的确定。

(二) 顺查法和逆查法

按照查账的顺序不同，分为顺查法和逆查法两种。

顺查法：凭证→账簿→报表→纳税情况。

顺查法比较系统、全面，运用比较简单，但这种方法工作量大，重点不够突出。

逆查法：报表→账簿→凭证。

这种方法通过组织有关资料的分析比较，容易发现线索，便于抓住重点，目标比较明确，检查效果也较显著。

(三) 联系查法和侧面查法

按照与检查资料之间的相互关系，分为联系查法和侧面查法。

联系查法，是对相关资料有联系的地方进行相互对照检查的一种方法。联系查法，又分为账内联系法和账外联系法。

侧面查法，是根据平时掌握的征管、信访资料和职工群众反映的情况，对有关账簿记录进行核查的一种检查方法。

【例 8-1】 关于纳税检查的说法，错误的是( )。(2012 年单选题)

A. 纳税检查的主体是税务师事务所

B. 纳税检查的客体包括纳税担保人

C. 纳税检查的对象是纳税人所从事的经济活动和各种应税行为

D. 纳税检查的依据是国家的各种税收法规、会计法规和企业财务制度

【解析】A 纳税检查的主体是税务机关。

(四) 分析法

针对企业的会计资料，运用数理统计和逻辑思维推理对一般事物现象进行客观分析判断的一种纳税检查方法。分析法仅能揭露事物内部的矛盾，不宜作为查账定案结论的依据。

(1) 比较分析法。根据企业会计报表中的账面数据，同企业的有关计划指标、历史资料或同类企业的相关数据进行动态和静态对比的一种分析方式。比较分析有绝对数比较和相对数比较两类。

(2) 推理分析法。一般应用于企业资产变动与负债及所有者权益变动平衡关系的分析。

(3) 控制分析法。一般运用于对生产企业的投入与产出、耗用与补偿的控制分析。

(五) 盘存法

这是通过对货币资金、存货和其他物资等实物资产的盘点清查，对照账面余额，来推算检查企业反映的生产经营成本及推算生产经营收入是否正确的一种查账方法。

考点三 会计凭证、会计账簿和会计报表的检查

(一) 会计凭证的检查

1. 原始凭证的检查

(1) 对外来原始凭证的检查。外来原始凭证包括进货发票、进账单、汇款单、运费发票等。对外来原始凭证审查时，一般应注意以下几个方面：①审查凭证的合法性；②审查凭证的真实性；③审查凭证的完整性；④审查凭证手续是否完备；⑤对多联式发票，要注意是否系报销联，防止用其他联作报销。

(2) 对自制原始凭证的检查。自制原始凭证包括各种报销和支付款项的凭证，其中对外自制凭证有现金收据、实物收据等；对内自制凭证有收料单、领料单、支出证明单、差旅费报销单、成本计算单等。审查时要注意以下几点：①检查自制原始凭证的种类、格式、使用

是否符合有关主管机关和财务制度的规定，审批手续是否齐全，有无利用白条代替凭证的现象；②检查自制原始凭证的内容是否真实，处理是否符合规定；③检查凭证手续是否完备，应备附件是否齐全；④检查自制支出凭证的报销金额是否遵守制度规定的开支标准和开支范围。

【例 8-2】 下列凭证中属于自制原始凭证的是(   )。(2011 年单选题)

A. 进账单　　　　　　B. 汇款单　　　　　　C. 运费票　　　　　D. 收料单

【解析】D　自制原始凭证包括各种报销和支付款项的凭证，其中对外自制凭证有现金收据、实物收据等，对内自制凭证有收料单、领料单、支出证明单、差旅费报销单、成本计算单等。

2. 记账凭证的检查

(1) 记账凭证是否附有原始凭证，两者的内容是否一致；

(2) 会计科目及其对应关系是否正确；

(3) 会计记录所反映的经济内容是否完整，处理是否及时。

(二) 会计账簿的检查

1. 序时账的审查分析

(1) 审查账簿的真实性；

(2) 审查借贷发生额的对应账户；

(3) 审查账面出现的异常情况；

(4) 审查银行存款收支业务。

2. 总分类账的审查分析

(1) 账账关系的查核；

(2) 账表关系的查核；

(3) 纵向关系的查核；

(4) 横向关系的查核。

从总账中审查发现的问题，只能作为查账的线索。

3. 明细分类账的检查

(1) 与总分类账进行相互核对；

(2) 上下结算期之间相互核对；

(3) 审查账户余额的借贷方向；

(4) 账实相符的检查。

(三) 会计报表的检查

1. 资产负债表的审查分析

一般来说，应注意以下项目的审查：

(1) 应收账款、预付账款、应付账款、预收账款项目的审查。

(2) 各项存货项目的审查。包括原材料、包装物、低值易耗品、自制半成品、产成品、发出商品等。

(3) 递延项目的审查。

(4) 固定资产的审查。包括"固定资产原价"、"累计折旧"、"固定资产减值准备"、"固定资产净值"、"固定资产清理"、"在建工程"和"待处理财产损溢"等相关项目的检查。税法规定，以前年度未提的折旧，不得在本年度补提。固定资产计提的减值准备不得在所得税前扣除。

2. 损益表的检查分析

(1) 主营业务收入。一是核实账面销售收入额；二是核实销售收入净额；三是核查漏计的销售收入额。

(2) 主营业务成本。

(3) 营业费用。一般应注意以下几点：必须是与营业业务有关的费用；必须是费用性质的，不属于购置固定资产或门市部的翻建装潢或奖金分配性质；必须符合制度规定的开支范围和开支标准，一般不允许预提或比例列支。

考点四　账务调整的基本方法

对于纳税检查过程中发现有问题的会计账目，需要按照财务会计制度进行账务调整，以保证账账、账证、账实相符。

(一) 红字冲销法

先用红字冲销原错误的会计分录，再用蓝字重新编制正确的会计分录，重新登记账簿。它适用于会计科目用错及会计科目正确但核算金额错误的情况。

(二) 补充登记法

通过编制转账分录，将调整金额直接入账，以更正错账。它适用于漏计或错账所涉及的会计科目正确，但核算金额小于应计金额的情况。

(三) 综合账务调整法

将红字冲销法与补充登记法综合加以运用，一般适用于错用会计科目的情况，而且主要用于所得税纳税检查后的账务调整，如果涉及会计所得，对于影响本年度的所得可以直接调整"本年利润"账户，而对于影响上年度的所得可以直接调整"以前年度损益调整"账户。

第二节　增值税的检查

考点五　增值税销项税额的检查

(一) 销售收入的检查

1. 一般销售方式的检查

(1) 缴款提货销售方式的检查。在缴款提货销售的情况下，如货款已经收到，发票账单和提货单已经交给买方，无论商品、产品是否已经发出，都作为销售的实现。即按照实现的销售收入和按规定收取的增值税税额，作如下会计处理：

借：银行存款

贷：主营业务收入

应交税费——应交增值税(销项税额)

对缴款提货销售方式的检查，主要检查"应收账款"、"应付账款"、"其他应收款"、"其他应付款"等明细账户，看有无隐匿收入的情况。

【例8-3】 某企业为增值税一般纳税人，2008年5月30日采用缴款提货方式销售一批货物，收到货款100 000元、增值税税款17 000元，货物尚未发出，但发票和提货单已经交给购货方。则企业所作的账务处理中正确的是(　　)。(2012年单选题)

A. 借：银行存款　　　　　　　　　　　　　　117 000

　　贷：主营业务收入　　　　　　　　　　　　　100 000

　　　　应交税费——应交增值税(销项税额)　　　17 000

B. 借：银行存款　　　　　　　　　　　　　　117 000

　　贷：应付账款　　　　　　　　　　　　　　117 000

C. 借：银行存款　　　　　　　　　　　　　　117 000

　　贷：库存商品　　　　　　　　　　　　　　117 000

D. 借：银行存款　　　　　　　　　　　　　　117 000

　　贷：应付账款　　　　　　　　　　　　　　100 000

　　　　应交税费——应交增值税(销项税额)　　　17 000

【解析】A 根据缴款提货销售方式下的会计处理可以得到A选项为正确选项。

(2) 预收货款销售方式的检查。采用预收货款方式销售产品(商品)，于企业发出产品(商品)时确认销售实现。

① 企业收到货款时，其账务处理为：

借：银行存款

贷：预收账款

② 当货款发出时，再转作收入，计算相应的增值税：

借：预收账款

贷：主营业务收入

应交税费——应交增值税(销项税额)

③ 月底，结转相应的成本：

借：主营业务成本

贷：库存商品

对此种销售方式的检查，一方面检查其真实性，了解企业产品的市场状况，是否属于紧俏商品，否则过多的预收货款就有可能是企业故意拖延税款的缴纳时间。另一方面要通过检查企业的出库单、库存商品明细账等有关资料，检查企业在货物发出时是否及时转作收入，有无长期挂账的现象。

(3) 分期收款结算方式的检查。按合同规定的收款日期作为销售收入的实现时间。不论企业在合同规定的收款日期是否收到货款，均应结转收入，并计算应纳税款，同时按分期收款销售的比例结转相应的成本。

2. 视同销售方式的检查

(1) 委托代销销售方式的检查。销售收入的实现时间为收到代销清单的当天。

企业委托代销商品，一般有两种方式：一是销售价格由委托方制定，代销方只按销售收入的一定比例计提代销手续费的行为；二是销售价格由代销方自定，代销合同上规定一个代销价格，实际售价高于代销价格的部分，为代销方的报酬。企业委托代销商品，通过设置"委托代销商品"账户反映企业委托代销的情况。

(2) 自产自用产品的检查。企业将自产、委托加工的产品用于本企业基本建设、专项工程、集体福利、职工个人消费等方面要视同销售计算缴纳增值税。其价格核定如下：

第一，按纳税人最近时期同类货物的平均销售价格确定；

第二，按其他纳税人最近时期的同类货物的平均销售价格确定；

第三，按组成计税价格计算。

$$组成计税价格=成本×(1+成本利润率)$$

对自用货物的检查，首先，根据该产品的性能、用途，看其是否属于多用途产品，判断企业有可能在哪些项目上使用该产品的情况，然后再对有关项目进行核对，查核是否存在使用本企业产品的情况，其税额的计算是否正确；另外，也可以从"库存商品"的出库单上的"领用部门"，来判断产品的去向和用途；三是通过实地调查，到车间、工地进一步查看是否存在自产自用的情况。

3. 包装物销售的检查

随同货物出售单独计价的包装物，属于销售货物，取得收入记入"其他业务收入"科目，应按所包装货物的适用税率计征增值税。

出租给购买单位或其他单位使用而收取租金收入的包装物。有以下两种情况：一是在货物销售同时收取包装物租金。这时的包装物租金为货物销售收取的价外费用，应并入销售额按包装货物适用税率计征增值税。二是企业将包装物作为资产单独出租收取租金。租金收入为企业的附营业务收入，记入"其他业务收入"科目，应按租赁业征收 5% 的营业税。

周转使用、收取押金的包装物。根据税法规定，周转使用、收取押金的包装物，单独记账核算的，不并入销售额征税。但对因逾期未收回包装物不再退还的押金，应按所包装货物的适用税率计算销项税额。对销售除啤酒、黄酒外的其他酒类产品而收取的包装物押金，无论是否返还以及会计上如何核算，均应并入当期销售额征税。

检查时应注意：①审查包装物收入有无计税；②审查包装物的押金金额是否正确，通过"其他应付款—包装物押金"科目的贷方发生额，检查企业收取的押金金额是否正确，有无将属价外费用的租金收入混入其中；③审查会计核算是否正确。

【例 8-4】 某家具生产企业为一般纳税人，某月份销售产品 200 件，每件不含税价为 1000 元，该月收取包装物使用费 20 000 元。另外，为保证购买方及时退回包装物，订立了包装物使用期限为六个月的合同，并收取押金 40 000 元。则本月该企业应缴纳的增值税为 (   )元。(2012 年单选题)

A. 42 717.95 　　　　B. 37 400 　　　　C. 36 905.98 　　　　D. 34 000

【解析】C　[200×1000+20 000/(1+17%)]×17%=36 905.98 元。包装物押金此处没有逾期所以不用计算。

(二) 销售额的检查

1. 不含税销售额的检查

$$销售额=含税销售额/(1+税率)$$

2. 价外费用的检查

价外费用是指价外向购买方收取的手续费、补贴、基金、集资费、返还利润、奖励费、违约金(延期付款利息)、包装费、包装物租金、储备费、优质费、运输装卸费、代收款项、代垫款项及其他各种性质的价外收费。凡随同销售货物或提供应税劳务向购买方收取的价外费用，无论其会计制度如何核算，均应并入销售额计算应纳税额。按会计制度规定，由于对价外收费一般都不在"主营业务收入"科目核算，而在"其他应付款""其他业务收入""营业外收入"等科目中核算，这样，企业常常出现对价外费用不计算销项税额的情况，甚至有些企业将发生的价外收费直接冲减有关费用科目。因此，价外费用的检查是销项税额检查的一项重要内容。

考点六 增值税进项税额的检查

(一) 进项税额抵扣凭证的审查

增值税严格实行凭发票进行抵扣的制度，如果企业未取得抵扣凭证，不能计算进项税额。

(二) 准予抵扣的进项税额的检查

准予从销项税额中抵扣的进项税额，限于增值税扣税凭证上注明的增值税额，即从销售方取得的增值税专用发票上注明的增值税额；从海关取得的完税凭证上注明的增值税额；购进免税农业产品的买价和购销货物支付的运输费，按买价依 13%、按支付的运费依 7% 的扣除率计算的进项税额。

(三) 不得抵扣的进项税额的检查

不得从销项税额中抵扣的进项税额，是核定进项税额的重点检查内容。

不准抵扣进项税额的项目包括：

(1) 购进货物或者应税劳务未按规定取得并保存增值税扣税凭证的；

(2) 购进货物或者应税劳务的增值税扣税凭证上未按规定注明增值税税额及其他有关事项，或者虽有注明，但不符合规定的；

(3) 用于非应税项目的购进货物或者应税劳务的所属增值税税额；

(4) 用于免税项目的购进货物或者应税劳务的所属增值税税额；

(5) 用于集体福利或者个人消费的购进货物或者应税劳务的所属增值税税额；

(6) 非正常损失的购进货物的所属增值税税额；

(7) 非正常损失的在产品、产成品所用的购进货物或者应税劳务的所属增值税税额。

【例 8-5】 A 企业(增值税一般纳税人)7 月 19 日购进材料一批，购买价格为 100 万元(不含增值税)，同时支付运费 1 万元，货款已支付并取得增值税专用发票，注明税额为 17 万元，

则该批材料的入库成本为( )万元。(2010 年单选题)

  A. 118   B. 117.93   C. 117   D. 100.93

  【解析】D 100+1×(1-7%)=100.93 万元。

第三节 消费税的检查

考点七 销售收入的检查

(一) 一般销售方式的检查

  一般销售方式分为缴款提货、预收货款、分期收款等，对此检查的内容与增值税检查基本相同。

  与增值税不同的是，消费税实行的价内税，其计提税金的会计账务处理为：

  计提税金的会计账务处理不同。

  借：营业税金及附加

    贷：应交税费——应交消费税

(二) 视同销售方式的检查

  企业发生视同销售行为，在计算增值税的同时，应计算相应的消费税。其计税依据与检查方法同增值税相同。

  视同销售行为应计算的消费税计入相应的账户之中。即：

  借：在建工程

    长期投资等

    贷：应交税费——应交消费税

  企业发生视同销售行为，其计税价格确定顺序为：

  (1) 按纳税人最近时期同类货物的平均销售价格确定；

  (2) 按其他纳税人最近时期同类货物的平均销售价格确定；

  (3) 按组成计税价格确定。

  实行从价定率办法计算纳税的组成计税价格计算公式：

$$组成计税价格=(成本+利润)/(1-比例税率)$$

  实行复合计税办法计算纳税的组成计税价格计算公式：

$$组成计税价格=(成本+利润+自产自用数量×定额税率)/(1-比例税率)$$

  【例 8-6】从事化妆品生产的纳税人发生视同销售行为，若无同类应税消费品的销售价格，则其组成计税价格的计算公式为( )。(2009 年单选题)

  A. 组成计税价格=(成本+利润)/(1-比例税率)

  B. 组成计税价格=(成本+利润+自产自用数量×定额税率)/(1-比例税率)

  C. 组成计税价格=(成本+利润)/(1+比例税率)

  D. 组成计税价格=(成本+利润+自产自用数量×定额税率)/(1+比例税率)

【解析】B 实行复合计税办法计算公式：组成计税价格=(成本+利润+自产自用数量×定额税率)/(1-比例税率)。

(三) 委托加工方式的检查

对于委托加工的应税消费品，首先应审查是否符合税法中规定的委托加工方式，如不符合规定，是否按销售自制应税消费品缴纳了消费税。

1. 对受托方的检查

(1) 是否属于假委托加工业务。

(2) 是否代收代缴消费税。依据为：委托加工应税消费品于受托方交货时由受托方代收代缴消费税。其计税依据为：按照受托方的同类消费品的销售价格计算纳税，没有同类消费品销售价格的，按组成计税价格计税。

实行从价定率办法计算纳税的组成计税价格计算公式：

$$组成计税价格=(材料成本+加工费)/(1-比例税率)$$

实行复合计税办法计算纳税的组成计税价格计算公式：

$$组成计税价格=(材料成本+加工费+委托加工数量×定额税率)/(1-比例税率)$$

【例8-7】 某企业(增值税一般纳税人)委托A单位加工一批产品，发出原材料23 400元(含税价)，支付含税加工费用和代垫辅料费5850元，该企业没有同类商品的销售价格，消费税税率为10%，则其组成计税价格为( )元。(2012年单选题)

A. 32 500   B. 29 250   C. 27 777.78   D. 25 000

【解析】C 组成计税价格为：(23 400+5850)/(1+17%)/(1-10%)=27 777.78元。

2. 对委托方的检查

对委托方的委托加工应税消费品的检查，主要是查看委托加工收回时，委托方是否已代收了消费税税款，其代收消费税的计算是否正确。

在对委托方进行税务检查中，如果发现其委托加工的应税消费品受托方没有代收代缴税款，委托方要补缴税款。

【例8-8】 下列业务中，属于酒厂受托加工业务的是( )。(2012年单选题)

A. 由委托方提供原料和主要材料，酒厂只收取加工费和代垫部分辅助材料加工的应税消费品

B. 由酒厂以委托方的名义购进原材料生产的应税消费品

C. 由酒厂提供原材料生产的应税消费品

D. 酒厂先将原材料卖给委托方，然后再接受加工的应税消费品

【解析】A 委托加工的应税消费品是指由委托方提供原料和主要材料，受托方只收取加工费和代垫部分辅助材料加工的应税消费品。

考点八 销售数量的检查

(一) 销售数量的检查内容

(1) 检查企业是否存在少开票，多发货，转移销售收入的情况；

(2) 检查企业是否存在账外结算,转移销售收入的情况。

(二) 销售数量的检查方法

1. 以盘挤销倒挤法

本期产品销售数量=上期产品结存数量+本期产品完工数量−本期产品结存数量

这种方法主要适用于产成品管理制度不够健全的企业。

2. 以耗核产,以产核销测定法

本期应出产品数量=本期实耗材料量/单位产品材料消耗定额

它适用于产品管理制度比较健全的企业,运用时,应抓住主要耗用材料进行核定。

第四节 营业税的检查

考点九 对建筑安装企业营业税的检查

(一) 计税依据的检查

建筑安装企业的应税营业收入由工程价款和其他业务收入组成。

工程价款收入是通过"主营业务收入—工程结算收入"科目计算的。科目的贷方反映月终(或竣工)结算时应向建设单位收取的已完工程价款。月份终了,余额应转入"本年利润"科目。结转后应无余额。"其他业务收入"科目核算除工程价款结算收入以外的其他业务收入。科目的贷方反映企业本期取得的各项其他业务收入。月份终了,结转同上。

(二) 营业收入实现时间的检查

施工企业会计制度规定,工程价款收入应于其实现时及时入账。

(1) 实行合同完成后一次结算工程价款办法的工程合同,应于合同完成、施工企业与发包单位进行工程价款结算时,确认为收入实现,实现的收入额为承包方结算的合同价款总额。

(2) 实行旬末或月中预支、月终结算、竣工后清算办法的工程合同,应分期确认合同价款收入的实现,即各月份终了,与发包单位进行已完工程价款结算时,确认为承包合同已完工程部分的工程收入实现,本期收入额为月终结算的已完工程价款金额。

(3) 实行按工程形象进度划分不同阶段,应于完成合同规定的工程形象进度或工程阶段,与发包单位进行工程价款结算时,确认为工程收入实现。本期实现的收入额,为本期已结算的分段工程价款金额。

(4) 实行其他结算方式的工程合同,其合同收益应按合同规定的结算方式和结算时间,与发包单位结算工程时确认收入一次或分次实现。本期实现的收入额,为本期结算的已完工程价款或竣工一次结算的全部合同价款。

(5) 工程价款结算,不存在折让、折扣等问题,凡属工程质量问题,所发生的返工、返修等费用记入成本费用。

(6) 纳税人提供建筑业或者租赁业劳务,采取预收款方式的,其纳税义务发生时间为收到预收款的当天。

(三) 分包或转包业务扣缴税款的检查

税法规定施工企业实行分包或者转包工程的,以工程的全部价款减去付给分包人或者转包人的价款后的余额为营业额。分包或者转包工程应纳营业税额以总承包人为法定扣缴义务人。

考点十 对房地产开发企业营业税的检查

(一) 计税依据的检查

注意税率的适用是否正确。

土地转让、开发产品销售、租金收入,应按 5%的税率申报纳税,企业是否错按建筑业以 3%的税率申报缴纳税款等。另外,核对"主营业务收入"、"其他业务收入"科目期末有无余额,若有贷方余额则说明企业少缴了税款,应及时结转补交。

(二) 营业收入实现时间的检查

企业取得的各项经营收入应于销售实现时及时入账。

(1) 转让、销售土地和商品房,应在土地和商品房已经移交,已将发票结算账单提交买主时,作为销售实现。

(2) 代建的房屋和工程,应在房屋和工程竣工验收,办妥财产交接手续,并已将代建的房屋和工程的工程价款结算单提交委托单位时,作为销售实现。

(3) 对土地和商品房采取分期收款销售办法的,可按合同规定的收款时间分次转入收入。

(4) 出租开发产品,应在出租合同规定日期收取租金后作为收入实现;合同规定的收款日期已到,租用方未付租金的,仍应视为经营收入实现。

(5) 采用预收款销售商品的,应以收到预收款的当天作为销售收入的实现时间。

考点十一 对旅游、饮食服务企业的检查

(一) 计税依据的检查

旅游、饮食服务企业因类别不同,其应税营业收入的具体内容也不同:

(1) 饭店、宾馆、旅店的应税营业收入,主要包括客房收入、餐饮收入、商品部收入、车队收入、其他收入等。

(2) 旅行社的应税营业收入,包括综合服务收入、组团外联收入、零星服务收入、劳务收入、票务收入、旅游及加项收入、其他收入等。

(3) 酒楼、餐馆等饮食企业的应税营业收入,包括餐费收入、冷热饮收入、服务收入、其他收入等。

(4) 理发、浴池、照相、洗染、打字等服务企业的应税营业收入，包括各种服务收入、其他收入等。

(5) 游乐场、歌舞厅的应税营业收入，主要包括门票收入、冷热饮收入、点歌费收入、各项服务收入、其他收入等。

(二) 营业收入实现时间的检查

饮食服务业的营业收入应以提供了劳务、收到货款或取得了收取货款的凭据时确认营业收入的实现。

旅行社组织境外旅游者到国内旅游，应以旅行团队离境(或离开本地)时确认营业收入实现；旅行社组织国内旅游者到境外旅游，应以旅行团结束返回时确认营业收入实现；旅行社组织国内旅游者在国内旅游，也应以旅行团旅行结束返回时确认营业收入的实现。

【例 8-9】 关于营业收入实现时间的说法，正确的有(   )。(2013 年多选题)

A. 饮食服务业应以提供劳务、收到货款或取得索取货款凭据的当天确认营业收入

B. 房地产开发企业采用预收款销售商品房的，应以收到预收款的当天确认销售收入实现时间

C. 房地产开发企业对土地和商品房采取分期收款销售办法的，可按合同规定的收款时间分次转入收入

D. 旅行社组织国内旅游者到境外旅游的，应以旅行团离境的当天确认营业收入实现

E. 房地产开发企业转让、销售土地和商品房的，应在土地和商品房已经移交，并将发票结算账单提交买主时，确认销售收入实现

【解析】 BCE   A饮食服务业应以提供劳务、收到货款或取得索取货款凭据时确认营业收入。D旅行社组织国内旅游者到境外旅游的，应以旅行团离境时确认营业收入实现。

考点十二 转让无形资产及销售不动产业务的检查

(一) 转让无形资产的检查

纳税人转让无形资产的营业额为向对方收取的全部价款和价外费用，检查时应注意以下问题：

(1) 审查纳税人确认的收入额是否正确。看有无分解收入，有无将收入直接冲减无形资产成本或其他支出的现象。

(2) 看有无将已实现的营业额如预收定金等挂往来账而不及时转作收入纳税的现象。

(3) 审查其计税价格的确定是否正确。

无形资产的转让包括使用权和所有权的转让，这两种方式的转让均要依 5%的税率计算营业税。值得注意的是，若发生无形资产所有权的转让，还要注销无形资产的账面价值。其会计处理为：

转让无形资产的使用权时：

借：银行存款

贷：应交税费——应交营业税

应交税费——应交城市维护建设税

应交税费——应交教育费附加

其他业务收入

转让无形资产的所有权时：

借：银行存款

累计摊销

无形资产的减值准备

贷：无形资产

应交税费——应交营业税

应交税费——应交城市维护建设税

应交税费——应交教育费附加

营业外收入——处置非流动资产利得

【例 8-10】 某生产性企业转让一项无形资产的使用权，取得收入 20 000 元，则下列账务处理中正确的为(　　)。(2008 年单选题)

A. 借：银行存款　　　　　　　　　　20 000

　　贷：营业外收入　　　　　　　　　　　　20 000

B. 借：银行存款　　　　　　　　　　20 000

　　贷：应交税费——应交增值税　　　　　　3400

　　　　营业收入　　　　　　　　　　　　16 600

C. 借：银行存款　　　　　　　　　　20 000

　　贷：应交税费——应交营业税　　　　　　1000

　　　　　　——应交城市维护建设税　　　　　70

　　　　　　——应交教育费附加　　　　　　　30

　　　　营业外收入　　　　　　　　　　　18 900

D. 借：银行存款　　　　　　　　　　20 000

　　贷：无形资产　　　　　　　　　　　　　20 000

【解析】C　根据转让无形资产使用权的会计处理，可以得到 C 选项为正确选项。

(二) 销售不动产的检查

销售不动产的营业额为纳税人销售不动产向对方收取的全部价款和价外费用。

(1) 将纳税人的纳税申报表与"固定资产清理"账相核对，看纳税人出售建筑物等不动产的收入是否申报纳税，其计税依据应为出售时获得的价款，而不是从所获价款中扣除清理费等以后的净收益。

(2) 将"固定资产清理"账与有关记账凭证、原始凭证相核对，看有无分解不动产销售额的现象。

(3) 将"固定资产"、"营业外收入"、"营业外支出"等账户与有关记账凭证、原始凭证相对照，看有无将出售不动产的营业额未通过"固定资产清理"账户，而直接列作了营业外收支的现象。

第五节　企业所得税的检查

考点十三　年度收入总额的检查

(一) 销售货物收入的检查

对销售货物收入的检查可以从以下方面进行：

(1) 检查销售货物收入确认的标准是否正确。

(2) 检查销售货物收入确认的时间是否正确。

(3) 检查销售货物收入的入账金额是否正确。

(4) 检查销售折让、折让及销售退回处理是否规范。

(5) 检查视同销售收入的确认是否正确。

(二) 提供劳务收入的检查

提供劳务收入的检查主要通过"主营业务收入"账户核算，主要是检查其入账时间以及入账金额是否准确。

(三) 转让财产收入的检查

(1) 转让固定资产收入的检查。

(2) 转让有价证券、股权以及其他财产收入的检查。

(四) 股息、红利等权益性投资收益的检查

检查时主要检查"交易性金融资产"、"可供出售金融资产"、"长期股权投资"等账户借方发生额及上年借方余额，未体现投资收益的，应重点检查"其他应付款"、"应付账款"等往来账户，检查纳税人是否将投资收益挂在往来账上，是否存在不入账或少入账的问题。

(五) 利息收入的检查

对利息收入的检查主要是检查"银行存款"账户的发生额，核实纳税人取得的利息收入是否及时、准确入账；检查"长期借款"、"短期借款"、"财务费用"等账户借方红字发生额，看企业是否存在用利息收入直接冲减借款或财务费用等现象。

(六) 租金收入的检查

这类检查，通过"其他业务收入"、"营业外收入"等账户，检查企业的租金收入是否及时、足额入账，有无截留或挪作他用的情况。

(七) 特许权使用费收入的检查

特许权使用费收入主要通过"其他业务收入"核算，检查时注重检查纳税人的特许权转让是否属实，特许权使用费收入是否及时、足额入账，是否存在将收入直接冲减费用、损失的情况。

(八) 接受捐赠收入的检查

检查时注重检查纳税人的入账价值是否准确，是否存在只核算了"营业外收入"而没有在期末将其并入应纳税所得额的情况。

(九) 不征税收入和免税收入的检查

(1) 不征税收入的检查。

(2) 免税收入的检查。

(十) 其他收入的检查

检查时，要通过审阅有关凭证、会计账目以及所签订合同，查看企业是否存在隐瞒收入的情况，其收入是否及时、足额入账。

考点十四　税前准予扣除项目的检查

(一) 成本项目检查

(1) 材料成本的检查。

(2) 工资成本的检查。

(3) 制造费用的检查。

(二) 成本计算的检查

(三) 期间费用的检查

(1) 管理费用检查内容及方法。

(2) 销售费用检查内容及方法。

(3) 财务费用检查内容及方法。

(四) 其他项目的检查

(1) 税金的检查。

(2) 损失的检查。

(3) 亏损弥补的检查。

考点十五　不得税前扣除项目的检查

(一) 不允许扣除项目的检查

(1) 资本性支出。

(2) 无形资产受让开发支出。

(3) 违法经营罚款和被没收财务损失。

(4) 税收滞纳金、罚金、罚款。

(5) 灾害事故损失赔偿。

(6) 非公益救济性捐赠。

(7) 赞助支出。

(二) 超过规定标准项目的检查

(1) 工资薪金。

(2) 职工福利费。

(3) 职工教育经费。

(4) 工会经费。

(5) 利息支出。

(6) 业务招待费。

(7) 广告宣传费。

(8) 捐赠支出的稽查。

同步自测

一、单项选择题

1. 采用( )发现的问题，不能作为定案的依据。

    A. 详查法　　　　　B. 顺查法　　　　C. 分析法　　　　D. 盘存法

2. 下列凭证中属于外来原始凭证的是( )。

    A. 差旅费报销单　　B. 成本计算单　　C. 支出证明单　　D. 进账单

3. 某钢材厂为增值税一般纳税人，在销售钢材的同时收取包装物租金 10 000 元，该项租金( )。

    A. 应纳营业税 500 元　　　　　　B. 应纳增值税 1700 元

    C. 应纳增值税 1452.99 元　　　　D. 不发生纳税义务

4. 某工业企业为增值税一般纳税人，转让旧库房一幢，取得转让收入 100 万元，下列关于该笔转让收入应纳税的表述，正确的是( )。

    A. 应计算缴纳增值税 17 万元　　　B. 应计算缴纳增值税 6 万元

    C. 应计算缴纳增值税 2 万元　　　　D. 应计算缴纳营业税 5 万元

5. 某粮食企业(增值税一般纳税人)上月收购的一批农产品被盗，已知其账面成本为 8700 元，下列账务处理中正确的为( )。

    A. 借：待处理财产损益　　　　　　　　　　　　8700

         贷：原材料　　　　　　　　　　　　　　　8700

    B. 借：待处理财产损益　　　　　　　　　　　　9831

         贷：原材料　　　　　　　　　　　　　　　8700

            应交税费——应交增值税(进项税额转出)　　1131

    C. 借：待处理财产损益　　　　　　　　　　　　8700

         贷：原材料　　　　　　　　　　　　　　　7569

	应交税费——应交增值税(进项税额转出)	1131
D. 借：待处理财产损益		10 000
贷：原材料		8700
应交税费——应交增值税(进项税额转出)		1300

6. 税务机关在年终结账前，检查某饭店营业税的缴纳情况，发现"其他应付款"账户贷方记录的一笔往来款项金额为 10 000 元，系该饭店的关系户就餐款，未计收入，因而未缴营业税。经计算应补营业税=10 000×5%=500，暂不考虑城市维护建设税和教育费附加，则下列账务调整中错误的会计分录是(　　)。

  A. 借：其他应付款   10 000
    贷：营业外收入   10 000
  B. 借：其他应付款   10 000
    贷：主营业务收入   10 000
  C. 借：营业税金及附加   500
    贷：应交税费——应交营业税   500
  D. 借：应交税费——应交营业税   500
    贷：银行存款   500

7. 税务机关审查某工业企业所得税时，发现该企业将发生的固定资产修理费用直接记入"制造费用"科目，其中会造成虚增生产成本的事项是(　　)。

  A. 企业将办公楼增加了楼层
  B. 对车间进行一年一次的粉刷
  C. 对车间机器设备每半年进行一次调试、检测、更换部分零配件
  D. 对房屋建筑物的轻微损伤进行修补

8. 税务机关对某工业企业所得税纳税情况进行检查，该企业 2006 年度营业收入净额为 1600 万元，在"管理费用——业务招待费"明细账上累计发生数为 12 万元，在"销售费用"账户中反映交际应酬费合计为 3 万元，则税务机关审查后，认为该企业仅此一项，应调增应纳税所得额为(　　)万元。

  A. 4.2   B. 7   C. 7.2   D. 10.2

9. 税务机关对某企业 2006 年度企业所得税纳税情况进行审查，发现该企业向非金融机构的借款利息支出为 20 万元，按照金融机构的同期、同类贷款利率计算的利息为 14 万元，则在计算 2006 年度应纳税所得额时，允许扣除的利息为(　　)万元。

  A. 6   B. 14   C. 20   D. 34

10. 委托代销销售方式下，销售收入的实现时间为(　　)。

  A. 收到代销清单的当天   B. 收到代销款的当天
  C. 发出代销货物的当天   D. 双方协商的日期

11. 下列关于比例的说法不正确的是(　　)。

  A. 企业将包装物作为资产单独出租收取租金，租金收入为企业的附营业务收入，记入"其他业务收入"科目，应按租赁业征收 5%的营业税
  B. 职工福利费是企业根据国家规定按工资总额的 14%提取，计入成本、费用账户，用于职工福利方面的支出

C. 按照财务会计制度的规定，企业应按当期计税工资总额的 2% 和 1.5%，分别提取工会经费和职工教育经费，列入成本费用

D. 土地转让、开发产品销售、租金收入，应按 3% 的税率申报纳税

12. 下列关于营业税计税营业额的表述中正确的为(　　)。

A. 由于工程质量问题所发生的返修费用应冲减工程结算收入

B. 对土地和商品房采取分期收款销售办法的，可按实际收到货款时间作为营业收入的实现时间

C. 房地产企业采用预收款方式销售商品房的，应以收到预收款的当天作为纳税义务发生时间

D. 旅行社组织国内旅游者到境外旅游，应以旅行团启程时确认营业收入的实现

13. 企业转让某项商标的所有权，取得转让收入 10 000 元，其正确的处理方法是(　　)。

A. 应计算缴纳营业税 300 元　　　　　B. 应计算缴纳营业税 500 元

C. 应计算缴纳增值税 600 元　　　　　D. 应计算缴纳增值税 1700 元

14. 下列项目中可以计入进口货物采购成本的是(　　)。

A. 关税　　　　　B. 增值税　　　　　C. 外汇价差　　　　　D. 货款的利息支出

15. 下列营业税规定中有关营业收入确认的表述，正确的是(　　)。

A. 施工企业实行分包工程的，以工程的全部价款减去付给分包人的价款后的余额为营业税

B. 旅行社组织境外旅游者到国内旅游，应在旅行团入境时确认营业收入的实现

C. 旅行社组织国内旅游者到境外旅游，应在旅行团离境时确认营业收入的实现

D. 旅行社组织国内旅游者在国内旅游，在收取旅行费用款时确认营业收入的实现

16. 某企业转让旧厂房一座，下列表述中正确的是(　　)。

A. 应按转让收入计算缴纳营业税

B. 应按转让收入扣除清理费用后的余额计算缴纳营业税

C. 应按转让收入计算缴纳增值税

D. 应按转让收入扣除清理费用后的余额计算缴纳增值税

17. 2008 年 11 月，某商店(增值税小规模纳税人)购进服装 150 套，每套进价 80 元，以每套 98 元的价格全部销售出去。该商店当月应纳增值税为(　　)。

A. 565.38 元　　　　　B. 588 元　　　　　C. 882 元　　　　　D. 832.08 元

18. 下列业务中，属于某卷烟厂受托加工业务的为(　　)。

A. 卷烟厂先将原材料卖给委托方，然后再接受加工的应税消费品

B. 由卷烟厂提供原材料生产的应税消费品

C. 由卷烟厂以委托方的名义购进原材料生产的应税消费品

D. 由委托方提供原料和主要材料，卷烟厂只收取加工费和代垫部分辅助材料加工的应税消费品

19. 税务机关检查某建筑安装企业营业税纳税情况时，发现下列行为，其中不属于分解工程价款，少计营业额的行为是(　　)。

A. 将工程分包或转包他人的

B. 将材料差价直接冲减工程核算成本的

　　C. 将工程耗用材料不记入施工成本，直接冲减库存材料

　　D. 将向建设单位收取的全优工程奖记入"应付福利费"，作为职工奖励基金

20. 下列关于计划成本法的表述，正确的是(　　)。

　　A. 发出材料的成本差异率等于结存材料的成本差异率

　　B. 发出材料的成本差异率大于结存材料的成本差异率

　　C. 发出材料的成本差异率小于结存材料的成本差异率

　　D. 实际成本低于计划成本的差异称为蓝字差异

21. 下列关于加权平均法的表述中正确的是(　　)。

　　A. 发出材料的单价与购进材料的单价相等

　　B. 发出材料的单价与结存材料的单价相等

　　C. 结存材料的单价与购进材料的单价相等

　　D. 结存材料的单价与最后一批购入材料的单价相等

22. 下列关于在产品成本计算方法的表述中正确的是(　　)。

　　A. 在"原材料成本法"下，在产品成本只包括原材料费用

　　B. 在"原材料成本法"下，完工产品成本中包括原材料费用

　　C. 在"定额成本法"下，在产品成本只包括原材料费用

　　D. 在"定额成本法"下，实际成本与定额成本之间的差异全部由产成品负担

23. 某工业企业原材料成本采用计划成本法。2008 年 8 月份生产领用原材料 10 万元，本月的材料成本差异率为 2%。企业结转材料成本差异时正确的账务处理为(　　)。

　　A. 借：生产成本　　　　　　　　2000

　　　　　贷：材料成本差异　　　　　　　　2000

　　B. 借：材料成本差异　　　　　　2000

　　　　　贷：生产成本　　　　　　　　　　2000

　　C. 借：主营业务成本　　　　　　2000

　　　　　贷：材料成本差异　　　　　　　　2000

　　D. 借：材料成本差异　　　　　　2000

　　　　　贷：主营业务成本　　　　　　　　2000

二、多项选择题

1. 纳税检查的客体是(　　)。

　　A. 纳税人　　　　　　　　B. 代扣代缴义务人　　　　　　C. 纳税担保人

　　D. 代收代缴义务人　　　　E. 税务机关

2. 若一个企业账簿资料较乱，在对该企业进行检查时，适宜采用的方法为(　　)。

　　A. 详查法　　　　　　　　B. 抽查法　　　　　　　　C. 顺查法

　　D. 逆查法　　　　　　　　E. 盘存法

3. 会计凭证包括(　　)。

　　A. 工资计算单　　　　　　B. 进货发票　　　　　　　C. 记账凭证

　　D. 税收缴款书　　　　　　E. 报表

4. 准予从销项税额中抵扣的进项税额的项目包括(　　)。

　　A. 从销售方取得的增值税专用发票上注明的增值税额

B. 购进固定资产的增值税扣税凭证上注明的增值税税额

C. 从海关取得的完税凭证上注明的增值税税额

D. 用于集体福利的购进货物或者应税劳务的所属增值税税额

E. 购进免税农业产品的买价和购销货物支付的运输费，按买价依 13%的扣除率计算的进项税额

5. 某宾馆的经营范围包括：住宿、歌厅、台球、代办机票业务、代办长途电话业务，则该宾馆应按营业税的(   )税目纳税。

A. 服务业   B. 娱乐业   C. 邮电通讯业

D. 文化体育业   E. 运输业

6. 某企业为增值税一般纳税人，下列会计处理正确的有(   )。

A. 借：在建工程

     贷：产成品

B. 借：在建工程

     贷：原材料

C. 借：在建工程

     贷：原材料

          应交税费——应交增值税(销项税)

D. 借：在建工程

     贷：原材料

          应交税费——应交增值税(进项税额转出)

E. 借：在建工程——工程物资

     贷：银行存款

7. 某化妆品厂(增值税一般纳税人)新试制一批化妆品用于职工福利，无同类产品的对外售价，已知该批产品的生产成本为 10 000 元，当月无进项税额。企业账务处理为：

借：应付福利费   10 000

  贷：库存商品   10 000

已知化妆品的全国平均成本利润率为 5%，消费税税率为 30%，增值税税率为 17%。下列关于该笔账务处理的表述，正确的有(   )。

A. 少计算增值税 1700 元   B. 少计算增值税 1785 元

C. 少计算增值税 2550 元   D. 少计算消费税 3150 元

E. 少计算消费税 4500 元

8. 价外费用，是指价格之外又向购买方收取的(   )。

A. 手续费   B. 基金   C. 增值税

D. 消费税   E. 延期付款利息

9. 下列各项中，应视同销售货物行为征收增值税的有(   )。

A. 将委托加工的货物用于非应增值税项目   B. 动力设备的安装

C. 销售代销的货物   D. 邮政局出售的集邮商品

E. 将购进货物用于无偿赠送他人

10. 税务机关检查某消费税应税消费品生产企业纳税情况时，发现该企业在销售应税消

费品时，除了收取价款外，还向购货方收取了其他费用，按现行税法规定，下列费用中应并入应税销售额中计税的有(　　)。

    A. 购货方违约延期付款而支付的利息

    B. 向购买方收取的增值税税金

    C. 因物价上涨，向购买方收取的差价补贴

    D. 因采用新的包装材料而向购买方收取的包装费

    E. 将承运部门开具的运费发票转交给购买方而向购买方收取的代垫运费

11. 某化妆品厂(增值税一般纳税人)将新试产的一批化妆品用于职工福利，该产品没有同类产品价格，已知该批产品的成本为 10 000 元，成本利润率为 5%，消费税税率为 30%，下列表述中正确的有(　　)。

    A. 该笔业务应纳增值税 2550 元

    B. 该笔业务应纳消费税 4500 元

    C. 该笔业务缴纳消费税，不缴纳增值税

    D. 该笔业务所缴纳的税款应计入"产品销售税金及附加"科目

    E. 该笔业务应缴纳营业税

12. 下列关于纳税义务发生时间的表述中正确的有(　　)。

    A. 企业采取预收货款方式销售货物的，其纳税义务的发生时间为收到货款的当天

    B. 企业采取预收货款方式销售货物的，其纳税义务的发生时间为货物发出的当天

    C. 企业采取分期收款方式销售货物的，其纳税义务的发生时间为合同规定的收款日期

    D. 企业采取分期收款方式销售货物的，其纳税义务的发生时间为收到货款的日期

    E. 企业采取委托收款方式销售货物的，其纳税义务的发生时间为收到货款的日期

13. 下列关于包装物计税规定的表述，正确的有(　　)。

    A. 随同货物出售单独计价的包装物，应按所包装货物的适用税率计征增值税

    B. 企业将包装物作为资产单独出租收取的租金收入应按租赁业征收 5% 的营业税

    C. 纳税人为销售货物而出租出借包装物收取的押金，单独记账核算(未逾期)的，不并入销售额征税

    D. 对因逾期未收回包装物不再退还的押金，应按所包装货物的适用税率计算增值税

    E. 在货物销售同时收取的包装物租金，应按 5% 的税率计征营业税

14. 下列关于包装物计税的表述中正确的是(　　)。

    A. 随同货物出售单独计价的包装物取得的销售收入应按所包装货物的适用税率计征增值税

    B. 单独销售包装物取得的销售收入应计征营业税

    C. 货物销售同时收取的包装物租金应计征营业税

    D. 货物销售同时收取的包装物租金应计征增值税

    E. 企业将包装物作为资产单独出租收取的租金应计征营业税

15. 在纳税检查中若发现以前年度有多计费用、少计收入的现象，正确的会计处理方法有(　　)。

    A. 对于多计的费用，应调增"本年利润"科目的借方金额

    B. 对于多计的费用，应调增"以前年度损益调整"科目的贷方金额

    C. 对于少计的收入，应调增"本年利润"科目的借方金额

    D. 对于少计的收入，应调增"以前年度损益调整"科目的贷方金额

    E. 对于少计的收入，应调增"以前年度损益调整"科目的借方金额

16. 建筑安装企业的工程结算收入包括(   )。

    A. 工程索赔收入　　　　　B. 临时设施费　　　　　　C. 劳动保护费

    D. 夜间施工附加费　　　　E. 其他业务收入

17. 会计制度情况，购进材料的采购成本包括(   )。

    A. 运输中的合理损耗　　　B. 入库前的挑选整理费用　C. 关税

    D. 运杂费　　　　　　　　E. 采购人员工资

三、案例分析题

(一) 某化妆品公司，是增值税一般纳税人。主要生产化妆品及护肤护发品并组成套装礼品销售。2006 年 1 月，税务机关对该公司 2005 年 12 月份纳税情况进行了检查，查出两笔经济业务及账务处理情况如下：

(1) 该月实现成套礼品销售收入 1 100 000 元，其中化妆品销售收入 500 000 元，护肤护发品销售收入 600 000 元。分别开出增值税专用发票，货款 1 100 000 元，税率为 17%，税额 187 000 元，账务处理为：

    借：银行存款　　　　　　　　　　　　　1 287 000

        贷：主营业务收入　　　　　　　　　　　　　1 100 000

            应交税费——应交增值税(销项税)　　　　187 000

    借：营业税金及附加　　　　　　　　　　150 000

        贷：应交税费——应交消费税　　　　　　　　150 000

(2) 该公司将一批化妆品用于职工福利，其售价为 20 000 元，成本价为 3000 元，账务处理为：

    借：应付福利费　　　　　　　　　　　　3000

        贷：库存商品　　　　　　　　　　　　　　　3000

根据上述资料回答下列问题：

1. 该企业应补缴增值税(   )元。

    A. 190 400　　　　B. 187 000　　　　C. 1 870 510　　　　D. 3400

2. 应补缴消费税为(   )元。(化妆品的消费税税率为 30%)

    A. 0　　　　　　　B. 3400　　　　　C. 102 000

    D. 180 000　　　　E. 186 000

(二) 某生产企业位于某省会城市，2006 年 5 月转让一座旧办公楼，取得转让收入 500 000 元，并收到转账支票一张。已知该办公楼的原价为 2 000 000 元，已提折旧 1 400 000 元，转让过程中发生清理费用和印花税 10 000 元，款项以银行存款支付，企业会计处理如下：

(1) 取得收入时

    借：银行存款　　　　　　　　　500 000

        贷：其他应付款　　　　　　　　　　500 000

(2) 转销固定资产时

借：固定资产清理　　　　　　600 000
　　累计折旧　　　　　　　1 400 000
　　　贷：固定资产　　　　　　　　　2 000 000

(3) 支付清理费用

借：固定资产清理　　　　　　 10 000
　　　贷：银行存款　　　　　　　　　　10 000

(4) 结转净收益

借：营业外支出　　　　　　　610 000
　　　贷：固定资产清理　　　　　　　　610 000

根据上述资料回答下列问题：营业税税率 5%，城市维护建设税税率 7%，教育费附加率为 3%。

1. 下列表述中正确的有(　　)。

　　A. 该项固定资产应补提未提足的折旧 600 000 元

　　B. 该项固定资产转让后不再计提折旧

　　C. 该项固定资产出售后应按其原价转销该固定资产

　　D. 该项固定资产出售后应按其净值转销该项固定资产

2. 取得转让收入时，正确的账务处理为(　　)。

　　A. 借：银行存款　　　　　　 50 000
　　　　　贷：固定资产清理　　　　　 50 000

　　B. 借：银行存款　　　　　　 50 000
　　　　　贷：主营业务收入　　　　　 50 000

　　C. 借：银行存款　　　　　　 50 000
　　　　　贷：其他业务收入　　　　　 50 000

　　D. 借：银行存款　　　　　　 50 000
　　　　　贷：营业外收入　　　　　　 50 000

3. 该项转让旧办公楼业务发生净损失为(　　)元。

　　A. 50 000　　　　　　B. 137 500　　　　　　C. 65 000　　　　　　D. 90 000

4. 下列关于该企业本笔业务账务调整分录正确的有(　　)。

　　A. 借：其他应付款　　　　　 500 000
　　　　　贷：固定资产清理　　　　　 500 000

　　B. 借：固定资产清理　　　　　27 500
　　　　　贷：应交税金——应交营业税　　25 000
　　　　　　　　　　　　——应交城建税　　1750(25 000×7%)
　　　　　其他应交款——应交教育费附加　750(25 000×3%)

　　C. 借：固定资产清理　　　　 472 500
　　　　　贷：营业外收入　　　　　　 472 500

　　D. 借：固定资产清理　　　　 137 500
　　　　　贷：营业外收入　　　　　　 137 500

5. 该企业的账务处理影响的企业所得税额为( )。
   A. 多缴企业所得税 155 925 元
   B. 多缴企业所得税 165 000 元
   C. 少缴企业所得税 155 925 元
   D. 少缴企业所得税 165 000 元

(三) 税务机关在审查某企业账务资料时发现，该企业 2006 年 10 月 1 日采用分期收款方式销售甲商品一台，售价 30 万元，增值税税率为 17%，实际成本为 18 万元。合同规定买方分 2 年等额付款，每年的付款日期为当年 10 月 1 日，并在商品发出后支付第一期货款。货已发出，第一期货款于 10 月 1 日收到。企业未做任何会计处理。企业所得税税率为 25%。

根据上述资料回答下列问题：

1. 企业 10 月 1 日发出商品时，正确的会计处理是( )。
   A. 借：发出商品   18
        贷：库存商品   18
   B. 借：发出商品   6
        贷：库存商品   6
   C. 借：库存商品   6
        贷：发出商品   6
   D. 借：库存商品   18
        贷：发出商品   18

2. 该企业确认收入并结转成本的正确的处理是( )。
   A. 借：银行存款   35.1
        贷：主营业务收入   30
           应交税费——应交增值税(销项税额)   5.1
   B. 借：银行存款   17.55
        贷：主营业务收入   15
           应交税费——应交增值税(销项税额)   2.55
   C. 借：主营业务成本   9
        贷：发出商品   9
   D. 借：主营业务成本   18
        贷：发出商品   18

3. 企业针对此笔业务应补缴的增值税额为( )万元。
   A. 5.1   B. 3.06   C. 1.7   D. 2.55

4. 企业针对此笔业务应补缴的所得税额为( )万元。
   A. 3.96   B. 1.5   C. 3.3   D. 5.94

(四) 某机械厂生产某种型号零件需经三道工序制成，在产品成本的计算采用"约当产量法"。某月份投产 500 件(原材料在生产开始时一次性投入)，完工产品 400 件，企业月末账面在产品成本为 1000 元，其他有关财务资料见表 8-1 和表 8-2。(计算按每步骤保留小数点后两位)

表 8-1 在产品盘存表

工 序	工时定额	在产品盘存件数/件
1	20	50
2	20	30
3	10	70
合计	50	150

表 8-2 生产费用资料表 元

成 本 项 目	月初在产品成本	本月发生费用
原材料	100 000	500 000
工资	3000	35 000
其他	5000	60 000

根据上述资料，回答以下问题：

1. 第一工序的完工率为( )。

A. 10%　　　　　　B. 20%　　　　　　C. 40%　　　　　　D. 100%

2. 第三工序的约当产量为( )件。

A. 56　　　　　　B. 63　　　　　　C. 65　　　　　　D. 70

3. 月末在产品应分配原材料费用( )元。

A. 100 000　　　　B. 111 201.63　　　　C. 163 636.5　　　　D. 500 000

4. 月末在产品应分配工资费用( )元。

A. 3000　　　　　B. 7042.77　　　　C. 10 363.5　　　　D. 35 000

5. 假定本月完工产品已全部售出，则下列表述中正确的为( )。

A. 企业多计了完工产品成本，会减少本期利润

B. 企业多计了在产品成本，会减少本期利润

C. 企业少计了完工产品成本，会减少本期利润

D. 企业少计了在产品成本，会减少本期利润

同步自测解析

一、单项选择题

1. 【解析】C　分析法仅能揭露事物内部的矛盾，不宜作为查账定案结论的依据，因此还应结合其他查账方法来证实问题的本质。

2. 【解析】D　自制原始凭证包括各种报销和支付款项的凭证，其中对外自制凭证有现金收据、实物收据等，对内自制凭证有收料单、领料单、支出证明单、差旅费报销单、成本计算单等。

3. 【解析】C　在销售货物的同时收取的包装物租金，属于价外费用的范围，应并入销售额按包装货物适用税率计征增值税。另外，这 10 000 元是含税销售额，需要换算成不含税销售额。具体计算过程：[10 000/(1+0.17)]×0.17=1452.99 元。

4. 【解析】D　该工业企业转让旧库房，其行为属销售不动产，销售不动产的营业额为纳税人销售不动产向对方收取的全部价款和价外费用，税率为 5%。所以该笔转让收入应纳营业税为 100×5%＝5(万元)。

5. 【解析】D　粮食企业购进的免税农产品发生了非正常损失，其原来已经抵扣的进项税需要转出去，通过"应交税费－应交增值税(进项税转出)"处理。由于免税农产品按照买价×13%来抵扣进项税，买价扣除进项税后的金额计入成本。所以：

成本＝买价－买价×13%。

8700＝买价－买价×13%，所以买价＝8700÷(1-13%)＝10 000。

进项税＝10 000×13%＝1300。

分录：

借：待处理财产损益　　　　　　　　　　10 000

　　贷：原材料　　　　　　　　　　　　　　8700

　　　　应交税费——应交增值税(进项税额转出)　1300

6. 【解析】A　饭店就餐费应记入"主营业务收入"，A 错误；B 属于确认"主营业务收入"的分录；C 是计算营业税的分录；D 属于上交营业税的分录。

7. 【解析】A　企业将办公楼增加了楼层属于固定资产的改扩建支出，应计入"在建工程"最终计入固定资产的成本。

8. 【解析】B　企业发生的与生产经营活动有关的业务招待费支出，按照发生额的 60%扣除，但最高不得超过当年销售(营业)收入的 5‰。实际发生额的 60%＝(12+3)×60%＝9 万元；扣除限额＝营业收入×0.5%＝1600×0.5%＝8 万元；应调整应纳税所得额＝(12+3)-8＝7 万元。

9. 【解析】B　非金融企业向非金融企业借款的利息支出，不超过按照金融企业同期同类贷款利率计算的数额的部分，准予扣除。

10. 【解析】A　委托代销销售方式下，销售收入的实现时间为收到代销清单的当天。

11. 【解析】D　对房地产开发企业进行检查时，要注意"主营业务收入"科目设置的明细账，是否按其所适用的税率申报纳税，如土地转让、开发产品销售、租金收入，应按 5%的税率申报纳税，企业是否错按建筑业以 3%的税率申报缴纳税款等。

12. 【解析】B　由于工程质量问题所发生的返修费不能冲减工程结算收入；采用预收款销售商品的，应以收到预收款的当天作为销售收入的实现时间；旅行社组织国内旅游者到境外旅游，应以旅行团结束返回时确认营业收入实现。

13. 【解析】B　转让无形资产营业税税率为 5%，应纳营业税＝10 000×5%＝500 元。

14. 【解析】A　购入材料负担的税金和进口货物的关税应计入材料采购成本，但不包括增值税、外汇差价和其他费用，如贷款的利息支出等。

15. 【解析】A　税法规定，施工企业实行分包或者转包工程的，以工程的全部价款减去付给分包人或者转包人的价款后的余额为营业额。旅行社组织境外旅游者到国内旅游，应以旅行团队离境时确认营业收入的实现；旅行社组织国内旅游者到境外旅游，应以旅行团结束返回时确认营业收入的实现；旅行社组织国内旅游者在国内旅游，也应以旅行团旅行结束返回时确认营业收入的实现。

16. 【解析】A　该企业转让旧厂房其行为属销售不动产，销售不动产的营业额为纳税人销售不动产向对方收取的全部价款和价外费用。所以只有 A 是正确的。

17.【解析】A 该商店为商业型小规模纳税人，适用税率为4%，而取得的销售额为含税销售额，要换算为不含税销售额，因此，应纳增值税额=[98/(1+4%)]×150×4%=565.38元。

18.【解析】D 委托加工的应税消费品是指由委托方提供原料和主要材料，受托方只收取加工费和代垫部分辅助材料加工的应税消费品。

19.【解析】A 建筑业的总承包人将工程分包或者转包给他人的，以全部价款减去付给分保人的价款后的余额为营业额。所以A不属于分解工程价款少计营业额的行为。建筑安装企业向建设单位收取的临时设施费、劳动保护费和施工机构迁移费，施工企业向建设单位收取的材料差价款、抢工费、全优工程奖和提前竣工奖，均应并入计税营业额中征收营业税。

20.【解析】A 对按计划价格核算材料的检查，主要是对"材料成本差异"账户和"材料成本差异率"的检查。必须明确，同一时间的发出材料和结存材料据以分配的成本差异率应是一致的。检查时，如果发现两者出现高低不一的现象，就会出现多转或少转材料成本问题。

21.【解析】B 对加权平均法的检查，主要看其发出和结存单价是否一致。如果一致，就要看它是否使用正确的加权平均单价。

22.【解析】D 采用"原材料成本法"下，在产品成本不仅包括原材料费用，而且还包括工资及其他费用。采用"定额成本法"月末在产品脱离定额的差异，全部归产成品负担。

23.【解析】A 材料成本差异率为正数，属于超支差异。

二、多项选择题

1.【解析】ABCD 纳税检查的客体包括纳税义务人，还包括代扣代缴义务人、代收代缴义务人、纳税担保人等。

2.【解析】ACE 若一个企业账簿资料较乱，在对该企业进行检查时，适宜采用详查法、顺差法和盘存法。

3.【解析】ABCD 报表不属于会计凭证。

4.【解析】ACE 准予从销项税额中抵扣的进项税额，限于增值税扣税凭证上注明的增值税额，即从销售方取得的增值税专用发票上注明的增值税额；从海关取得的完税凭证上注明的增值税额；购进免税农业产品的买价和购销货物支付的运输费，按买价依13%、按支付的运费依7%的扣除率计算的进项税额。

5.【解析】AB 住宿、代办机票业务、代办长途电话业务收入按"服务业"征收营业税；歌厅、台球收入按"娱乐业"征收营业税。

6.【解析】DE 原材料用于在建工程，属于将购进的物资用于非应税项目，原购进时抵扣的进项税应将其转出，涉及的科目应该是"应交税费——应交增值税(进项税转出)"所以BC均错误。产品用于在建工程，属于将自产的产品用于非应税项目，应该是视同销售，计算增值税的销项税，而A没有确认"应交税费——应交增值税(销项税)"所以错误；在建工程购买专门用于工程的物资，应该反映"在建工程"的增加，所以E正确。

7.【解析】CE 自产化妆品用于职工福利应视同销售计算增值税和消费税。由于没有同类产品，所以按照组成计税价格计算：

组成计税价格=(10 000+10 000×5%)/(1-30%)=15 000。

应纳增值税=15 000×17%=2550元。

应纳消费税=15 000×30%=4500元。

8. 【解析】ABE 价外费用是指价格之外向购买方收取的手续费、补贴、基金、集资费、返还利润、奖励费、违约金(延期付款利息)、包装费、包装物租金、储备费、优质费、运输装卸费、代收款项、代垫款项及其他各种性质的价外收费。

9. 【解析】ACE 销售代销货物、将购进的货物无偿赠送他人、将委托加工的货物用于非应税项目等都为视同销售行为,应该征收增值税。

10. 【解析】ACD 价外费用——随货物收取的,与货物的销售密切联系。

价外费用包括:手续费、补贴、基金、集资费、返还利润、奖励费用、违约金(延期付款利息)、包装费、包装物租金、储备费、优质费、运输装卸费、代收款项、代垫款项及其他各种性质的价外收费。

价外费用不包括:向购买方收取的销项税额;受托加工应征消费税的货物,而由受托方代收代缴的消费税;同时符合以下两个条件的代垫运费:即承运部门的运费发票开具给购货方,并且由纳税人将该项发票转交给购货方的;同时符合一定条件代为收取的政府性基金或者行政事业费;销售货物的同时代办保险而向购买方收取的保险费,以及向购买方收取的代购买方缴纳的车辆购置费、车辆牌照费。

11. 【解析】ABD 对于不征消费税的货物,计算增值税时的组成计税价格公式为:成本×(1+成本利润率);但对于征收消费税的货物,其组成计税价格应加计消费税,公式为:[成本×(1+成本利润率)]/(1-消费税税率)。本题中,组成计税价格为:[10 000×(1+5%)]/(1-30%)=15 000。

应纳增值税为:15 000×17%=2550。

应纳消费税为:15 000×30%=4500。

12. 【解析】BC 企业采取预收货款方式销售货物的,其纳税义务的发生时间为货物发出的当天;企业采取分期收款方式销售货物的,其纳税义务的发生时间为合同规定的收款日期;企业采取委托收款方式销售货物的,其纳税义务的发生时间为发出货物并办妥托收手续的当天。

13. 【解析】ABCD 企业将包装物作为资产单独出租收取的租金,租金收入为企业的附营业务收入,记入"其他业务收入"科目,应按租赁业征收 5%的营业税。

14. 【解析】ADE 随同货物出售单独计价的包装物,取得收入记入"其他业务收入"科目,应按所包装货物的适用税率计征增值税。在货物销售同时收取的包装物租金,这时的包装物租金为货物销售收取的价外费用,应并入销售额按包装货物适用税率计征增值税。企业将包装物作为资产单独出租收取租金,租金收入为企业的附营业务收入,记入"其他业务收入"科目,应按租赁业征收 5%的营业税。

15. 【解析】BD 在纳税检查中若发现以前年度有多计费用、少计收入的现象,对于多计的费用,应调增"以前年度损益调整"科目的贷方金额,对于少计的收入,应调增"以前年度损益调整"科目的贷方金额。

16. 【解析】ABCD 工程结算收入,它包括按规定向发包单位收取的除工程价款以外的按规定列作营业收入的各种款项,如工程索赔收入、临时设施费、冬雨季施工费、夜间施工辅加费、劳动保护费、施工机构调迁费等。

17. 【解析】ABCD 会计制度规定,购进材料的采购成本由下列各项组成:(1)买价;(2)运杂费;(3)运输中的合理损耗;(4)入库前的挑选整理费用;(5)购入材料负担的税金和进口货物的关税。

三、案例分析题

(一) 1. D 2. E

【解析】

1. 第 1 笔业务增值税计算是正确的。

第 2 笔业务应视同销售，按售价计算销项税为 20 000×17%=3400 元。

2. 第 1 笔业务中：化妆品和护肤护发品组成的成套化妆品应该按照成套化妆品的售价及化妆品的适用税率计算消费税。

消费税额=1 100 000×30%=330 000 元。

第 2 笔业务视同销售：消费税额=20 000×30%=6000 元。

总计应纳消费税额=330 000+6000=336 000 元。

应补缴消费税额=336 000−150 000=186 000 元。

(二) 1. BD 2. A 3. B 4. ABC 5. C

【解析】

1. 未提足折旧的固定资产转让或者报废等不再补提折旧，固定资产出售后应该按照净值转销固定资产。

2. 出售、报废、毁损固定资产，无论是收到款项，还是支付款项，均需要通过"固定资产清理"账户核算。

3. 本笔业务应纳营业税额=500 000×5%=25 000 元。

应缴纳的城建税及教育费附加=25 000×(7%+3%)=2500 元。

净损益=500 000−(2 000 000−1 400 000)−10 000−25 000−2500=−137 500 元，即净损失是 137 500 元。

4. A 是调整取得收入时的会计分录。

B 是补提税金的会计分录。

本笔业务应确认的净损失是 137 500,企业实际确认的是 610 000 元，多确认损失 472 500，应调回。所以 C 是正确的。

5. 净损失多计了 472 500 元，导致利润少记 472 500 元，从而导致少缴纳企业所得税为 472 500×33%=155 925 元。

(三) 1. A 2. BC 3. D 4. B

【解析】

1. 企业发出商品时

借：发出商品　　　　　　　　　　　18

　　贷：库存商品　　　　　　　　　　　18

注意要将全部成本转入"发出商品"账户。

2. 这里的收入是本期的，按照合同约定 30/2=15 万元，结转的成本为(18×15/30)=9 万元，所以，确认收入的分录为

借：银行存款　　　　　　　　　　　17.55

　　贷：主营业务收入　　　　　　　　　15

　　　　应交税费——应交增值税(销项税额)　　2.55

结转本期成本的分录为

借：主营业务成本　　　　　　　　　　　9

　　贷：发出商品　　　　　　　　　　　9

3. 企业应按照合同规定收款的比例确认收入和销项税。会计处理为

借：应收账款　　　　　　　　　　　17.55

　　贷：主营业务收入　　　　　　　　15

　　　　应交税费——应交增值税(销项税额)　2.55

4. 应调增纳税所得 15-9=6 万元，应补缴的所得税额=6×25%=1.5。

(四) 1. B　　　2. B　　　3. C　　　4. B　　　5. AD

【解析】

1. 第一工序的完工率=20×50%÷50=20%。

2. 第三工序的完工程度=(20+20+10×50%)÷50=90%。

在产品约当产量=70×90%=63 件。

3. 月末在产品应分配的材料=[(100 000+500 000)÷(150+400)]×150=163 636.5。

4. 在产品约当产量=20%×50+[(20+20×50%)÷50]×30+63=91。

月末在产品应分配工资费用=[(3000+35 000)÷(91+400)]×91=7042.77。

5. 月末在产品应分配的其他费用=[(5000+60 000)÷(91+400)]×91=12 046.84。

月末在产品成本合计=163 636.5+7042.77+12 046.84=182 726.11，大于在产品账面价值，所以企业多计了完工产品成本，少计了在产品成本，会减少本期利润。

第九章 国 债

 大纲解读

本章考试目的在于考查应试人员是否掌握国债的相关概念。从近三年考题情况来看，本章主要考查国债的概念与分类、国债的规模、国债的发行、国债的偿还、国债市场等，平均分值是 6 分。具体考试内容如下。

1. 国债的概念与分类

国债的概念、国债的特征、国债的功能、国债的分类、国债的结构。

2. 国债的规模

国债规模的含义、国债的负担、国债的限度及衡量指标。

3. 国债的发行

国债的发行和推销机构、国债的发行价格、国债的发行方式、国债的利率。

4. 国债的偿还

国债的偿还方式、国债的付息方式、偿债的资金来源。

5. 国债市场

发行市场和流通市场、国债市场的功能。

 **考点精讲**

第一节 国债的概念与分类

考点一 国债的概念

国债是国家公债的简称，是国家为维持其存在和满足其履行职能的需要，在有偿条件下，筹集财政资金时形成的国家债务，是国家取得财政收入的一种形式。

无偿筹集财政资金的方式：税收、规费、国有企业利润上缴。

有偿筹集财政资金的方式：国债。

国债是国家信用的一种基本形式，但不是唯一形式。

国债有广义和狭义之分。狭义的国债仅指内债，广义的国债除内债以外，还包括外债。

国债是公债的主要组成部分。公债有国债和地方债之别。凡属中央政府发行的公债，称为国家公债，简称"国债"；凡属地方政府发行的公债，称为地方公债，简称"地方债"。

国债是国家公债，它与私债的本质差别在于发行的依据或担保物的不同。民间借债一般须以财产或收益为担保。而国债的担保物并不是财产或收益，而是政府的信誉，在一般情况下，国债比私债要可靠得多，通常被称为"金边债券"。

【例9-1】 国债因其有很高的信誉，故经常被称为( )。(2011年单选题)

A. 信誉债券 　　　　 B. 公共债券 　　　　 C. 金边债券 　　　　 D. 契约债券

【解析】C　在一般情况下，国债比私债要可靠得多，通常称为"金边债券"。

考点二　国债的特征

(一) 有偿性

通过发行国债筹集的财政资金，政府必须作为债务如期偿还。

(二) 自愿性

国债的发行或认购建立在认购者自愿承购的基础上。

(三) 灵活性

国债发行与否以及发行多少，一般完全由政府根据国家财政资金的丰裕程度灵活加以确定，而不通过法律形式预先加以规定。

国债的以上三个特征是一个紧密联系的整体，国债的有偿性决定了国债的自愿性，因为如果是无偿的分配形式就不会是自愿认购。而国债的有偿性和自愿性，又决定和要求发行上的灵活性。否则，如果政府可以按照固定的数额，不论经济条件及财政状况如何，每年连续不断地发行国债，那么，其结果，或者是一部分国债推销不出去，政府所需资金得不到保证，甚至可能出现国债的发行额远远满足不了财政需要量的窘迫情况，或者是通过发行国债所得到的资金处于闲置，发挥不出应有的效益，政府可能因此而无力偿还本息。所以，国债的有偿性、自愿性和灵活性是统一的整体，缺一不可。只有同时具备三个特征，才能构成国债。

考点三　国债的功能

从国债的产生和发展的历史角度来分析，国债的功能主要有如下三个方面。

(一) 弥补财政赤字，平衡财政收支

弥补财政赤字是国债最基本的功能。从历史的角度考察，引致发行国债的原因很多：①筹措军费。②调剂季节性资金余缺。③偿还到期债务，即举借新债偿旧债。

以发行国债的方式弥补财政赤字，一般不会影响经济发展，可能产生的副作用也很小。因为：①发行国债只是部分社会资金使用权的暂时转移，使分散的购买力在一定期间内集中到国家手中，流通中的货币总量一般不会改变，一般不会导致通货膨胀。②国债的认购通常遵循自愿的原则，将分散的闲散资金集中使用，不会对经济发展产生不利的影响。

以发行国债的方式弥补财政赤字也存在着一定的问题：一方面，财政赤字过大，形成债台高筑，还本付息的压力又会引致赤字的进一步扩大，互为因果，最终会导致财政收支的恶性循环。另一方面，社会的闲置资金是有限的，国家集中过多往往会侵蚀经济主体的必要资

金,从而降低社会的投资和消费水平。

(二) 筹集建设资金

从国债收入的性质上看,国债筹集建设资金的功能,隐含着国债可以是稳定的、长期的收入,国家发行国债就可以在经常性收入之外安排更多的支出。国债作为稳定的、长期的财政收入是可行的。

(三) 调节国民经济的发展

(1) 国债可以调节国民收入的使用结构。
(2) 国债可以调节国民经济的产业结构。
(3) 国债可以调节社会的货币流通和资金供求,是调节金融市场的重要手段。

考点四 国债的分类

国债可以按不同的标准和口径,采取不同的方法分类:
(1) 按照国债发行的区域为标准,可以将国债分为国内债务和国外债务。
(2) 按照偿还期限为标准,可以将国债分为短期国债(1年以内的)、中期国债(1～10年)和长期国债(10年以上)。
(3) 按照债券是否流通,可以将国债分为可转让国债和不可转让国债。
(4) 按照利率情况为标志,可以将国债分为固定利率国债、市场利率国债和保值国债。
(5) 按照借债的方法不同,可以将国债分为强制国债、爱国国债和自由国债。

【例9-2】 按照借债的方法不同,可以把国债分为( )。(2012年多选题)
A. 国内债务　　　　　　B. 国外债务　　　　　　C. 强制国债
D. 自由国债　　　　　　E. 保值国债

【解析】CD 按照借债的方法不同,可以将国债分为强制国债、爱国国债和自由国债。
(6) 按照国债的计量单位为标准,可以将国债分为货币国债、实物国债和折实国债。

考点五 国债的结构

国债的结构指一国各种性质债务的互相搭配,以及债务收入来源和发行期限的有机结合。

(一) 应债主体结构

应债主体的存在是国债发行的前提。应债主体结构就是各类企业和各阶层居民各自占有社会资金的比例。

(二) 国债持有者结构或应债资金来源结构

国债持有者结构是各应债主体即各类企业和各阶层居民实际认购国债和持有的比例,又可称为国债资金来源结构。国债持有者结构要受应债主体结构所制约。在社会主义条件下,社会财富的社会化程度较高,企业和居民个人则共同构成国债持有者主体。

(三) 国债期限结构

我国应该改进国债期限结构。过去，我国国债主要是中期国债。从 1994 年起，为了使期限结构合理化，我国已经开始适量发行短期国债和长期国债。发行短期债券，主要是用于平衡国库短期收支，同时作为中央银行公开市场操作的工具；长期国债通常用于周期较长的基础设施或重点建设项目。

第二节　国债的规模

考点六　国债规模的含义

所谓国债的规模包括三层意思：一是历年发行国债的累计余额；二是当年新发行国债的总额；三是当年到期需还本付息的债务总额。

国债的规模包括两个方面的问题：一是国债的负担；二是国债的限度。

考点七　国债的负担

国债的负担可以从四个方面进行分析：

(1) 认购者即债权人的负担。

(2) 政府即债务人的负担。

(3) 纳税人的负担。

(4) 代际负担。

【例 9-3】 国债的负担主要包括(　　)。(2013 年多选题)

A. 认购者的负担　　　　　B. 政府的负担　　　　　C. 推销机构的负担

D. 纳税人的负担　　　　　E. 金融市场的负担

【解析】ABD　国债的负担主要包括认购者的负担、政府的负担、纳税人的负担、代际负担。

考点八　国债的限度及衡量指标

国债的限度一般是指国家债务规模的最高额度或国债适度规模问题。

(一) 国债绝对规模的衡量指标

(1) 历年累积债务的总规模。

(2) 当年发行国债的总额。

(3) 当年到期需还本付息的债务总额。

(二) 国债相对规模的衡量指标

(1) 国债依存度，即当年国债发行额与当年财政支出的比率，其计算公式是：

$$国债依存度=当年国债发行总额/当年财政支出总额×100\%$$

它反映了当年财政支出对国债的依赖程度，是控制国债规模的重要指标。根据国际通用的控制指标，国债依存度一般以15%~20%之间为宜。

【例9-4】 根据国际通用的控制标准，国债依存度应控制在(   )。(2011年单选题)

A. 5%~6%　　　　　B. 5%~8%　　　　　C. 10%~15%　　　　　D. 15%~20%

【解析】 D　国债依存度反映当年财政支出对国债的依赖程度，是控制国债规模的重要指标。根据国际通用的控制指标，国债依存度一般以15%~20%为宜。

(2) 财政偿债率，即当年国债还本付息额占当年财政收入的比率，用公式表示为：

$$财政偿债率 = 当年国债还本付息额 / 当年财政收入总额 \times 100\%$$

这一指标反映了财政偿还到期国债本息的能力。一般认为，财政偿债率应小于20%。

【例9-5】 假设某年国债发行额为3000亿元，当年国债还本付息额为2000亿元，财政收入额为36 000亿元，财政支出额为39 000亿元，则当年的财政偿债率为(   )。(2012年单选题)

A. 8.33%　　　　　B. 7.69%　　　　　C. 5.56%　　　　　D. 5.13%

【解析】 C　根据公式，财政偿债率=2000/36 000×100%=5.56%。

(3) 国债负担率，即国债余额占国内生产总值的比率。用公式表示：

$$国债负担率 = 国债余额 / 国内生产总值 \times 100\%$$

这一指标反映了国家国债余额与国内生产总值的数量比例关系。一般认为控制在10%左右，不宜超过15%。

(4) 国债发行额占国内生产总值的比率。用公式表示：

$$国债发行额占国内生产总值的比率 = 国债发行总额 / 国内生产总值 \times 100\%$$

这一指标一方面反映了当年国债发行总量与经济总规模的数量关系，另一方面则反映了当年国家通过国债再分配对国内生产总值的占有情况。按照经验，对这一指标的控制应在5%~8%之间。

(5) 国民经济偿债率，即当年国债还本付息额占当年国内生产总值的比率。用公式表示是：

$$国民经济偿债率 = 当年国债还本付息额 / 当年国内生产总值 \times 100\%$$

这一指标反映了当年国家债务偿还额与国内生产总值的数量比例关系。通常情况下，该指标以5%~6%之间为宜。应当指出的是，控制偿债率的关键便是控制国债的发行额。

(三) 影响国债规模的因素

(1) 国民经济的分配结构。

(2) 经济与社会发展战略。

(3) 国民经济宏观调控的任务。

(4) 认购者负担能力。

(5) 政府偿债能力。

(6) 国债的使用方向、结构和效益也是制约国债负担能力和限度的重要因素。

第三节　国债的发行

考点九　国债的发行和推销机构

国债是由中央政府直接举借的债务，即发行机关是中央政府或中央财政部门。

【例9-6】我国国债的发行机关是(　　)。(2013年单选题)

A. 中国人民银行　　　B. 财政部门　　　C. 商业银行　　　D. 邮政储蓄系统

【解析】B　我国国债的发行机关是财政部门。

国债的推销机构有：

(1) 金融机构。

(2) 邮政储蓄系统。

(3) 中央银行。政府利用中央银行推销国债，一般不用付出费用，可使政府降低国债的发行成本。但若分不清推销国债和监控货币流通、执行货币政策的责任，可能诱发通货膨胀。

(4) 财政部或国债管理部门。即由财政部门或国债管理部门设置机构，直接推销国债。由于需要专门设置机构，花费较多，且设置的机构难以遍及全国，推广面窄，效果较差，不宜广泛和经常利用。

考点十　国债的发行价格

(1) 平价发行，即发行价格等于证券票面标明的价格。采取平价发行，要求国家信誉好，且市场利率与国债利率一致。

(2) 折价发行，即发行价格低于证券票面标明的价格。

(3) 溢价发行，即发行价格高于证券票面标明的价格。这种价格的发行，一般只在债券利率高出市场利率较多的情况下才会出现。

考点十一　国债的发行方式

(一) 公募法

亦称公募拍卖法，公募投标法。即通过在金融市场上公开招标的方式发行国债。其主要特点是：①发行条件通过投标决定；②拍卖过程由财政部门或中央银行负责组织；③主要适用于中短期政府债券，特别是国库券的发行。

具体的拍卖方法包括：

(1) 价格拍卖，即国债的利率与票面价格相联系固定不变，认购者根据固定的利率和未来的金融市场利率走势的预期对价格进行投标。

(2) 收益拍卖，即固定债券出售价，认购者对固定价格的利息率，也就是投资收益率进行投标。

(3) 竞争性出价，即财政部门事先公布债券发行量，认购者据此自报愿接受的价格和利率。

(4) 非竞争性出价，即对一般小额认购者或不懂此项业务的认购者，可只报拟购债券数量。

(二) 承受法

即由金融机构承购全部公债,然后转向社会销售,未能售出的差额由金融机构自身承担。

(三) 出卖法

即政府委托推销机构利用金融市场直接售出国债。

【例9-7】 政府委托推销机构利用金融市场直接售出国债的国债发行方法是(   )。(2012年单选题)

A. 公募法   B. 承受法   C. 出卖法   D. 支付发行法

【解析】C 出卖法是政府委托推销机构利用金融市场直接售出国债的国债发行方法。

(四) 支付发行法

即政府对应支付现金的支出改为债券代付。这是带有强制性色彩的一种特殊发行方法。一般在两种情况下使用:其一,国家暂时无力筹集大宗现金;其二,受款者无法拒绝非现金。

(五) 强制摊派法

即国家利用政治强权迫使国民购买国债。

考点十二　国债的利率

(一) 国债利率的确定

国债利率主要是参照金融市场利率、银行利率、政府信用状况和社会资金供给量等因素来确定的。

(1) 国债利率应参照金融市场的利率而决定。

(2) 国债利息应参照银行利率而决定。在我国,国债利率主要是以银行利率为基准,一般应略高于同期银行存款的利率水平。

【例9-8】 在我国国债利率主要以(   )为基准。(2010年单选题)

A. 公司债券利率   B. 公司股票收益

C. 银行利率   D. 私募债券利率

【解析】C 国债利率主要以银行利率为基准,一般应略高于同期银行存款的利率水平。

(3) 国债利率也应依政府信用的状况而决定。

(4) 国债利率还应根据社会资金供给量的大小而决定。

(二) 国债利率的计算方式

计息方式一般分为单利计息和复利计息两种。

单利计息的公式为:$F=P(1+ni)$

复利计息的公式为:$F=P(1+i)^n$

式中字母的含义为:F 为本利和,P 为本金,i 为利率,n 为年限。

在实际收益率相等的情况下，单利计息国债的票面利率一般高于复利计息的票面利率。

(三) 国债的偿还期限

一般来说，偿还期限较长的国债，利率应定得高一些；偿还期限较短的国债，利率可定得低一些。尤其是采取单利计息方式的情况下，利率的确定必须与偿还期限挂钩。

第四节 国债的偿还

考点十三 国债的偿还方式

一般来讲，可选择使用的国债偿还方式主要有以下几种：

(1) 分期逐步偿还法，即对一种债券规定几个还本期，每期偿还一定比例，直至债券到期时，本金全部偿清。

(2) 抽签轮次偿还法，即在国债偿还期内，通过定期按债券号码抽签对号以确定偿还一定比例债券，直至偿还期结束，全部债券皆中签偿清时为止。这种偿还方式，对中签的债券来说，是一次还本付息。

(3) 到期一次偿还法，即实行在债券到期日按票面额一次全部偿清，也就是何时债券到期，何时一次偿还。

(4) 市场购销偿还法，即在债券期限内，通过定期或不定期地从证券市场上买回一定比例的债券，买回后不再卖出，以至期满时，该种债券已全部或绝大部分被政府所持有，从而债券的偿还实际上已变成一个政府内部的账目处理问题。

(5) 以新替旧偿还法，即通过发行新债券来兑换到期的旧债券，以达到偿还国债之目的。

考点十四 国债的付息方式

国债的付息方式大体上可以分为两类：

一是按期分次支付法，即将债券应付利息，在债券存在期限内，分作几次(如每一年或半年)支付。适用于期限较长或在持有期限内不准兑现的债券。二是到期一次支付法，即将债券应付利息同偿还本金结合起来，在债券到期时一次支付，而不是分作几次支付。多适用于期限较短或超过一定期限后随时可以兑现的债券。

考点十五 偿债的资金来源

(1) 设立偿债基金，就是由政府预算设置专项基金用以偿还国债，即每年从财政收入中拨交一笔专款设立基金，由特定机关进行管理，专门用以偿还国债所用，而不能用于其他用途。而且，在国债尚未还清之前，每年的预算拨款不能减少，以期逐年减少债务，故又称为"减债基金"。从历史的经验看，设立偿债基金的办法弊多利少。

(2) 依靠财政盈余，就是政府在预算年度结束时，以当年财政收支的结余作为偿还国债的资金。如盈余多，则偿债数额也多；如盈余少，则偿债数额也少；如无结余，则无款可用于偿债。从一般的情况来看，这种靠财政盈余作为偿债来源的办法实属理论上的假定。

【例9-9】在国债的偿债资金来源中,在理论上成立,而实际生活中很难实现的是( )。(2012年单选题)

A. 建立偿债基金 　　　　　　　B. 依靠财政盈余

C. 通过财政列支 　　　　　　　D. 举借新债

【解析】B　依靠财政盈余偿还国债在理论上是成立的,而实际生活中很难实现。

(3) 通过预算列支,就是将每年的国债偿还数额作为财政支出的一个项目而列入当年支出预算,由正常的财政收入(主要是税收)保证国债的偿还。从表面上看,这似乎是确保国债按期偿还的稳妥办法,但实践上也会遇到种种问题。"偿债支出"可能有名无实,形同虚设。

(4) 举借新债,即政府通过发行新债券,为到期的债务筹措偿还资金,也就是以借新债的收入作为还旧债的资金来源。这既有理论上的合理性,也有实践上的必然性。

第五节　国　债　市　场

国债市场按构成可分为发行市场和流通市场。

考点十六　国债发行市场和流通市场

国债发行市场也称一级市场或初级市场,它为发行新债券提供销售场所,国家在此市场中从认购者手中筹集到所需资金。

国债流通市场又称二级市场,是国债交易的第二阶段。一般是国债承购机构与认购者之间的交易,也包括国债持有者与政府或国债认购者之间的交易。它又分证券交易所交易和场外交易两类。

考点十七　国债市场的功能

国债既是财政政策工具,又是货币政策工具,国债市场总的来说具有两种功能:

(1) 实现国债的顺利发行和偿还。

(2) 合理有效调节社会资金的运行,提高社会资金效率。这种功能具体表现在诸多方面:①国债市场是一国金融市场的重要组成部分;②国债市场拓宽了居民的体制渠道;③国债市场的发展有利于商业银行资本结构的完善,有利于降低不良资产率,使其抗风险能力大大增强;④国债市场是连接货币市场和资本市场的渠道;⑤国债是央行在公开市场上最重要的操作工具。

同　步　自　测

一、单项选择题

1. 国家信用筹资的主要方式是( )。

A. 国债 　　　　　B. 税收 　　　　　C. 罚款 　　　　　D. 规费

2. 举借国债依据的是(　　)。
   A. 财产所有者身份　　　　　　　B. 政治权力
   C. 债务人的身份　　　　　　　　D. 债权人的身份

3. 国家信用的各种形式中，最主要的是(　　)。
   A. 国家对内发行的债券　　　　　B. 国家向国外银行的借款
   C. 国家向银行的透支　　　　　　D. 国家向企业发放的财政性贷款

4. 中央政府在国内外所形成的债务称为(　　)。
   A. 民间债务　　　　B. 私债　　　　C. 国债　　　　D. 地方公债

5. 下列关于国债的说法不正确的是(　　)。
   A. 国债是由中央政府举的债　　　B. 是非经常性财政收入
   C. 不列入国家预算　　　　　　　D. 遵循"有借有还"的信用原则

6. 国债的最基本功能是(　　)。
   A. 弥补财政赤字　　　　　　　　B. 筹集建设资金
   C. 调节国民经济的产业结构　　　D. 调节货币流通和资金供求

7. 国债按发行的区域分类，可以分为(　　)。
   A. 国内和国外公债　　　　　　　B. 中央债和地方债
   C. 可转让国债和不可转让国债　　D. 建设国债和赤字国债

8. 偿还期限在 1 年以上 10 年以下的国债称为(　　)。
   A. 中期国债　　　B. 短期国债　　　C. 长期国债　　　D. 中长期国债

9. 短期国债的还本付息的时间一般是(　　)。
   A. 半年以内　　　B. 1 年以内　　　C. 2 年以内　　　D. 3 年以内

10. 10 年以上的还本付息的国债称为(　　)。
    A. 短期国债　　　B. 中期国债　　　C. 中长期国债　　　D. 长期国债

11. 发行短期债券从财政上说主要目的是(　　)。
    A. 平衡国库短期收支　　　　　　B. 平衡社会总供求
    C. 平衡国际收支　　　　　　　　D. 发展基础设施和重点建设项目

12. 下列不属于国债结构组成部分的是(　　)。
    A. 应债主体结构　　　　　　　　B. 债务性质结构
    C. 国债持有者结构　　　　　　　D. 国债期限结构

13. 国债依存度是指(　　)。
    A. 当年国债发行总额/当年财政收入总额
    B. 当年国债发行总额/当年财政支出总额
    C. 当年国债余额/当年财政收入总额
    D. 当年国债余额/当年财政支出总额

14. 当年国债还本付息额占当年财政收入的比率被称为(　　)。
    A. 国债依存度　　　B. 财政偿债率　　　C. 居民应债率　　　D. 国债负担率

15. 下列关于国债相对规模衡量指标的说法正确的是(　　)。
    A. 一般认为，财政偿债率应该小于 30%
    B. 国债发行额占国内生产总值的比率=国债发行总额/国内生产总值×100%

    C. 国民经济偿债率是指国债余额占国内生产总值的比率

    D. 国债负担率反映了当年国家债务偿还额与国内生产总值的数量比例关系

16. 我国目前国债包括(　　)。

    A. 中央政府发行的公债　　　　　　　　B. 中央政府与地方政府发行的公债

    C. 政府与国有银行的债务　　　　　　　D. 政府、国有银行和国有企业的债务

17. 发行价格低于证券票面标明的价格被称为(　　)。

    A. 平价发行　　　　　　B. 折价发行　　　　　C. 低价发行　　　　　D. 溢价发行

18. 在下面哪一种情况下,国债利率可定得高些(　　)。

    A. 国家信用好　　　　　　　　　　　　B. 社会资金量充足

    C. 偿还期限较长　　　　　　　　　　　D. 金融市场利率下降

19. 由金融机构承购全部国债,然后转向社会销售,未能售出的差额由金融机构自己承担的发行国债的方式是(　　)。

    A. 公募法　　　　　　　B. 出卖法　　　　　　C. 承受法　　　　　　D. 支付发行法

20. (　　)是指通过在金融市场上公开招标发行国债的方式。

    A. 出卖法　　　　　　　B. 承受法　　　　　　C. 支付发行法　　　　D. 公募拍卖法

二、多项选择题

1. 下列属于国债特征的是(　　)。

    A. 有偿性　　　　　　　　　　B. 自愿性　　　　　　　　　　C. 无偿性

    D. 灵活性　　　　　　　　　　E. 强制性

2. 我国国债的功能包括(　　)。

    A. 筹集建设资金　　　　　　　B. 调节收入分配　　　　　　　C. 调节国际收支

    D. 弥补财政赤字　　　　　　　E. 调节国民经济的发展

3. 发行国债一般不会影响经济发展,这是因为(　　)。

    A. 使部分社会资金发生所有权的转移　　B. 一般不会导致通货膨胀

    C. 不会引起流通中的货币总量的改变　　D. 发行过量会影响经济的正常运行

    E. 认购者一般为居民

4. 国债调节国民经济的作用主要表现在(　　)。

    A. 调节国民收入的使用结构　　　　　　B. 调节国民经济的产业结构

    C. 调节社会的货币流通和资金供求　　　D. 调节货币总量

    E. 调节分配关系

5. 下列关于国债的分类说法正确的有(　　)。

    A. 按照债券是否流通,可以将国债分为可转让国债和不可转让国债

    B. 按照利率情况为标志,可以将国债分为固定利率国债、市场利率国债和保值闲债

    C. 按照借债的方法不同,可以将国债分为强制国债、爱国国债和自由国债

    D. 按照国债的计量单位为标准,可以将国债分为货币国债、实物国债和折实国债

    E. 按照偿还期限为标准,可以将国债分为短期国债、中期国债、中长期国债和长期国债

6. 分析国债规模包括( )。
   A. 历年发行国债的累计余额 　　　　　 B. 当年新发行国债的总额
   C. 当年到期需还本付息的债务总额 　　 D. 历年国债的还本付息总额
   E. 历年国债发行额

7. 国债相对规模的衡量指标包括有( )。
   A. 国债依存度 　　　 B. 国民经济偿债率 　　　 C. 国债负担率
   D. 国债的利率 　　　 E. 累积国债发行额

8. 国债的推销机构有( )。
   A. 中央银行 　　　 B. 邮政储蓄系统 　　　 C. 金融机构
   D. 税务机构 　　　 E. 各级政府

9. 公募法的拍卖方式有( )。
   A. 额度拍卖 　　　 B. 竞争性出价 　　　 C. 非竞争性出价
   D. 收益拍卖 　　　 E. 询价拍卖

10. 国债的偿还方式有( )。
    A. 分期逐步偿还 　　　 B. 到期一次偿还 　　　 C. 提前偿还
    D. 市场购销偿还 　　　 E. 延期偿还

11. 偿还国债的资金来源有( )。
    A. 财政盈余 　　　 B. 预算列支 　　　 C. 银行信贷
    D. 举借新债 　　　 E. 对企业收费

12. 国债市场的功能有( )。
    A. 实现国债发行 　　　 B. 实现国债偿还 　　　 C. 调节资金总量
    D. 调节社会资金的运行 　　　 E. 调节收入分配

同步自测解析

一、单项选择题

1. 【解析】A　国债是国家信用的一种基本形式。

2. 【解析】C　举借国债依据的是债务人的身份。

3. 【解析】A　国家信用的各种形式中，最主要的是国家对内发行的债券。

4. 【解析】C　中央政府在国内外所形成的债务称为国债。

5. 【解析】C　国债当然要列入国家预算。

6. 【解析】A　弥补财政赤字是国债的最基本功能。

7. 【解析】A　按照国债发行的区域为标准，可以将国债分为国内债务和国外债务。

8. 【解析】A　介于1年以上10年以下的国债称为中期国债。

9. 【解析】B　偿还期限较短的称短期国债，通常把1年以内还本付息的国债称为短期国债。

10. 【解析】D　以偿还期限为标准，可以将国债分为短期国债、中期国债和长期国债。通常将10年以上的还本付息的国债称为长期国债。

11. 【解析】A　发行短期国债从财政上说其主要目的是平衡国库短期收支。

12.【解析】B   国债结构包括应债主体结构、国债持有者结构或应债资金来源结构、国债期限结构

13.【解析】B   国债依存度是指当年国债发行额与当年财政支出的比率,其计算公式为:

$$国债依存度=当年国债发行总额/当年财政支出总额×100\%$$

14.【解析】B   财政偿债率是指当年国债还本付息额占当年财政收入的比率。

15.【解析】B   (1)国债偿债率应小于20%,因此A答案错误。

(2)国民经济偿债率反映了当年国家债务偿还额与国内生产总值的数量比例关系。通常情况下,这一指标以5%~6%之间为宜。因此,C答案错误。

(3)国债负担率是国债余额占国内生产总值的比率,是衡量经济总规模对国债承受能力的重要指标。因此,D错误。

16.【解析】A   目前,我国在法律上规定,不允许地方政府以举债的方式筹措财政收入,因此,我们通常所称的公债与国债便无差别了。

17.【解析】B   发行价格低于证券票面标明的价格,被称为折价发行。作为应债人,不仅可以得到本息,还可以得到减价优惠。发行价格高于证券票面标明的价格,被称为溢价发行。这种价格的发行,一般只在债券利率高出市场利率较多的情况下才会出现。

18.【解析】C   一般来说,偿还期限较长的国债,利率应定得高一些;偿还期限较短的国债,利率可定得低一些。尤其是采取单利计息方式的情况下,利率的确定必须与偿还期限挂钩。

19.【解析】C   承受法,即由金融机构承购全部公债,然后转向社会销售,未能售出的差额由金融机构自身承担。

20.【解析】D   公募法,是指通过在金融市场上公开招标的方式发行国债的方式,亦称公募拍卖法。

二、多项选择题

1.【解析】ABD   国债作为国家取得财政收入的一种形式,与其他财政收入形式相比,有其明显的特征,即:有偿性、自愿性、灵活性。

2.【解析】ADE   国债的功能包括:弥补财政赤字,平衡财政收支的功能;筹集建设资金;调节国民经济的发展。

3.【解析】BCD   发行国债一般不会影响经济发展,主要原因有:发行国债一般不会导致通货膨胀;发行国债不会引起流通中的货币总量的改变;过量发行国债会影响经济的正常运行。

4.【解析】ABC   国债调节国民经济的作用主要表现在以下方面:可以调节国民收入的使用结构;可以调节国民经济的产业结构;可以调节社会的货币流通和资金供求,是调节金融市场的重要手段。

5.【解析】ABCD   按照偿还期限为标准,可以将国债分为短期国债、中期国债和长期国债。其余的四个分类方式都是正确的。

6.【解析】ABC   所谓国债的规模,包括三层意思:历年发行国债的累计余额;当年到期需还本付息的债务总额;当年新发行国债的总额。

7. 【解析】ABC　表示国债相对规模的衡量指标主要包括：国债依存度；财政依存度；国债负担率；国债发行额占国内生产总值的比率；国民经济偿债率。

8. 【解析】ABC　国债的推销机构包括：金融机构；邮政储蓄系统；中央银行；财政部或国债局。

9. 【解析】BCD　公募法的拍卖方式是多种多样的，主要包括：价格拍卖；收益拍卖；竞争性出价；非竞争性出价。

10. 【解析】ABD　一般来讲，可选择使用的国债偿还方式主要有以下五种：分期逐步偿还法；抽签轮次偿还法；到期一次偿还法；市场购销偿还法；以新替旧偿还法。

11. 【解析】ABD　政府用于偿还国债的资金来源主要有：偿债基金；财政盈余；预算列支；举借新债。

12. 【解析】ABD　国债既是财政政策工具，又是货币政策工具，国债市场总的来说具有两种功能：实现国债的顺利发行和偿还；合理有效调节社会资金的运行和提高社会资金效率。

第十章　政府预算理论与管理制度

 大纲解读

　　本章考试目的在于考查应试人员是否掌握政府预算理论与管理制度的相关内容。从近三年考题情况来看，本章主要考查政府预算的含义及特征、政府预算的决策程序及模式、政府预算的原则和政策、政府预算的编制、执行及审批监督制度、政府预算的绩效管理，平均分值是 6 分。具体考试内容如下。

　　1. 政府预算的含义及特征

　　政府预算的含义、政府预算的基本特征、现代政府预算的多重研究视角、政府预算管理中的共同治理。

　　2. 政府预算的决策程序及模式

　　政府预算的决策程序、政府预算编制模式。

　　3. 政府预算的原则与政策

　　政府预算的原则、政府预算的政策。

　　4. 政府预算的编制、执行及审批监督制度

　　部门预算制度、政府采购制度、现代国库制度、政府预算的审查、批准和监督制度。

　　5. 政府预算的绩效管理

　　政府预算绩效管理的内涵与要素、政府预算绩效管理的前提、我国政府预算的绩效管理。

 **考点精讲**

第一节　政府预算的含义及特征

考点一　政府预算的含义

　　政府预算是指经法定程序审核批准的、具有法律效力的、综合反映国民经济和社会发展情况的政府财政收支计划，是政府筹集、分配和管理财政资金的重要工具。

　　作为政府公共财政收支计划的政府预算有如下含义：

　　(1) 从形式上看，政府预算以政府财政收支计划的形式存在。

　　(2) 从性质上看，政府预算是具有法律效力的文件。

　　政府预算的形成过程实际上是国家权力机关审定政府预算内容和赋予政府预算执行权的过程。

【例 10-1】 从性质上看，政府预算是( )。(2011 年单选题)

A. 年度政府财政收支计划   B. 政府调控经济和社会发展的重要手段

C. 具有法律效力的文件   D. 月度政府财政收支计划

【解析】C 从性质上看，政府预算是具有法律效力的文件。政府预算的形成过程实际上是国家权力机关审定预算内容和赋予政府预算执行权的过程。

(3) 从内容上看，政府预算反映政府财力的分配过程。

【例 10-2】 从收支内容上看，政府公共财政的核心是( )。(2011 年单选题)

A. 政府预算   B. 财政体制   C. 转移支付制度   D. 国库制度

【解析】A 政府预算是公共财政体系的重要组成部分，从预算收支的内容上看，政府预算是公共财政的核心。但两者并不是相伴而生的。

(4) 从作用上看，政府预算是政府调控经济和社会发展的重要手段。

【例 10-3】 下列关于政府预算的表述中，正确的有( )。(2013 年多选题)

A. 政府预算是政府年度财政收支计划

B. 政府预算必须经过国家行政机关批准后据以执行

C. 政府预算是具有法律效力的文件

D. 政府预算反映政府集中支配财力的分配过程

E. 政府预算是政府调控经济和社会发展的重要手段

【解析】ACDE 政府必须将所编政府预算提交国家立法机关批准后才能据以进行预算活动。B 选项错误。

政府预算的调控作用主要表现在：

第一，通过预算收支规模的变动，调节社会总供给与总需求的平衡。

第二，通过调整政府预算支出结构，调节国民经济和社会发展中的各种比例关系。

第三，公平社会分配。

【例 10-4】 政府预算的调控作用主要表现在( )。(2012 年多选题)

A. 实现社会总供给和总需求的平衡

B. 调节国民经济和社会发展中的各种比例关系

C. 控制市场投资的总量

D. 公平社会分配

E. 筹集财政资金，健全财政政策

【解析】ABD 政府预算的调控作用主要表现在：调节社会总供给与总需求的平衡；调节国民经济和社会发展中的各种比例关系；公平社会分配三个方面。

考点二 政府预算的基本特征

(1) 法律性。政府预算的形成和执行结果都要经立法机关审查批准。

(2) 预测性。

(3) 集中性。

(4) 综合性。政府预算是各项财政收支的汇集点和枢纽，综合反映了国家财政收支活动的全貌，反映政府活动的范围和方向，是国家的基本财政收支计划。

【例 10-5】 现代政府预算与封建专制政府的预算相比较所具有的鲜明特征是( )。(2012 年单选题)

A. 集中型　　　　　B. 法律性　　　　　C. 计划性　　　　　D. 年度性

【解析】B　政府预算的基本特征：1. 法律性、2. 预测性、3. 集中性、4. 综合性。与封建专制政府的预算相比较，现代预算的一个鲜明的特征就是它的法律约束。

考点三　政府预算的多重研究视角

(一) 经济学视角下的政府预算

经济学对政府预算的研究，最为注重的是政府预算的配置和资金使用"效率"问题。

(二) 政治学视角下的政府预算

政治学者认为政府预算本身就是一种政治活动。因此研究政府预算应从分析公共政策的决策过程以及预算如何执行入手。从政治学角度研究的重点在于预算过程的政治性本身。它主要考察政治制度、政治行为与预算过程与结果之间的因果关系。

(三) 法学视角下的政府预算

法学对政府预算的研究，主要从社会公众通过立法机构规范政府预算行为的角度出发，循着政府行为法制化的线索，考察法律对政府预算各利益相关主体间权利与义务关系的调节与规范。

(四) 管理学视角下的政府预算

从管理学角度的研究，主要强调政府预算的功能性特征，即预算的控制、管理和计划等功能。管理学的研究观点主张：影响组织行为唯一的、最有效的工具就是预算。因而应将政府预算过程视为一个功能性的名词，其内涵由控制、管理与规划等诸要素构成，预算制度应融合更多的政策分析与管理方法，以提高公共决策的绩效。

考点四　政府预算管理中的共同治理

(一) 政府预算相关利益主体及行为特征

1. 预算资金需求方及行为特征

政府预算管理的资金需求方主要包括各政府部门和组织、财政拨款的事业单位和部分享受政府垄断管制或财政补贴的企业、享受政府转移支付的居民个人等。预算资金需求方的主要行为特征有：①总体上是追求自身利益的最大化的利益集团。②有追求预算规模的最大化内在冲动。

2. 预算资金供给方及行为特征

预算资金的供给方是指履行向广大资金需求者配置预算资金的职能的政府预算部门。预算资金供给方的主要行为特征有：①具有双重委托—代理关系。②政府预算管理活动中有诱发设租寻租收益的可能。

3. 预算资金监督制衡方及行为特征

立法监督机构代表了公众的根本利益，是预算管理的监督制衡方。预算资金的监督制衡方的主要行为特征有：①代表人民利益。②具有委员会决策机制的特点。③面临偏好加总的困难以及组织协调的交易成本。

(二) 共同治理的政府预算管理框架

所谓政府预算管理利益相关方的共同治理结构就是要将这些利益相关主体之间的关系，整合于一个彼此衔接、相互制衡、权责明确、激励兼容的框架之下，以期从机制设计上减少政府预算管理中的资源浪费现象，提升有限预算资源的使用效率。

第二节　政府预算的决策程序及模式

考点五　政府预算的决策模式

(一) 政府预算决策程序的法定性

1. 预算决策依据的特征及决策程序的法定性

(1) 预算决策依据与预测结论的不确定性需要法定决策程序保证。

(2) 预算决策所依据的法规、标准和原则需要依据法定程序制定。

(3) 预算决策的依据需要遵循法定程序作出的相关解释。

2. 预算方案的编制、审议通过和调整必须遵循法定的程序

(1) 财政部门和预算部门：遵循法定的程序编制预算草案。

(2) 立法机构：遵循法定的程序审议政府预算草案。

(3) 预算执行的调整：遵循法定的程序。

(二) 政府预算决策过程的实质是对公共偏好的选择

1. 政府预算决策的对象是公共偏好

(1) 预算决策是对公共偏好的选择。

(2) 公共偏好以个人为评价基础。

(3) 公共偏好采取政治行政程序决策。

2. 政府预算的政治行政决策程序具有强制性

(1) 偏好表达的强制性。

(2) 投票规则的强制。

(3) 政策意志的强制。

(4) 决策结果的强制。

(三) 优化政府预算决策的路径

1. 以民主改进政治决策程序

(1) 增加公众表达意愿、参与社会选择的机会。

(2) 提高政府预算决策的透明度。

2. 适当以市场化方式弥补预算决策政治缺陷

政府必须以经济的效率决策补充政治决策。

3. 明确权利边界，建立制衡机制

(1) 制定决策标准，减少机动决策权。

(2) 建立制衡机制，避免权力过分集中。

考点六 政府预算编制模式

政府预算模式是解决政府机构如何分配和管理公共资金，并将它有效地转化为公共产品和公共服务，以完成公众委托的事项。

(一) 主要预算模式介绍

1. 按政府预算编制的形式划分：单式预算和复式预算

(1) 单式预算，是将政府全部财政收入和支出汇集编入一个总预算之内，形成一个收支项目安排对照表，而不区分各项收支性质的预算组织形式。

(2) 复式预算，是把预算年度内的全部财政收支按收入来源和支出性质，分别编成两个或两个以上的预算，从而形成两个或两个以上的收支对照表。复式预算的典型形式是双重预算，一为经常预算，一为资本预算。最早实行复式预算的国家是丹麦、瑞典，后来为英国、法国、印度等国陆续采用。

2. 按预算编制的方法划分：基数预算和零基预算

(1) 基数预算。在安排预算年度收支时，以上年度或基期的收支为基数，综合考虑预算年度国家政策变化、财力增加额及支出实际需要量等因素，确定一个增减调整比例，以测算预算年度有关收支指标，并据以编制预算的方法。

$$预算年度某项收支数额=上年度或基期该项收支的基数×(1±变化率\%)$$

(2) 零基预算。在编制预算时对预算收支指标的安排，根据当年政府预算政策要求、财力状况和经济与社会事业发展需要重新核定，而不考虑该指标以前年度收支的状况或基数。

【例 10-6】零基预算的优点不包括(   )。(2012 年单选题)

A. 预算收支安排不受以往年度收支的约束

B. 可以充分发挥预算政策的调控功能

C. 编制工作简便易行

D. 可突出当年政府的经济社会政策重点

【解析】C 零基预算的优点在于预算收支安排不受以往年度收支的约束，预算编制有较大回旋余地，可突出当年政府经济社会政策重点，充分发挥预算政策的调控功能。

3. 按政府预算编制的政策导向划分：投入预算和绩效预算

(1) 投入预算。在编制、执行传统的线性预算时主要强调严格遵守预算控制规则，限制

甚至禁止资金在不同预算项目之间转移，只能反映投入项目的用途和支出金额，而不考虑其支出的经济效果的预算。

(2) 绩效预算。绩效预算就是政府首先制定有关的事业计划和工程计划，再依据政府职能和施政计划制定执行计划的实施方案，并在成本效益分析的基础上确定实施方案所需要支出的费用，以此来编制预算。

(二) 中国政府预算模式的选择

我国政府预算体系的改革目标是要建立由政府公共预算、国有资本经营预算、社会保障预算、政府性基金预算等构成的全口径预算管理体系。

【例 10-7】 我国政府预算改革的目标是逐步建立起复式预算体系，包括(　　)。(2012年多选题)

A. 公共预算　　　　　　B. 国有资本经营预算　　　　C. 社会保障预算

D. 产出预算　　　　　　E. 投入预算

【解析】ABC　我国政府预算改革的目标是逐步建立起复式预算体系，包括公共预算、国有资本经营预算、社会保障预算、政府性基金预算等。

1. 政府公共预算

政府公共预算是指国家以社会管理者的身份取得税收收入，用于维持政府行政、保障国家安全、稳定社会秩序、发展公益事业等政府职能实现的收支预算。政府公共预算的支出重点主要集中在政权建设、事业发展、公共投资及部门的收入分配调节四大领域。

2. 国有资本经营预算

国有资本经营预算，是国家以所有者身份依法取得国有资本收益，并对所得收益进行分配而发生的各项收支预算，即是对政府在一个财政年度内国有资产经营性收支活动进行价值管理和分配。

3. 社会保障预算

社会保障预算是指国家以法律或行政法规手段筹集收入并用于特定对象人群的专款专用性质的预算。

从国际上看，目前有关社会保障预算编制的模式大致有四种：一是基金预算；二是政府公共预算；三是一揽子社会保障预算；四是政府公共预算下的二级预算，即半独立性质预算。

【例 10-8】 能够全面反映社会保障资金收支情况和资金规模的社会保障预算模式是(　　)。(2012 年单选题)

A. 一揽子社会保障预算　　　　　　B. 政府公共预算

C. 基金预算　　　　　　　　　　　D. 政府公共预算下的二级预算

【解析】A　一揽子社会保障预算是指将政府一般性税收收入安排的社会保障性支出、各项社会保障基金收支、社会筹集的其他社会保障资金收支、社会保障事业单位的收入等作为一个有机的整体，编制涵盖内容全面的一揽子的社会保障资金预算。它能够全面反映社会保障资金收支情况和资金规模以及结余投资及调剂基金的使用情况，体现了国家整体的社会保障水平，可以对社会保障的资金需求做出全面、统一的安排，有利于社会保障事业的协调发展，有利于减轻财政负担。

4. 政府性基金预算

政府性基金预算是国家通过向社会征收以及出让土地、发行彩票等方式取得收入，并专项用于支持特定基础设施建设和社会事业发展的财政收支预算，是政府预算体系的重要组成部分。

政府性基金预算的管理原则是："以收定支、专款专用、结余结转使用"。

第三节　政府预算的原则与政策

考点七　政府预算的原则

早期的预算原则比较注重控制性，之后强调预算的周密性。自功能预算理论发展后，预算原则又更注重发挥预算的功能性作用。

有代表性的成果是意大利学者尼琪和德国学者诺马克提出的预算原则。

一般性预算原则：

(1) 公开性。

(2) 可靠性。

(3) 完整性。

(4) 统一性。

(5) 年度性。

预算年度有历年制和跨年制两种形式：历年制是按公历计，即每年的 1 月 1 日起至 12 月 31 日止。如我国及法国等国的预算年度均采用历年制；跨年制是指一个预算年度跨越两个日历年度，主要考虑与本国立法机构的会期、预算收入与工农业经济的季节相关性，以及宗教和习俗等因素。如英国、日本、印度等国家将预算年度定为本年的 4 月 1 日至次年的 3 月 31 日；美国则将预算年度定为本年的 10 月 1 日至次年的 9 月 30 日。

考点八　政府预算的政策

(一) 健全财政政策

健全财政的标志是保持年度预算收支的平衡。

(二) 功能财政预算政策

美国经济学家勒纳于 20 世纪 40 年代提出的。功能财政预算政策的核心内容是要说明政府不必局限于预算收支之间的对比关系、保持预算收支的平衡，而重要的是应当保持国民经济整体的平衡。

【例 10-9】不只限于保持预算收支平衡，而是通过预算收支调节经济，以保持国民经济整体平衡的政策是(　　)。(2011 年单选题)

A. 预算平衡政策　　　　　　　　　　B. 功能财政预算政策

C. 充分就业预算平衡政策　　　　　　D. 周期平衡预算政策

【解析】B　功能财政预算政策的中心内容是要说明政府不必局限于预算收支之间的对

比关系，保持预算收支的平衡，而重要的是应当保持国民经济整体的平衡。

(三) 周期平衡预算政策

美国经济学家阿尔文·汉森于 20 世纪 40 年代提出的。认为财政应在一个完整的经济周期内保持收支平衡，而不是在某个特定的财政年度或一个日历时期内保持平衡。

(四) 充分就业预算平衡政策

要求按充分就业条件下估计的国民收入规模来安排预算收支，这样达到的预算平衡。

(五) 预算平衡政策

一些倾向于自由主义的经济学家，针对凯恩斯主义的赤字预算理论存在的问题，提出预算平衡政策。主张政府不应干预经济，不应把预算收支作为干预经济的工具，应尽量谋求预算收支的平衡。

第四节　政府预算的编制、执行及审批监督制度

考点九　部门预算制度

(一) 部门预算的含义

部门预算是编制政府预算的一种制度和方法，是由政府各部门依据国家有关法律法规及履行职能的需要编制，反映部门所有收入和支出情况的综合财政计划，是政府各部门履行职能和事业发展的物质基础。

(二) 部门预算的原则

(1) 合法性原则。
(2) 真实性原则。
(3) 完整性原则。
(4) 科学性原则。
(5) 稳妥性原则。
(6) 重点性原则。
(7) 透明性原则。
(8) 绩效性原则。

(三) 部门预算的基本内容

1. 部门收入预算的内容

(1) 财政拨款收入。
(2) 事业收入：事业单位开展专业业务活动及辅助活动取得的收入。

(3) 上级补助收入。

(4) 事业单位经营收入：事业单位在专业业务活动及辅助活动之外开展独立核算的经营活动取得的收入。

(5) 附属单位上缴收入。

(6) 用事业基金弥补收支差额。

(7) 其他收入。

2. 部门支出预算的内容

我国政府预算支出按照政府履行职能的需要项目较多，按支出的管理要求划分，可分为基本支出和项目支出。

(1) 基本支出预算。基本支出预算是为保障行政事业单位机构正常运转、完成日常工作任务所必需的开支而编制的预算，其内容包括人员经费和日常公用经费，是部门支出预算的主要组成部分。

基本支出预算的编制原则：①综合预算的原则。②优先保障的原则。③定员定额管理的原则。

(2) 项目支出预算。项目支出预算是行政事业单位为完成其特定的行政工作任务或事业发展目标，在基本支出预算之外编制的年度项目支出计划。包括基本建设、有关事业发展专项计划、专项业务、大型修缮、大型购置、大型会议等项目支出。

项目支出预算的编制原则：①综合预算的原则。②科学论证、合理排序的原则。③追踪问效的原则。

考点十 政府采购制度

(一) 政府采购制度的含义

政府采购是指国家机关、事业单位和团体组织，使用财政性资金采购依法制定的集中采购目录以内的或者采购限额标准以上的货物、工程和服务的行为。

(二) 政府采购的原则

(1) 公开透明原则。

(2) 公平竞争原则。

(3) 公正原则。

(4) 诚实信用原则。

(三) 政府采购的基本方式

1. 招标采购

(1) 按照招标公开的程度可分为公开招标采购、选择性招标采购和限制性招标采购。

(2) 按照投标人的范围可分为国际竞争性招标采购、国内竞争性招标采购、国际限制性招标采购和国内限制性招标性采购。

2. 非招标采购

主要有单一来源采购、竞争性谈判采购、国内或国外询价采购等。

考点十一　现代国库制度

(1) 国库集中收付管理。
(2) 国债管理。
(3) 国库现金管理。

考点十二　政府预算的审查、批准和监督制度

(一) 政府预算的审查和批准

预算审批是指相关部门对预算草案进行审查并批准执行的过程，具体包括财政部门对预算的审查和立法机关对预算的审查及批准。

1. 发达国家的预算审批

预算在很大程度上受制于本国的政治体系，因此不同政治体制下，预算审批的作用都不尽相同。

(1) 发达国家的预算审批的预算职能分工：

行政机关——负责预算编制和执行以及决算；

立法机关——负责预算审批；

司法机关——负责预算监督。

(2) 发达国家的预算审批。根据立法机关的权力大小及其预算审批作用的强弱，可将发达国家的预算审批分为两类：

立法机关权力较大，预算审批在预算管理流程中发挥实质性作用，如美国。

立法机关权力较小，预算审批的形式意义大于实质作用，如英国、德国和日本。

2. 我国立法机关的预算审批程序及内容

我国各级人民代表大会是法定的预算审批部门。人大审批预算的过程分为初审和终审两阶段。

(1) 初审。在各级人民代表大会召开前，由各级人民代表大会的相关部门对预算草案的主要内容进行初步审查。

(2) 终审。各级人民代表大会对预算草案的审查和批准。

(二) 政府预算的监督

1. 政府预算监督的含义

所谓政府预算监督，是指在预算的全过程中，对有关预算主体依法进行的检查、督促和制约，是政府预算管理的重要组成部分。

2. 政府预算监督的特点

(1) 预算监督体系的层次性。

    (2) 预算监督主体的多元性。

    (3) 预算监督对象的广泛性。

    (4) 预算监督过程的全面性。

    (5) 预算监督依据的法律性。

    (6) 预算监督形式的多样性。

3. 政府预算监督的分类

    (1) 按照政府预算监督体系的构成来划分，政府预算监督可以划分为：立法机关监督、财政部门监督、审计部门监督、社会中介机构监督、社会舆论监督和司法监督。

    (2) 按照政府预算监督的时间顺序来划分，政府预算监督可以分为事前监督、事中监督和事后监督。

4. 政府监督的主要内容

    (1) 立法机关预算监督的主要内容。

    (2) 财政部门预算监督的内容。

    (3) 审计部门预算监督的内容。

第五节　政府预算的绩效管理

考点十三　政府预算绩效管理的内涵与要素

    政府预算绩效管理是把市场经济的一些基本理念融入公共管理之中，强调投入与产出的关系，即政府通过公共产品与服务的提供与相应的成本或费用的比较，要求以较小的成本或费用投入取得较大的产出与成果。

考点十四　政府预算绩效管理的前提

    (1) 构建绩效评价框架体系。

    (2) 赋予部门管理者充分的自主权。

    (3) 强化部门管理者的责任。

    (4) 以权责发生制计量政府成本。

    (5) 建立绩效预算管理的制度和组织保障。

考点十五　我国政府预算的绩效管理

    (1) 绩效目标管理。

    (2) 绩效运行跟踪监控管理。

    (3) 绩效评价实施管理。

    (4) 绩效评价结果反馈和应用管理。

同 步 自 测

一、单项选择题

1. 在各种财政政策手段中，居于核心地位的是(　　)。

    A. 税收　　　　　　　B. 公债　　　　　　　C. 公共支出　　　　　　D. 预算

2. 政府预算从其内容上看是(　　)。

    A. 具有法律效率的文件　　　　　　　　B. 体现政府集中性的财政分配关系

    C. 是政府调控经济的手段　　　　　　　D. 政府的年度财政收支计划

3. 政府预算区别于其他财政范畴的一个重要特征是(　　)。

    A. 综合性　　　　　　B. 预测性　　　　　　C. 法律性　　　　　　D. 集中性

4. 经济学对政府预算的研究，最为注重的是政府预算的(　　)问题

    A. 政治程序　　　　　B. 经济　　　　　　　C. 效率　　　　　　　D. 功能性

5. 按预算编制的政策导向，可将预算划分为投入预算和(　　)。

    A. 总预算　　　　　　B. 零基预算　　　　　C. 复式预算　　　　　D. 绩效预算

6. 政府预算分为单式预算和复式预算是按照(　　)标准。

    A. 预算收支的平衡状况　　　　　　　　B. 预算的编制方法

    C. 预算项目能否反映其经济效果　　　　D. 预算编制的形式

7. 运用成本效益分析从而确定实施方案所需要支出费用的预算模式是(　　)。

    A. 复式预算　　　　　B. 零基预算　　　　　C. 投入预算　　　　　D. 绩效预算

8. 反映政府在干预经济过程中的投资活动的预算模式是(　　)。

    A. 投入预算　　　　　B. 经常预算　　　　　C. 绩效预算　　　　　D. 资本预算

9. 只能反映投入项目的用途和支出金额，而不考虑其支出的经济效果的预算是(　　)。

    A. 绩效预算　　　　　B. 投入预算　　　　　C. 零基预算　　　　　D. 资本预算

10. 下列关于复式预算的说法不正确的是(　　)。

    A. 复式预算分为经常预算和资本预算

    B. 政府的经常预算主要包括政府一般行政费支出

    C. 政府的经常预算的收入来源主要是经常性收支盈余

    D. 政府的资本预算收入来源主要是国债收入

11. 关于预算的说法正确的是(　　)。

    A. 增量预算是以上年财政收支执行数为基础，调整确定的

    B. 零基预算不需要对预算收支进行全面分析

    C. 基数预算有利于提高支出效率

    D. 绩效预算只重视投入而忽视产出

12. 绩效预算最早产生于(　　)。

    A. 英国　　　　　　　B. 法国　　　　　　　C. 丹麦　　　　　　　D. 美国

13. 下列哪一项不属于政府预算的原则(　　)。

    A. 公开性　　　　　　B. 集中性　　　　　　C. 年度性　　　　　　D. 可靠性

14. 我国的预算年度是(   )。

    A. 4 月 1 日至次年的 3 月 31 日   B. 1 月 1 日至 12 月 31 日

    C. 10 月 1 日至次年的 9 月 30 日   D. 5 月 1 日至次年的 4 月 30 日

15. 下列不属于社会保障预算的是(   )。

    A. 基金预算   B. 公共预算

    C. 政府公共预算   D. 一揽子社会保障预算

16. 功能财政预算政策是由(   )提出的。

    A. 亚当·斯密   B. 巴斯坦布尔

    C. 阿尔文·汉森   D. 勒纳

17. 主张"以丰补歉、以盈补亏",从而达到维持和稳定经济目的的是(   )。

    A. 预算平衡政策   B. 功能财政预算政策

    C. 充分就业预算平衡政策   D. 周期平衡预算政策

二、多项选择题

1. 政府公共财政收支计划的政府预算的一般含义是(   )。

    A. 从形式上看,政府预算是以年度政府财政收支计划的形式存在的

    B. 从性质上看,政府预算是具有法律效力的文件

    C. 从作用上看,政府预算是政府调控经济和社会发展的重要手段

    D. 从内容上看,政府预算反映政府集中支配财力的分配过程

    E. 从起源上看,政府预算与国家财政是一致的

2. 政府预算的基本特征包括(   )。

    A. 集中性   B. 科学性   C. 法律性

    D. 综合性   E. 预测性

3. 按预算编制的政策导向划分,政府预算可以分为(   )。

    A. 零基预算   B. 绩效预算   C. 投入预算

    D. 基金预算   E. 复式预算

4. 按预算的编制方法分类,政府预算可分为(   )。

    A. 绩效预算   B. 零基预算   C. 计划项目预算

    D. 部门单位预算   E. 基数预算

5. 下列关于政府预算的分类方式正确的有(   )。

    A. 按预算的编制方法分类,政府预算可分为基数预算和零基预算

    B. 按预算收支的平衡状况划分,可将预算分为平衡预算和差额预算

    C. 按预算分级管理的要求划分,可以将预算分为中央预算和地方预算

    D. 按收支管理范围和编制程序划分,可以将预算分为总预算和部门单位预算

    E. 按预算作用的时间长短划分,可以将预算分为年度预算和多年预算

6. 按编制的形式看,政府预算可以分为(   )。

    A. 零基预算   B. 单式预算   C. 基数预算

    D. 复式预算   E. 平衡预算

7. 复式预算的典型形式是双重预算，其包括(   )。

    A. 投入预算   B. 经常预算   C. 年度预算

    D. 零基预算   E. 资本预算

8. 政府预算的原则随社会经济的发展而不断变化，在预算制度发展的各个阶段重点强调的预算原则包括(   )。

    A. 控制性   B. 周密性   C. 年度性

    D. 分类性   E. 功能性

9. 政府预算的原则有(   )。

    A. 公开性   B. 可靠性   C. 年度性

    D. 完整性   E. 统一性

10. 我国政府预算模式有(   )。

    A. 公共预算   B. 社会保障预算   C. 国有资本经营预算

    D. 基金预算   E. 绩效预算

11. 从国际上看，目前有关社会保障预算编制的模式大致有(   )。

    A. 基金预算   B. 资本预算

    C. 政府公共预算   D. 一揽子社会保障预算

    E. 政府公共预算下的二级预算

12. 政府预算政策包括(   )。

    A. 健全财政政策   B. 年度平衡预算政策   C. 充分就业预算平衡政策

    D. 预算平衡政策   E. 功能财政预算政策

同步自测解析

一、单项选择题

1. 【解析】D 在各种财政政策手段中，预算居于核心地位。

2. 【解析】B 从内容上看，政府预算反映政府集中支配财力的分配过程。

3. 【解析】C 所谓法律性是指政府预算的形成和执行结果都要经过立法机关审查批准，它是一个法律性文件。这是政府预算区别于其他财政范畴的一个重要特征。

4. 【解析】C 经济学对政府预算的研究，最为注重的是政府预算的效率问题。

5. 【解析】D 按预算编制的政策导向，可将预算划分为投入预算和绩效预算。

6. 【解析】D 政府预算按政府预算编制的形式划分为单式预算和复式预算。

7. 【解析】D 绩效预算就是政府首先制定有关的事业计划和工程计划，再依据政府职能和施政计划制定执行计划的实施方案，并在成本效益分析的基础上确定实施方案所需要支出的费用，以此来编制预算。

8. 【解析】D 资本预算反映了政府在干预经济过程中的投资活动。

9. 【解析】B 投入预算的政策重点在于如何控制资源的投入和使用，保证预算按预定的规则运行，而不是强调是否达到政府的政策目标，投入与产出比较的效率如何。

10. 【解析】C 政府的经常预算的收入来源，主要包括各项税收收入以及一部分非税收收入。

11.【解析】A　基数预算又称增量预算，是指预算年度的财政收支计划指标的确定，是以上年财政收支执行数为基础，再考虑新的年度国家社会经济发展需要加以调整确定。零基预算法的特点就是对预算收支进行全面的分析，最后得出计划年度预算收支指标的新结果。零基预算不受现行财政收支执行情况的约束，使政府可以根据需要确定优先安排项目，有利于提高支出的经济效率，减轻国家为满足不断增加的财政支出而增税和扩大债务所带来的压力。绩效预算与只注重投入而忽视产出的传统预算不同，它十分重视对预算支出效益的考核。

12.【解析】D　绩效预算最早产生于美国，是美国胡佛委员会于 1949 年提出并推广的一种预算制度。

13.【解析】B　政府预算的原则包括公开性、可靠性、完整性、统一性和年度性。

14.【解析】B　预算年度有历年制和跨年制两种形式：历年制是按公历计，即每年的 1 月 1 日起至 12 月 31 日止。如我国及法国等国的预算年度均采用历年制；跨年制是指一个预算年度跨越两个日历年度，主要考虑与本国立法机构的会期、预算收入与工农业经济的季节相关性，以及宗教和习俗等因素。

15.【解析】B　社会保障预算模式主要有四种类型：基金预算模式、政府公共预算模式、一揽子社会保障预算模式、政府公共预算下的二级预算模式。而公共预算是指政府在每一财政年度经立法程序批准的全部公共收支计划，是存在于市场经济中并且与公共财政相适应的国家预算类型。所以 B 选项错误。

16.【解析】D　功能财政预算政策是由美国经济学家勒纳于 20 世纪 40 年代提出的。

17.【解析】D　周期平衡预算政策主张"以丰补歉、以盈补亏"，从而可以达到维持和稳定经济的目的。

二、多项选择题

1.【解析】ABCD　作为政府公共财政收支计划的政府预算有如下含义：从形式上看，政府预算是以年度政府财政收支计划的形式存在的；从性质上看，政府预算是具有法律效力的文件；从内容上看，政府预算反映政府集中支配财力的分配过程；从作用上看，政府预算是政府调控经济和社会发展的重要手段。

2.【解析】ACDE　政府预算的基本特征主要有：预测性、法律性、集中性和综合性。

3.【解析】BC　按预算编制的政策导向划分，政府预算可以分为投入预算和绩效预算。

4.【解析】BE　按预算的编制方法划分，政府预算可分为基数预算和零基预算。

5.【解析】ABCDE　选项中提供的五种分类方式都是正确的。

6.【解析】BD　按政府预算编制的形式划分，政府预算可以分为单式预算和复式预算。

7.【解析】BE　复式预算的典型形式是双重预算，一为经常预算，一为资本预算。

8.【解析】ABE　预算原则是伴随着现代化预算制度的产生而产生的，并且随着社会经济和预算制度的发展变化而不断变化。早期的预算原则比较注重控制性，即将预算作为监督和控制政府的工具，而后随着财政收支内容的日趋复杂，开始强调预算的周密性，即注重研究预算技术的改进；自功能预算理论发展后，政府预算的功能趋于多样化，由此，预算原则又注重发挥预算的功能性作用。

9. 【解析】ABCDE　政府预算的原则包括：公开性、可靠性、完整性、统一性、年度性。

10. 【解析】ABCE　我国政府预算的预算模式有公共预算、国有资本经营预算、社会保障预算和绩效预算。

11. 【解析】ACDE　从国际上看，目前有关社会保障预算编制的模式大致有四种：一是基金预算，二是政府公共预算，三是一揽子社会保障预算，四是政府公共预算下的二级预算，即半独立性质预算。

12. 【解析】ACDE　政府预算政策包括：健全财政政策；功能财政预算政策；周期平衡预算政策；充分就业预算平衡政策；预算平衡政策。

第十一章 政府间财政关系

 大纲解读

本章考试目的在于考查应试人员是否掌握政府间财政关系的相关理论。从近三年考题情况来看，本章主要考查财政分权理论、政府间收支划分的制度安排、分税制财政管理体制、政府间转移支付制度等，平均分值是 6 分。具体考试内容如下。

1. 财政分权理论

公共产品和服务理论、集权分权理论、财政联邦主义、俱乐部理论。

2. 政府间收支划分的制度安排

政府间事权的划分、政府间的财政支出划分、政府间收入的划分、政府间收支的调节制度、政府间的财政管理权的划分。

3. 分税制财政管理体制

分税制财政管理体制的基本问题、我国分税制管理体制的主要内容。

4. 政府间转移支付制度

政府间转移支付概述、我国政府间转移支付制度。

 **考点精讲**

第一节 财政分权理论

考点一 公共产品和服务理论

研究财政分权问题，应将分析公共产品和服务受益范围的层次性作为出发点。

绝大多数公共产品和服务都有其特定有限的受益区域，因此，公共产品和服务可以分为全国性公共产品和服务与地方性公共产品和服务。

全国性公共产品和服务是指那些与国家整体有关的、各社会成员均可享用的产品和服务，其受益范围是全国性的，如国防。特征：(1)其受益范围被限定在整个国家的疆域之内；(2)提供者为中央政府。

地方性公共产品和服务是指那些只能满足某一特定地区(而非全国)范围内居民的公共需要的产品和服务。特征：(1)其受益范围具有地方局限性；(2)提供者为各级地方政府。

从公共产品和服务及个人偏好角度出发来构建财政分权理论框架的，以沃伦斯·欧茨和查尔斯·提布特的理论最具代表性。

欧茨在其代表作《财政联邦主义》中提出：地方政府为其辖区提供相应的产出水平通常

要比中央政府对所有辖区提供统一的产出水平更加符合帕累托效率。

提布特在其 1956 年对财政分权理论所做的概括中指出，分权的最终结果将有助于对不同人口群体的公共产品和服务偏好做出判断。地方政府提供某些公共产品和服务，这些群体可以按照其从该公共产品和服务中获益多少来支付一定的代价(即税收)。而且，个人还可以通过向最能反映其消费偏好的辖区流动来表示他们对原辖区的不满。这就可能出现一个边际点，即消费公共产品和服务所获得的收益等于以受益税方式支付的成本，也就是接近于帕累托最优解决方案。

考点二　集权分权理论

中央政府是国家利益的代表者，而地方政府则是地方利益的代表者，因此需要处理政府的集权与分权问题。

考点三　财政联邦主义

财政联邦主义意味着两种可能情形：(1)得到上级授权的地方当局进行地方决策；(2)地方当局具有独立的宪法所保障的权力。前者是法律所规定的在集权体制下的分权，而后者则是地方政府根据宪法拥有独立权力的分权。

财政联邦主义为地方分权提供了强有力的理由：首先，地方政府存在的理由是它比中央政府更接近民众，也就是说它比中央政府更加了解其辖区民众的需求和效用；其次，一个国家内部不同地区的人有权对不同种类和数量的公共产品和服务进行各自的选择，而地方政府就是实现不同地区不同选择的机制。提布特在其著作《地方支出的纯理论》中提出了地方政府之间的竞争理论。

上述理由得出结论：(1)为了实现资源配置的有效性与分配的公平性，某些公共决策应该在最低层次的政府进行；(2)地方政府之间也会存在竞争，但这种竞争更有利于资源配置效率的提高。

考点四　俱乐部理论

所谓俱乐部理论，就是假定地方是一个由自愿聚合在一起的人们所组成的聚合体或者社群，称之为"俱乐部"。

俱乐部理论论证了地方政府的适当规模问题，即一个地方政府的规模，应该确定在拥挤成本(边际成本)正好等于由新成员承担税收份额所带来的边际收益这一点上。因此在理论上能够断定，存在多个适当规模的地方政府，就可以通过人们在不同辖区之间进行移居来提高资源配置效率。

第二节　政府间收支划分的制度安排

政府间的财政关系主要通过政府预算管理体制具体体现，政府预算管理体制是正确处理各级政府之间的分配关系，确定各级预算收支范围和管理职权的一项根本制度。

预算管理体制是财政管理体制的主导环节，占有核心的地位。

【例11-1】 涉及中央与地方各级政府收支范围和管理权限划分的体制是(　　)。(2012年单选题)

A. 行政事业财务管理体制
B. 税收管理体制
C. 预算管理体制
D. 财政监督管理体制

【解析】C　预算管理体制涉及中央与地方各级政府收支范围和管理权限划分的体制。

考点五　政府间事权的划分

政府间事权的划分，是政府职能在各级政府间进行分工的具体体现，也是财政分权管理体制的基本内容和制度保障。

【例11-2】 财政分权管理体制的基本内容和制度保障是(　　)。(2012年单选题)

A. 政府间的财政支出划分
B. 政府间的财政收入划分
C. 政府间的事权划分
D. 政府间的财权划分

【解析】C　政府间事权的划分，是政府职能在各级政府间进行分工的具体体现，也是财政分权管理体制的基本内容和制度保障。

(一) 政府间事权划分的原则

1. 受益范围原则

受益范围原则是指将各项事权项目收益的对象和范围大小作为各级政府履行职责的依据。

2. 效率原则

效率原则主要是指应该考虑某项事务交由哪级政府办理成本最低、效率最高。效率性原则包括收入划分效率、支出划分效率和财政转移支付效率三个方面。

(1) 收入划分效率。要求按不同税种的性质、征管难度和征收效应等，合理划分中央政府和地方政府的税收征管权。

(2) 支出划分效率。支出范围的划分是财政职能在中央财政与地方财政中的具体界定和落实。

财政有三大职能：资源配置职能、收入分配职能和经济稳定与发展职能。不同级次的政府所承担职能的侧重面有所不同。

资源配置职能：全国性公共产品由中央政府提供；地方性公共产品由地方政府提供；受益具有地区外溢性的公共产品或部分地区共同受益的公共产品由中央与地方政府联合提供。

收入分配职能：中央整体把关，地方采取适当的调整和补充措施。

经济稳定职能：主要是中央政府的职能。

(3) 财政转移支付效率。政府间财政转移支付是解决一定预算管理体制框架内存在的财政收支纵向非均衡和横向非均衡的基本手段。

【例11-3】 政府间事权划分的效率原则包括(　　)。(2009年多选题)

A. 公正准则
B. 收入划分效率
C. 恰当准则
D. 支出划分效率
E. 财政转移支付效率

【解析】BDE 政府间事权划分的效率原则包括收入划分效率、支出划分效率、财政转移支付效率。

3. 法律规范原则

法律规范原则是指中央政府与地方政府的事权划分,应该通过严格的法律程序加以规范,并用法律手段解决各级政府之间的利益冲突,从而使各级政府间的事权划分科学化、规范化。

(二) 政府间事权划分的具体做法

形成的基本格局是:

(1) 国防事务。对国防事务的立法权为中央专有,对国防事务的行政权则以中央直接管辖为主,地方所享有的国防行政权主要限于组织地方武装力量,协助征集兵员,负责所管辖地域的国防。

(2) 外交事务。绝大部分国家将外交事务划归中央专门管理,只有部分联邦制(邦联制)国家容许成员国保留部分外交权。但这类外交权不仅以非政治性的外交活动为主,而且在国家外交活动中所占比例也不大,同时还附有严格的限制条件。

(3) 公安事务。中央对事关国家主权的公安事务,如国籍管理、出入境管理等实行专门管理;而对于维护国家安全与秩序的主要工具——警察,则由中央与地方共同管辖。

(4) 内政事务。中央机构的建制由中央决定,中央与地方分别建立;地方机构的建制,由地方决定并建立。

(5) 司法事务。当代世界各国的司法体制分为高度集权、集权为主和分权三类。

(6) 经济事务。在财政金融方面,世界各国都实行以中央集中管理为主、地方协助管理为辅的财政金融管理体制,由国家统一管理信用、货币和银行体系。

(7) 文化教育事务。

考点六 政府间的财政支出划分

财政支出的划分是指财政支出在中央财政与地方各级财政之间的划分。

(一) 财政支出划分的原则

(1) 与事权相对称原则。
(2) 公平性原则。
(3) 考虑支出性质特点的原则。
(4) 权责结合原则。

【例 11-4】 政府间财政支出划分的原则有( )。(2013 年多选题)

A. 效率性原则　　　　　B. 公平性原则　　　　　C. 权责结合原则
D. 与事权相对称的原则　　E. 考虑支出性质特点的原则

【解析】BCDE 财政支出划分的原则有:与事权相对称原则、公平性原则、考虑支出性质特点的原则和权责结合原则。

(二) 我国财政支出划分的具体做法

(1) 统收统支。

(2) 收入分类分成。

(3) 总额分成。

【例 11-5】 采用收支挂钩的方法将预算收支在中央和地方之间进行划分的方法是(   )。(2011 年单选题)

A. 统收统支　　　　B. 总额分成　　　C. 定额上解　　　D. 定额补助

【解析】B 所谓总额分成,就是将地方组织的预算收入总额在中央和地方之间进行分成,地方预算支出占地方组织的总收入的比例即为地方总额分成比例,其余为中央总额分成比例。这也是收支挂钩的一种形式。

(4) 定额上缴(或定额补助)办法。

(5) 分税制。

考点七　政府间收入划分

由于世界上绝大多数国家的税收收入占财政收入的比重都在 90% 以上,所以划分中央财政与地方财政收入就主要体现在税收收入的划分上。

(一) 税收收入划分的原则

(1) 效率原则。该原则以征税效率的高低作为标准来划分中央和地方收入。所得税归于中央政府,土地税或财产税一般划为地方税。

(2) 适应原则。该原则是以税基的宽窄为标准来划分中央与地方收入。税基宽的税种归中央政府,税基狭窄的税种归地方政府。增值税属于中央税;房产税应为地方税。

(3) 恰当原则。该原则以税收负担的分配是否公平作为标准来划分中央与地方收入。税种归哪一级政府,要看哪一级政府更能保证税收负担的公平分配。所得税划归中央政府。

【例 11-6】 税收收入划分的恰当原则以(   )作为划分中央与地方政府收入的标准。(2013 年单选题)

A. 征税效率的高低　　　　　　　　　B. 税基的宽窄

C. 税收负担的分配是否公平　　　　　D. 纳税人的属性

【解析】C 恰当原则以税收负担的分配是否公平作为标准来划分中央与地方政府收入。

(4) 经济利益原则。该原则以增进经济利益为标准来划分中央与地方收入。税收究竟归属哪级政府,应以便利经济发展,不减少经济利益为标准。增值税、消费税划归中央。

(二) 税收收入划分的方式

在中央与地方之间进行税收收入划分,也被称为"税收分割",主要包括分割税额、分割税率、分割税种、分割税制和混合型五种类型。

(1) 分割税额。

(2) 分割税率。

(3) 分割税种。

(4) 分割税制。

(5) 混合型。混合型是指在税收分割中综合运用上述四种方式中两种以上的做法而形成的一种中央与地方税收体系。

【例 11-7】 在中央和地方政府间划分税收收入称为"税收分割",主要包括( )。(2012 年多选题)

A. 分割税额　　　　　B. 分割税率　　　　　C. 分割税种

D. 分割税制　　　　　E. 分割税基

【解析】ABCD 税收分割主要包括分割税额、分割税率、分割税种、分割税制和混合型。

(三) 税收收入划分的具体做法

(1) 将与稳定国民经济有关的税种以及与收入再分配有关的税种,划归中央政府,如个人所得税和公司所得税。

(2) 将那些税基流动性大的税种划归中央政府。如个人所得税、公司所得税、增值税、销售税和遗产赠与税等。

(3) 对于那些与自然资源有关的税种(如资源税),如果在地区间分布不均匀,则应该划归中央政府,反之则划归地方政府。

(4) 将进出口关税和其他收费全部划归中央政府。

(5) 将那些税基流动性较小的、税源分布较广(不易统一征收)的税种,如房产税、土地税、土地增值税等划归地方政府。

考点八　政府间收支的调节制度

在既定的财政预算收支划分的基础上进行收支水平的调节是必要的,以实现中央与地方政府及地方各级政府间的纵向均衡和各地方政府间的横向均衡。

(1) 纵向均衡是指各级政府的财政资金来源与各自的支出责任或事权范围相对称,使各级政府在履行各自的职责时有必要的财力做保障。

(2) 地方政府间财政关系的横向均衡是指基本公共产品的供给标准和供给数量在各地区的均等化。

这种调节制度就包括各级预算间的纵向调节和各地区预算间的横向调节。调节的主要手段是政府间的转移支付,调节的目标是使公共资金公平分配和有效使用,并最终达到各级政府事权和财权的统一。

考点九　政府间财政管理权限的划分

(一) 政府预算管理级次

通行的原则是:有一级政权就要建立一级预算。

在我国,按现行的政权结构,政府预算分为五级预算进行管理,即中央预算、省(自治区、直辖市)预算、设区的市(自治州)预算、县(自治县、不设区的市、市辖区、旗)预算、乡(民族乡、镇)预算五个级次。其中,中央预算以下的属地方预算范畴。

(二) 预算管理权限的划分

在我国,凡全国性的财政方针政策、法律法令都由中央统一制定,其解释权、修订权也归中央。各地方有权制定地区性的财政预算管理制度,但不能违反全国的统一规定,并应注意对毗邻地区的影响。

(1) 各级人民代表大会是审查、批准预决算的权力机关。

(2) 各级人民政府是预算管理的国家行政机关。

【例 11-8】 管理各级预算的国家行政机关是( )。(2011 年单选题)

A. 各级人民代表大会   B. 各级人民政府

C. 各级政府财政部门   D. 各级审计机关

【解析】B 各级人民政府是预算管理的国家行政机关。

(3) 各级财政部门是预算管理的职能部门。

(4) 各部门的预算管理权。

各部门根据国家预算法律、法规的规定,制定本部门预算具体执行办法;编制本部门预算草案;组织和监督本部门预算的执行;定期向本级财政部门报告预算的执行情况;编制本部门决算草案。

(5) 各单位的预算管理权。

各单位负责编制本单位的预、决算草案;按照规定上缴预算收入,安排预算支出;接受国家有关部门的监督。

第三节 分税制财政管理体制

考点十 分税制财政管理体制的基本问题

分税制是指在明确划分中央和地方事权和支出范围的基础上,按照事权与财权财力统一的原则,结合税种的特性,划分中央与地方的税收管理权限与税收收入,并辅之以补助制的一种财政管理体制。它是财政分权管理体制的典型代表,也是市场经济国家普遍推行的一种财政管理体制模式。

分税制主要包括"分事、分税、分权、分管"四层含义。

分税方法有两种形式:

(1) 按照税种划分,多数西方国家都实行这种办法。按税种划分还有完全形式和不完全形式两种。

(2) 按照税源实行分率分征,即对同一税源各级预算同时按不同税率征收,美国主要实行这种方法。

考点十一 我国分税制管理体制的主要内容

我国自 1994 年 1 月 1 日起,在全国各省、自治区、直辖市以及计划单列市正式实行分税制财政管理体制。

(一) 中央与地方政府的事权和财政支出划分

中央财政主要承担国家安全、外交和国家机关运转所需经费，调整国民经济结构、协调地区发展、实施宏观调控所必需的支出以及由中央直接管理的社会事业发展支出。

地方财政主要承担本地区政权机关运转所需费用支出以及本地区经济、社会事业发展所需支出。

(二) 中央与地方政府的收入划分

根据事权与财权相结合的原则，按税种划分中央与地方的收入。

将维护国家权益、实施宏观调控所必需的税种划分为中央税；将同经济发展直接相关的主要税种划分为中央与地方共享税；将适合地方征管的税种划分为地方税。

1. 中央固定收入

关税，海关代征的消费税和增值税，消费税，地方银行和外资银行及非银行金融机构所得税，铁道部门、各银行总行、各保险公司总公司等集中缴纳的营业税、所得税、利润和城市维护建设税，中央企业上缴的利润，外贸企业的出口退税等。

2. 地方固定收入

营业税，地方企业所得税，地方企业上缴利润，个人所得税，城镇土地使用税，城市维护建设税，房产税，车船税，印花税，屠宰税，农业特产税，耕地占用税，契税，土地增值税，国有土地有偿使用收入等。

3. 中央与地方共享税

(1) 增值税：中央分享 75%，地方分享 25%。

(2) 资源税：海洋石油资源税归中央，其他资源税归地方。

(3) 证券交易印花税，1994 年中央分享 50%，地方分享 50%。2000 年国务院决定，从当年起分三年将证券交易印花税分享比例逐步调整到中央 97%、地方 3%。

(4) 所得税收入，2002 年改为铁路运输、国家邮政、中国工商银行、中国农业银行、中国银行、中国建设银行、国家开发银行、中国农业开发银行、中国进出口银行以及海洋石油天然气企业外，其他企业所得税和个人所得税收入实行中央与地方按统一比例分享，现分享比例为中央 60%，地方 40%。

(5) 外贸企业出口退税，在维持 2004 年经国务院批准核定的各地出口退税基数不变的基础上，对超基数部分，从 2005 年 1 月 1 日起，中央、地方按照 92.5 : 7.5 的比例负担。

(三) 中央财政对地方财政税收返还数额的确定

之所以发生"税收返还"，主要是由于按新税制设置的税种划分为中央和地方的收入后，中央和地方之间收入发生互转，但总体来说是地方收入净上划中央。为了保持当时地方既得利益格局，建立中央财政在收入增量中逐步增长机制，达到中央财力稳定增长的目标，中央将净上划中央收入返还地方，包括基数返还和递增返还。

(四) 完善分税制财政管理体制

第四节　政府间转移支付制度

政府间转移支付是与政府间财政关系问题密不可分的，中央与地方政府实行真正的分级管理是建立转移支付制度的前提，而规范的转移支付制度是实施分税制财政管理体制的保障。

考点十二　政府间转移支付概述

(一) 政府间转移支付的含义与特点

1. 政府间转移支付的含义

最早提出转移支付概念的是著名经济学家庇古，他在 1928 年出版的《财政学研究》中，第一次使用这一概念。

政府间转移支付是指一个国家的各级政府彼此之间在既定的职责范围、支出责任和税收划分框架下所进行的财政资金的相互转移。它包括上级政府对下级政府的各项补助、下级政府向上级政府的上解收入、共享税的分配以及发达地区对不发达地区的补助等。

【例 11-9】 政府间转移支付不包括(　　)。(2009 年单选题)

A. 上级政府对下级政府的各项补助　　　　B. 下级政府向上级政府的上解收入

C. 减少不发达地区税收收入上缴　　　　　D. 发达地区向不发达地区的补助

【解析】C　政府间转移支付包括上级政府对下级政府的各项补助、下级政府向上级政府的上解收入、共享税的分配以及发达地区对不发达地区的补助等。

可以将政府间转移支付归纳为纵向转移支付和横向转移支付两种形式。

2. 政府间转移支付的特点

(1) 政府间转移支付的范围只限于政府之间。

(2) 政府间转移支付是无偿的支出。

(3) 政府间转移支付并非政府的终极支出。

【例 11-10】 政府间转移支付的特点有(　　)。(2013 年多选题)

A. 范围只限于政府之间　　　　　　　　　B. 范围仅限于中央与地方之间

C. 是无偿的支出　　　　　　　　　　　　D. 范围仅限于地方之间

E. 并非政府的终极支出

【解析】ACE　政府间转移支付的特点有：政府间转移支付的范围只限于政府之间；政府间转移支付是无偿的支出；政府间转移支付并非政府的终极支出。

(二) 实行政府间转移支付的理论依据

(1) 纠正政府间的纵向财政失衡。

(2) 纠正政府间的横向财政失衡。

(3) 纠正某些公共产品或服务的外部性。

(4) 加强中央财政对地方财政的宏观调控。

【例 11-11】 实行政府间转移支付的理论依据不包括(　　)。(2012 年单选题)

A. 纠正政府间的纵向、横向财政失衡　　　B. 纠正某些公共产品或服务的外部性

C. 加强中央对地方财政的宏观调控　　　　D. 适应过渡期的财政转移支付制度

【解析】 D　ABC 是实行政府间转移支付的理论依据。

(三) 政府间转移支付的种类

(1) 根据地方政府使用补助资金权限的大小，可以把政府间转移支付分为无条件转移支付和有条件转移支付。无条件转移支付是指不附带使用条件或没有指定资金用途的政府间转移支付形式，由受助者(接受补助的一方)自主决定和支配。其作用是重点解决下级政府的财政收入与责任不对称的问题。这种无限制的总额补助也被称为收入分享或一般性转移支付。

有条件转移支付是指一种具有明确的资金用途规定，即附有关于资金使用的附加条件的政府间转移支付形式，它体现着上级政府对下级政府定向支援或者委托下级政府办理某项公共服务供给的意图。受助者必须按指定的条件使用补助金，又称为专项补助。有条件转移支付又可分为配套补助和非配套补助。

(2) 根据政府间的关系可把政府间转移支付分为纵向转移支付、横向转移支付、混合转移支付三种类型。

① 纵向转移支付是自上而下的纵向资金转移，主要方法是拨付补助金。

② 横向转移支付是指发达地区直接向落后地区转移财力，实行地区间的互助形式。其功能在于调整横向失衡。

③ 混合转移支付是纵向转移支付和横向转移支付的结合，以纵向转移支付为主，辅之以横向转移支付。

(四) 政府间转移支付的一般方法

1. 财政收入能力均等化模式

财政收入能力均等化模式不考虑地区的支出需求，只考虑地区间财政能力的均等化，依照某种收入指标确定转移支付对象与转移支付额。其公式为：

某地区应该得到的转移支付额=该地区人口数×(全国地方税税基总和/全国总人口数-该地区地方税基/该地区人口数)×标准税率

2. 支出均衡模式

支出均衡模式不考虑地区间财政收入能力的差异，只考虑地区间的支出需求的差异，主要是一些发展中国家采用。

3. 收支均衡模式

收支均衡模式是通过计算各地标准收入能力和标准支出需求，根据收支之间的差额来确定对各个地区的财政转移支付额。其计算公式为：

某地区应得到的转移支付额=该地区标准财政支出-该地区财政标准收入

这种模式不仅考虑了地区的财政能力，也考虑地区的支出需求，比财政收入能力均等化模式和支出均衡模式更为科学、全面、规范。

4. 有限的财政收入能力减支出需求均衡模式

"有限"即指确定影响财政收入与支出需求的因素都在有限的范围内。

这种模式既考虑各地区的财政收入能力,也考虑各地区的支出需求和公共服务的差异。

考点十三 我国政府间转移支付制度

现行中央对地方的转移支付主要可分为两类:一是财力性转移支付,主要目标是增强财力薄弱地区地方政府的财力,促进基本公共服务均等化,包括一般性转移支付、调整工资转移支付、民族地区转移支付、农村税费改革转移支付和"三奖一补"转移支付等。二是专项转移支付,是中央政府对地方政府承担中央委托事务、中央地方共同事务以及符合中央政策导向事务进行的补助,享受拨款的地方政府需要按照规定用途使用资金,实行专款专用。专项转移支付包括一般预算专项拨款、国债补助等。

第五节 省以下预算管理体制的改革创新

考点十四 "省直管县"财政体制创新

(一)"省直管县"的财政体制创新

"省直管县"的财政体制,是指省级财政直接管理地(市)级和县(市)级财政,地方政府间在事权和支出责任、收入的划分,以及省对下转移支付补助、专项拨款补助、各项结算补助预算资金调度等方面,都由省级财政直接对地(市)和县(市)级财政。

(二)"省直管县"的财政体制主要改革内容

(1) 预算管理体制。主要是改变省管市、市管县(市)的财政管理方式,基本上不调整财政收支范围。

(2) 转移支付及专项资金补助。省对下各项转移支付补助按照规范的办法直接分配到县(市);省财政的专项补助资金由省财政厅会同省直有关部门直接分配下达到县(市)。

(3) 财政结算。年中财政结算项目、结算数额,由省财政直接结算到县(市)。

(4) 资金报解及调度。各市、县(市)国库根据财政体制规定,直接对中央、省报解财政库款,省财政直接确定各县(市)的资金留解比例,预算执行中的资金调度,由省财政直接拨付到县(市)。

(5) 债务偿还。原县(市)借国际金融组织贷款、外国政府贷款、国债转贷资金和中央、省级政府债务等,由市与县(市)两级核实后,省财政分别转账到县(市),到期后由省财政直接对县(市)扣款。新增债务分别由市、县(市)财政部门直接向省财政办理有关手续并承诺偿还。

(三)"省直管县"财政体制创新的成效

(1) 有利于发挥省级财政在省辖区域内对各市县财力差异的调控作用;有利于省级财政从全局的角度出发,合理分配财力,加强资金调度,保证重点支出资金的及时拨付到位。

(2) 有利于减少财政管理级次,降低行政成本。

(3) 有利于避免地级市财政截留、挤占县财政的资金,避免地级市财政对县财政的不恰当的财力集中。

(4) 有利于实现城乡共同发展。

考点十五 "乡财县管"财政体制创新

"乡财县管"是以乡镇为独立核算主体,由县级财政部门直接管理并监督乡镇财政收支,实行县乡"预算共编、账户统设、集中收支、采购统办、票据统管"的财政管理方式。

(一) "乡财县管"的财政体制主要改革内容

(1) 县(市、区)对乡镇比照县直单位编制部门预算。

(2) 统一设置财政收支结算账户,取消乡镇财政所设置的财政总预算会计,改为在乡镇财政所设置乡镇政府单位预算会计,负责乡村两级财务管理。

(3) 实行国库集中支付,乡镇财政支出以年初预算为依据,按"先工资、后重点、再一般"的原则,通过国库直接支付或授权支付。

(4) 实行政府采购制度,编制乡镇政府采购预算,由乡镇根据年初政府采购预算,提出申请和计划,经县(市、区)财政相关职能部门审核后,由县(市、区)政府采购经办机构集中统一办理。

(5) 票据县级统管,乡镇使用的行政事业性收费票据及其他税费征缴凭证等,其管理权归县(市、区)财政部门管理,实行票款同行、以票管收。

(二) "乡财县管"的财政体制创新的成效

(1) 统一了预算管理,加强了收支管理。

(2) 规范了财务核算,减轻了农民负担。

(3) 推进了乡镇公共财政改革的进程,缓解了乡镇财政困难。

同 步 自 测

一、单项选择题

1. 研究财政分权问题的出发点是( )。
   A. 财政联邦主义 　　　　　　　　　　B. 俱乐部理论
   C. 公共产品和服务理论 　　　　　　　D. 集权分权理论

2. 俱乐部理论主要论证的问题是( )。
   A. 中央政府分权 　　　　　　　　　　B. 地方政府的适当规模
   C. 政治体制及经济体制 　　　　　　　D. 以上都不对

3. 政府间的财政关系具体体现主要是通过( )。
   A. 政府行政管理体制 　　　　　　　　B. 权利的分配
   C. 财力分配 　　　　　　　　　　　　D. 政府预算管理体制

4. 财政管理体制的主导环节是( )。
   A. 行政事业财务管理体制 　　　　　　B. 税收管理体制
   C. 预算管理体制 　　　　　　　　　　D. 财政监督管理体制

5. 具有地区外溢性的公共产品，适合由(　　)。
　　A. 地方政府提供　　　　　　　　　　B. 中央政府提供
　　C. 中央与地方联合提供　　　　　　　D. 各地方政府联合提供

6. 划分各级预算收支范围的基本依据是(　　)。
　　A. 各级政府承担的事权范围　　　　　B. 政策关系的企事业单位的隶属关系
　　C. 各级政府的财力大小　　　　　　　D. 财政部收入的多少

7. 建立我国政府预算管理体制的基本原则是(　　)。
　　A. 统一领导、分级管理、权责结合原则　　B. 公平与效率原则
　　C. 与政治经济体制相适应原则　　　　D. 贯彻党的民族政策原则

8. 预算管理体制中的横向均衡是指(　　)。
　　A. 基本公共产品的供给标准和供给数量在各地区的均等化
　　B. 基本公共产品的供给标准和供给数量在中央与地区的均等化
　　C. 基本公共产品的供给标准和供给数量在上下级间的均等化
　　D. 基本公共产品的供给标准和供给数量在全国的均等化

9. 下列说法中正确的是(　　)。
　　A. 1993 年我国预算管理体制进入重大改革时期，开始实行分税制财政体制
　　B. 中央财政对地方税收返还数额以 1993 年为基准年核定
　　C. 中央对地方的税收返还在转移支付总额中占 60% 以上
　　D. 采用税收返还转移支付资金是我国转移支付制度的发展方向

10. 在现代经济社会条件下，一个国家通常采取的税收分割方式是(　　)。
　　A. 分割税额　　　　B. 分割税　　　　C. 分割税制　　　　D. 混合型

11. 审查、批准预决算的权力机关是(　　)。
　　A. 各级人民代表大会　　　　　　　　B. 各级人民政府
　　C. 各级财政部门　　　　　　　　　　D. 各行政事业单位

12. 预算管理的职能部门是(　　)。
　　A. 各级财政部门　　　　　　　　　　B. 各级人民政府
　　C. 各级人民代表大会　　　　　　　　D. 各级人民代表大会常务委员会

13. 分税制的内容中不包括(　　)。
　　A. 分税　　　　　　B. 分级　　　　　C. 分事　　　　　D. 分管

14. 美国地方政府的主体税种是(　　)。
　　A. 所得税　　　　　B. 销售税　　　　C. 总收入税　　　　D. 财产税

15. 下列税种中不属于中央税的是(　　)。
　　A. 关税　　　　　　　　　　　　　　B. 国内消费税
　　C. 海洋石油企业的资源税　　　　　　D. 契税

16. 在分税制中，主要采用按照税源实行分率分征办法的国家有(　　)。
　　A. 中国　　　　　　B. 美国　　　　　C. 伊朗　　　　　D. 巴西

17. 下列税收收入中，不属于中央收入的税种是(　　)。
　　A. 关税　　　　　　B. 房产税　　　　C. 营业税　　　　D. 消费税

18. 为有效贯彻上级政府的调控意图,在实行分税制的同时还需建立(　　)。
    A. 收支两条线制度　　　　　　　　　　B. 总额分成制度
    C. 分类分成制度　　　　　　　　　　　D. 转移支付制度

19. 最早提出转移支付概念的是(　　)。
    A. 庇古　　　　　　　B. 凯恩斯　　　　C. 亚当·斯密　　　D. 费里德曼

20. 无条件转移支付的主要目的是(　　)。
    A. 贯彻中央政策的调控意图　　　　　　B. 弥补地方收支缺口
    C. 引导地方的投资方向　　　　　　　　D. 资金专款专用

21. 我国长期以来采用的政府间转移支付模式是(　　)。
    A. 纵向的转移支付模式　　　　　　　　B. 纵横交错的转移支付模式
    C. 收入能力均等化模式　　　　　　　　D. 支出均衡模式

二、多项选择题

1. 全国性公共产品和服务具有的特征是(　　)。
    A. 其受益范围被限定在整个国家的疆域之内
    B. 其受益范围被限定在某个地区之内
    C. 其提供者为中央政府
    D. 其提供者为地方政府
    E. 数量巨大

2. 财政分权理论主要包括(　　)。
    A. 公共产品和服务理论　　　　B. 拉弗曲线　　　　　C. 集权分权理论
    D. 财政联邦主义　　　　　　　E. 俱乐部理论

3. 财政联邦主义得出的主要结论有(　　)。
    A. 地方政府提供地区性产品会有更高的效率
    B. 分级管理
    C. 权责结合
    D. 地方政府间存在竞争
    E. 首长负责

4. 政府间事权划分的原则有(　　)。
    A. 受益范围原则　　　　　　　B. 统一领导　　　　　C. 法律规范原则
    D. 一级政府、一级事权　　　　E. 效率原则

5. 确定中央与地方财政关系时遵循的效率性原则包括(　　)。
    A. 收入划分效率　　　　　　　B. 支出划分效率　　　C. 资源配置效率
    D. 转移支付效率　　　　　　　E. 帕累托效率

6. 主要应由中央政府提供的公共产品与服务有(　　)。
    A. 海洋开发　　　　　　　　　B. 空间开发　　　　　C. 就业培训
    D. 文化教育　　　　　　　　　E. 社会治安

7. 下列税种中,适合由中央政府实施征管的有(　　)。
    A. 印花税　　　　　　　　　　B. 关税　　　　　　　C. 筵席税
    D. 房产税　　　　　　　　　　E. 增值税

8. 下列税种中,适合由地方政府实施征管的有( )。
    A. 印花税   B. 财产税   C. 筵席税
    D. 城市建设维护税   E. 增值税

9. 在市场经济条件下,财政职能可概括为( )。
    A. 资源配置   B. 收入分配   C. 币值稳定
    D. 经济稳定与发展   E. 国际收支平衡

10. 税收收入划分的方式有( )。
    A. 分割税额   B. 分割税率   C. 分割税制
    D. 分割纳税人   E. 混合型

11. 分税制的分税方法有( )。
    A. 总额分成   B. 按照税源分率分征   C. 收入分成
    D. 按照税种分类分成   E. 分割税制

12. 实行政府间转移支付的理论依据有( )。
    A. 纠正政府间的纵向财政失衡   B. 同步进行税收管理体制改革
    C. 纠正政府间的横向财政失衡   D. 加强中央对地方的宏观调控
    E. 纠正某些公共产品或服务的外部性

13. 政府间转移支付的必要性主要体现在( )。
    A. 补充辖区间外溢   B. 弥补地方财政缺口   C. 优化资源配置
    D. 保证各地最高服务标准   E. 作为调节经济的手段

14. 根据地方政府使用补助资金权限的大小,可以把政府间转移支付分为( )。
    A. 纵向转移支付   B. 无条件转移支付   C. 横向转移支付
    D. 混合转移支付   E. 有条件转移支付

15. 以纵向为主,纵横交错的转移支付模式的特点有( )。
    A. 是世界多数国家转移支付的主要形式
    B. 可促进各地区之间的共同发展
    C. 可迅速、准确地划转、结清财力的转移
    D. 中央财政的压力和工作难度增大
    E. 对地方补助的模型设计比较复杂

同步自测解析

一、单项选择题

1.【解析】C 研究财政分权问题,应将分析公共产品和服务受益范围的层次性作为出发点。也即研究财政分权问题的出发点是公共产品和服务理论。

2.【解析】B 俱乐部理论实际上论证了地方政府的适当规模问题,即一个地方政府的规模,应该确定在拥挤成本(边际成本)正好等于由新成员承担税收份额所带来的边际收益这一点上。

3.【解析】D 政府间的财政关系主要通过政府预算管理体制具体体现,政府预算管理体制是正确处理各级政府之间的分配关系,确定各级预算收支范围和管理职权的一项根本制度。

4. 【解析】C　预算管理体制是财政管理体制的主导环节，占有核心的地位。

5. 【解析】C　受益具有地区外溢性的公共产品或部分地区共同受益的公共产品，则适合由中央与地方联合提供。

6. 【解析】A　中央和地方预算收支划分的依据主要有：依据各级政府承担的职能任务大小来划分。各级政府的职能任务即事权是划分各级预算收支范围的基本依据。各级政府的职能任务即事权，是指哪些事由中央办，哪些事由地方办，这是划分各级预算收支的基本依据。依据隶属关系来划分。

7. 【解析】A　统一领导、分级管理、权责结合，是我国政府预算管理体制的基本原则。

8. 【解析】A　地方政府间财政关系的横向均衡是指基本公共产品的供给标准和供给数量在各地区的均等化。

9. 【解析】B　1994 年我国预算管理体制进入重大改革时期，开始实行分税制财政体制。税收返还补助属一般性补助，不指定特定用途，主要补充各地财力不足。中央对地方的税收返还是我国无条件转移支付的最主要形式，在转移支付总额中占 70% 以上。采用公式化分配转移支付资金是我国转移支付制度的发展方向。

10. 【解析】D　在现代经济社会条件下，一个国家分割税收时所采取的方式往往不是单一的，而是通常采取混合型的税收分割方式。

11. 【解析】A　各级人民代表大会是审查、批准预决算的权力机关。

12. 【解析】A　各级财政部门是预算管理的职能部门。

13. 【解析】B　分税制主要包括：分事、分税、分管三层含义。

14. 【解析】D　美国采用按税源实行分率分征的分税方法。将所得税作为联邦的主体税种；州政府的主体税种是销售税和总收入税；地方政府的主体税种则是财产税，一般占地方收入的 70%。所得税一般来说是累进税，所以具有稳定经济功能，被称作"自动稳定器"。

15. 【解析】D　契税属于地方税种。

16. 【解析】B　分税方法有两种形式，一种是完全按照税种划分，多数西方国家都实行这种方法；二是按照税源实行分率分征，即对同一税源各级预算同时按不同税率征收，美国主要实行这种方法。

17. 【解析】B　中央固定收入包括关税、消费税、营业税、中央企业所得税等。

18. 【解析】D　实行分税制必须配合以中央对地方、上级政府对下级政府的转移支付制度，以此来调节不同地区间预算财力的差距，实现公平分配原则的要求和财权与事权的最终统一。

19. 【解析】A　最早提出转移支付概念的是庇古。

20. 【解析】B　中央政府向地方政府提供无条件转移支付的最主要目的是解决纵向的和横向的财政不平衡，即弥补地方的收支缺口，以保证每个地方政府都能提供基本水准的公共服务。

21. 【解析】A　政府间转移支付的基本模式有两种：单一的自上而下的纵向转移支付模式，这种方式为世界上大多数国家所采用，我国长期以来也是通过这种方式实施政府间转移支付的；以纵向为主，纵横交错的转移支付模式。

二、多项选择题

1. 【解析】AC　从理论意义上讲，全国性公共产品和服务应该具有两个方面的突出特征：其受益范围被限定在整个国家的疆域之内；全国性公共产品和服务的提供者为中央政府，而不应该是某一级地方政府。

2. 【解析】ACDE　财政分权理论主要包括公共产品和服务理论、集权分权理论、财政联邦主义、俱乐部理论。

3. 【解析】AD　财政联邦主义得出的主要结论为：(1)为了实现资源配置的有效性与分配的公平性，某些公共决策应该在最低层次的政府进行，由地方政府做可能会比让中央政府更有效率。(2)地方政府之间也会存在竞争，但这种竞争更有利于资源配置效率的提高。

4. 【解析】ACE　政府间事权划分的原则有：受益范围原则、效率原则和法律规范原则。

5. 【解析】ABD　确定政府预算管理体制时遵循的效率性原则是指各级政府财权职权的配置和收支关系的划分，应有利于提高公共资源管理的使用，以及财政对社会经济活动进行调节的效果。从中央和地方政府间财政关系的基本内容看，这里的效率性原则包括收入划分效率、支出划分效率和转移支付效率三个方面。

6. 【解析】AB　凡本国公民都可以无差别地享有它所带来的利益，因而适合于由中央来提供。选项中的海洋开发与空间开发都应该由中央政府来提供。

7. 【解析】BE　关税、增值税、消费税、中央企业所得税都应该由中央政府实施征管。

8. 【解析】ABCD　地方固定收入包括营业税、城市建设维护税、房产税、车船使用税、印花税、农牧业税、耕地占用税、契税、土地增值税等。因此，印花税、财产税、筵席税、城市建设维护税都应该由地方政府实施征管。

9. 【解析】ABD　在市场经济条件下，财政职能可概括为资源配置、收入分配和经济稳定与发展职能。

10. 【解析】ABCE　在中央与地方之间进行税收收入划分，也被称为"税收分割"，它有多种方式，具体地说，主要包括分割税额、分割税率、分割税种、分割税制和混合型五种类型。

11. 【解析】BD　分税方法有两种形式，一种是完全按照税种划分，多数西方国家都实行这种办法；另一种是按照税源实行分率分征，即对同一税源各级预算同时按不同税率征收，美国主要实行这种方法。

12. 【解析】ACDE　实行政府间转移支付的理论依据有：纠正政府间的纵向财政失衡；纠正政府间的横向财政失衡；纠正某些公共产品或服务的外部性；加强中央财政对地方财政的宏观调控。

13. 【解析】ABCE　随着社会经济发展不平衡的加剧，实行政府间转移支付制度的必要性体现在以下几个方面：补偿辖区间外溢；弥补地方财政缺口；保证实现各地的最低服务标准；优化资源配置；作为调节经济的一种手段。

14. 【解析】BE　根据地方政府使用补助资金权限的大小，可以将政府间转移支付分为无条件转移支付、有条件转移支付。

15. 【解析】BC　纵向转移支付和横向转移支付的相结合，以纵向转移为主，辅之以横向转移，这种转移方式被称为混合转移支付。这种转移支付模式可促进各地区之间的共同发展，并可以迅速、准确地划转、结清财力的转移。

第十二章　国有资产管理

 大纲解读

本章考试目的在于考查应试人员是否掌握国有资产管理的相关理论。从近三年考题情况来看，本章主要考查国有资产管理概述、经营性国有资产管理、行政事业单位国有资产管理、资源性国有资产管理等，平均分值是6分。具体考试内容如下。

1. 国有资产管理概述

国有资产的概念与分类、国有资产管理体制的基本内涵。

2. 经营性国有资产管理

经营性国有资产管理的主要内容、国有经济战略性调整与国有资产运营。

3. 行政事业单位国有资产管理

行政单位国有资产管理、事业单位国有资产管理。

4. 资源性国有资产管理

资源性国有资产管理概述、资源性国有资产管理的主要内容、资源性国有资产管理的基本原则、资源性国有资产管理体制。

 考点精讲

第一节　国有资产管理概述

考点一　国有资产的概念与分类

(一) 国有资产的概念

国有资产是指在法律上由国家代表全民拥有所有权的各类资产。具体来说，国有资产的概念有广义和狭义之分。广义的国有资产，是指国家以各种形式投资及其收益、拨款、接受馈赠、凭借国家权力取得或者依据法律认定的各种类型的财产或财产权利，既包括经营性国有资产，也包括非经营性国有资产，以及以自然资源形态存在的国有资产。

(二) 国有资产的分类

(1) 按国有资产与社会经济活动的关系划分，国有资产可分为经营性国有资产、行政事业性国有资产及资源型国有资产。

(2) 按国有资产存在的形态划分，国有资产可分为固定资产、流动资产、无形资产及其他资产。

(3) 按管理体制划分，国有资产可分为中央国有资产、地方国有资产。

【例 12-1】 按国有资产与社会经济活动的关系可将国有资产划分为(　　)。

A. 经营性国有资产　　　　　　　　　　B. 行政事业性国有资产

C. 可供出售国有资产　　　　　　　　　　D. 不可出售国有资产

E. 资源性国有资产

【解析】ABE 按国有资产与社会经济活动的关系划分，国有资产可分为经营性国有资产、行政事业性国有资产及资源性国有资产。

(4) 按存在于境内境外分类，国家资产可分为境内国有资产和境外国有资产。

考点二　国有资产管理体制的基本内涵

(一) 国有资产管理体制的含义

所谓国有资产管理体制，指的是在中央和地方之间，及地方各级政府之间划分国有资产管理权限，建立国有资产经营管理机构与体系的一项根本制度，它是我国经济管理体制的重要组成部分。

(二) 国有资产管理体制的主要内容

(1) 中央与地方国有资产管理权限的划分。

(2) 国有资产管理部门的职责。

(3) 国有资产管理部门资产的监督内容。

(4) 企业组织形式。

第二节　经营性国有资产管理

考点三　经营性国有资产管理的主要内容

(1) 国有资产基础管理。

(2) 国有资产投资管理。

(3) 国有资产运营管理。

(4) 国有资产收益管理。

(5) 国有资产管理绩效评价。

【例 12-2】 (　　)是形成国有资产的起点。

A. 国有资产基础管理　　　　　　　　　　B. 国有资产投资管理

C. 国有资产运营管理　　　　　　　　　　D. 国有资产收益管理

【解析】B 国有资产投资是形成国有资产的起点。国有资产投资，是政府或国有资产经营结构，根据国民经济和社会发展的需要，为取得预期的经济社会效益，将资金投入社会再生产领域和社会公共服务领域，形成国有资产的活动。

考点四　国有经济战略性调整与国有资产运营

(一) 国有经济战略调整的重点

具体而言，在国有经济的战略调整中，我国国有经济和国有资产集中的重点区域有：

(1) 国家安全行业。

(2) 自然垄断行业。

(3) 提供重要公共物品和服务的行业。

(4) 重要的资源行业。

(5) 支柱产业和高新技术产业中的骨干企业。

(二) 国有经济战略性调整与国有资产营运

(1) 加强国有产权转让管理。

(2) 维护国有产权合法权益。

(3) 打破行业的自然垄断。

第三节　行政事业单位国有资产管理

考点五　行政单位国有资产管理

(一) 行政单位国有资产的含义

所谓行政单位国有资产，是指由各级行政单位占有、使用的，依法确认为国家所有，能以货币计量的各种经济资源的总称，即行政单位的国有(公共)财产。

(二) 行政单位国有资产管理体制

在《行政单位国有资产管理暂行办法》中明确规定：我国行政单位国有资产管理，实行国家统一所有，政府分级监管，单位占有、使用的管理体制。

(三) 行政单位国有资产管理的任务和内容

1. 行政单位国有资产管理的主要任务

建立和健全行政单位国有资产管理的各项规章制度，推动国有资产的合理配置和有效使用，保障国有资产的安全和完整，监管尚未脱钩的经济实体的国有资产，实现国有资产的保值增值。

2. 行政单位国有资产管理的内容

(1) 行政单位国有资产配置。

(2) 行政单位国有资产使用。

(3) 行政单位国有资产处置。

(4) 行政单位国有资产评估。

(5) 行政单位国有资产产权纠纷调处。

(6) 行政单位国有资产统计报告。

考点六　事业单位国有资产管理

(一) 事业单位国有资产的含义

事业单位国有资产包括：国家拨给事业单位的资产，事业单位按照国家规定运用国有资产组织收入形成的资产，以及接受捐赠和其他经法律确认为国家所有的资产，其表现形式为流动资产、固定资产、无形资产和对外投资等。

(二) 事业单位国有资产管理体制

我国事业单位国有资产实行国家统一所有，政府分级监管，单位所有、使用的管理体制。

(三) 事业单位国有资产管理的主要内容

(1) 事业单位国有资产配置。

(2) 事业单位国有资产使用。

(3) 事业单位国有资产处置。

(4) 事业单位国有资产产权登记。

(5) 事业单位国有资产产权纠纷处理。

(6) 事业单位国有资产评估。

(7) 事业单位国有资产清查。

(8) 事业单位国有资产信息管理与报告。

(9) 事业单位国有资产管理的监督检查。

【例 12-3】 事业单位国有资产处置方式包括(　　)。

A. 出售　　　　　　　　　B. 出让　　　　　　　　　C. 转让

D. 对外捐赠　　　　　　　E. 报废

【解析】ABCDE　事业单位国有资产处置，是指事业单位对其占有、使用的国有资产进行产权转让或者注销产权的行为。处置方式包括出售、出让、转让、对外捐赠、报废、报损以及货币性资产损失核销等。

第四节　资源性国有资产管理

考点七　资源性国有资产管理概述

所谓资源性国有资产，是指依据法律法规，所有权属于国家的资源性资产，它与经营性资产和非经营性资产共同构成完整的国有资产体系。资源性国有资产具有以下特点：(1)天然性、(2)有用性、(3)有限性、(4)可计量性、(5)垄断性、(6)价值多重性。

资源性国有资产管理，是国家及有关部门根据相关法律法规，以行政的、法律的和经济的手段协调、控制和监督资源性国有资产开发利用活动的过程。

考点八　资源性国有资产管理的主要内容

(1) 资源产权管理。
(2) 资源勘查管理。
(3) 资源开发利用管理。
(4) 资源保护管理。

考点九　资源性国有资产管理的基本原则

资源性国有资产的管理，必须遵循重要资源属于国家所有的原则，统一规划、综合利用的原则，开源节流与提高效益的原则，保护生态平衡与环境的原则。

考点十　资源性国有资产管理体制

我国资源性国有资产归国家统一所有，以国家统一管理为主。国家按资源重要程度和行政管辖区域，给予地方适当的委托管理权，兼顾中央和地方的双方利益。

同 步 自 测

一、单项选择题

1. 关于事业单位的管理体制，下列说法不正确的是(　　)。
    A. 各级财政部门是政府负责事业单位国有资产管理的职能部门
    B. 事业单位的主管部门负责对本部门所属事业单位的国有资产实施监督管理
    C. 财政部门负责对事业单位占有、使用的国有资产实施具体管理
    D. 财政部门根据工作需要，可以将国有资产管理的部分工作交由有关单位完成
2. 根据《企业国有资产法》规定，不属于国家出资企业的有(　　)。
    A. 国有独资企业
    B. 国有资本控股公司
    C. 国有资本参股公司
    D. 由国家出资企业出资设立的子企业
3. 负责行政事业单位国有资产管理职能的部门是(　　)。
    A. 各级人民政府　　　　　　　　B. 各级财政部门
    C. 各级工商部门　　　　　　　　D. 各级国有资产监督管理机构

二、多项选择题

1. 下列关于行政单位国有资产的管理中，表述正确的有(　　)。
    A. 财政部门对要求配置的资产，能通过调剂解决的，原则上不重新购置
    B. 行政单位不得以任何形式用占有、使用的国有资产举办经济实体

  C. 在《行政单位国有资产管理暂行办法》颁布前已经用占有、使用的国有资产举办经济实体的，应按照国家关于党政机关与所办经济实体脱钩的规定进行脱钩

  D. 行政单位出租、出借的国有资产，其所有权性质不变，仍归国家所有

  E. 行政单位中超标配置的国有资产，同级财政部门无权调剂使用

2. 下列单位中，适用《行政单位国有资产管理暂行办法》的有( )。

  A. 各级党的机关

  B. 人大机关

  C. 各民主党派机关

  D. 行政单位所属独立核算的非公务员管理的事业单位

  E. 检察机关

3. 事业单位应当对本单位用于( )的资产实行专项管理。

  A. 对外投资   B. 出租   C. 出借

  D. 对外担保   E. 出售

同步自测解析

一、单项选择题

1. 【解析】D 根据《事业单位国有资产管理暂行办法》，我国事业单位国有资产实行国家统一所有，政府分级监管，单位占有、使用的管理体制。各级财政部门是政府负责事业单位国有资产管理的职能部门，对事业单位的国有资产实施综合管理。事业单位的主管部门负责对本部门所属事业单位的国有资产实施监督管理。事业单位负责对本单位占有、使用的国有资产实施具体管理。

2. 【解析】D 本题考核国家出资企业的概念。由国家出资企业出资设立的子企业不属于国家直接出资的企业，但国家出资企业的国有资本出资人权益，通过国家出资企业的投资延伸到子企业。教材中对这一点没有说明，因此主要是掌握住教材中的四个类型。

3. 【解析】B 我国各级财政部门是政府负责行政单位和事业单位国有资产管理的职能部门。

二、多项选择题

1. 【解析】ABCD 本题考核行政单位国有资产管理。对行政单位超标配置、低效运转或长期闲置的国有资产，同级财政部门有权调剂使用或者处置。

2. 【解析】ABCE 本题考核行政单位国有资产管理。行政单位所属独立核算的非公务员管理的事业单位执行事业单位国有资产管理的有关规定，独立核算的企业执行企业国有资产管理的有关规定，不执行本办法。

3. 【解析】ABC 事业单位应当对本单位用于对外投资、出租和出借的资产实行专项管理，并在单位财务会计报告中对相关信息进行充分披露。

第十三章　财政平衡与财政政策

大纲解读

本章考试目的在于考查应试人员是否掌握财政平衡与财政政策的相关理论。从近三年考题情况来看，本章主要考查财政平衡、财政政策、财政政策与货币政策的配合，平均分值是6分。具体考试内容如下。

1. 财政平衡

财政平衡的含义、财政赤字的计算口径及分类、财政赤字的弥补方式及其经济效应。

2. 财政政策

财政政策的含义、财政政策的主体、财政政策的目标、财政政策工具、财政政策的类型与效应。

3. 财政政策与货币政策的配合

货币政策概述、财政政策与货币政策配合的必要性、财政政策与货币政策的配合运用、我国财政政策的实践。

考点精讲

第一节　财政平衡

考点一　财政平衡的含义

所谓财政平衡，是指财政收支之间的对比关系。这种收支对比关系表现为三种情况：一是收入大于支出，出现结余；二是支出大于收入，出现赤字；三是收入与支出相等，出现数量上的绝对平衡。

造成财政收支不平衡的主要原因：

(1) 随着经济社会的快速发展，对财政支出需要的无限性与财政收入可能的有限性之间的矛盾，是财政收入不平衡的最主要原因；

(2) 财政决策的失误、计划与实际的不一致也会引起财政收支的矛盾；

(3) 生产力发展水平与经济管理水平会对财政收支计划的执行产生影响，从而造成收支矛盾；

(4) 由于财政收入的均衡性和部分财政支出的集中性，往往导致财政收支在时间上的不一致；

(5) 某些意外事故，如遇到严重自然灾害、政局不稳定或临时发生战争等情况。

因此，在制定和实施具体的财政政策过程中，应坚持"收支平衡，略有结余"。

坚持财政收支平衡在财政管理实践中具有重要意义：

(1) 坚持财政收支平衡，是社会总需求和总供给平衡的保证。财政收支平衡是社会总需求和总供给总量及其结构平衡的重要构成部分。

(2) 坚持财政收支平衡，有利于实现无通货膨胀的经济运行。财政赤字和信用膨胀是造成通货膨胀的重要原因。坚持财政收支平衡就能防止从财政渠道引发通货膨胀。

【例13-1】 造成通货膨胀的重要原因有(   )。(2010年多选题)

A. 人口增加 　　　　　B. 环境恶化 　　　　　C. 财政赤字

D. 机构臃肿 　　　　　E. 信用膨胀

【解析】CE　 财政赤字和信用膨胀是造成通货膨胀的重要原因。

考点二　财政赤字的计算口径及分类

(一) 财政赤字的含义

财政赤字是财政支出大于财政收入而形成的差额。财政赤字是财政收支未能实现平衡的一种表现，是一种世界性的财政现象。

(二) 财政赤字的计算口径

1. 硬赤字

所谓硬赤字是指用债务收入弥补收支差额以后仍然存在的赤字，其计算口径是：(经常收入+债务收入)-(经常支出+债务支出)=财政赤字。

对于硬赤字的弥补而言，财政只能通过向中央银行借款或透支，可造成通货膨胀。因此，硬赤字对国民经济的危害是十分明显的。

【例13-2】 在财政赤字管理中，用债务收入弥补收支差额后仍然存在的赤字通常被称为(   )。(2008年单选题)

A. 实赤字 　　　　B. 虚赤字 　　　　C. 硬赤字 　　　　D. 软赤字

【解析】C　 所谓硬赤字是指用债务收入弥补收支差额以后仍然存在的赤字。

2. 软赤字

所谓软赤字是指未经债务收入弥补的赤字，其计算口径是：经常收入-经常支出=财政赤字。

其中经常收入中不包括债务收入，可通过举债方式弥补软赤字。西方经济学家将这一赤字弥补方法称为"赤字债务化"。

目前世界上多数国家都采用软赤字的计算口径来统计本国的财政赤字。

通过举债方式弥补软赤字，虽然没有向社会投放过多的货币购买力，但必须要注意债务负担的规模。

要充分发挥软赤字的积极作用应当做到：第一，赤字和债务必须保持适度规模，不能超越经济和财政承受能力，防止加重公债还本付息的财政负担；第二，严格控制债务收入投向，应限于经济建设投资，提高经济效益。

【例 13-3】目前,世界上大多数国家统计本国财政赤字时的计算口径为(　　)。(2009年单选题)

　　A. 硬赤字　　　　　　B. 软赤字　　　　　　C. 历年赤字　　　　D. 周期赤字

【解析】B　世界上大多数国家统计本国财政赤字时的计算口径为软赤字。

(三) 财政赤字的分类

首先,按照财政收支统计口径的不同,赤字有硬赤字和软赤字之分。

其次,按照赤字的起因不同,可分为主动赤字和被动赤字。

再次,按照赤字在财政年度出现时间的早晚,可分为预算赤字和决算赤字。

最后,按照赤字的出现和经济周期的关系,可将其分为充分就业赤字和周期性赤字。

考点三　财政赤字的弥补方式及其经济效应

(一) 财政赤字的弥补方式

财政赤字出现后,必须解决赤字的弥补问题,否则大于收入的支出将无法安排。

(1) 增收减支。

(2) 动用结余。

(3) 向中央银行透支或借款。

(4) 发行公债。

(二) 财政赤字弥补方式的经济效应

1. 财政赤字与货币供给

(1) 财政通过增收减支弥补赤字,不会对货币供给量产生影响。

(2) 财政通过动用结余弥补赤字。如果结余未被信贷部门使用,则财政部门动用结余弥补赤字就不会增加货币供给;反之,就会增加货币供给量。

(3) 财政部门通过发债来弥补赤字。如果认购者为家庭,不会增加货币供给;如果认购者为企业,通常也不增加货币供给,但企业认购公债后,如果出现流动资金严重不足,则会增加对商业银行的流动资金贷款需求,如果商业银行因此而不能实现信贷收支平衡,则会迫使中央银行增加基础货币投放,从而增加货币供给;如果认购者为商业银行,那么是否会增加货币供给的关键,则取决于商业银行认购公债后能否实现信贷收支平衡,如果能实现信贷收支平衡,则不增加货币供给,反之,则增加货币供给;如果中央银行直接认购政府公债,就会与财政向中央银行直接透支一样会增加货币供给量。

2. 财政赤字的排挤效应

财政赤字的排挤效应是指由于财政赤字的弥补而导致私人经济部门投资以及个人消费减少的现象。

财政赤字产生排挤效应的实现机制在公债的不同发行方式下是有区别的:

(1) 如果公债采用行政摊派的办法发行,排挤效应是通过行政手段强制实现的。

(2) 如果公债是自愿认购,那么这种排挤效应就是以非强制的方式来实现的。

评价财政赤字的排挤效应的优劣必须具体问题具体分析。政府在运用赤字政策调节经济运行时，应该科学运用财政赤字的排挤效应，以实现宏观调控目标。

一般来讲，财政赤字的排挤效应是否明显主要受货币需求和投资对利率的弹性大小的制约。

【例 13-4】 假定其他条件不变，在投资对利率富有弹性时，财政赤字的排挤效应(　　)。(2009 年单选题)

A. 明显　　　　　　B. 不明显　　　　　　C. 无效　　　　　D. 中性

【解析】A　假定其他条件不变，在利率水平很低，货币需求对利率富有弹性时，财政赤字的排挤效应较小，甚至可能没有排挤效应。而在利率水平很高，货币需求对利率缺乏弹性的时候，财政赤字的排挤效应大，甚至可能出现完全的排挤效应；假定其他条件不变，在投资对利率富有弹性时，财政赤字的排挤效应明显；反之，则不明显。

3. 通货膨胀税

一般来说，连年的政府财政赤字通常是造成通货膨胀的重要原因。政府收入通常可以分为两部分：一部分是 GDP 正常增量的分配所得；另一部分是价格再分配所得。后者就是西方经济学者所说的通货膨胀税。

第二节　财 政 政 策

考点四　财政政策的含义

所谓财政政策，是指国家为了实现一定的宏观经济目标，而调整财政收支规模与财政收支平衡的基本原则及措施的总称。具体来说，就是国家利用财政收入与财政支出同社会总需求波动、社会总需求与社会总供给关系的内在联系，调整财政收入规模与财政支出规模，使财政收入与财政支出形成一定的对比关系，通过这种对比关系调节社会总需求变动及社会总需求与社会总供给之间的平衡。财政政策是国家最重要的经济政策之一，是国家经济政策体系的重要组成部分，同时它本身也是一个独立的政策体系。

其对国民经济运行的调节具有两个明显的特点：一是直接性。二是强制性。

【例 13-5】　财政政策调节国民经济运行的特点有(　　)。(2009 年多选题)

A. 间接性　　　　　　B. 直接性　　　　　　C. 自愿性

D. 强制性　　　　　　E. 单一性

【解析】BD　财政政策调节国民经济运行的特点有直接性和强制性。

财政政策就是由税收政策、支出政策、预算平衡政策、国债政策等构成的一个完整的政策体系。

现代意义的财政政策始于 20 世纪 30 年代的资本主义经济大萧条时期。在不发达的商品经济时代，政府干预的主要手段是税收，而且主要是为了筹集必要的财政收入。而现代市场经济条件下，财政政策手段不仅包括税收，还包括预算、支出、公债、补贴等。

财政政策作为政府的经济管理手段，有以下几个功能：

(1) 导向功能。

(2) 协调功能。

(3) 控制功能。

(4) 稳定功能。

考点五 财政政策的主体

财政政策的主体是指财政政策的制定者和执行者。财政政策的主体只能是各级政府，主要是中央政府。各级政府作为财政政策主体的行为是否规范，对于发挥财政政策功能和实现财政政策效应将产生关键性的作用。

考点六 财政政策目标

财政政策目标，是指财政政策所要实现的期望值。我国财政政策目标为：充分就业、物价基本稳定、收入合理分配、经济适度增长和国际收支平衡。

1. 经济适度增长

经济适度增长，通常是指一国国民收入的实际总量增长或一国人均国民收入的实际增长。只有当一国人口的增长速度低于国民收入的增长速度时，才能认为经济有了真正的增长。

对经济是否增长的评价还包括质和量两个方面。在质的方面，对现代国家的经济增长应从可持续发展的经济角度来衡量。在量的方面，为衡量社会经济增长状况，一般采用国民收入指标、人口指标、人均占有国民收入指标等一系列宏观经济指标来反映。

2. 物价基本稳定

这是政府宏观经济调控所追求的重要目标，也是财政政策稳定功能的基本要求。所谓物价稳定是指物价总水平的基本稳定，即物价水平在短期内没有显著或急剧的波动。抑制通货膨胀，使物价总水平维持在一定水平，是财政政策的重要目标。

3. 收入公平分配

收入公平分配是一个相对的概念，它是指在一定的社会范围内和一定的社会道德规范下，社会成员之间和可以支配的经济资源之间的均衡和协调。收入公平分配是促进社会安定和发展的一个重要因素，是政府宏观经济管理政策的一种重要目标。

4. 充分就业

政府进行宏观经济调控的首要目标。失业率的高低是衡量一个社会经济活动的综合指标。充分就业并不意味着消除失业。各国一般将充分就业的目标设定在把失业率控制在一定水平之内。

5. 国际收支平衡

国际收支是指一国与其他各国之间在一定时期内全部经济往来的记载。国际收支包括四个项目：经常项目、资本项目、遗漏与误差、官方平衡项目。

考点七 财政政策工具

财政政策工具是财政政策主体所选择的用以达到政策目标的各种财政政策手段。财政政策工具主要有：政府预算、税收、公债、政府投资、公共支出、财政补贴等。

(一) 政府预算

政府预算作为一种控制财政收支及其差额的机制,在各种财政政策手段中居于核心地位,它能系统地、明显地反映政府财政政策的意图和目标,具有综合性、计划性和法律性等特点。

预算收支差额包括三种情况:

(1) 收大于支,形成预算结余,对总需求产生的净影响是收缩性的——紧缩性财政政策;

(2) 支大于收,形成预算赤字,对总需求产生的净影响是扩张性的——扩张性(积极的)财政政策;

(3) 收支平衡,对总需求产生的净影响是中性的——中性财政政策。

政府预算的调控作用,主要表现在:首先,通过预算收支规模的变动及其平衡状态可以有效地调节社会总供给与总需求的平衡关系。当社会总需求大于社会总供给时,可以通过预算收入大于预算支出的结余政策进行调节;而当社会总供给大于社会总需求时,可以通过预算支出大于预算收入的赤字政策进行调节;在社会总供求大体平衡时,预算应实行收支平衡的中性政策与之相配合。其次,通过调整政府预算支出结构可以调节国民经济中的各种比例关系和经济结构。这种调节具有直接、迅速的特点。

(二) 税收

税收是最重要的财政政策工具之一,它广泛地影响到社会资源有效配置、经济稳定、收入公平分配和其他更为具体的财政政策目标。税收的调节作用主要通过税率确定、税负分配、税收优惠和税收惩罚等体现出来。

税收在资源配置中的作用表现在:首先,调节资源在积累和消费之间的分配。从总体上看,征税的结果会降低积累率,提高消费率。其次,调节资源在产业之间的配置,即调节产业结构。最后,调节资源在政府部门和非政府部门(企业和居民)之间的配置。这主要是通过确定适度的宏观税率来实现的。

税收在实现收入公平分配中的作用。这主要是通过调节企业的利润水平和居民的个人收入水平来实现的。

(三) 公债

公债(或国债)是国家按照有偿的信用原则筹集财政资金的一种形式,同时也是实现宏观调控和财政政策的重要手段。

公债的调节作用主要表现在:第一,公债可以调节国民收入的使用结构。国民收入从最终使用来看,分为积累基金和消费基金两部分。公债可以在调节积累和消费的比例关系方面发挥一定的作用。第二,公债可以调节产业结构。第三,公债可以调节资金供求和货币流通。

(四) 政府投资

政府投资是指财政用于资本项目的建设支出,最终形成各种类型的固定资产。在市场经济条件下,政府投资的项目主要是指那些具有自然垄断特征、外部效应大、产业关联度高、具有示范和诱导作用的基础性产业、公共设施以及新兴的高科技主导产业。

(五) 公共支出

公共支出是指政府满足纯公共需要的一般性支出(或称经常性项目支出),包括购买性支出和转移性支出两部分。购买行支出包括政府的直接消费支出。当经济处于萧条时期,政府扩大支出水平,拉动社会总需求,减少经济衰退,反之则降低支出水平。

(六) 财政补贴

财政补贴具有两个特征:第一,财政补贴是一种财政援助,对接受补贴者会产生激励作用;第二,财政补贴是为特定的目标或目的服务的,具有鲜明的政策意图。因此,财政补贴可以说是政府为实现特定目的而给予的财政援助。

一般而言,财政补贴的范围可以包括:以财政支出形式直接提供的财政援助;以减少应上缴收入的形式间接提供的财政援助。后者的典型例子是减税和免税,也就是政府对特定纳税人或特定经济活动提供的税收优惠。

财政补贴作为财政政策手段的最主要优点,就是其灵活性和针对性,这是其他财政政策手段所不具有或不完全具有的。

财政补贴大都与价格政策有关。我国的财政补贴主要包括:价格补贴、企业亏损补贴、财政贴息、房租补贴、职工生活补贴等。

考点八　财政政策的类型与效应

(1) 按照政策作用的对象划分,财政政策可分为宏观财政政策、中观财政政策和微观财政政策。

所谓宏观财政政策,是指通过对经济总量发挥作用,来调节社会总供给和社会总需求的财政政策,通常也被称为经济稳定政策。

所谓中观财政政策,是指以产业结构为调节对象,努力实现产业结构合理化的财政政策。

所谓微观财政政策,是指财政政策通过影响经济个体的经济行为或经济活动而发挥作用。

(2) 按照对经济周期的调节作用划分,财政政策可以划分为自动稳定的财政政策和相机抉择的财政政策。

所谓自动稳定的财政政策,是指某些能够根据经济波动情况自动发挥稳定作用的政策,无需借助外力即可直接产生调控作用。包括:累进税制和转移支付制度,也称为"自动稳定器"或者"内在稳定器"。

所谓相机抉择的财政政策,是指政府有意识地运用政策手段来调节社会总供求,是政府利用国家财力有意识干预经济运行的行为,也称为"斟酌使用的财政政策"。

【例 13-6】 被称为"斟酌使用的财政政策"的是(　　)。(2010 年单选题)

A. 自动稳定的财政政策　　　　　　　　B. 周期性财政政策

C. 相机抉择的财政政策　　　　　　　　D. 微观财政政策

【解析】C　相机抉择的财政政策,也被称为"斟酌使用的财政政策"。

(3) 根据在国民经济总量方面的不同功能,财政政策可以分为扩张性财政政策、紧缩性财政政策和中性财政政策。

所谓扩张性财政政策,是指通过财政分配活动来增加和刺激社会的总需求。

所谓紧缩性财政政策，是指通过财政分配活动来减少和抑制总需求。

所谓中性财政政策，是指财政的分配活动对社会总供求的影响保持中性。

财政政策还可以按照调节客体分类，分为存量财政政策和增量财政政策；按财政调节手段分类，分为税收政策、国债政策、财政支出政策、财政投资政策、财政补贴政策、固定资产折旧政策、国有资产管理政策等；按财政政策作用的期限分类，分为长期财政政策、中期财政政策和短期财政政策。

第三节　财政政策与货币政策的配合

考点九　货币政策概述

货币政策，是指一国政府为实现一定的宏观经济目标所制定的关于调整货币供应的基本方针及相应措施的总称，是国家最重要的经济政策之一。一个国家的货币政策是由该国的中央银行制定的。货币政策主要包括政策目标、政策工具和政策传导机制等内容。

1. 货币政策目标

货币政策目标是中央银行组织和调节货币流通的出发点和归宿点。一般来说，各国货币政策的最终目标有四个，即物价稳定、充分就业、经济增长和国际收支平衡。我国的《中国人民银行法》规定，货币政策的基本目标是保持货币币值的稳定，并以此促进经济增长。

2. 货币政策工具

货币政策工具是一国货币当局执行货币政策时所采取的措施和手段，按其性质可分为如下几种。

(1) 一般性政策工具。一般性政策工具是中央银行运用最多的传统工具。具体包括：①法定存款准备金率；②再贴现率政策；③公开市场业务。

(2) 选择性政策工具。一般性政策工具的实施对象是整个社会需求，选择性政策工具是有选择的对某些特殊领域的信用加以调节和影响的措施。主要包括：①消费者信用控制；②不动产信用控制；③证券市场信用控制；④优惠利率；⑤预缴进口保证金。

(3) 直接信用控制。其手段主要包括利率最高限、信用配额、流动性比率和直接干预。

(4) 间接信用指导。

3. 货币政策传导机制

中央银行运用货币政策手段或工具影响中介目标进而实现最终目标的途径和机能。

【例 13-7】中央银行运用货币政策手段影响中介目标进而实现最终目标的途径和机能就是(　　)。(2010 年单选题)

A. 货币政策目标　　　　　　　　　　　　B. 货币政策工具

C. 货币政策影响力　　　　　　　　　　　D. 货币政策传导机制

【解析】D　货币政策传导机制是指中央银行运用货币政策手段或工具影响中介目标进而实现最终目标的途径和机能。

(1) 从中央银行至各金融机构和金融市场，即中央银行通过法定存款准备金、贴现率政策和公开市场业务等各种货币政策工具，控制各金融机构的贷款能力和金融市场的资金融通渠道。

(2) 从各金融机构和金融市场至企业和个人的投资与消费，即中央银行通过货币政策的实施，使各金融机构和企业、个人调整自己的投资和消费，从而使社会的投资和消费发生变化。

(3) 从企业、个人的投资、消费至产量、物价和就业的变化。企业和个人投资消费行为的变化，必然会引起产量、物价和就业的变化，最终影响经济发展、物价稳定、就业增加、国际收支平衡等的实现。

我国货币政策的传导过程一般也是经过三个阶段：

第一个阶段，是从中央银行至金融机构和金融市场，即中央银行通过法定存款准备金率、再贴现率、信贷计划等政策工具的操作，控制金融机构的贷款能力和金融市场的资金融通。

第二个阶段，是从各金融机构和金融市场至企业和个人的投资与消费。如中央银行运用提高再贴现率的办法实行从紧的货币政策，各金融结构和企业迫于中央银行的政策压力，会调整自己的行为，从而促使社会投资和消费规模或结构的变化。

第三个阶段，是影响企业、个人的投资、消费至社会生产的产量、物价和就业变动。如中央银行通过降低利率，扩大货币供应量，产出和就业就会发生变化，即经济增长，币值稳定。

4. 货币政策的类型

(1) 扩张性货币政策，是指货币供应量超过经济过程对货币的实际需要量，其功能是刺激社会总需求的增长。

(2) 紧缩性货币政策，是指货币供应量小于经济过程对货币的实际需要量，其主要功能是抑制社会总需求的增长。

(3) 中性的货币政策，是指货币供应量大体上等于经济过程对货币的实际需要量，对社会总需求与总供给的对比状况不产生影响。

考点十　财政政策与货币政策配合的必要性

财政政策与货币政策的相同点：

第一，两大政策的调控目标是统一的，即都属于宏观经济调控目标；

第二，两者都是需求管理政策；

第三，两者之间存在不可分割的内在联系。

财政政策与货币政策之间的区别：

1. 两者的政策工具和调节范围不同

财政政策的调节范围不仅限于经济领域，而且还包括非经济领域。货币政策的调节范围基本上限于经济领域，其他领域属于次要地位。

2. 两者在国民收入分配中所起的作用不同

财政直接参与国民收入的分配，并对集中起来的国民收入在全社会范围内进行再分配，从收入和支出两个方面影响社会总需求的形成。

3. 两者对需求调节的作用方向不同

(1) 消费需求

① 社会消费需求：财政在社会消费中起决定作用；银行信贷在这方面无能为力。

② 个人消费需求：财政直接影响个人消费，如个人所得税；银行信贷间接影响个人消费。

(2) 投资需求

财政在形成投资需求方面的作用主要是调整产业结构、国民经济结构的合理化；而银行的作用主要在于调整总量和产品结构。

4. 两者在扩大和紧缩需求方面的作用不同

财政的扩张和紧缩效应一定要通过信贷机制的传导才能发生。而银行信贷是扩张或紧缩需求的总闸门。

5. 两者的政策时滞性不同

财政政策的决策时滞、执行时滞比货币政策的长；但效果时滞短于货币政策。

考点十一　财政政策与货币政策的配合运用

一般说来，当社会总需求明显小于社会总供给时，就应当采取松的政策措施，以扩大社会总需求；当社会总需求明显大于社会总供给时，就应采取紧的政策措施，以抑制社会总需求的增长。

(1) "双松"政策，即松的财政政策与松的货币政策配合。

适用于在总需求严重不足、生产能力未得到充分利用的情况下。

【例13-8】 下列手段中属于"松"的财政货币政策措施的是(　　)。(2008年单选题)

A. 减少政府投资　　　　　　　　　　B. 减税

C. 压缩信贷支出　　　　　　　　　　D. 提高法定存款准备金率

【解析】B　松的财政政策是指政府通过降低税收或扩大政府支出规模或两者同时使用来增加社会的有效需求；松的货币政策是指中央银行通过降低法定准备金率、降低利息率来扩大信贷规模，增加货币供给。

(2) "双紧"政策，即紧的财政政策与紧的货币政策配合。

适用于严重通货膨胀时期。

(3) 紧的财政政策与松的货币政策配合。

适用于在总需求与总供给大体平衡，但消费偏旺而投资不足时。

(4) 松的财政政策与紧的货币政策配合。

适用于在总供给与总需求大体相适应，为解决投资过旺、消费不足时。

考点十二　我国财政政策的实践

(1) 适度从紧的财政政策。

(2) 积极的财政政策和货币政策。

(3) 稳健的财政政策和货币政策。

同 步 自 测

一、单项选择题

1. 财政收支矛盾的客观性，决定了财政收支运动的基本形态是(　　)。

　　A. 收支平衡　　　　　　　　　　B. 收支不平衡

　　C. 收入大于支出　　　　　　　　D. 支出大于收入

2. 下列关于财政赤字的分类说法不正确的是(　　)。

　　A. 按照财政赤字的起因不同,财政赤字可分为主动赤字和被动赤字

　　B. 按照赤字在财政年度出现时间的早晚,财政赤字可分为预算赤字和决算赤字

　　C. 按照赤字的出现和经济周期的关系,财政赤字可分为周期性赤字和充分就业赤字

　　D. 按照财影响财政收支的因素来源不同,财政赤字可分为国内赤字和国外赤字

3. 政府进行宏观经济调控的首要目标是(　　)。

　　A. 物价基本稳定　　　　　　　　　　B. 收入合理分配

　　C. 充分就业　　　　　　　　　　　　D. 国际收支平衡

4. 财政政策目标作为一种期望值,其取值不仅取决于社会、政治、经济、文化及政府行为的影响,同时也取决于(　　)。

　　A. 政府的偏好　　　　　　　　　　　B. 公务员的偏好

　　C. 公众的偏好　　　　　　　　　　　D. 政治家的偏好

5. 下列说法错误的是(　　)。

　　A. 为避免通货膨胀,政府应通过行政手段使物价保持固定不动

　　B. 物价基本稳定始终是一个国家政府不断追求的经济目标

　　C. 经济体制转换时期,我国的就业压力是很大的

　　D. 应通过税收及建立社会保障制度来实现收入合理分配的目标

6. 下列不属于财政赤字的弥补方式的有(　　)。

　　A. 增收减支　　　　　　　　　　　　B. 提高税率

　　C. 动用结余　　　　　　　　　　　　D. 发行公债

7. 弥补财政赤字的主要经济来源应是(　　)。

　　A. 税收　　　　　　　　　　　　　　B. 向银行借款

　　C. 向银行透支　　　　　　　　　　　D. 发行公债

8. 按照对经济周期的调节作用划分,财政政策可以分为(　　)。

　　A. 宏观财政政策、中观财政政策和微观财政政策

　　B. 自动稳定的财政政策和相机抉择的财政政策

　　C. 扩张性财政政策、紧缩性财政政策和中性财政政策

　　D. 短期财政政策、中期财政政策和长期财政政策

9. 中观财政政策以(　　)为调整对象。

　　A. 国民收入　　　　　　　　　　　　B. 企业经济效益

　　C. 个人收入水平　　　　　　　　　　D. 国民经济产业结构

10. 能够根据经济波动情况自动发挥稳定作用的财政政策是(　　)。

　　A. 自动稳定财政政策　　　　　　　　B. 相机抉择财政政策

　　C. 微观调节财政政策　　　　　　　　D. 短期调节财政政策

11. 政府有意识地运用财政政策手段来调节社会总供求,这种财政政策手段被称为(　　)。

　　A. 自动稳定财政政策　　　　　　　　B. 相机抉择财政政策

　　C. 微观调节财政政策　　　　　　　　D. 短期调节财政政策

12. 为增加社会总需求，政府应采取的财政政策是( )。

    A. 自动稳定的财政政策
    B. 扩张性财政政策

    C. 紧缩性财政政策
    D. 中性财政政策

13. 西方市场经济国家运用最多的货币政策手段是( )。

    A. 公开市场业务
    B. 贴现率

    C. 法定存款准备金
    D. 信贷计划

14. 下列不属于货币政策的类型有( )。

    A. 扩张性货币政策
    B. 稳定性货币政策

    C. 紧缩性货币政策
    D. 中性货币政策

15. 当社会的总需求明显大于社会的总供给时，为尽快抑制社会总需求的增加，应当采取的政策组合是( )。

    A. 松的财政政策与紧的货币政策
    B. 松的财政政策与松的货币政策

    C. 紧的财政政策与紧的货币政策
    D. 紧的财政政策与松的货币政策

16. 在总需求和总供给大体平衡，但当消费偏旺而投资不足时，应当采取的政策组合是( )。

    A. 紧的财政政策与松的货币政策
    B. 松的财政政策与松的货币政策

    C. 紧的财政政策与紧的货币政策
    D. 松的财政政策与紧的货币政策

17. 下列关于财政货币政策搭配使用的说法不正的是( )。

    A. "双松"政策适用于在总需求严重不足、生产能力未得到充分利用的情况下

    B. "双紧"政策适用于严重通货膨胀时期

    C. 紧的财政政策与松的货币政策配合，适用于在总需求与总供给大体平衡，为解决消费偏旺

    D. 松的财政政策与紧的货币政策配合，适用于在总供给与总需求大体相适应，为解决投资不足

二、多项选择题

1. 造成财政收支不平衡的主要原因有( )。

    A. 财政支出需要的无限性与财政收入可能的有限性之间的矛盾

    B. 财政决策的失误

    C. 生产力发展水平与经济管理水平造成的收支矛盾

    D. 财政收入的均衡性和部分财政支出的集中性矛盾

    E. 国家宏观调控

2. 坚持财政收支平衡在财政管理实践中的重要意义是( )。

    A. 能够保证社会总需求和总供给的平衡

    B. 能够保证财政结余

    C. 能够债务的还本付息

    D. 能够促使企业经济效益的提高

    E. 有利于实现无通货膨胀的经济运行

3. 通常，弥补赤字的方法有( )。
    A. 增收减支   B. 动用结余
    C. 向中央银行透支或借款   D. 发行公债
    E. 降低社会保障水平

4. 造成通货膨胀的原因可以是( )。
    A. 需求拉动   B. 成本推动   C. 结构摩擦
    D. 信贷控制   E. 资本外逃

5. 市场经济体制下，构成财政政策体系的是( )。
    A. 税收政策   B. 支出政策   C. 预算平衡政策
    D. 国债政策   E. 信贷政策

6. 财政政策作为政府的经济管理手段，它具有些什么功能( )。
    A. 导向功能   B. 促进功能   C. 协调功能
    D. 控制功能   E. 稳定功能

7. 财政政策工具包括( )。
    A. 政府预算   B. 税收   C. 公债
    D. 公共支出   E. 贴现率

8. 税收的调节作用主要通过( )体现出来。
    A. 税收优惠   B. 税收主体   C. 课税对象
    D. 税收惩罚   E. 纳税人

9. 税收在实现收入公平分配中的作用主要体现在( )。
    A. 调节企业的财务分配   B. 调节企业的利润水平
    C. 调节居民个人的收入水平   D. 调节居民个人的消费项目
    E. 调节企业的成本费用水平

10. 自动稳定的财政政策是指无须借助外力即可自动对经济产生调节作用的财政政策，主要包括( )。
    A. 比例税率制度   B. 累进税制度   C. 转移支付制度
    D. 定额税率制度   E. 财政贴息制度

11. 在我国，货币政策的目标是( )。
    A. 保持币值稳定   B. 促进经济增长   C. 公平收入分配
    D. 缩小贫富差距   E. 促进企业公平竞争

12. 西方国家传统的货币政策三大手段是( )。
    A. 公开市场业务   B. 法定存款准备金率   C. 贴现率
    D. 信贷计划   E. 窗口指导

13. 财政政策与货币政策在消费和投资需求的形成方面不同，主要表现在( )。
    A. 两者在国民收入分配中所起的作用不同
    B. 两者在对需求调节的作用方向不同
    C. 两者在扩大和紧缩需求方面的作用不同
    D. 两者的政策时滞性不同
    E. 两者在增加居民收入上的作用不同

14. 下列属于"紧"的政策措施有(   )。
   A. 增加税收   B. 增加政府支出   C. 降低利率
   D. 提高法定存款准备金率   E. 提高再贴现率
15. 下列属于"松"的政策措施有(   )。
   A. 增加税收   B. 增加政府支出   C. 降低利率
   D. 提高法定存款准备金率   E. 提高再贴现率

同步自测解析

一、单项选择题

1. 【解析】B 财政收支矛盾的客观性，决定了收支不平衡是财政收支运动的基本形态。

2. 【解析】D 财政赤字总共有四种分类方式：按照财政赤字的起因不同，可分为主动赤字和被动赤字。按照财政收支统计口径不同，财政赤字可分为硬赤字和软赤字。按照赤字在财政年度出现时间的早晚，可分为预算赤字和决算赤字。按照赤字的出现和经济周期的关系，可分为周期性赤字和充分就业赤字。

3. 【解析】C 充分就业是政府进行宏观经济调控的首要目标。所谓充分就业是指凡是有能力并自愿参加工作者都能找到较适当的工作。失业率的高低是衡量一个社会经济活动的综合指标。

4. 【解析】C 财政政策作为一种期望值，其取值受社会、政治、经济、文化等环境和条件的影响，同时也取决于公众的偏好与政府的行为。

5. 【解析】A 我们所说的物价基本稳定并不是要求物价固定不动，而是说应把物价总水平控制在社会经济稳定发展可以容纳的限度内，以避免和抑制通货膨胀。这里只能做到相对稳定。因此 A 选项的说法是错误的，同时运用行政手段是很难让物价稳定的。

6. 【解析】B 财政赤字出现后，必须解决赤字的弥补问题，否则大于收入的支出将无法安排。通常弥补赤字的方法有：增收减支、动用结余、向中央银行透支或借款、发行公债。

7. 【解析】D 发行公债是最为理想的弥补财政赤字的方法。

8. 【解析】B 按照对经济周期的调节作用划分，财政政策可以划分为自动稳定的财政政策和相机抉择的财政政策。

9. 【解析】D 所谓中观财政政策，是指以产业结构为调节对象，努力实现产业结构合理化的财政政策。

10. 【解析】A 所谓自动稳定的财政政策，是指某些能够根据经济波动情况自动发挥稳定作用的政策，无需借助外力即可直接产生调控作用。

11. 【解析】B 所谓相机抉择的财政政策，是指政府有意识地运用政策手段来调节社会总供求，是政府利用国家财力有意识干预经济运行的行为，也称为"斟酌使用的财政政策"。

12. 【解析】B 所谓扩张性财政政策，是指通过财政分配活动来增加和刺激社会的总需求。在国民经济存在总需求不足时，通过扩张性财政政策使总需求与总供给的差距缩小乃至平衡。

13. 【解析】A 在金融市场比较发达的国家，中央银行更多的是公开市场业务。目前，公开市场业务已成为不少西方国家中央银行最经常使用、最为灵活、最为有效的调节货币供应量的重要手段。

14.【解析】B　从总量调节出发，货币政策可以分为：扩张性货币政策、紧缩性货币政策和中性的货币政策。

15.【解析】C　"双紧"政策，即紧的财政政策和紧的货币政策配合适用于严重通货膨胀时期。

16.【解析】A　紧的财政政策与松的货币政策配合，适用于在总需求与总供给大体平衡，但消费偏旺而投资不足时。

17.【解析】D　紧的财政政策与松的货币政策配合，适用于在总需求与总供给大体平衡，但消费偏旺而投资不足时。松的财政政策与紧的货币政策配合，适用于在总供给与总需求大体相适应，为解决投资过旺、消费不足时。

二、多项选择题

1.【解析】ABCD　造成财政收支不平衡的主要原因：(1)随着经济社会的快速发展，对财政支出需要的无限性与财政收入可能的有限性之间的矛盾，是财政收入不平衡的最主要原因；(2)财政决策的失误、计划与实际的不一致也会引起财政收支的矛盾；(3)生产力发展水平与经济管理水平会对财政收支计划的执行产生影响，从而造成收支矛盾；(4)由于财政收入的均衡性和部分财政支出的集中性，往往导致财政收支在时间上的不一致；(5)某些意外事故，如遇到严重自然灾害、政局不稳定或临时发生战争等情况。

2.【解析】AE　坚持财政收支平衡在财政管理实践中具有重要意义：坚持财政收支平衡，是社会总需求和总供给平衡的保证；坚持财政收支平衡，有利于实现无通货膨胀的经济运行。

3.【解析】ABCD　通常弥补赤字的方法有：增收减支、动用结余、向中央银行透支或借款、发行公债。

4.【解析】ABC　造成通货膨胀的原因有多种，大致可以归纳为需求拉动、成本推动、结构摩擦造成和外国输入等，但归根到底，通货膨胀还是由于需求和供给不平衡引起的。

5.【解析】ABCD　财政政策就是由税收政策、支出政策、预算平衡政策、国债政策等构成的一个完整的政策体系。

6.【解析】ACDE　财政政策作为政府的经济管理手段，有以下几个功能：导向功能、协调功能、控制功能、稳定功能。

7.【解析】ABCD　财政政策工具包括政府预算、税收、公债、公共支出、政府投资和财政补贴等。

8.【解析】AD　税收的调节作用主要通过税率确定、税负分配、税收优惠和税收惩罚等体现出来。

9.【解析】BC　税收在实现收入公平分配中的作用主要是通过调节企业的利润水平和居民的个人收入水平来实现的。

10.【解析】BC　自动稳定的财政政策主要是累进税制度和转移支付制度，它们被称为"自动稳定器"或"内在稳定器"。

11.【解析】AB　《中国人民银行法》规定，货币政策的基本目标是保持货币币值的稳定，并以此促进经济增长。

12. 【解析】ABC　西方国家中央银行在长期的实施货币政策中，形成了一套调节货币供应量的手段，其中最主要的是三大传统手段：法定存款准备金率、贴现率政策、公开市场业务。

13. 【解析】ABCD　财政政策和货币政策虽然都能对社会的总需求和总供给进行调节，但两者在消费需求和投资需求形成中的作用是不同的，而且这种作用是互相不可替代的。财政政策与货币政策的不同点是：两者的政策工具和调节范围不同；两者在国民收入分配中所起的作用不同；两者在对需求调节的作用方向不同；两者在扩大和紧缩需求方面的作用不同；两者的政策时滞性不同。

14. 【解析】ADE　紧的政策措施有：增税，减少财政支出，提高准备金率，提高再贴现率，压缩信贷支出。

15. 【解析】BC　松的政策措施有：减税，增加政府支出，降低准备金率与利息率，扩大信贷支出。

2013 年财政与税收专业知识与实务(中级)

考 试 真 题

一、单项选择题(共 60 题,每题 1 分。每题的备选项中,只有一个最符合题意)

1. 关于公共产品的说法,正确的是(   )。
    A. 消费者增加,受益程度下降
    B. 消费者增加,边际成本递减
    C. 其效用不能分割为若干部分
    D. 提供者着眼于经济效益和社会效益的最大化

2. 财政资源配置采用的程序是(   )。
    A. 政治程序   B. 审计程序   C. 经济程序   D. 社会程序

3. 下列财政支出项目中,属于积累性支出的是(   )。
    A. 国家物资储备支出   B. 国防支出
    C. 社会福利救济支出   D. 行政管理支出

4. 关于购买性支出与转移性支出对经济影响的说法,错误的是(   )。
    A. 转移性支出间接影响就业   B. 购买性支出直接影响生产
    C. 转移性支出对政府的效益约束较强   D. 购买性支出侧重执行资源配置职能

5. 根据"经济发展阶段论",在经济进入成熟阶段后,财政支出的重点是(   )。
    A. 法律和秩序   B. 交通设施   C. 社会福利   D. 环境卫生

6. 按照不同时间段或时期的需求制定不同价格的公共定价方法是(   )。
    A. 平均成本定价法   B. 二部定价法
    C. 时限定价法   D. 负荷定价法

7. 在现行的事业单位财务制度体系中,最基本的法规是(   )。
    A. 事业单位财务规则   B. 行业事业单位财务管理制度
    C. 事业单位内部财务管理具体规定   D. 事业单位财务管理考核制度

8. 关于财政农业投资的说法,错误的是(   )。
    A. 国家对农业的财力支持是财政的一项基本职责
    B. 农业投入的资金主要靠财政支持
    C. 农业发展与财政有着十分密切的关系
    D. 财政农业投资范围主要是以水利为核心的基础设施建设

9. 财政支出必须讲求效益,根本原因是(   )。
    A. 具有资源配置职能   B. 具有经济稳定职能
    C. 具有收入分配职能   D. 社会经济资源的有限性

10. 通过征税获得的收入要能满足一定时期财政支出的需要，体现的税收原则是( )。

    A. 弹性原则   B. 充裕原则   C. 便利原则   D. 节约原则

11. 税收的纵向公平是指( )。

    A. 排除特权阶层免税   B. 自然人和法人均需纳税

    C. 公私经济均等征税   D. 对不同境遇的人可征不同的税收

12. 某企业年度收入总额为 1000 万元，利润总额为 200 万元，缴纳企业所得税 30 万元，该企业的所得税税负率为( )。

    A. 3%   B. 15%   C. 25%   D. 30%

13. 纳税人在进行货物或劳务的交易时，通过提高价格的方法将其应负担的税收转移给货物或劳务的购买者的税负转嫁形式称为( )。

    A. 前转   B. 后转   C. 混转   D. 消转

14. A 公司为甲国居民纳税人，2012 年度来自甲国的所得为 50 万元，来自乙国的所得为 50 万元。甲、乙两国的税率分别为 20% 和 30%。A 公司已在乙国缴纳税款，而甲国对本国居民来自境外的所得实行免除重复征税的扣除法，则 A 公司 2012 年度应向甲国缴纳所得税( )万元。

    A. 10   B. 15   C. 17   D. 20

15. 某生产企业属于增值税小规模纳税人，2013 年 7 月对部分资产盘点后进行处理：销售边角废料，由税务机关代开增值税专用发票，取得不含税收入 80 000 元；销售自己使用过的小汽车 1 辆，取得含税收入 52 000 元(小汽车原值 110 000 元)。该企业上述业务应缴纳增值税( )元。

    A. 5800   B. 4800   C. 4200   D. 3409.71

16. 某制药厂(增值税一般纳税人)2013 年 7 月销售抗生素药品取得含税收入 117 万元，销售免税药品取得收入 50 万元，当月购进生产用原材料一批，取得增值税专用发票上注明税款 6.8 万元，抗生素药品与免税药品无法划分耗料情况，则该药厂当月应纳增值税( )万元。

    A. 10.20   B. 12.47   C. 14.73   D. 17.86

17. 根据营业税改征增值税试点实施办法，提供下列情形的服务属于在境内提供应税服务的是( )。

    A. 境外单位或者个人向境内单位或者个人提供完全发生在境外消费的应税服务

    B. 境外单位或者个人向境内单位或者个人出租完全在境外使用的有形动产

    C. 境内单位或者个人向境内单位或者个人出租完全在境外使用的不动产

    D. 境内单位或者个人向境内单位或者个人出租完全在境内使用的有形动产

18. "营改增"试点纳税人兼有不同税率或者征收率的销售货物、提供加工修理修配劳务或者应税服务，应当分别核算适用不同税率或征收率的销售额，若为分别核算销售额，则( )。

    A. 对于兼有不同税率的销售货物、提供加工修理修配劳务或者应税服务的，从低适用税率

    B. 对于兼有不同征收率的销售货物、提供加工修理修配劳务或者应税服务的，从低适用征收率

C. 对于兼有不同税率和征收率的销售货物、提供加工修理修配劳务或者应税服务的,从高适用征收率

D. 对于兼有不同税率和征收率的销售货物、提供加工修理修配劳务或者应税服务的,从高适用税率

19. 企业生产的下列消费品,无需缴纳消费税的是( )。

A. 卷烟企业生产用于连续生产卷烟的烟丝

B. 化妆品企业生产用于交易会样品的化妆品

C. 汽车企业生产用于本企业管理部门的轿车

D. 地板企业生产用于装修本企业办公室的实木地板

20. 某公司 2013 年 6 月进口 10 箱卷烟(5 万支/箱),经海关审定,关税完税价格为 22 万元/箱,关税税率为 50%,消费税税率为 56%,定额税率为 150 元/箱,则 2013 年 6 月该公司进口环节应纳消费税( )万元。

A. 1183.64 B. 420.34 C. 288.88 D. 100.80

21. 某企业 2013 年 6 月销售已使用过的自建厂房,取得收入 14 000 万元,该厂房建造后最初入账原值 8000 万元,已提折旧 4000 万元。该企业上述业务应纳营业税( )万元。

A. 200 B. 300 C. 325 D. 700

22. 根据现行关税政策,下列进口货物中享受法定减免税的是( )。

A. 关税税额在人民币 500 元以下的边境小额贸易进口的货物

B. 从保税区运往非保税区的货物

C. 国际组织无偿赠送的物资

D. 从国外进口用于生产保健品的生产设备

23. 根据企业所得税法,下列判断来源于中国境内、境外的所得的原则中,错误的是( )。

A. 销售货物所得,按照交易活动发生地确定

B. 提供劳务所得,按照劳务发生地确定

C. 股息、红利等权益性投资所得,按照分配所得的企业所在地确定

D. 权益类投资资产转让所得,按照投资方企业所在地确定

24. 根据企业所得税法,不属于企业销售货物收入确认条件的是( )。

A. 货物销售合同已经签订,企业已将货物所有权相关的主要风险和报酬转移给购货方

B. 收入的金额能够可靠地计量

C. 相关的经济利益很可能流入企业

D. 已发生或将发生的销售方的成本能够可靠地核算

25. 一家专门从事符合条件的节能节水项目的企业,在 2008 年取得第一笔营业收入,2011 年实现应纳税所得额(假设仅是节能节水项目所得)100 万元,假设该企业适用 25%的企业所得税率,不考虑其他因素,则该企业 2011 年应纳企业所得税额为( )万元。

A. 0 B. 12.5 C. 20 D. 25

26. 某公司 2011 年成立,当年经税务机关核实亏损 20 万元,2012 年度该公司利润总额为 200 万元。假设公司无其他纳税调整事项,也不享受税收优惠,则 2012 年度该公司应纳所得税额为( )万元。

A. 45 B. 50 C. 59.4 D. 66

27. 根据个人所得税法，对于某些特定人员，允许其每月的工资、薪金收入，在统一减除基本费用的基础上，再减除一定的附加减除费用，计算工资薪金所得。上述特定人员是指（　　）。

    A. 在中国境内的外商投资企业中工作的中方人员

    B. 在中国境内外商投资企业举办讲座，取得劳务报酬收入的外籍专家

    C. 应聘在中国境内的社会团体中工作的外籍专家

    D. 应聘在中国境内的社会团体中工作的中方专家

28. 下列房产中，不属于房产税征税范围的是（　　）。

    A. 位于城市的房产　　　　　　　　B. 位于县城的房产

    C. 位于农村的房产　　　　　　　　D. 位于建制镇的房产

29. 下列车船中，不属于免征车船税的是（　　）。

    A. 警用车辆　　　　　　　　　　　B. 捕鱼机动船舶

    C. 商用客车　　　　　　　　　　　D. 军队专用车辆

30. 根据《城镇土地使用税暂行条例》，免于征税的项目是（　　）。

    A. 坐落在市区的商场用地

    B. 坐落在县城的房地产公司别墅小区开发用地

    C. 坐落于市区的游乐场用地

    D. 企业办的医院、托儿所和幼儿园用地

31. 王某以下行为中，需要缴纳印花税的是（　　）。

    A. 与房地产管理部门订立的生活居住用房的租房合同

    B. 将个人财产捐赠给医院所立书据

    C. 购买封闭式基金

    D. 销售个人住房

32. 纳税人到外县(市)临时从事生产经营活动时，经申请，由税务机关核发的《外出经营活动税收管理证明》，其有效期限一般为（　　）天。

    A. 30　　　　　　　B. 60　　　　　　　C. 90　　　　　　　D. 180

33. 关于账簿设置的说法，正确的是（　　）。

    A. 纳税人、扣缴义务人的会计制度健全，能够通过计算机正确、完整计算其收入和所得或者代扣代缴、代收代缴税款情况的，其计算机存储的会计记录视同会计账簿，不必打印成书面资料

    B. 账簿、收支凭证粘贴簿、进销货登记簿等资料，除另有规定外，至少要保存 5 年

    C. 扣缴义务人应当在自税收法律、行政法规规定的扣缴义务发生之日起 15 日内，按照所代扣、代收的税种，分别设置代扣代缴、代收代缴税款账簿

    D. 生产经营规模小又确无建账能力的纳税人，若聘请专业机构或者人员有实际困难的，经县级以上税务机关批准，可以按照规定建立收支凭证粘贴簿，进货销货登记簿或使用税控装置

34. 下列行为中，属于违反发票管理办法的规定，由税务机关责令限期改正，可处 1 万元以下罚款，有违法所得予以没收的情形是（　　）。

    A. 私自印制发票的

B. 跨规定区域开具发票的

C. 非法代开发票的

D. 转借、转让、介绍他人转让发票、发票监制章和发票防伪专用品的

35. 关于发票检查的说法,错误的是( )。

    A. 税务机关有权查阅、复制与发票有关的凭证、资料

    B. 税务机关在查处发票案件时,对于案件有关的情况和资料,可以记录、录音、录像、照相和复制

    C. 税务机关进行检查时,应当出示税务检查证

    D. 税务机关需要将空白发票调出查验时,无需出具任何凭证即可调出,经查无问题后予以返还纳税人

36. 关于税款追征的说法,正确的是( )。

    A. 因税务机关责任,致使纳税人少缴纳税款的,税务机关在 3 年内可要求补缴税款,但不加收滞纳金

    B. 因税务机关责任,致使纳税人少缴纳税款的,税务机关在 3 年内可要求纳税人补缴税款并按银行同期利率加收滞纳金

    C. 对于纳税人偷税、抗税和骗收税款的,税务机关在 15 年内可以追征税款、滞纳金;有特殊情况的,追征期可延长至 30 年

    D. 因纳税人计算失误,未缴或者少缴纳税款的,税务机关在 3 年内可以追征税款、滞纳金;有特殊情况的,追征期可延长至 10 年

37. 税务机关查询案件涉嫌人员的储备存款时,需要履行的程序是( )。

    A. 经税务所所长批准

    B. 经县级税务局(分局)局长批准

    C. 经稽查局局长批准

    D. 经设区的市、自治州以上税务局(分局)局长批准

38. 某企业当期应摊销无形资产 1000 元,实际摊销 500 元,应做的账务调整分录为( )。

    A. 借:管理费用   1000

          贷:累计摊销   1000

    B. 借:管理费用   500

          贷:累计摊销   500

    C. 借:累计摊销   500

          贷:管理费用   500

    D. 借:累计摊销   1000

          贷:管理费用   1000

39. 对于企业收取贷款时另向购买方收取的延期付款利息,正确的涉税处理为( )。

    A. 应按 5% 的税率计算缴纳营业税

    B. 应按 3% 的税率计算缴纳营业税

    C. 应按收取的利息收入全额计算增值税

    D. 应将利息收入换算成不含税价款后计算增值税

40. 对于委托加工应税消费品业务，正确的涉税处理为(　　)。
    A. 委托方就加工收入计算缴纳消费税
    B. 受托方就加工收入计算缴纳消费税
    C. 委托方按照受托方的同类消费品的销售价格计算缴纳消费税
    D. 受托方按照委托方的同类消费品的销售价格计算缴纳消费税

41. 企业转让无形资产使用权，取得转让收入 10 000 元，正确的业务处理为(　　)。
    A. 贷记"营业外收入"10 000 元
    B. 计算缴纳营业税 300 元
    C. 计算缴纳营业税 500 元
    D. 计算缴纳增值税 1700 元

42. 制造产品所耗用的直接材料费用，应记入的会计账户为(　　)。
    A. 生产成本—基本生产成本　　　　　　B. 生产成本—辅助生产成本
    C. 制造费用　　　　　　　　　　　　　D. 管理费用

43. 国债的最基本功能是(　　)。
    A. 弥补财政赤字　　　　　　　　　　　B. 调节经济运行
    C. 筹集建设资金　　　　　　　　　　　D. 促进经济发展

44. 发行国债对认购者形成的经济负担称为(　　)。
    A. 纳税人的负担　　　　　　　　　　　B. 债权人的负担
    C. 债券人的负担　　　　　　　　　　　D. 代际负担

45. 政府对应支付现金的支出改为以政府债券代付，这种国债发行方式称为(　　)。
    A. 强制摊派法　　　　　　　　　　　　B. 支付发行法
    C. 承受法　　　　　　　　　　　　　　D. 出卖法

46. 关于政府预算资金供给方行为特征的说法，正确的是(　　)。
    A. 有追求预算规模最大化的冲动　　　　B. 有诱发设租寻租收益的可能
    C. 有委员会决策机制的特点　　　　　　D. 面临不同偏好加总的困难

47. 有利于防止预算收支结构僵化的预算编制模式是(　　)。
    A. 单式预算　　　　　　　　　　　　　B. 复式预算
    C. 基数预算　　　　　　　　　　　　　D. 零基预算

48. 要求预算部门的收支应以总额列入预算，而不应当只列入收支相抵后净额，这体现了政府预算的(　　)原则。
    A. 可靠性　　　　　　B. 完整性　　　　　　C. 同一性　　　　　　D. 年度性

49. 现代国库管理的基本制度是(　　)。
    A. 财政收入的收纳制度
    B. 财政收入的划分和报解办法
    C. 库款的支拨程序
    D. 国库的集中收付管理

50. 政府预算绩效管理的核心是(　　)。
    A. 设定绩效目标　　　　　　　　　　　B. 跟踪绩效运行
    C. 进行绩效评价　　　　　　　　　　　D. 注重结果反馈

51. 在政府间事权划分中，国防、外交一般由中央政府负责，这体现了(　　)。
    A. 受益范围原则　　　　　　　　　　B. 效率原则
    C. 法律规范原则　　　　　　　　　　D. 公平性原则

52. 关于我国社会保险基金预算的说法，正确的是(　　)。
    A. 等同于社会保障预算　　　　　　　B. 全国统一编制执行
    C. 其内容包括社会福利与救济　　　　D. 不能用于平衡政府公共预算

53. 关于政府间转移支付制度理论依据的说法，错误的是(　　)。
    A. 纠正政府间的纵向财政失衡　　　　B. 纠正政府间的横向财政失衡
    C. 赋予地方政府更大的自主权　　　　D. 纠正某些公共产品与服务的外部性

54. 我国国有资产监督管理委员会代表国务院监管国有资产，履行的是(　　)。
    A. 债权人职责　　B. 债务人职责　　C. 出资人职责　　D. 执行人职责

55. 国有资产产权登记工作属于国有资产的(　　)。
    A. 投资管理　　　B. 基础管理　　　C. 运营管理　　　D. 收益管理

56. 在经济实现充分就业目标的前提下仍然存在的财政赤字，称为(　　)。
    A. 结构性赤字　　B. 周期性赤字　　C. 硬赤字　　　　D. 软赤字

57. 财政政府的主体是(　　)。
    A. 中国人民银行　　　　　　　　　　B. 行政事业单位
    C. 中国进出口银行　　　　　　　　　D. 各级人民政府

58. 在金融市场中，作为调节货币流通量最重要手段的是(　　)。
    A. 预算　　　　　B. 税收　　　　　C. 国债　　　　　D. 补贴

59. 通过财政分配活动刺激社会总需求的财政政策称为(　　)。
    A. 紧缩性财政政策　　　　　　　　　B. 扩张性财政政策
    C. 中性财政政策　　　　　　　　　　D. 综合财政政策

60. 关于财政平衡的说法，错误的是(　　)。
    A. 财政收支在数量上的绝对平衡才是财政平衡
    B. 财政收支略有结余可视为财政基本平衡
    C. 财政收支略有赤字可视为财政大体平衡
    D. 财政收支平衡是指财政收支之间的对比关系

二、多项选择题(共 20 题，每题 2 分。每题的备选项中，有 2 个或 2 个以上符合题意，至少有一个错项。错选，本题不得分；少选，所选的每个选项得 0.5 分)

61. 资源配置职能的主要内容包括(　　)。
    A. 调节全社会的资源在政府部门和非政府部门之间的配置
    B. 调节资源在不同地区之间的配置
    C. 调节资源在国民经济各部门之间的配置
    D. 保持现有企业的生产方向
    E. 引导企业的投资方向

62. 财政的转移性支出主要有(　　)。
    A. 财政补贴　　　　　　B. 债务利息　　　　　　C. 养老保险
    D. 失业救济　　　　　　E. 事业经费

63. 市场失灵主要表现在( )。
    A. 不能提供公共产品
    B. 外部效应
    C. 收入分配的完全公平
    D. 经济波动和失衡
    E. 经济不完全竞争

64. 公共产品与私人产品相比具有的特征是( )。
    A. 效用的不可分割性
    B. 受益的非排他性
    C. 取得方式的非竞争性
    D. 提供目的的非盈利性
    E. 公共产品的公众化

65. 非招标性采购主要包括( )几种方式。
    A. 单一来源采购
    B. 竞价性谈判采购
    C. 国内询价采购
    D. 公开采购
    E. 同外询价采购

66. 纳税人与其关联企业之间的业务往来,不符合独立交易原则而减少企业或者其关联方应纳税收入或者所得额的,税务机关有权按照下列哪些合理方法调整( )。
    A. 可比非受控价格法
    B. 再销售价格法
    C. 成本加成法
    D. 利润分割法
    E. 自我估计法

67. 下列支出属于特殊利益支出的有( )。
    A. 司法支出
    B. 教育支出
    C. 公务用车支出
    D. 招待费用支出
    E. 医疗卫生支出

68. 对主营业务收入的检查应该注意( )。
    A. 产品成本及成本结构
    B. 核实账面销售收入额
    C. 核实销售收入净额
    D. 核查漏计的销售收入额
    E. 核实产品进销差价

69. 自动稳定的财政政策是指无须借助外力即可自动对经济产生调节作用的财政政策,主要包括( )。
    A. 比例税率制度
    B. 累进税制度
    C. 转移支付制度
    D. 定额税率制度
    E. 财政贴息制度

70. 下列折旧年限为 20 年的是( )。
    A. 飞机
    B. 火车
    C. 房屋
    D. 建筑物
    E. 重型运输卡车

71. 以下属于企业所得税税前扣除基本原则的有( )。
    A. 相关性原则
    B. 不征税收入形成支出不得扣除原则
    C. 重要性原则
    D. 谨慎性原则
    E. 合理性原则

72. 下列关于包装物计税规定的表述，正确的有(   )。
    A. 随同货物出售的包装物，应按包装物的适用税率计征增值税
    B. 企业将包装物作为资产单独出租收取的租金收入，应按包装物的适用税率计征增值税
    C. 纳税人为销售货物而出租出借包装物收取的押金，单独记账核算(未逾期)的，不并入销售额征税
    D. 对因逾期未收回包装物不再退还的押金，应按所包装货物的适用税率计算增值税
    E. 在货物销售同时收取的包装物租金，应按 5%的税率计征营业税

73. 下列财务资料中，除另有规定者外，至少要保存 10 年的有(   )。
    A. 账簿
    B. 发票的存根联
    C. 收支凭证的粘贴簿
    D. 进销货登记簿
    E. 发票登记簿

74. 税款征收的方式包括(   )。
    A. 查账征收
    B. 查定征收
    C. 查验征收
    D. 定期定额征收
    E. 委托征收

75. 增值税的销售额为纳税人销售货物或提供应税劳务向购买方取得的全部价款和价外费用，但下列费用中不属于价外费用的有(   )。
    A. 向购买方收取的增值税税款
    B. 向购买方收取的手续费
    C. 向购买方收取的包装费
    D. 向购买方收取的储备费
    E. 同时符合两个条件的代垫运费：承运部门的运费发票开具给购买方的；纳税人将该项发票转交给购买方的

76. 下列要征收印花税的是(   )。
    A. 居民住房租赁合同
    B. 技术转让合同
    C. 资金账簿
    D. 无息贷款合同
    E. 农业产品收购合同

77. 关于营业税的纳税时间，下面表述正确的有(   )。
    A. 转让土地使用权或者销售不动产，采取预收款方式的，其纳税时间为收到预收款的当天
    B. 将不动产无偿赠与他人，其纳税义务发生时间为不动产所有权转移的当天
    C. 扣缴税款义务发生时间为扣缴义务人代纳税人收讫营业额或者取得索取营业额凭据的当天
    D. 实行合同完成后一次性结算价款办法的工程项目，其纳税义务发生时间为施工单位与发包单位进行工程合同价款结算的当天
    E. 金融机构及其贷款纳税义务发生时间为纳税人取得贷款的当天

78. 营业税的税目包括(   )。
    A. 文化体育业
    B. 金融保险业
    C. 邮电通信业
    D. 销售不动产
    E. 销售自己使用过的物品

79. 下列适应增值税率 13%的货物是(   )。

    A. 服装   B. 出口服装

    C. 石油液化气   D. 合资企业生产的汽车

    E. 图书

80. 税收支出的一般形式大致有(   )。

    A. 税收豁免   B. 税收抵免

    C. 纳税扣除   D. 优惠税率

    E. 支付税额

三、案例分析题(共 20 题，每题 2 分。由单项选择题和多项选择题组成。错选，本题不得分；少选，所选的每个选项得 0.5 分)

(一) 刘某 2010 年 5 月份收入情况如下：

(1) 取得劳务报酬收入 50 000。

(2) 取得股票红利收入 2000 元；国库券利息收入 500 元。

(3) 取得稿酬收入 3800 元。

(4) 取得特许权使用费收入 20 000 元,并将其中的 4500 元通过民政部门捐赠给希望工程基金会。

根据上述资料，回答下列问题：

81. 下列有关个人所得税的表述，正确的有(   )。

    A. 支付稿酬的单位应代扣代缴刘某的个人所得税

    B. 刘某取得的稿酬收入的费用扣除额为 800 元

    C. 刘某的劳务报酬收入应按 30%的比例税率计算应纳税额

    D. 刘某取得的特许使用费收入的费用扣除额为 800 元

82. 劳务报酬收入应纳个人所得税税额为(   )元。

    A. 10 000   B. 8000   C. 6360   D. 12 000

83. 稿酬收入应纳个人所得税税额为(   )元。

    A. 420   B. 600   C. 800   D. 840

84. 刘某对希望工程基金会的捐赠，正确的处理为(   )。

    A. 应全额在税前扣除

    B. 可以从应纳税所得额中扣除 2400 元

    C. 可以从应纳税所得额中扣除 3000 元

    D. 超过可以从应纳税所得额中扣除的部分应计算缴纳个人所得税

85. 刘某 5 月份应纳个人所得税为(   )元。

    A. 5300   B. 13 120   C. 6360   D. 8760

(二) 某企业为增值税一般纳税人，2010 年 5 月份发生以下业务：

(1) 从农业生产者手中收购玉米 40 吨，每吨收购价为 3000 元，共计支付收购价款 120 000 元。

(2) 购进货物取得增值税专用发票，注明金额 450 000 元、增值税额 76 500 元；支付给运输单位的购进运输费用 22 500 元，取得运输发票。本月将已验收入库货物的 80%零售，取得含税销售额 585 000 元，20%用于本企业集体福利。

(3) 购进原材料取得增值税专用发票,注明金额 160 000 元、增值税额 27 200 元,材料验收入库。本月生产加工一批新产品 450 件,每件成本价格 380 元(无同类产品市场价格),全部售给本企业职工,取得不含税销售额 171 000 元。月末盘存发现上月购进的原材料被盗,金额 50 000 元,成本利润率为 10%。

(4) 销售使用过的摩托车 3 辆,摩托车为 2007 年购买,取得含税销售额 20 800 元。

(5) 当月发生逾期押金收入 12 870 元。

本月取得的发票均通过税务机关认证。

根据上述资料回答如下问题:

86. 下列表述正确的有( )。

　　A. 从农业生产者手中收购的玉米准予抵扣进项税

　　B. 支付给运输单位的购进运输费准予抵扣进项税

　　C. 用于集体福利的购进货物准予抵扣进项税

　　D. 上月购进的被盗原材料的进项税额不得抵扣

87. 销售使用过的摩托车应纳增值税额为( )元。

　　A. 800　　　　　　B. 400　　　　　　　　C. 416　　　　　　　D. 0

88. 本月除了销售固定资产的销项税额为( )元。

　　A. 116 977　　　　B. 86 870　　　　　　　C. 118 847　　　　　D. 20 045.99

89. 本月进项税额为( )元。

　　A. 78 060　　　　B. 120 875　　　　　　　C. 96 760　　　　　　D. 112 375

90. 本月应纳增值税税额为( )元。

　　A. 22 087　　　　B. 22 487　　　　　　　C. 37 260　　　　　　D. 88 012.99

(三) ××公司是一家生产企业,位于北京市,2010 年 5 月转让一座旧办公楼,取得转让收入 500 000 元,并收到转账支票一张。已知该办公楼的原价为 2 000 000 元,已提折旧 1 400 000 元,转让过程中发生清理费用和印花税 10 000 元,款项以银行存款支付,企业会计处理如下:

(1) 取得收入时:

　　借:银行存款　　　　　　　500 000

　　　　贷:其他应付款　　　　　　　　500 000

(2) 转销固定资产时:

　　借:固定资产清理　　　　　600 000

　　　　累计折旧　　　　　　　1 400 000

　　　　贷:固定资产　　　　　　　　　2 000 000

(3) 支付清理费用时:

　　借:固定资产清理　　　　　10 000

　　　　贷:银行存款　　　　　　　　　10 000

(4) 结转净收益时:

　　借:营业外支出　　　　　　610 000

　　　　贷:固定资产清理　　　　　　　610 000

根据上述资料回答下列问题:(营业税税率为 5%,城市维护建设税税率为 7%,教育费附加率为 3%)

91. 下列表述中正确的有(　　)。

    A. 该项固定资产应补提未提足的折旧

    B. 该项固定资产转让后不再计提折旧

    C. 该项固定资产出售后应按其原价转销该固定资产

    D. 该项固定资产出售后应按其净值转销该固定资产

92. 取得转让收入时，正确的账务处理为(　　)。

    A. 借：银行存款　　　　　　　　500 000

        贷：固定资产清理　　　　　　　　500 000

    B. 借：银行存款　　　　　　　　500 000

        贷：主营业务收入　　　　　　　　500 000

    C. 借：银行存款　　　　　　　　500 000

        贷：其他业务收入　　　　　　　　500 000

    D. 借：银行存款　　　　　　　　500 000

        贷：营业外收入　　　　　　　　　500 000

93. 该项转让旧办公楼业务发生净损失为(　　)元。

    A. 50 000　　　　　　B. 137 500　　　　　　C. 65 000　　　　　　D. 90 000

94. 下列关于该企业本笔业务账务调整分录正确的有(　　)。

    A. 借：其他应付款　　　　　　　500 000

        贷：固定资产清理　　　　　　　　500 000

    B. 借：固定资产清理　　　　　　27 500

        贷：应交税金——应交营业税　　25 000

              ——应交城建税　　　1750(25 000×7%)

        其他应交款——应交教育费附加　750(25 000×3%)

    C. 借：固定资产清理　　　　　　472 500

        贷：营业外收入　　　　　　　　472 500

    D. 借：固定资产清理　　　　　　137 500

        贷：营业外收入　　　　　　　　137 500

95. 该企业的账务处理影响的企业所得税额为(　　)。

    A. 多缴企业所得税 118 125 元

    B. 多缴企业所得税 165 000 元

    C. 少缴企业所得税 118 125 元

    D. 少缴企业所得税 165 000 元

(四) 某旅游开发有限公司 2011 年 3 月发生有关业务及收入如下：

(1) 旅游景点门票收入 650 万元。

(2) 景区索道客运收入 380 万元。

(3) 民俗文化村项目表演收入 120 万元。

(4) 与甲企业签订合作经营协议：以景区内价值 2000 万元的房产使用权与甲企业合作经营景区酒店(房屋产权仍属公司所有)，按照约定旅游公司每月收取 20 万元的固定收入。

(5) 与乙企业签订协议：准予其生产的旅游产品进入公司非独立核算的商店(增值税小规

模纳税人)销售,一次性收取进场费 10 万元。当月该产品销售收入 30 万元,开具旅游公司普通发票。

根据上述资料,回答下列问题,每问需计算出合计数:

96. 门票收入应缴纳的营业税为( )万元。

    A. 0   B. 6.5   C. 19.5   D. 32.5

97. 索道客运收入应缴纳的营业税为( )万元。

    A. 0   B. 11.4   C. 19   D. 38

98. 民俗文化村表演收入应缴纳的营业税为( )万元。

    A. 0   B. 1.2   C. 3.6   D. 6

99. 合作经营酒店收入应缴纳的营业税为( )万元。

    A. 1   B. 2   C. 4   D. 8

100. 计算商店应缴纳的增值税和营业税为( )万元。

    A. 1.37   B. 0.5   C. 0.87   D. 6

参考答案

1	2	3	4	5	6	7	8	9	10
C	A	A	C	C	D	A	B	D	B
11	12	13	14	15	16	17	18	19	20
D	B	A	C	D	B	D	D	A	B
21	22	23	24	25	26	27	28	29	30
D	C	D	C	B	A	C	C	C	D
31	32	33	34	35	36	37	38	39	40
D	A	D	B	D	A	D	B	D	C
41	42	43	44	45	46	47	48	49	50
C	A	A	B	B	B	D	C	DC	C
51	52	53	54	55	56	57	58	59	60
A	D	C	C	B	A	D	C	B	A
61	62	63	64	65	66	67	68	69	70
ABC	ABCD	ABDE	ABCD	ABCE	ABCD	BE	BCD	BC	DE
71	72	73	74	75	76	77	78	79	80
ABE	CD	ACD	ABCD	AE	BC	ABCD	ABCD	CE	ABCD
81	82	83	84	85	86	87	88	89	90
ABC	A	A	A	B	ABD	B	C	C	B
91	92	93	94	95	96	97	98	99	100
BD	A	B	ABC	C	C	C	C	A	A